INDICE

TEOLOGÍA
BÍBLICAY
SISTEMÁTICA

Myer Pearlman

La misión de Editorial Vida es ser la compañía líder en comunicación cristiana que satisfaga las necesidades de las personas, con recursos cuyo contenido glorifique a Jesucristo y promueva principios bíblicos.

TEOLOGÍA BÍBLICA Y SISTEMÁTICA
Edición en español publicada por
Editorial Vida – 1992
Miami, Florida

©1992 por Editorial Vida

Originally published in the USA under the title:
   Knowing the Doctrines of the Bible
   Copyright ©1958 by The Gospel Publishing House
Published by The Gospel Publishing House

Traducción: *Benjamín Mercado*
Diseño de cubierta: *Sarah Wenger*

ISBN: 978-0-8297-1372-5

CATEGORÍA: Teología cristiana / Sistemática

IMPRESO EN ESTADOS UNIDOS DE AMÉRICA
PRINTED IN THE UNITED STATES OF AMERICA

23 24 25 26 27 LBC 230 229 228 227 226

INTRODUCCION

Esperamos confiados que la teología o doctrina hallará el lugar que merece en el pensamiento y educación religiosos. Todo lo que se haya dicho en años recientes para desmerecer esta rama de estudios ha sido inoportuno en vista de que el mundo necesita con urgencia la verdad serena y convincente. La verdad con respecto a Dios y al destino del hombre, y la senda de la vida eterna jamás carecerán de importancia para el hombre, ser inmortal. Si el hombre piensa, estas son las cosas que demandan respuesta. Son las preguntas que se han insinuado en el corazón del hombre desde tiempo inmemorial, y se pueden olvidar sólo cuando la raza humana ha caído en la idiotez, o perdido la imagen de Dios.

"Porque cual es su pensamiento en su alma, tal es él." La vida toda del hombre gira alrededor de lo que piensa, y mayormente alrededor de lo que piensa de Dios.

— David S. Clarke.

1. LA NATURALEZA DE LA DOCTRINA

La doctrina cristiana (el vocablo doctrina significa literalmente enseñanza o instrucción) se puede definir como las verdades fundamentales de las Sagradas Escrituras ordenadas en forma sistemática. Este estudio se denomina comúnmente teología, que significa literalmente "tratado o discurso razonado con respecto a Dios". (Estos dos vocablos, doctrina y teología, se emplearán alternadamente en esta sección.) La teología o doctrina se puede describir como la ciencia que trata de nuestro conocimiento de Dios y de las relaciones del Creador con el hombre. Trata de todas las cosas en lo que éstas se relacionan con Dios y sus propósitos divinos.

¿Por qué definimos la teología o doctrina con el nombre de "ciencia"? Se denomina ciencia al arreglo sistemático y lógico de hechos autenticados. Se denomina ciencia a la teología porque consiste en hechos o verdades relacionadas con Dios y las cosas divinas, presentadas en forma lógica y ordenada.

¿Qué relación hay entre la teología y la religión? El vocablo "religión" se deriva de una palabra latina que significa ligar; en otras palabras, la religión representa aquellas actividades que ligan al hombre a Dios en cierta relación. La teología es conocimiento acerca de Dios. De manera entonces que la religión es una práctica, mientras que la teología es conocimiento. La religión y la teología deben marchar unidas de la mano en la experiencia bien equilibrada; pero en la práctica son separadas a veces, de manera que uno puede ser teólogo sin ser verdaderamente religioso, y por otra parte uno puede ser verdaderamente religioso sin poseer un conocimiento sistemático de las verdades doctrinales. "Si sabéis estas cosas, bienaventurados seréis si las hiciereis" constituye el mensaje de Dios al teólogo. "Procura con diligencia presentarte a Dios aprobado, como obrero que no tiene de qué avergonzarse, que usa bien la palabra de verdad" (2 Timoteo 2:15) es el mensaje que Dios dirige al hombre espiritual.

¿Qué diferencia hay entre doctrina y dogma? Doctrina es la revelación de Dios de una verdad tal como se encuentra en las Sagradas Escrituras. Dogma es la declaración del hombre respecto de esa verdad, expresada en un credo.

2. EL VALOR DE LA DOCTRINA

2.1. El conocimiento doctrinal proporciona lo necesario para una exposición autorizada y sistemática de la verdad.

Hay la tendencia, en algunas esferas, no sólo de restar importancia al valor de la doctrina, sino también de desecharla por anticuada o inútil. Sin embargo, mientras el hombre piense con respecto a los problemas relativos a la existencia, comprenderá que necesita una respuesta autorizada y sistemática para estos problemas. La doctrina será necesaria mientras el hombre se formule las siguientes preguntas: ¿De dónde vengo? ¿Qué soy? ¿Adónde voy?

Con frecuencia se oye decir lo siguiente: "No importa lo que uno cree mientras se haga lo recto." Esta es una forma de descartar la doctrina, restándole toda importancia con relación a la vida. Pero toda persona tiene su teología, lo sepa o no; las acciones y conducta del hombre están influidas por lo que cree. Por ejemplo, habría mucha diferencia entre el comportamiento de una tripulación que supiera que su embarcación se dirigía a un destino definido, y otra que se diera cuenta que navegaba a la deriva, sin derrotero o destino fijos.

La vida del hombre es un viaje a la eternidad, y tiene gran importancia el que uno crea que se trata de un viaje sin destino ni significado, o que uno esté convencido que ha sido planeado por el Creador del hombre, y que tiene como destino el cielo.

2.2. El conocimiento doctrinal es esencial para el desarrollo completo del carácter cristiano.

Sólidas creencias desarrollan un carácter sólido, y asimismo creencias bien definidas forman también convicciones claras, bien definidas. Naturalmente que las creencias doctrinales de una persona no constituyen su religión, de la misma manera que su espina dorsal no es su personalidad. Pero una sólida espina dorsal es parte necesaria del hombre, como así también un sistema definido de creencias es una parte esencial de la religión del hombre. Se ha dicho con propiedad que "el hombre no tiene que llevar la espina dorsal delante de sí, pero debe ser dueño de una espina dorsal, y recta, pues de lo contrario será un creyente flexible, si no jorobado".

Un creyente francés de la Iglesia Unitaria manifestó en cierta oportunidad lo siguiente: "La pureza del corazón y de la vida es más importante que la opinión correcta." A lo que otro predicador francés respondió: "La sanidad es más importante que el remedio, pero sin remedio no habría sanidad." Indudablemente es más importante vivir la vida cristiana que conocer simplemente la doctrina cristiana, pero no habría conocimiento experimental cristiano, si no hubiera doctrina cristiana.

2.3. El conocimiento doctrinal protege del error.

Se dice con frecuencia que las estrellas aparecieron antes que la ciencia de la astronomía, que las flores existieron con anterioridad a la botánica, que la vida existió antes que la biología, y Dios antes que la teología.

Ello es indudable. Pero el hombre, debido a su ignorancia, concibió ideas supersticiosas con respecto a las estrellas, y el resultado fue la falsa ciencia de la astrología. El hombre se forjó conceptos falsos con respecto a las plantas, atribuyéndoles virtudes que no poseían, y el resultado fue la hechicería. El hombre por su ceguera se formó ideas erróneas de Dios, y el resultado fue el paganismo con su secuela de supersticiones y corrupción.

Pero vino la astronomía sustentando principios correctos con referencia a los cuerpos celestes, poniendo al descubierto los errores de la astrología; apareció la botánica con informaciones correctas relativas a las plantas, sacando a luz los errores de la hechicería. De igual manera las doctrinas de la Biblia ponen al descubierto las ideas falsas con respecto a Dios y sus caminos.

"Que nadie piense que un error doctrinal es un mal práctico insignificante", declaró en cierta oportunidad el famoso teólogo D. C. Hodge. Y añadió: "Ningún camino a la perdición ha sido más transitado que el de la doctrina falsa. El error es coraza sobre la conciencia, y venda sobre los ojos." (Cf. Mateo 22:29; Gálatas 1:6-9; 2 Timoteo 4:2-4.)

2.4. El conocimiento doctrinal es parte necesaria del bagaje del maestro cristiano.

Cuando una remesa de mercadería arriba a un comercio, los artículos son desembalados y colocados en estantes y receptáculos apropiados, a fin de poder ser despachados en forma ordenada. Esta es una ilustración más bien rústica de uno de los fines del estudio sistemático. La Biblia sin lugar a dudas sigue un tema básico, central. Pero las numerosas verdades que se relacionan con el gran tema están esparcidas por los libros de la Biblia. Con el objeto entonces de formarse una idea amplia, profunda, de cada una de las doctrinas, y poder impartirlas a otros, uno debe reunir las referencias que se relacionan a determinada doctrina y agruparlas en estantes (temas) si se nos permite la analogía, y receptáculos más pequeños (subtemas).

3. LA CLASIFICACION DE LA DOCTRINA

La teología se divide en varios ramos, a saber:

3.1. Teología exegética

Teología exegética (vocablo que en el idioma griego significa "extraer"; en este caso, la verdad) procura establecer el significado verdadero de las Escrituras. Este ramo de la teología requiere conocimientos de los idiomas originales en los cuales fueron escritas las Sagradas Escrituras.

3.2. Teología histórica.

Investiga la historia del desarrollo de la interpretación doctrinal. Encierra el estudio de la historia eclesiástica o de la iglesia.

3.3. Teología dogmática.

Constituye el estudio de los asuntos fundamentales de la fe, según los enuncian los credos de la iglesia.

3.4. Teología bíblica.

Sigue el progreso de la verdad a través de los diversos libros de la Biblia, y describe la forma como cada uno de los escritores presenta las doctrinas importantes.

Por ejemplo, al estudiar la doctrina de la expiación, según este método, uno investigaría de qué manera se trata la materia en cuestión en las diversas secciones de la Biblia: Hechos, las Epístolas y Apocalipsis. O uno descubriría qué dijeron Cristo, Pablo, Pedro, Jacobo o Juan con respecto a la materia. O se podría establecer qué enseña cada libro o sección de las Escrituras con respecto a doctrinas relativas a Dios, a Cristo, a la expiación y a la salvación.

3.5. Teología sistemática.

En este ramo de estudio, las enseñanzas bíblicas con respecto a Dios y el hombre están organizadas por temas, de acuerdo con un sistema definido. Por ejemplo, los versículos o pasajes que se relacionan con la obra de Cristo están clasificados bajo el título de Doctrina de Cristo.

El material de lectura que figura en este libro es una combinación de teología bíblica y teología sistemática. Es bíblica en el sentido de que las verdades son extraídas de las Escrituras, y el estudio se encamina mediante las preguntas siguientes: ¿Qué dicen las Sagradas Escrituras? (exposición) y ¿qué significan las Escrituras? (interpretación). Es teología sistemática puesto que el material está arreglado de acuerdo con un orden definido.

4. UN SISTEMA DE DOCTRINA

¿En qué orden serán organizados los temas? No impondremos reglas rígidas. Hay muchas formas de organizar, y cada una de ellas tiene su valor.

Trataremos de seguir el orden basado en el trato de Dios con el hombre con referencia a la redención.

4.1. *La doctrina de las Sagradas Escrituras.*

¿De qué fuente extraeremos verdades infalibles con respecto a Dios? La naturaleza ciertamente revela su existencia, poder y sabiduría; pero no nos habla de perdón alguno, no proporciona escape del pecado y de sus consecuencias, no suministra incentivo alguno para seguir la santidad y no contiene revelación alguna con respecto del futuro. Dejamos el libro primero de Dios, la naturaleza, y abrimos el otro Libro de Dios, la Biblia, donde hallamos la revelación de Dios con respecto a las materias citadas anteriormente.

¿Sobre qué fundamentos aceptamos como correcto el punto de vista bíblico? La respuesta a esa pregunta nos conduce al estudio de la naturaleza, inspiración, exactitud y carácter digno de confianza de las Sagradas Escrituras.

4.2. *La doctrina de Dios.*

Tratamos luego de establecer lo que nos enseñan las Sagradas Escrituras con respecto a la más grande de todas las realidades: Dios, su naturaleza y existencia.

4.3. *La doctrina de los ángeles.*

Del Creador pasamos naturalmente a estudiar sus criaturas, y así consideramos la más elevada de sus criaturas: los ángeles. Este tema abarca también los ángeles malos, Satanás y demonios.

4.4. *La doctrina del hombre.*

No empleamos mucho tiempo en el estudio de los espíritus buenos y malos, sino que pasamos con rapidez a considerar el punto de vista bíblico con respecto al hombre, puesto que todas las verdades de las Escrituras se agrupan alrededor de dos puntos focales: Dios y el hombre. Al estudio de Dios, le sigue inmediatamente en importancia el estudio del hombre.

4.5. *La doctrina del pecado.*

El hecho más trágico relacionado con el hombre es el pecado y sus consecuencias. Las Sagradas Escrituras nos hablan de su origen, naturaleza, consecuencias y cura.

4.6. *La doctrina de Cristo.*

El estudio del pecado del hombre es seguido por un estudio de la persona y obra de Cristo, el Salvador del hombre.

4.7. *La doctrina de la expiación.*

Bajo este título consideramos los hechos que arrojan luz sobre el significado de la obra suprema de Cristo en bien del hombre.

4.8. *La doctrina de la salvación.*

¿De qué manera se aplica la expiación a las necesidades del hombre y se convierte en una realidad en su vida? Los hechos o verdades que constituyen la respuesta están agrupados bajo el título de Doctrina de la salvación.

4.9 La doctrina de la sanidad divina

El estudio de la sanidad divina es importante en el sentido de que muestra una forma por la cual Dios comunica su amor, compasión e interés en los hombres.

4.10. La doctrina del Espíritu Santo.

¿De qué manera la obra de Cristo para el hombre es convertida en una realidad en el hombre? Este punto es tratado en la Doctrina de la naturaleza y obra del Espíritu Santo.

4.11. La doctrina de la iglesia.

Es evidente que los discípulos de Cristo necesitan alguna clase de organización para los fines de adoración, instrucción, comunión y propagación del evangelio. El Nuevo Testamento nos habla con respecto a la naturaleza y obra de esta organización.

4.12. La doctrina de los acontecimientos postreros.

Es natural que dirijamos la mirada al futuro, y nos preguntemos de qué manera terminará todo, ya sea la vida, la historia, el mundo. Todo lo que se ha revelado respecto al futuro está agrupado bajo el título de los acontecimientos postreros.

CAPITULO 1

LAS ESCRITURAS

El cielo y la tierra pasarán, mas mis palabras no pasarán." "Sécase la hierba, cáese la flor: mas la palabra del Dios nuestro permanece para siempre." Mateo 24:35; Isaías 40:8.

El doctor Payson, refiriéndose a la Biblia, ha dicho lo siguiente:

> Destruye este volumen, tal como han tratado de hacerlo en vano los enemigos de la felicidad del hombre, y nos dejarás sumidos en profunda ignorancia con respecto a nuestro Creador, a la formación del mundo en que habitamos, al origen de nuestra raza y sus progenitores, a nuestro destino futuro, relegándonos al plano de la fantasía, de la duda y la conjetura. Destruye este volumen y nos privarás de la religión cristiana, con todos sus consuelos vivificantes, esperanzas y perspectivas que ofrece, no dejándonos nada sino elegir (¡miserable alternativa!) entre las lóbregas tinieblas de la infidelidad y las sombras monstruosas del paganismo. Destruye este volumen y despoblarás el cielo, cerrarás para siempre sus puertas a la desdichada posteridad de Adán, restituirás al rey de los terrores su fatal aguijón, sepultarás la esperanza en la misma tumba que recibe nuestro cuerpo, consignarás a todos los que han muerto antes que nosotros al sueño eterno o calamidad infinita, y nos dejarás sin esperar nada a nuestra muerte, sino suerte similar a la de ellos. En una palabra, destruye este volumen, y nos despojarás al instante de todo lo que impide que la existencia se convierta en el peor de todos los azotes; apagarás el sol, secarás el océano y harás desaparecer la atmósfera del mundo moral, y degradarás al hombre a un nivel desde el cual quizá mire con envidia a los brutos que perecen.

BOSQUEJO

1. HAY NECESIDAD DE LAS ESCRITURAS
  1.1. Tal revelación debe desearse.

1.2. Tal revelación debe esperarse.

1.3. Tal revelación sería expresada en forma escrita.

2. LA INSPIRACION DE LAS ESCRITURAS

    2.1. Divina y no meramente humana.

    2.2. Unica y no común.

    2.3. Viva y no mecánica.

    2.4. Completa y no meramente parcial.

    2.5. Verbal y no meramente conceptual.

3. LA VERIFICACION DE LAS ESCRITURAS

    3.1. Afirman ser inspiradas.

    3.2. Tienen toda la apariencia de inspiradas.

    3.3. Uno siente que son inspiradas.

    3.4. Demuestran ser inspiradas.

1. HAY NECESIDAD DE LAS ESCRITURAS

"¿Qué cosa es verdad?" preguntó Pilato. Por su tono sugirió que la búsqueda de la verdad era vana, sin esperanzas. Si no hubiera una guía autorizada para llegar al conocimiento de Dios, el hombre y el mundo, Pilato tendría razón. Pero no se necesita caminar a tientas sumido en la duda y el escepticismo, ya que hay un Libro, las "Sagradas Escrituras, las cuales te pueden hacer sabio para la salvación por la fe que es en Cristo Jesús" (2 Timoteo 3:15).

1.1. Tal revelación debe desearse.

El Dios que creó el universo debe de ser un Dios sabio, y sin duda un Dios sabio tendrá un propósito determinado para sus criaturas. El descuidar ese propósito sería necedad, y el desafiarlo, pecado. Pero ¿cómo se puede conocer a ciencia cierta el propósito divino? La historia nos demuestra que el mundo llega a diferentes conclusiones, y hay muchas personas que jamás llegan a ninguna. La experiencia nos demuestra que el problema no se puede solucionar sólo mediante el estudio. Algunos carecen del tiempo necesario; otros, aunque quisieran estudiar, no tienen capacidad para ello, y aunque tuvieran éxito, llegarían a sus conclusiones con lentitud, y con dudas. Los sabios quizá propugnen sistemas filosóficos para llegar a la verdad, pero ningún sistema, por completo que sea, jamás podrá descubrir la verdad. "El mundo por medio de su sabiduría (filosofía) no conocía a Dios", dice otra versión. Las verdades que le dicen al hombre cómo pasar de la tierra al cielo deben enviarse del cielo a la tierra. En otras palabras, el hombre necesita una revelación.

1.2. Tal revelación debe esperarse.

En la naturaleza, tenemos una revelación de Dios que puede ser comprendida por la razón. Pero cuando el hombre está aherrojado por el pecado, y su alma se halla agobiada, tanto la naturaleza como la razón son impotentes para proporcionar luz y alivio. Oigamos a hombres que hicieron culto de la razón. Dijo Kant, uno de los más egregios pensadores de todos los tiempos: "Haces bien en fundamentar tu paz y piedad en los evangelios, pues sólo en los evangelios se halla la fuente de verdades espirituales, después que la razón ha llegado al límite de su investigación, en vano." Otro filósofo capacitado, Hegel, no quiso otro libro en su lecho de muerte que la Biblia. Dijo que, si pudiera prolongar la vida, se dedicaría al estudio de ese Libro, pues en él había hallado lo que la razón no podía descubrir.

Si, como creemos, hay un Dios bueno, es razonable esperar que se revelará personalmente a sus criaturas. El Reverendo David S. Clarke dijo lo siguiente:

> No podemos imaginarnos que un padre se oculte para siempre de su hijo, que nunca se comunique con él. Tampoco podemos imaginar que un Dios bueno oculte de las criaturas creadas a su imagen la revelación de su ser y de su voluntad. Dios ha hecho al hombre capaz y deseoso de conocer la realidad de las cosas, ¿y acaso ocultará una revelación capaz de satisfacer ese deseo? Según la antiquísima mitología egipcia, la legendaria Esfinge tebana proponía enigmas a los que pasaban, y los mataba si no los descubrían. Sin duda alguna un Dios amoroso y sabio no dejará que el hombre perezca por falta de conocimientos, desconcertado ante el enigma del universo.

Por su parte el doctor Hodges afirma:

> La inteligencia de Dios despierta en nosotros la esperanza de que El ha adaptado los medios al fin, y que coronará la naturaleza religiosa con una religión sobrenatural. La benevolencia de Dios despierta la esperanza en nosotros de que sacará a sus criaturas de su doloroso azoramiento y conjurará el peligro que las acecha. La justicia de Dios despierta en nosotros la esperanza de que hablará a la conciencia con tono claro y de autoridad.

1.3. *Tal revelación sería expresada en forma escrita.*

Es razonable pensar que Dios expresara en un libro su mensaje al hombre. El doctor Keyser dice lo siguiente:

> Los libros constituyen el mejor método de preservar la verdad íntegra, y trasmitirla de generación en generación. Ni la memoria ni la tradición son dignas de confianza. Por lo tanto, Dios procedió con la mayor sabiduría y también en forma normal al proporcionar al hombre la revelación divina en forma de libro. De ninguna otra manera, hasta donde nos es posible ver, podría El haber impartido a la humanidad un nivel infalible que hubiera estado disponible para toda la humanidad, y que continuaría intacto a través de las edades, y del cual el hombre podía obtener el mismo nivel o patrón de fe y conducta.

Es razonable esperar asimismo que Dios inspiraría a sus siervos para registrar las verdades que no podrían haber sido descubiertas por la razón del hombre. Y finalmente, es razonable creer que Dios ha preservado en forma providencial los manuscritos de las Sagradas Escrituras, y ha inspirado a la iglesia para incluir en el canon sólo aquellos libros que tuvieron su origen en la inspiración divina.

2. LA INSPIRACION DE LAS ESCRITURAS

El que una religión sin escrituras inspiradas podría ser divina es una posibilidad concebible. Sobre el particular dice el profesor Frank L. Patton:

> Si basado en simples pruebas históricas se puede establecer que Jesús hizo milagros, habló profecías y proclamó su divinidad; si se puede demostrar que fue crucificado para redimir a los pecadores, que resucitó e hizo depender el destino del hombre de su aceptación de El como Salvador, luego fueran los anales históricos inspirados o no, ¡ay de aquel que descuida una salvación tan grande!

Sin embargo, no necesitamos discutir con más amplitud esa posibilidad, pues no se nos ha dejado en dudas con respecto al asunto. "Toda la Escritura es inspirada por Dios" (Dios le imparte su hálito), declara el apóstol Pablo (2 Timoteo 3:16). Por su parte el apóstol Pedro afirma: "Porque nunca la profecía fue traída por voluntad humana, sino que los santos hombres de Dios hablaron siendo inspirados por el Espíritu Santo" (2 Pedro 1:21).

El diccionario de Webster define a la inspiración de la siguiente manera: "Es la influencia sobrenatural del Espíritu de Dios ejercida sobre la mente del hombre, influencia que capacitó a los profetas, apóstoles y escritores sagrados para exponer la verdad divina sin mezcla de error." Por su parte, el diccionario Espasa-Calpe dice: "Intimación que Dios hace al escritor sagrado para que este escriba acerca de una determinada materia, junto con una asistencia especial para que no yerre en su exposición."

De acuerdo con lo expuesto por el doctor Gaussen, inspiración es "el poder inexplicable que el Espíritu Divino ejerce en los autores de las Escrituras, para guiarlos aun en el empleo de los vocablos que deben usar, y preservarlos de todo error u omisión".

"La inspiración, según la definición formulada por el apóstol Pablo en este pasaje (2 Timoteo 3:16) es un soplo recio, consciente, de Dios en el hombre, capacitando a éste para expresar la verdad", nos dice el doctor William Evans. "Es Dios que habla por medio del hombre, y por lo tanto el Antiguo Testamento es la Palabra de Dios tanto como si Dios mismo hubiera pronunciado cada una de las palabras. Las Escrituras son el resultado del influjo o hálito divino, así como la respiración acompaña en el hombre la pronunciación de palabras. La declaración de Pedro se puede decir que indica que el Espíritu Santo se encontraba presente en forma especial y milagrosa con los escritores de las Sagradas Escrituras y en ellos, recalcándoles las verdades que no habían conocido antes, y guiándolos igualmente en el registro de estas verdades, y en todo acontecimiento que habían visto y oído, de manera que eran testigos capacitados para presentarlos con suficiente exactitud a otros."

Uno llegaría a la conclusión por la lectura de los diversos credos cristianos que el cristianismo es un asunto más bien complicado, erizado de enigmas teológicos y cargado de definiciones abstrusas. No es ese el caso. Las doctrinas del Nuevo Testamento, tal como fueron expuestas originalmente, son simples y se pueden definir con sencillez. Pero con el transcurso de los años, la iglesia se vio confrontada con puntos de vista erróneos y defectuosos con respecto a doctrinas, y se vio obligada entonces a cercarlas y protegerlas con definiciones. De este proceso de definición exacto y detallado surgieron los credos. Las declaraciones doctrinales desempeñaron un papel importante y a la vez necesario en la vida de la iglesia, y se convirtieron en obstáculos sólo cuando la fe viva fue reemplazada por el mero asentimiento a dichas declaraciones.

La doctrina de la inspiración, según se enuncia en la Palabra, es muy sencilla, pero la presentación de puntos de vista erróneos y defectuosos hizo necesario "proteger" la doctrina mediante definiciones amplias y detalladas. En oposición a ciertas teorías, es necesario sostener que la inspiración de las Sagradas Escrituras es:

2.1. *Divina y no meramente humana.*

Los modernistas comparan la inspiración de los escritores sagrados con esa clarividencia espiritual y sabiduría que desplegaron hombres como Platón, Sócrates, Browning, Shakespeare, Cervantes y otros genios de la literatura, la filosofía y la religión. Se considera así a la inspiración algo puramente natural. Esta teoría despoja al vocablo inspiración de todo su significado; no es consecuente con el carácter único y sobrenatural de la Biblia.

2.2. *Unica y no común.*

Algunos confunden la inspiración con la iluminación. La iluminación es la influencia ejercida por el Espíritu Santo, la cual es común a todos los creyentes, y les facilita comprender las verdades divinas (1 Corintios 2:4; Mateo 16:17). Afirman que tal iluminación es una explicación adecuada del origen de la Biblia. Hay una facultad en el hombre, según se enseña, por la cual el hombre puede conocer a Dios, algo así como un ojo del alma. En circunstancias que los hombres piadosos de antaño meditaban en Dios, el Espíritu divino vivificaba sus facultades, permitiéndoles el acceso a los misterios divinos.

Tal iluminación ha sido prometida a los creyentes y ha sido experimentada por ellos. Pero no es lo mismo que la inspiración. Se nos dice que a veces los profetas recibieron verdades por inspiración, y al mismo tiempo les fue denegada la iluminación para comprender esas verdades (1 Pedro 1:10 -12). El Espíritu Santo inspiró sus palabras, pero no creyó oportuno proporcionar el significado de esas palabras. Se nos dice que Caifás fue el instrumento de un mensaje inspirado (aunque no tuvo conciencia de ello) cuando aun no pensaba de Dios. En ese momento era inspirado, pero no iluminado (Juan 11:49-52).

Nótense dos diferencias específicas entre la iluminación y la inspiración (1) Con respecto a duración, la iluminación es permanente, o puede serlo. "Más la senda de los justos es como la luz de la aurora, que va en aumento hasta que el día es perfecto." La unción que el creyente ha recibido del Santo permanece en él, nos dice Juan (1 Juan 2:20-27). Por otra parte, la inspiración era intermitente, pues en efecto el profeta no podía profetizar a voluntad, sino que estaba sujeto a la voluntad del Espíritu. "Porque nunca la profecía fue traída por voluntad humana", dijo el apóstol Pedro, "sino que los santos hombres de Dios hablaron siendo inspirados por el Espíritu Santo". Lo repentino de la inspiración profética está insinuado en la expresión común que dice: "Vino palabra de Jehová." Se establece una distinción clara entre los profetas verdaderos que hablaron sólo cuando vino la palabra de Jehová, y los falsos que hablaron según propia invención. (Cf. Jeremías 14:14; 23:11, 16; Ezequiel 13:2, 3). (2) La iluminación admite grados, la inspiración no. La gente disfruta de distintos grados de iluminación, pues algunos poseen mayor penetración que otros. Pero en el caso de la inspiración, en el sentido bíblico, una persona es inspirada o no lo es.

2.3. *Viva y no mecánica.*

La inspiración no significa dictado, ni que los escritores adoptaban una actitud pasiva y su mente no tomaba parte alguna en la escritura del material, aunque es cierto que algunas porciones de las Escrituras fueron dictadas, como por ejemplo los Diez Mandamientos y el Padrenuestro. La misma palabra inspiración excluye mera acción mecánica, y la acción mecánica excluye la inspiración. Por ejemplo, un comerciante no inspira a su secretaria cuando le dicta una carta. Dios no habló por medio del hombre como hablaría por medio de un megáfono. Su Espíritu Divino usó las facultades del hombre, produciendo así un mensaje perfectamente divino que no obstante ostenta las características de la personalidad del escritor. Es la Palabra del Señor, pero en cierto sentido, la de Moisés, de Isaías o de Pablo. Dios no ha hecho nada sin el hombre; el hombre no ha hecho nada sin Dios. Es Dios quien habla en el hombre, Dios que habla por medio del hombre, Dios que habla como hombre, Dios que habla a favor del hombre.

El hecho de la cooperación divina y humana en la producción de un mensaje inspirado, es de sí evidente; pero el "cómo" del asunto escapa a nuestra observación. La interacción o influencia recíproca aun entre la mente y el cuerpo es un misterio para el sabio más egregio. ¡Cuánto más cuando se trata de la interacción del Espíritu de Dios y del espíritu del hombre!

2.4. *Completa y no meramente parcial.*

De acuerdo con la teoría de la inspiración parcial, los escritores fueron preservados del error en asuntos necesarios para la salvación, pero no en asuntos como historia, ciencia, cronología y otros. Por lo tanto, de acuerdo con esa teoría, sería más correcto decir que la Biblia *contiene* la Palabra de Dios, más bien que afirmar que *es* la Palabra de Dios.

Esa teoría nos sume en la ciénaga de la incertidumbre, pues ¿quién puede juzgar de manera infalible lo que es esencial para la salvación y lo que no es? ¿Dónde se encuentra la autoridad infalible para decidir con respecto a qué parte es la Palabra de Dios, y qué parte no es? Y si la historia de la Biblia es falsa, luego la doctrina no puede ser verdadera, pues la doctrina bíblica se fundamenta en la historia bíblica. Finalmente, las Sagradas Escrituras mismas reclaman para sí inspiración completa, plena. Cristo y sus apóstoles aplican el término "palabra de Dios" a todo el Antiguo Testamento.

2.5. *Verbal, y no meramente conceptual.*

De acuerdo con otro punto de vista, Dios inspiró los pensamientos pero no las palabras de los escritores. Dicho de otra manera, Dios inspiró a los hombres, y los dejó librados a su propio criterio en la selección de vocablos y frases. Pero el énfasis bíblico no recae sobre hombres inspirados, sino sobre palabras inspiradas. "Dios, habiendo hablado... en otro tiempo a los padres por los profetas" (Hebreos 1:1). "Los santos hombres de Dios hablaron siendo inspirados por el Espíritu Santo" (2 Pedro 1:21). Además, es difícil separar palabra y pensamiento, ya que el pensamiento es palabra interna ("y no penséis decir dentro de vosotros"; "dijo el necio en su corazón"), mientras que una palabra es un pensamiento expresado. Pensamientos divinamente inspirados serían naturalmente expresados mediante palabras divinamente inspiradas. Pablo nos habla de palabras que enseña el Espíritu Santo (1 Corintios 2:13). Finalmente, se citan palabras particulares como fundamento de doctrinas de peso. (Cf. Juan 10:35; Mateo 22:42-45; Gálatas 3:16; Hebreos 12:26, 27).

Se debe distinguir entre revelación e inspiración. Por revelación significamos ese acto de Dios por medio del cual revela lo que el hombre no podía hallar por sí mismo; por inspiración queremos indicar que el escritor es preservado del error al escribir esa revelación. Por ejemplo, los Diez Mandamientos fueron revelados y Moisés recibió inspiración para registrarlos en el Pentateuco.

La inspiración no siempre implica revelación. Moisés fue inspirado a registrar los acontecimientos que él mismo había presenciado y que por lo tanto se encontraban dentro de la esfera de sus propios conocimientos.

Se debe distinguir entre palabras no inspiradas y registro inspirado de ellas. Por ejemplo, muchos dichos de Satanás figuran o están registrados en las Escrituras, y sabemos que el diablo no fue inspirado de Dios cuando los pronunció. Pero el registro de esas expresiones satánicas es inspirado.

3. *LA VERIFICACION DE LAS ESCRITURAS*

3.1. *Afirman ser inspiradas.*

El Antiguo Testamento reclama para sí el haber sido escrito por inspiración especial de Dios. La frase "y dijo Dios" o su equivalente se emplea más de dos mil veces. La historia, la ley, los salmos y las profecías afirman que todo fue escrito por hombres bajo la inspiración especial de Dios. (Cf. Exodo 24:4; 34:28; Josué 3.9; 2 Reyes 17:13; Isaías 34:16; 59:21; Zacarías 7:12; Salmo 78:1; Proverbios 6:23). Cristo mismo confirmó el Antiguo Testamento, lo citó y vivió en armonía con sus enseñanzas. Confirmó su verdad y autoridad (Cf. Mateo 5:18; Juan 10:35; Lucas 18:31-33; 24:25, 44; Mateo 23:1, 2; 26:54) y así también lo hicieron los apóstoles (cf. Lucas 3:4; Romanos 3:2; 2 Timoteo 3:16; Hebreos 1:1; 2 Pedro 1:21; 3:2; Hechos 1:16; 3:18; 1 Corintios 2:9-16).

¿Reclama para sí el Nuevo Testamento una inspiración similar? En particular, la inspiración de los evangelios está garantizada por la promesa de Cristo de que el Espíritu traería a la memoria de los apóstoles todas las cosas que les había enseñado, y que el mismo Espíritu los guiaría a toda verdad. En todas partes el Nuevo Testamento afirma que es una revelación más amplia y clara de Dios que la que proporciona el Antiguo Testamento, declarando con autoridad la abrogación de las antiguas leyes. Por lo tanto, si el Antiguo Testamento es inspirado, también lo es el Nuevo. Pedro parece colocar los escritos de Pablo a un mismo nivel con aquellos del Antiguo Testamento (2 Pedro 3:15, 16), y tanto Pablo como los demás apóstoles afirman hablar con autoridad divina. (Cf. 1 Corintios 2:13; 1 Corintios 14:31; 1 Tesalonicenses 2:13; 1 Tesalonicenses 4:2; 2 Pedro 3:2; 1 Juan 1:5; Apocalipsis 1:1.)

3.2. *Tienen toda la apariencia de inspiradas.*

Las Sagradas Escrituras afirman ser inspiradas, y un examen de ellas revela el hecho de que su carácter sustenta o apoya esa afirmación. La Biblia se presenta ante el tribunal, por así decirlo, con un buen testimonio. Con respecto a sus autores, la Biblia fue escrita por hombres cuya honradez e integridad no puede ponerse en tela de juicio. Con respecto a su contenido, encierra la revelación más sublime de Dios que conoce el mundo; en lo que respecta a influencia, ha proporcionado luz salvadora a naciones e individuos, y posee un poder infalible de conducir hombres a Dios, y transformar su carácter; en lo referente a autoridad, llena los requisitos de tribunal final de apelaciones en religión, de manera que los cultos falsos hallan necesario citar sus palabras con el objeto de hacer impresión en el público.

Para ser específicos, notemos: (1) Su exactitud. En efecto, se observa en la Biblia una ausencia total de absurdos que aparecen en otros libros sagrados. Lo leemos en ella, por ejemplo, que la tierra naciera de un huevo que necesitó varios años para encubar, que la tierra descansa sobre la caparazón de una tortuga, que está rodeada de siete mares de agua salada, jugo de caña de azúcar, licores espiritosos, manteca pura, leche agria y otras sustancias. El doctor D. S. Clarke escribe al respecto lo siguiente: "Hay una diferencia insondable para el hombre entre la Biblia y cualquier otro libro. La diferencia reside en el origen." (2) Su unidad. La Biblia consiste en sesenta y seis libros, escritos por unos cuarenta autores diferentes, durante un período de 1.600 años, y abarca una variedad de asuntos, no obstante lo cual mantiene una unidad de tema y de propósito que se puede explicar sólo si se admite que fue dirigida por una mente rectora o superintendente. (3) ¿Cuántos libros hay que justifican aun dos lecturas? Pero la Biblia se puede leer centenares de veces sin que se logre sondear sus profundidades, o sin que pierda el interés para sus lectores. (4) Su extraordinaria circulación, habiendo sido traducida a centenares de idiomas, y leída en la mayor parte de los países del mundo. (5) Su actualidad. Es uno de los libros más antiguos, y sin embargo el más moderno. El alma del hombre jamás dejara de necesitarla. El pan es uno de los alimentos más antiguos, y sin embargo el más moderno. Mientras el hombre sienta hambre, querrá pan para su cuerpo; y mientras el hombre anhele a Dios y aquello que es eterno, querrá la Biblia. (6) Su extraordinaria preservación frente a la persecución y la oposición de la ciencia. "El martillo se rompe, pero el yunque sigue en pie". (7) Sus muchas profecías cumplidas.

3.3. *Uno siente que son inspiradas.*

"¿Pero usted no cree ese libro, no es cierto?" dijo cierto profesor de una universidad de Nueva York a una señora cristiana que había estado asistiendo a clases bíblicas. "Claro que sí — respondió la señora —, sucede que conozco personalmente al Autor." Había expresado una de las razones más poderosas para creer que la Biblia es la Palabra de Dios, es decir, el llamado a nuestro fuego interior, ya que la Biblia nos habla en un tono que nos hace sentir que procede de Dios.

La iglesia romana afirma que el origen divino de las Escrituras depende, en el análisis final de las cosas, del testimonio de la iglesia, la cual se considera a sí misma guía infalible en todo asunto de fe y práctica. "¡Como si la verdad eterna e inviolable de Dios dependiera del criterio u opinión del hombre!" declaró Juan Calvino, el gran reformador. Dijo además:

> Se afirma que la iglesia decide qué reverencia se le debe a las Escrituras y qué libros deben incluirse en el canon sagrado... La pregunta de "¿cómo podemos saber que proceden de Dios, si ello no se nos asegura por medio de la iglesia?" es tan necia como la pregunta: "¿cómo podemos distinguir la luz de la oscuridad, lo blanco de lo negro, lo amargo de lo dulce?"
>
> El testimonio del Espíritu Santo es superior a todo argumento. Dios en su Palabra es el único testimonio adecuado con respecto a sí mismo; y de igual manera su Palabra no podrá ser creída verdaderamente por el hombre hasta que no haya sido sellada por el testimonio del Espíritu. El mismo Espíritu que habló por los

profetas debe entrar en nuestro corazón para convencernos de que comunicaron fielmente el mensaje que El les dio (Isaías 59:21).

Que este sea entonces un asunto fijo, establecido: que quienes han sido interiormente enseñados por el Espíritu Santo confían firmemente en las Escrituras y que las Escrituras son su propia evidencia y no se las debe sujetar legalmente a pruebas y argumentos, sino que obtienen, por el testimonio del Espíritu, esa confianza que merecen.

Puesto que este es el caso, ¿por qué aducir evidencia externa con respecto a la exactitud de las Escrituras y al hecho de que son dignas de toda confianza? Hacemos esto primero, no con el objeto de creer que son la verdad, sino porque percibimos que son la verdad. En segundo lugar, es natural e inspirador ser capaz de señalar la evidencia o prueba exterior de lo que uno anteriormente creé; finalmente, estas pruebas suministran medios concretos, por así decirlo, por los cuales podemos expresar la convicción de nuestro corazón mediante palabras, y de esa manera estar "siempre preparados para presentar defensa con mansedumbre y reverencia ante todo el que os demande razón de la esperanza que hay en vosotros" (1 Pedro 3:15).

3.4. Demuestran ser inspiradas.

El doctor Eugene Stock dijo en cierta oportunidad lo siguiente:

Cuando era niño, leí una historia que me demostró las formas diferentes por las que podemos estar seguros de que esa gran biblioteca de Libros Sagrados que denominamos la Biblia es realmente la Palabra de Dios, su revelación a la humanidad. El autor de la historia había estado explicando tres clases diferentes de evidencia: la histórica, la interna y la experimental. Luego narró que en cierta oportunidad envió a un joven a la farmacia a comprar fósforo, el cual es un elemento químico. El joven trajo un paquete pequeño. ¿Era fósforo? El joven informó que fue a la farmacia y pidió fósforo, y que el farmacéutico fue a un estante, sacó algo de un frasco, lo envolvió y se lo dio, y que él lo había traído directamente. Esa era la evidencia o prueba histórica de que el paquete contenía fósforo. Luego el caballero abrió el paquete. La sustancia olía a fósforo y se parecía al fósforo. Esa era la evidencia interna. Luego le acercó un fósforo encendido, y el contenido del paquete ardió. Esa era la evidencia experimental.

La defensa intelectual de la Biblia tiene su sitio, pero, después de todo, el mejor argumento es el práctico. La Biblia ha influido en las civilizaciones, ha transformado vidas, ha traído luz, inspiración y consuelo a millones de personas. Y su obra continúa.

CAPÍTULO 2

DIOS

Vivimos en un universo cuya inmensidad presupone un poderoso Hacedor, y cuya belleza, designio y orden señala la presencia de un sabio Legislador. Pero, ¿quién hizo al Hacedor? Podemos remontarnos en el tiempo, pasando del efecto a la causa, pero no podemos continuar retrocediendo para siempre sin admitir un ser "eterno". Ese ser eterno es Dios, la causa y manantial de todo lo bueno que existe.

BOSQUEJO

1. *LA EXISTENCIA DE DIOS*
   1.1. *Su existencia afirmada.*
   1.2. *Su existencia demostrada.*
      1.2.1. *Argumento basado en la creación.*
      1.2.2. *Argumento basado en el diseño.*
      1.2.3. *Argumento basado en la naturaleza del hombre.*
      1.2.4. *Argumento basado en la historia.*
      1.2.5. *Argumento basado en la creencia universal.*
   1.3. *Su existencia negada.*
2. *LA NATURALEZA DE DIOS*
   2.1. *El punto de vista bíblico. (Los nombres de Dios.)*
      2.1.1. *Elohim.*
      2.1.2. *Jehová.*
      2.1.3. *El.*
      2.1.4. *Adonai.*
      2.1.5. *Padre.*
   2.2. *Creencias erróneas.*
      2.2.1. *Agnosticismo.*
      2.2.2. *Politeísmo.*
      2.2.3. *Panteísmo.*
      2.2.4. *Materialismo.*

1. LA EXISTENCIA DE DIOS

1.1. Su existencia afirmada.

En ninguna parte tratan las Sagradas Escrituras de demostrar la existencia de Dios mediante pruebas metódicas o convencionales. Se la asume como prueba evidente, como creencia natural para el hombre. En ninguna parte las Sagradas Escrituras enuncian una serie de pruebas de su existencia como condición preliminar para la fe. Declaran el hecho y piden al hombre que se embarque en una aventura de fe. "Es menester que el que a Dios se allega, crea que le hay", constituye el punto inicial de la Biblia en lo que respecta a los tratos del hombre con Dios.

La Biblia realmente habla de hombres que dicen en su corazón que no hay Dios, pero son "necios"; en otras palabras, prácticamente impíos, que desalojan a Dios de sus pensamientos porque le desechan de sus vidas. Pertenecen al elevado número de ateos prácticos, es decir, los que viven y hablan como si no hubiera Dios. Exceden en mucho al número de los ateos teóricos, es decir, los que afirman aferrarse a la creencia intelectual que Dios no existe. Se ha señalado que la declaración de "no hay Dios" no implica que Dios no exista, sino que no se inmiscuye o interviene en los asuntos del mundo. Al considerar a Dios ausente, el hombre se "corrompe" y procede con abominación (Salmo 14). Dice el doctor A. B. Davidson:

> No se trata de demostrar la existencia de Dios, porque en todas partes en la Biblia Dios se enuncia como conocido. Parece que no hay pasaje alguno en el Antiguo Testamento que indique que el hombre alcance el conocimiento de la existencia de Dios por medio de la naturaleza o de los acontecimientos de la providencia, aunque hay algunos pasajes que insinúan o implican que las falsas ideas de lo que es Dios pueden corregirse por la observación de la naturaleza y la vida... En las páginas del Antiguo Testamento no se considera el discutir o demostrar que pueda conocerse a Dios ni el probar que Dios existe. ¿Cómo podían los hombres considerar el discutir que pueda conocerse a Dios cuando estaban convencidos de que lo conocían, cuando su fuego interno y su mente estaban impregnados de pensamientos del Señor y cuando sabían que el Espíritu de Dios los inspiraba, los iluminaba y les guiaba en toda la historia?
> La idea de que el hombre llega a conocer a Dios, o alcanza comunión con El mediante sus propios esfuerzos es completamente extraña al Antiguo Testamento. Dios habla, aparece; el hombre escucha y contempla. Dios se acerca al hombre; acuerda un pacto o inicia relaciones especiales con el hombre; le da mandamientos. El hombre lo recibe cuando se acerca a Dios, acepta su voluntad y obedece a sus preceptos. Jamás se presenta a Moisés o a los profetas en actitud pensante, reflexionando sobre el Invisible y llegando a conclusiones con respecto a El, o ascendiendo a concepciones elevadas de la divinidad. El Invisible se manifiesta a sí mismo ante ellos, y ellos lo saben.

Cuando un hombre dice: "Conozco al presidente", no quiere decir que "sabe que el presidente existe", ya que eso se da por sentado en la declaración. De igual manera los escritores bíblicos nos dicen que conocen a Dios, y esa declaración lleva implícita la existencia de Dios.

1.2. *Su existencia demostrada.*

Si las Escrituras no nos ofrecen una demostración razonada de la existencia de Dios, ¿por qué lo intentamos nosotros? Lo hacemos por las razones siguientes:

Primera, para convencer a los que buscan sinceramente a Dios, es decir, a personas cuya fe ha sido oscurecida por alguna dificultad, y que dicen: "Quiero creer en Dios; demuéstreme que es razonable creer." Pero ninguna cantidad de pruebas convencerá a esa persona que, deseando vivir en el pecado y de manera egoísta expresa: "Lo desafío a que me demuestre que Dios existe." Después de todo, la fe es asunto moral antes que intelectual; si una persona no está dispuesta a pagar el precio, evadirá toda clase de evidencia (Lucas 16:31).

Segunda, para fortalecer la fe de los que ya creen. Estudian las pruebas no para creer, sino porque creen. Esa fe es tan valiosa para ellos que reciben con regocijó cualquier cosa que la aumenta o enriquece.

Finalmente, con el objeto de enriquecer nuestro conocimiento de la naturaleza de Dios, ¿pues hay acaso objeto mayor de estudio y meditación que él?

¿Dónde encontramos evidencia de la existencia de Dios? En la creación, la naturaleza del hombre y la historia humana. De estas tres esferas deducimos las cinco evidencias o pruebas de la existencia de Dios.

El universo debe tener una Causa primera o Creador. Se trata este del argumento cosmológico, palabra que se deriva del vocablo *cosmos*, que significa mundo.

El diseño evidente en el universo indica que debe existir una mente Suprema. Se trata este del argumento teleológico, palabra derivada del vocablo *teleos*, cuyo significado es diseño o propósito.

La naturaleza del hombre con sus impulsos y aspiraciones indica la existencia de un Gobernante personal. Se trata este del argumento antropológico, de un vocablo griego, *anthropos*, que significa hombre.

La historia humana nos proporciona evidencia de una Providencia que todo lo dirige. Se trata este del argumento histórico.

La creencia es universal. Argumento basado en el consenso unánime,

1.2.1. *Argumento basado en la creación.*

La razón nos dice que el universo debe de haber tenido un comienzo. Todo efecto debe tener una causa adecuada. El universo es un efecto y por lo tanto debe tener una causa. Consideremos el tamaño del universo. Oigamos lo que nos dice el señor George W. Grey: "El universo, según lo imaginamos o concebimos, es un sistema de miles de millones de nebulosas. Cada nebulosa o constelación está formada de miles y millones de estrellas. Hacia el borde de una de estas nebulosas, la Vía Láctea, hay un astro de tamaño mediano y temperatura moderada, que se está poniendo amarillo de vejez: nuestro sol." ¡Y pensar que el volumen del sol es más de un millón de veces mayor que el de nuestra pequeña tierra! El mismo escritor continúa diciendo:

> El sol avanza vertiginosamente hacia uno de los bordes de la
> Vía Láctea a un promedio de unos 20 kilómetros por segundo,

seguido en su órbita por la tierra y todos los demás planetas, y al mismo tiempo todo el sistema solar se desplaza en un arco gigantesco a la velocidad de más de trescientos kilómetros por segundo, en circunstancias que la nebulosa misma gira cual si fuera un colosal molinete estelar... Mediante la fotografía de secciones del firmamento, es posible sacar un censo de las estrellas. En el Observatorio de la Universidad de Harvard, en los Estados Unidos de América, el autor vio una fotografía que abarca la imagen de más de doscientas vías lácteas, todas ellas tomadas en una placa de unos 35 por 45 centímetros. Se calcula que el número de nebulosas que componen el universo alcanza a quinientos billones.

Consideremos a nuestro pequeño planeta pletórico de seres vivientes, la existencia misma del cual revela una inteligencia superior y designio. Naturalmente surge la pregunta de ¿cómo se originó todo? La pregunta es normal, lógica, pues nuestra mente está formada de tal manera que a todo efecto atribuye una causa. Llegamos a la conclusión luego de que el universo debe de haber tenido una Causa primera o Creador. "En el principio... Dios" (Génesis 1:1).

Este argumento es presentado en forma sencilla en el incidente siguiente:

Un escéptico en materia de religión le dijo cierto día a una señora:

—Antes creía en Dios, pero ahora desde que emprendí el estudio de la filosofía y las matemáticas, estoy convencido de que Dios es un vocablo hueco.

—Bien —dijo la señora—, es cierto que no he estudiado esas materias, pero puesto que usted lo ha hecho, dígame: ¿De dónde proviene este huevo?

—De una gallina, por supuesto —respondió el joven.

—¿Y de dónde vino la gallina?

—De un huevo, naturalmente.

Luego la señora le preguntó: —¿Me podría decir qué existió primero, la gallina o el huevo?

—La gallina, naturalmente —respondió el joven.

—Luego entonces debe haber habido una gallina sin que hubiera tenido que nacer de un huevo.

—Oh, no, debiera de haber dicho que el huevo existió primero.

—Luego usted dice que existió un huevo sin que fuera puesto por una gallina.

El joven vaciló. —Este... bueno... me parece que la gallina nació primero.

—Bien —dijo la señora—, ¿quién hizo la primera gallina de la

cual proceden todas las demás?
— ¿Qué me quiere decir con todo eso? — declaró el joven.
— Simplemente que Aquel que creó el primer huevo o gallina es el que creó el mundo. Sin Dios, no se puede explicar ni aun la existencia de un huevo o gallina, no obstante lo cual usted quiere que yo crea que puede explicar la existencia de todo el mundo sin El.

1.2.2. *Argumento basado en el diseño.*

Tanto el diseño como la belleza son evidentes en el universo; pero el diseño y la belleza implican la presencia de un diseñador; por lo tanto el universo es la obra de un Diseñador de suficiente inteligencia y sabiduría como para dar cuenta y razón de ellos. El gran reloj de Estrasburgo tiene, además de las características de un reloj común, una combinación de lunas y planetas que se mueven a través de los días y los meses con la exactitud de los cuerpos celestes, con grupos de figuras que aparecen y desaparecen con igual regularidad a medida que el reloj da las horas. El decir que no había diseñador, que todo ocurre al azar es un insulto a la inteligencia y a la razón. Es tan necio asumir o creer que el universo nació de la casualidad, o en lenguaje científico, "la fortuita confluencia de los átomos".

Supongamos que la composición del libro *El progreso del peregrino* fuera descrita de la manera siguiente: el autor consiguió una carretada de tipos de imprenta y con una pala los lanzó al aire. Esos tipos, al caer, formaron gradualmente la famosa historia de Bunyan. El incrédulo más acérrimo diría: "¡Ridículo!" Y así respondemos a las suposiciones del ateísmo.

El examen de un reloj revela que ostenta las características de un diseño, puesto que las distintas partes están montadas para un fin o propósito. Están combinadas de tal manera que producen movimiento, y este movimiento está regulado de tal manera que indica la hora del día. De esto deducimos dos cosas: primero, que el reloj tiene un fabricante o hacedor, para seguir la alegoría, y segundo, que este fabricante entendió su construcción y lo diseñó para el fin de señalar la hora. De igual manera, observamos diseño y adaptación en el mundo, y naturalmente llegamos a la conclusión de que tuvo un Hacedor que lo diseñó sabiamente para el propósito que cumple.

Estas conclusiones no serían afectadas por el hecho de que nunca vimos fabricar un reloj; nunca conocimos a un maestro relojero, no teníamos idea alguna con respecto a cómo se podía fabricar un reloj. De igual manera nuestra convicción de que el universo tuvo un Diseñador no es afectada por el hecho de que no observamos su construcción ni jamás vimos al Diseñador.

Asimismo nuestras conclusiones no serían alteradas aunque alguien afirmara que "un reloj es el resultado del funcionamiento de leyes mecánicas y se explica por las propiedades de la materia". Debemos considerarlo todavía como la obra de un hábil maestro relojero que hizo uso de estas leyes y propiedades con el objeto de que el reloj marchara. De igual manera cuando se nos dice que el universo se debe simplemente a la operación de las leyes de la naturaleza, nos sentimos obligados a preguntar: "¿Quién diseñó, e impuso y usó esas leyes?" Donde hay ley, tiene que haber legislador.

Tomemos una ilustración de la vida de los insectos.

Hay cierto insecto conocido por el nombre de ciervo volante o escarabajo cornudo. El macho tiene cuernos enormes, dos veces el tamaño de su cuerpo, mientras que la hembra no tiene ninguno. En estado de larva tienen que sepultarse en la tierra y esperar su transformación. Son simplemente pequeños gusanos sin diferencia aparente; sin embargo, uno de ellos cava para sí un hoyo de doble profundidad que el otro. ¿Por qué? Para dar lugar a que crezcan los cuernos sin romperse. Ahora bien, ¿por qué esas larvas aparentemente similares proceden de manera tan distinta? ¿Quién le enseñó al escarabajo macho cavar un hueco de profundidad doble que el de la hembra? ¿Lo razonó por sí mismo? No, pues Dios el Creador implantó dentro de la criatura esa percepción instintiva para hacer aquello que era para su mayor bien.

¿De dónde recibió sabiduría la pequeña larva? Se puede sugerir que heredó la sabiduría de sus padres. Pero ¿puede un perro adiestrado, por ejemplo, pasar sus habilidades a los cachorros? Aun si admitimos que el instinto era heredado, quedaría todavía en pie el que alguien tiene que haber impartido instrucción al primer escarabajo cornudo. La explicación con respecto al instinto maravilloso de los animales se encuentra en el primer capítulo del Génesis, donde dice: "Y dijo Dios", o en otras palabras, la voluntad de Dios. Al observar el funcionamiento de un reloj, llegamos a la conclusión de que la inteligencia no reside en el reloj, sino en el maestro relojero que lo hizo. Y al observar el instinto extraordinario de la más pequeña de las criaturas, llegamos a la conclusión que la inteligencia no reside en ellas principalmente, sino en el Hacedor, y que existe una Mente que controla o dirige los detalles más mínimos de la vida.

El doctor Whitney, presidente que fuera de la Sociedad Americana y miembro de la Academia Americana de Artes y Ciencias, dijo en cierta oportunidad que "un imán rechaza a otro por la voluntad de Dios, y no hay hombre que pueda proporcionar hoy una información más precisa". "¿Qué quiere decir 'por la voluntad de Dios'?" se le preguntó. El doctor Whitney respondió: "¿Qué quieren decir ustedes cuando hablan de la luz? Hemos enunciado la teoría corpuscular, la teoría de las ondas, y ahora la teoría de los quanta, y todas ellas no son otra cosa que conjeturas de sabios. Una explicación tan buena como cualquier otra es afirmar que la luz viaja por la voluntad de Dios... La voluntad de Dios, la ley que descubrimos, pero no podemos explicar, es final."

El señor A. J. Pace, dibujante de la revista *Sunday School Times*, nos cuenta con respecto a una entrevista con el extinto Wilson J. Bentley, experto en microfotografía (fotografía que se obtiene de la imagen microscópica). Durante más de treinta años ese hombre había tomado fotografías de cristales de nieve, y después de haber fotografiado a miles de esas formas cristalinas, había observado tres hechos notables, a saber: primero, que jamás había encontrado dos iguales; segundo, que cada uno de ellos tiene hermosa forma, y tercero, que invariablemente tiene seis puntas. Cuando se le preguntó a qué atribuía esa simetría de seis puntas, expresó:

"Naturalmente que nadie lo sabe, sino Dios. Pero, he aquí mi teoría. Como usted sabrá, los cristales de nieve se forman del vapor de agua a temperaturas por debajo del grado de congelación, y el agua se compone de tres moléculas, dos de hidrógeno y una de oxígeno. Ahora bien, cada una de las moléculas está cargada de electricidad positiva y negativa, la tendencia de las cuales es polarizarse en lados opuestos. Como usted ve, el número tres figura desde el principio en la cuestión."

"¿Cómo se pueden explicar esos curiosos puntos y lazos, esas curvas elegantes, esos bordes delicadamente biselados, todos ellos agrupados alrededor del centro en perfecta simetría?" preguntó el señor Pace.

Se encogió de hombros y respondió: "Sólo el Artista que los diseñó sabe cómo se hacen."

Su declaración de que "el número tres figura desde el principio en la cuestión" me dejó pensando. ¿No será acaso que el Dios trino y uno que ha diseñado toda la hermosura de la creación ha puesto el sello de la trinidad en estas frágiles estrellas de cristales de nieve, de la misma manera que el artista estampa su firma en una obra maestra? Al examinar uno de estos cristales de nieve, uno observa al instante que el principio prevaleciente que subraya la estructura del copo de nieve es el del hexágono o polígono de seis lados.

Ahora bien, el hexágono es una figura única en la geometría en el sentido de que el lado del hexágono regular inscrito en el círculo es igual al radio de dicho círculo. En otras palabras, tenemos seis triángulos equiláteros perfectos, situados alrededor de un núcleo, y todos los ángulos son de sesenta grados. Cada triángulo constituye la tercera parte de toda el área a cada lado de la línea recta, que podríamos denominar diámetro. ¡Qué símbolo más apropiado del Dios trino y uno es el triángulo! En él se observa; es un triángulo, pero son tres líneas, cada una de ellas esencial para la integridad del todo.

La curiosidad me impulsó a examinar las referencias en la Biblia que contenían el vocablo "nieve", y descubrí con alegría ese significado que podríamos llamar triple inherente aquí también. Por ejemplo hay veintiuna (número divisible por tres) referencias en las que figura el sustantivo "nieve" en el Antiguo Testamento y tres en el Nuevo Testamento, es decir, un total de veinticuatro.

Luego hallé tres referencias que se refieren a la lepra, asignándosele la blancura de la nieve. Tres veces se compara la limpieza del pecado con la nieve. Hallé tres más que nos hablaban de vestiduras "blancas como la nieve". Tres veces el Hijo de Dios es comparado en su apariencia a la nieve, pero ¡cuál no sería mi asombro al descubrir que el vocablo hebreo para designar a la nieve está compuesto enteramente de números *tres*! Es un hecho, aunque no generalmente sabido, que al no poseer numerales, tanto los griegos como los hebreos empleaban las letras del alfabeto en lugar de números. Una mirada ligera de un hebreo al vocablo *sheleg* que significa "nieve" sería todo lo necesario para ver que significa 333 lo mismo que nieve. La consonante hebrea que representa al sonido "SH" equivale a 300, la segunda consonante, "L" equivale a 30, y la tercera, "G" a 3. Súmelos y tendrá 333, o sea tres dígitos de tres. Curioso, ¿no es verdad? (Recuérdese que el hebreo original carecía de vocales.) Pero, ¿por qué no podemos esperar exactitud matemática en un libro que tiene inspiración plenaria y tan maravilloso como el mundo que ha hecho Dios?

De Dios se dice lo siguiente: "El hace grandes cosas, que nosotros no entendemos. Porque a la nieve dice: Desciende a la tierra." Job 37:5, 6. He tratado durante dos días de dibujar, según el modelo divino, seis cristales de nieve con lapicera y tinta, y estoy terriblemente fatigado. ¡Con qué facilidad que él lo hace! "Le *dice* a la nieve." Habla y es hecho. Trátese de imaginar cuántos millones de billones de cristales de nieve pueden caer en una hectárea de terreno en una hora, e imagínese si puede la sorprendente verdad de que cada uno de esos cristales tiene individualidad o personalidad propia, y un diseño que no se repite ni repetirá en tormenta alguna "Tal conocimiento es demasido maravilloso para mí; alto es, no lo puedo comprender" (Salmo 139:6). ¿Cómo puede una persona dada a la reflexión, en presencia de tales diseños, multiplicados por innumerables variaciones, dudar de la existencia y obra de un Diseñador, cuya capacidad está medida sólo por el infinito? Un Dios que puede hacer eso, puede hacerlo todo, incluso crear y modelar nuestra vida, y convertirla en una creación bella y simétrica.

1.2.3. *Argumento basado en la naturaleza del hombre.*

El hombre es dueño de una naturaleza moral, es decir, su vida es regulada por conceptos del bien y del mal. Sabe que hay una conducta recta que debe seguirse, y una conducta errónea que debe evitarse. Ese conocimiento es denominado "conciencia". Cuando hace lo recto, la conciencia aprueba; cuando hace lo malo, la conciencia desaprueba, o condena. Se le obedezca o no, la conciencia habla con autoridad. El señor Butler dijo lo siguiente con respecto a la conciencia: "Si poseyera poder, en la medida que posee autoridad manifiesta, luego gobernaría al mundo; es decir, que si la conciencia tuviera el poder de poner en vigor lo que ordena, revolucionaría al mundo." Pero ¡ay! el hombre es dueño del libré albedrío y de ahí que tiene la capacidad de desobedecer esa voz de su fuego interno. La conciencia, aun cuando está mal encaminada y sin luz, habla con autoridad, y hace que el hombre se sienta una persona responsable. "Dos cosas me llenan de asombró — dijo Kant, el gran filósofo alemán —, los cielos tachonados de estrellas sobre mí, y la ley moral dentro de mí."

¿Qué conclusiones se pueden derivar de esa conciencia o sentido universal del bien y el mal? Que existe un Legislador que ha señalado un nivel de conducta para el hombre y ha hecho la naturaleza del hombre capaz de entender ese nivel. La conciencia no crea el nivel, sino que simplemente atestigua con respecto a él, y registra ya sea conformidad o disconformidad. ¿Quién creó originalmente esos dos grandes conceptos del bien y del mal? Dios, el Justo Legislador. El pecado ha oscurecido la conciencia del hombre y borrado casi de su ser el sentido de la ley, pero en el monte Sinaí Dios grabó esa ley en la piedra, a fin de que el hombre tenga una perfecta ley mediante la cual pueda dirigir sus pasos. El que el hombre entienda esta ley y sienta responsabilidad hacia ella señala la existencia de un Legislador que lo creó de esa manera.

¿Y qué conclusión podemos derivar del sentido de esa responsabilidad? Que el Legislador es también Juez que recompensará a los buenos y castigará a los malos. El que impuso esa ley, la reivindicará finalmente.

No solamente la naturaleza moral del hombre, sino su ser entero evidencia o revela la existencia de Dios. Hasta las religiones más degradadas no son otra cosa que el esfuerzo ciego, sin rumbo, del hombre que busca algo que su alma anhela. Cuando una persona siente sed, sabemos que siente deseos de beber algo que apague su sed; cuando siente sed de Dios, de lo divino, sabemos que siente sed de Alguien o Algo que pueda satisfacerla. El grito de "mi alma tiene sed de Dios, del Dios vivo" (Salmo 42:2) constituye un argumento en favor de la existencia de Dios, pues el alma no engañaría al hombre sintiendo sed por algo que no existe. Un sabio de la iglesia primitiva dijo en cierta oportunidad: "Nos has hecho para ti mismo, y el corazón no halla reposo hasta que no encuentra descanso en ti."

1.2.4. Argumento basado en la historia.

La marcha de los acontecimientos en la historia mundial proporciona pruebas de que existe una Fuerza y una Providencia que los rige. Toda la historia de la Biblia fue escrita para revelar a Dios en la historia, es decir, para ilustrar la obra de Dios en los asuntos humanos. "Los principios del gobierno moral de Dios se manifiestan en la historia de las naciones tanto como en la experiencia del hombre", escribe el reverendo D. S. Clarke. (Cf. Salmo 75:7; Daniel 2:21; 5:21.) "El protestantismo inglés considera la derrota de la Armada española como una intervención divina. La colonización de los Estados Unidos de América por inmigrantes protestantes lo salvó de la suerte corrida por América del Sur y por ende, salvó el mundo para la democracia. ¿Quién podría negar que la mano de Dios está en todo esto?" "La historia del mundo, la caída y resurgimiento de naciones, como Babilonia y Roma, demuestra que el progreso acompaña al uso de facultades que Dios ha otorgado, y a la obediencia a sus leyes, y ("a la desobediencia sigue la decadencia y caída". (D. L. Pierson.) El señor A. T. Pierson, en su libro en inglés intitulado *The New Acts of the Apostles*, enuncia evidencias de la providencia rectora de Dios en la historia de las misiones modernas.

Sobre todo el trato de Dios con las personas evidencia su participación activa en los asuntos de los hombres. Charles Bradlaugh, que fuera en su época uno de los más destacados ateos ingleses, desafió a un ministro cristiano, Charles Hugh Price, a un debate. Fue aceptado el desafío, y el predicador añadió el siguiente reto:

> Puesto que sabemos, señor Bradlaugh, que "un hombre convencido contra su voluntad no ha cambiado realmente de opinión", y que un debate como mero asunto de gimnasia mental a nadie convencerá, propongo que traigamos evidencias concretas de la validez de las afirmaciones del cristianismo por medio de hombres y mujeres que han sido redimidos de una vida de pecado y de vergüenza por la influencia del cristianismo y del ateísmo. Yo traeré cien personas, y le invito a que usted haga lo mismo.
> Si no puede traer cien, señor Bradlaugh para igualar a los cien que yo traeré, quedaré satisfecho si trae cincuenta hombres y mujeres que testifiquen que han sido salvadas de una vida vergonzosa por la influencia de sus enseñanzas ateas. Si no puede traer cincuenta, traiga veinte personas que con rostros resplandecientes como las mías testifiquen de que sienten un gozo profundo y viven con dignidad, como resultado de sus enseñanzas ateas. Si no puede traer veinte, me conformaré con diez. ¡Qué digo, señor Bradlaugh, lo desafío a que traiga uno solo, un hombre o una mujer que de tal testimonio con referencia a la influencia edificante de sus enseñanzas ateas! Los creyentes que yo traeré, hombres y mujeres, presentarán una prueba irrefutable con respecto al poder salvador de Jesucristo en la vida de los que han sido redimidos de la esclavitud del pecado y la vergüenza. Quizá, señor Bradlaugh, esta será la demostración real de la validez de las afirmaciones del cristianismo.

El señor Bradlaugh retiró su reto.

1.2.5. *Argumento basado en la creencia universal.*

La creencia en la existencia de Dios se ha esparcido tanto como la raza misma, aunque frecuentemente esa creencia ha adquirido forma pervertida y grotesca, y está plagada de ideas supersticiosas. Esta posición ha sido atacada por algunos que afirman que hay algunas razas totalmente desprovistas de la idea de Dios. Pero el señor Jevons, erudito en antropología y religión comparada, afirma que este punto de vista "como lo sabe todo antropólogo, ha caído en la tumba de las controversias muertas... todos están de acuerdo en que ninguna raza, por primitiva que sea, está privada de toda idea de religión". Aun cuando la excepción pudiera demostrarse, sabemos que la excepción no anula la regla. Por ejemplo, si se pudieran encontrar algunas personas completamente desprovistas de sentimientos compasivos, humanos, ello no demostraría que el hombre es esencialmente una criatura impasible, insensible. La presencia de personas ciegas en el mundo no demuestra que el hombre es un ser no vidente. Y según las palabras del teólogo William Evans, "el que algunas naciones no tengan la tabla de multiplicar no significa que no exista la aritmética".

¿De qué manera se originó esta creencia universal? La mayor parte de los ateos parece imaginarse que un grupo de teólogos listos se reunieron en sesión secreta, inventaron la idea de Dios y la presentaron al mundo. Pero así como no se puede decir que los astrónomos inventaron las estrellas ni los botánicos las flores, así tampoco se puede afirmar que los teólogos inventaron a Dios. Es indudable que los antiguos tenían ideas equivocadas con respecto a los cuerpos celestes, pero ello no refutó la idea de la existencia de dichos cuerpos. Y si el género humano ha sostenido ideas falsas, tergiversadas, con respecto a Dios, ello implica que existía un Dios con respecto al cual podían tener ideas erróneas.

Este conocimiento universal no nació necesariamente del razonamiento, pues hay hombres que razonan, no obstante lo cual niegan la existencia de Dios. Pero es evidente que el mismo Dios que hizo la naturaleza, con sus hermosuras y maravillas, también hizo al hombre capaz de ver a través de la naturaleza al Creador de ella. "Porque lo que de Dios se conoce les es manifiesto, pues Dios se lo manifestó. Porque las cosas invisibles de él, su eterna poder y deidad, se hacen claramente visibles desde la creación del mundo, siendo entendidas por medio de las cosas hechas, de modo que no tienen excusas" (Romanos 1:19, 20). Dios no hizo al mundo sin dejar indicios, sugerencias y pruebas reveladoras de la obra de sus manos. Pero "habiendo conocido a Dios, no le glorificaron como a Dios, ni le dieron gracias, sino que se desvanecieron en sus razonamientos, y su necio corazón fue entenebrecido" (Romanos 1:21). El pecado les empañó la visión, perdieron de vista a Dios, y en vez de ver a Dios a través de las criaturas, le pasaron por alto y adoraron a la criatura. De esta forma comenzó la idolatría. Pero aun todo esto demostró que el hombre es un ser religioso, que debe tener un objeto al que adorar, o rendir culto.

¿Qué demuestra esta creencia universal en Dios? Demuestra que la naturaleza del hombre está constituida de tal manera como para entender y apreciar esa idea. Un escritor lo ha expresado de la siguiente manera: "El hombre es incurablemente religioso." Esa creencia profundamente arraigada ha producido una "religión" que en su más amplio significado abarca: (1) La aceptación de que existe un ser superior a las fuerzas de la naturaleza. (2) Un sentimiento de dependencia de Dios, como fuerza que controla el destino del hombre. Este sentimiento de dependencia es despertado en el hombre por el pensamiento de su propia debilidad y pequeñez, y por la grandeza del universo. (3) La convicción de que puede existir un intercambio amistoso, y de que en esta unión hallará seguridad y felicidad. De esta manera vemos que el hombre está constituido en forma natural para creer en la existencia de Dios, para confiar en su bondad y adorar en su presencia.

Esa "inclinación religiosa" no se encuentra en las criaturas inferiores de la creación. Por ejemplo, sería inútil tratar de enseñarle religión al tipo más elevado de mono. Pero al tipo más bajo de hombre se le puede enseñar con respecto a Dios. ¿Por qué? El animal carece de naturaleza religiosa, no ha sido hecho a la imagen de Dios. El hombre tiene una naturaleza religiosa y debe poseer algún objeto de adoración.

1.3. *Su existencia negada.*

El ateísmo consiste en la negación absoluta de la existencia de Dios. Algunos ponen en tela de juicio el que haya ateos verdaderos, pero si los hay, no se puede demostrar que busquen sinceramente a Dios, o que sean lógicamente consecuentes.

Puesto que los ateos se oponen a las convicciones más profundas y fundamentales de la raza, la responsabilidad de probar lo que sostienen descansa en ellos. No pueden con sinceridad y lógica afirmar que son ateos, a menos que puedan establecer que Dios no existe. Ahora bien, es innegable que las pruebas en favor de la existencia de Dios superan en mucho la evidencia en contra. A este respecto escribe el señor D. S. Clarke:

> Una pequeña prueba puede demostrar que hay un Dios, mientras que ninguna cantidad de pruebas que el hombre pueda presentar demostrará jamás que no hay Dios. La huella de la pata de un pájaro en una roca demostraría que en alguna época un pájaro había llegado hasta la costa atlántica. Pero antes que alguien afirme que jamás existieron pájaros en dicha costa, debe conocer primero toda la historia de la región, desde la fecha que los seres vivientes comenzaron a poblar el globo. Una evidencia pequeña puede demostrar que Dios existe, pero antes que el hombre afirme que no hay Dios, debe analizar toda la materia en el universo, debe estudiar todas las fuerzas, ya sean mecánicas, eléctricas, vitales, mentales y espirituales; debe conversar con todos los espíritus y entenderlos a la perfección; debe hallarse

en todos los lugares del espacio a cada momento, no sea que Dios en algún lugar o de alguna manera lo eluda. Debe ser omnipotente, omnipresente y eterno. En realidad, él mismo debe ser Dios, antes que pueda afirmar dogmáticamente que no hay Dios.

¡Aunque parezca extraño, sólo Dios, cuya existencia niega el ateo, podría tener la capacidad de demostrar que no hay Dios! Además, la simple posibilidad de que exista un Soberano moral inviste al hombre de una gran responsabilidad, y la conclusión atea no debiera aceptarse hasta que la no existencia de Dios haya sido demostrada fuera de toda duda.

La inconsecuencia de la postura atea se observa por el hecho de que muchos ateos, al encontrarse en peligro o dificultades, han orado. El huracán de la vida ha asolado el refugio de sus teorías, y dejado a la intemperie los cimientos de su fe, y han procedido como seres humanos. Decimos "humanos" porque el que niega la existencia de Dios frustra y sofoca los instintos más profundos y nobles del alma. Blas Pascal, el famoso filósofo, teólogo y matemático francés, dijo: "El ateísmo es una enfermedad." Cuando el hombre pierde su fe en Dios, ello no se debe a ningún argumento (no importa con cuánta lógica exprese su negación) sino a "un quebranto interno, traición o descuido, o de lo contrario algún ácido destilado en el alma ha disuelto la perla de gran precio".

El siguiente incidente, narrado por un noble ruso, ilustra el punto:

> Corría el mes de noviembre de 1917 cuando dos bolcheviques habían derrocado al gobierno de Kerensky y habían iniciado el "reinado del terror". Cierto noble se hallaba en su casa materna, en peligro constante de ser arrestado. Sonó el timbre de la puerta de calle, y la sirvienta que salió a la puerta trajo de vuelta una tarjeta con el nombre del príncipe Kropotkin, el padre del anarquismo. Entró y pidió permiso para examinar el departamento. No quedaba otra alternativa que cumplir la orden, pues evidentemente tenía autoridad para efectuar la inspección de la casa, y hasta para revisarla.
>
> Mi madre lo dejó pasar — dice el narrador —. Entró en una habitación y luego en otra sin detenerse, como si hubiera vivido allí antes y conociera la casa. Entró en el comedor, miró a su alrededor, y de repente se dirigió a la alcoba de mi madre.
>
> — Disculpe, pero ese es mi dormitorio — le dijo mi madre cuando el príncipe estaba a punto de abrir la puerta.
>
> Vaciló por unos momentos ante la puerta, miró a mi madre y luego, como si no supiera qué hacer, con cierta vibración en su voz, dijo rápidamente:
>
> — Sí, sí, ya sé. Perdóneme, pero necesito entrar en esa habitación.
>
> Colocó la mano derecha en el picaporte y comenzó a abrir la

puerta con lentitud, luego la abrió de par en par, y entró en la habitación, cerrando la puerta tras de sí.

Tal era mi indignación por la conducta del príncipe, que estuve a punto de reconvenirle. Me acerqué a la alcoba, abrí la puerta de un tirón, y me quede plantado en el lugar. El príncipe Kropotkin se encontraba de rodillas orando en la habitación. No le podía ver el rostro, pero allí de rodillas parecía tan humilde al musitar con fervor una oración. Tan absorto estaba que ni siquiera se dio cuenta que yo me encontraba allí.

En un instante toda mi ira, mi odio hacia este hombre se evaporó como niebla bajo los candentes rayos del sol. Me embargaba emoción tan profunda que cerré sigilosamente la puerta

El príncipe Kropotkin permaneció en la habitación por unos veinte minutos. Por fin se abrió la puerta y apareció el príncipe con la actitud de un niño que hubiera sido sorprendido en una falta, sin levantar sus ojos y como si reconociera su culpa. Pero una sonrisa iluminaba su rostro. Se acercó a mi madre, le tomó las manos, las besó, y le dijo con voz suave:

— Le agradezco que me haya permitido visitar su casa. No se enoje . . . Le explicaré: en esa alcoba falleció mi madre . . . Fue un profundo consuelo para mi entrar en esa habitación . . . Gracias, muchas gracias.

Su voz temblaba de emoción. Tenía húmedos los ojos. Se despidió apresuradamente y desapareció.

Se trataba de un anarquista, revolucionario y ateo, pero oró. ¿No era evidente que se había convertido en ateo aplastando algunos de los impulsos más profundos del alma?

El ateísmo es un crimen contra la sociedad, pues destruye el único fundamento adecuado de la moral y la justicia: un Dios personal que hace responsable al hombre por el cumplimiento de sus leyes. Si no hay Dios, no hay tampoco ley divina, y por ende toda la ley es del hombre. Pero ¿por qué se tiene que vivir una vida recta simplemente porque un hombre, o un grupo de hombres, lo diga? Quizá haya personas animadas de elevados principios que serán justos y procederán con rectitud, sin creer en Dios, pero para la mayoría de los seres humanos, una sola cosa justifica el proceder con rectitud: "Así ha dicho Jehová," el Juez de los vivos y de los muertos, el poderoso Gobernante de nuestro eterno destino. El remover ese fundamento equivale a destruir los cimientos o bases de la sociedad humana. El señor James M. Gillis dice:

El ateo es como un borracho que por casualidad entra en un laboratorio y comienza a experimentar al azar con productos químicos que pueden hacer volar en pedazos a él y a lo que lo rodea. En realidad el ateo está jugando peligrosamente con una fuerza más misteriosa y poderosa que cualquier cosa que se pone en los tubos de ensayo; más misterioso que el rayo de la muerte de la ciencia. Es imposible imaginarse lo que ocurriría si el ateo lograra realmente extinguir la creencia en Dios. En toda la historia trágica de este planeta, no ha habido acontecimiento alguno que podría servir como símbolo de ese cataclismo universal.

El ateísmo es un crimen contra el hombre. Trata de desalojar del corazón del hombre su anhelo de lo espiritual, su sed de lo infinito. Los ateos protestan contra los crímenes de la religión y reconocemos que la religión ha sido pervertida por el profesionalismo en el sacerdocio y por el clericismo. Pero el intento de borrar la idea de Dios porque se ha abusado de ella es tan lógico como intentar desarraigar el amor del corazón del hombre porque en algunos casos se ha pervertido y degradado.

2. LA NATURALEZA DE DIOS

2.1. El punto de vista bíblico. (Los nombres de Dios.)

¿Quién es y qué cosa es Dios? La mejor definición que jamás se haya dado se encuentra en el catecismo de Westminster, que dice: "Dios es Espíritu, infinito, eterno e inmutable en su ser, sabiduría, poder, santidad, justicia, bondad y verdad." La definición bíblica se puede formular del estudio de los nombres de Dios.

El nombre de Dios, en las Sagradas Escrituras, significa más que una combinación de sonidos; representa su carácter revelado. Dios se revela mediante la proclamación de su nombre, o mediante el dar a conocer su nombre (Exodo 6:3; 33:19; 34:5, 6). El adorar a Dios significa invocar su nombre (Génesis 12:8) temerle (Deuteronomio 28:58), alabarle (2 Samuel 22:50), glorificarle (Salmo 86:9). Es maldad tomar su nombre en vano (Exodo 20:7) o profanarlo o blasfemarlo (Levítico 18:21; 24:16). El reverenciar a Dios es santificar o reverenciar su nombre (Mateo 6:9). El nombre de Dios defiende a su pueblo (Salmo 20:1) y por amor de su nombre él no los desamparará (1 Samuel 12:22).

Los siguientes son los nombres bíblicos más comunes en las Sagradas Escrituras.

2.1.1. Elohim (traducido Dios).

Este vocablo es empleado en lugares donde se describe o insinúa el poder creador y la omnipotencia de Dios. Elohim es el Dios-Creador. La forma plural significa plenitud de poder, y simboliza a la Trinidad.

2.1.2. Jehová.

Elohim, el Dios-Creador no se aísla de sus criaturas. Al ver sus necesidades, descendió para ayudarlas y salvarlas. Al entablar esa relación, se revela a sí mismo como Jehová, el Dios del pacto. El nombre JEHOVA procede del verbo "ser" en el idioma hebreo, y abarca los tres tiempos gramaticales: pasado, presente y futuro. El nombre significa por lo tanto: El que fue, es, y será, o en otras-palabras, el Eterno. Puesto que Jehová es el Dios que se revela al hombre, el nombre significa: Me he manifestado, me manifiesto y me manifestaré a mí mismo.

Lo que Dios hace por su pueblo se expresa por sus nombres, y cuando su pueblo experimenta su gracia, luego se dice que conocen su nombre. La relación de Jehová con Israel queda sintetizada en los nombres de Jehová relacionados con sus promesas. Para los que se encuentran postrados en su lecho de dolor, se le conoce como JEHOVA-RAFA, "yo soy Jehová tu Sanador" (Exodo 15:26). Acosados por el enemigo, claman a JEHOVA-NISSI, o sea "Jehová mi bandera" (Exodo 17:8-15). Agobiados por las preocupaciones, los hijos de Dios descubren que él es JEHOVA-SALOM, que significa "Jehová es paz" (Jueces 6:24). Como peregrinos en la tierra, comprenden que necesitan a JEHOVA-RA'AH, "Jehová es mi pastor" (Salmo 23:1). Conscientes de la condenación, y necesitando la justificación claman esperanzados a JEHOVA-TSIDKENU, "Jehová, justicia nuestra" (Jeremías 23:6). Cuando están necesitados, comprueban que es JEHOVA-YIREH, o sea "Jehová proveerá" (Génesis 22:14). Y cuando el reino de Dios venga sobre la tierra, se le conocerá como JEHOVA-SHAMA, cuyo significado es "Jehová está allí" (Ezequiel 48:35).

2.1.3. El. (Dios)

"El" es empleado en el idioma hebreo en palabras compuestas: EL-ELYON (Génesis 14: 18-20), "el Altísimo", el Dios que es exaltado sobre todo aquello que se denomina dios o dioses. EL-SHADDAI, "el Dios suficiente para las necesidades de su pueblo" (Exodo 6:3). EL-OLAM, el "Dios eterno" (Génesis 21:33).

2.1.4. Adonai.

Significa literalmente "Señor", y nos expresa la idea de gobierno y dominio. (Cf. Exodo 23:17; Isaías 10:16, 33.) En virtud de lo que es y ha hecho, reclama para sí el servicio y obediencia de su pueblo.

Este nombre se aplica en el Nuevo Testamento al Cristo glorificado.

2.1.5. Padre.

El vocablo *Padre* es empleado tanto en el Antiguo como en el Nuevo Testamento. En su significado más amplio, describe a Dios como el Productor de todas las cosas, y el Creador del hombre, de manera que en lo que a creación respecta, todo puede ser denominado descendencia o producto de Dios (Hechos 17:28). Sin embargo, esta relación no garantiza la salvación. Sólo quienes han sido vivificados para que tengan nueva vida por medio de su Espíritu son sus hijos en un sentido íntimo y salvador (Juan 1:12, 13).

2.2. Creencias erróneas.

Hay otros puntos de vista relativos a Dios aparte de las Escrituras. De ellos, algunos son verdades recalcadas con exceso; otros son verdades que no se han acentuado como es debido; otros, verdades falseadas, tergiversadas. ¿Por qué vamos a considerarlos? Porque es muy difícil describir a la perfección el ser de Dios, y al ver lo que no es, recibiremos ayuda para entender mejor lo que es.

2.2.1. Agnosticismo.

El agnosticismo, de un vocablo griego que significa desconocido o imposible de conocer, niega a la inteligencia humana capacidad para conocer a Dios. "La mente finita no puede comprender lo infinito", declara el agnóstico. Pero no alcanza a comprender que hay diferencia entre conocer a Dios en sentido absoluto, y conocer algunas cosas relativas a Dios. No podemos *conocer* a Dios en forma absoluta, pero sí limitada, es decir, podemos *saber* algo de El.

"Podemos saber que Dios existe, sin saber todo lo que es", nos dice el señor D. S. Clarke. "Podemos tocar la tierra, aunque somos incapaces de rodearla con nuestros brazos. El niño puede conocer a Dios, mientras que el filósofo jamás podrá conocer al Altísimo en forma perfecta."

Las Sagradas Escrituras se basan en la premisa de que Dios es conocible; por otra parte se nos advierte que aun "conocemos en parte". (Cf. Exodo 33: 20; Job 11:7; Romanos 11:33, 34; 1 Corintios 13:9-12.)

2.2.2. Politeísmo.

Este vocablo significa adoración de muchos dioses. El politeísmo fue característica de las religiones antiguas, y se practica todavía en muchos países paganos. Se basa en la idea de que el universo es gobernado, no por una fuerza, sino por varias, de manera que hay un dios del agua, dios del fuego, dios de las montañas, dios de la guerra, y así sucesivamente. Esta creencia fue la consecuencia natural del paganismo, que hizo muchos dioses de objetos y fuerzas naturales, "honrando y dando culto a las criaturas antes que al Creador" (Romanos 1:25).

Abraham fue llamado a que se separara de los paganos y se convirtiera en testigo del Dios verdadero. Su llamado fue el comienzo de la misión de Israel, la cual predicaría el monoteísmo (adoración de un sólo Dios) en contraposición con el politeísmo de las naciones circunvecinas.

2.2.3. Panteísmo.

El panteísmo, palabra formada de dos vocablos griegos que significan "todo es Dios", es un sistema filosófico o religioso de los que creen que la totalidad del universo es el único Dios. Los árboles y las piedras, la tierra y el agua, pájaros, reptiles y otros animales, y el hombre, todos son, según el panteísmo, parte de Dios, y Dios vive y se expresa mediante esas sustancias y fuerzas, de la misma manera que el alma se expresa por medio del cuerpo.

¿Cómo se originó este sistema? En Romanos 1:2-23 se nos proporciona el indicio. Quizá sea que en un pasado lejano los filósofos paganos, habiendo perdido de vista a Dios y habiéndolo destituido de sus corazones, comprendieron la necesidad de hallar algo que ocupara su lugar, pues el hombre tiene necesidad de adorar algo. Para ocupar el lugar de Dios, debe haber algo que sea tan grande como Dios. Si Dios ha desaparecido del mundo, ¿por qué no dejar que el mundo sea Dios? Así razonaban, y de esa manera comenzó la adoración a las montañas y los árboles, a las bestias y al hombre, y a todas las fuerzas de la naturaleza.

A primera vista esta adoración de la naturaleza quizá nos parezca hermosa, pero encierra una conclusión absurda. Pues si el árbol y la flor y la estrella es Dios, también deben serlo el gusano, el microbio, el tigre y el más vil de los pecadores. Se trata esta de una conclusión inconcebible.

El panteísmo confunde a Dios con la naturaleza. Pero el poema no es el poeta, el arte no es el artista, la música no es el músico y la creación no es Dios. Una hermosa tradición hebrea nos narra de qué manera el patriarca Abraham percibió la distinción:

> Cuando Abraham comenzó a reflexionar con respecto a la naturaleza de Dios, confundió al principio las estrellas por deidades, en virtud de su esplendor y hermosura Pero cuando comprendió que su luz era eclipsada por la de la luna, luego pensó que la luna era una deidad. La luz de la luna desapareció sin embargo al salir el sol, y Abraham pensó entonces que este era una deidad. Sin embargo, durante la noche, el sol desaparecía también. "Debe de haber algo en el mundo mayor que esas constelaciones," pensó Abraham. Y fue así que de la adoración a la naturaleza pasó a adorar al Dios de la naturaleza.

Las Sagradas Escrituras corrigen ese punto de vista falso, tergiversado, del panteísmo. Aunque el texto sagrado nos enseña que Dios se revela en la naturaleza, al mismo tiempo hace una distinción entre Dios y la naturaleza. El panteísmo dice que Dios es el universo; la Biblia expresa que Dios hizo el universo.

¿Dónde se profesa en la actualidad el panteísmo? En primer lugar, entre algunos poetas que dicen que la naturaleza es divina. En segundo lugar, subraya la mayor parte de la religión de la India, y constituye su justificación para la adoración de ídolos. "¿No es acaso el árbol del que está hecha la imagen, parte de Dios?" nos dicen. En tercer lugar, la Ciencia Cristiana es una forma de panteísmo, pues una de sus creencias o doctrinas fundamentales es la siguiente: "Dios es todo, y todo es Dios." Técnicamente, es panteísmo "idealista", porque enseña que todo es "idea", y por lo tanto la materia es irreal.

2.2.4. Materialismo.

El materialismo niega que haya distinción alguna entre la mente y la materia, y afirma que todas las manifestaciones de la vida y de la mente, y todas las fuerzas, son simplemente propiedades de la materia. "Así como el hígado segrega la bilis, así también el cerebro segrega pensamientos" y "el hombre es una máquina", son algunos de los dichos favoritos de los materialistas. "El hombre es simplemente un animal," declaran, con el objeto de destruir la idea de la naturaleza superior del hombre y su destino divino.

Esta teoría nos parece tan tosca y absurda que apenas merece ser refutada. Sin embargo, en numerosas universidades, en centenares de novelas, y en muchas otras formas se discute y se cree la idea de que el hombre es o un bruto o una máquina; que no es responsable de sus actos, y que no es ni bueno ni malo.

Para rebatir ese error observemos lo siguiente: (1) Nuestra propia conciencia nos dice que somos algo más que materia, y que somos distintos de un árbol o una piedra. Un gramo de sentido común vale más que una tonelada de filosofía. Se nos dice que Daniel O'Connell, el orador irlandés, se encontró en cierta oportunidad con una anciana mujer de la misma nacionalidad, la cual era temida por su lengua mordaz y vocabulario cáustico. Pero el orador, en un debate con ella, la abrumó con una andanada de términos trigonométricos, diciéndole: "Usted es un miserable romboide, desvergonzada hipotenusa. Todos saben que esconde en su casa a un paralelogramo." Y continuó en este tenor, hasta que la pobre mujer se sintió toda confusa, sin saber qué hacer. De igual manera, los filósofos modernos tratan de aterrorizarnos con palabras altisonantes. Pero el error no se convierte en verdad mediante el empleó de palabras kilométricas, de cinco sílabas o más. (2) La experiencia y la observación nos demuestran que la vida puede proceder sólo de una vida existente, y por lo tanto la vida de este mundo procedió de una causa viva. Jamás se ha demostrado que la vida pueda proceder de la materia muerta. Hace algunos años, algunos hombres de ciencia pensaron que habían hecho tal descubrimiento, pero cuando se observó en el aire la presencia de microbios, la teoría quedó en la nada. (3) La evidencia de que existe inteligencia y diseño en el universo contradice la idea del materialismo ciego. (4) Admitiendo aun la idea de que el hombre es una máquina, sabemos que una máquina no se fábrica a sí misma. La máquina no produjo al inventor, sino que este creó a aquella.

Los males del materialismo se observan en el hecho de que destruye los fundamentos o bases de la moralidad, puesto que si el hombre es sólo una máquina, luego no es responsable de sus hechos. En consecuencia, no podemos denominar noble al héroe, ni malvado al villano, puesto que no podrían actuar de otra manera aunque lo quisieran. Por lo tanto, un hombre no puede juzgar a otro, puesto que la sierra circular no le puede decir a la guillotina: "¿Cómo puedes ser tan cruel?"

¿Cuál es el antídoto para el materialismo? ¡El evangelio predicado en la demostración del Espíritu y con señales que lo siguen!

2.2.5. Deísmo

El deísmo admite que hay un Dios personal, que creó al mundo; pero insiste en que después de la creación lo dejó para que se gobernara por las leyes naturales. En otras palabras, le dio cuerda al mundo como si fuera un reloj, y luego lo dejó que marchara sin intervención de su parte. De ahí que no sea posible revelación o milagro alguno. Este sistema se denomina a veces racionalismo, porque hace de la razón la guía suprema de la religión. También se describe como Religión Natural, en contraposición con la Religión Revelada. Este sistema es impugnado por las evidencias de la inspiración de la Biblia y las evidencias de la obra de Dios en la historia.

El punto de vista deísta con respecto a Dios es unilateral. Las Sagradas Escrituras enseñan dos verdades importantes con respecto a la relación de Dios con el mundo: Primera, su trascendencia, significando su separación del mundo y del hombre, y su elevación por sobre ellos (Isaías 6:1); segunda, su inminencia, significando su presencia en el mundo y proximidad al hombre (Hechos 17:28; Efesios 4:6). El deísmo recalca con exceso la primera verdad, mientras que el panteísmo recalca la segunda. Las Sagradas Escrituras nos proporcionan un punto de vista verdadero y equilibrado. Dios está separado del mundo y es realmente superior a él; pero por otra parte, está en el mundo. Envió al Hijo para que estuviera con nosotros, y el Hijo envió al Espíritu Santo para que estuviera en nosotros. De manera entonces que la doctrina de la trinidad evita estos dos extremos. A la pregunta de ¿está Dios fuera del mundo o en él? la Biblia responde: Está fuera y dentro del mundo.

3. LOS ATRIBUTOS DE DIOS

Puesto que Dios es un ser infinito, es imposible para criatura alguna conocerlo exactamente tal cual es. No obstante, se ha dignado amorosamente revelarse en un idioma que podemos entender, y esa revelación está contenida en las Escrituras. Por ejemplo, Dios dice de sí mismo: "Yo soy santo." Por lo tanto podemos decir que Dios es santo. La santidad es entonces un atributo de Dios, porque la santidad es una cualidad que le podemos atribuir o asignar a Dios. De manera entonces que podemos regular nuestros pensamientos e ideas con respecto a Dios con la ayuda de la revelación que Dios ha dado de sí mismo.

¿Qué diferencia hay entre los nombres de Dios y los atributos de Dios? Los nombres de Dios expresan su ser todo, mientras que sus atributos indican varias facetas o aspectos de su carácter.

Hay muchas cosas que se pueden decir de un ser tan elevado, excelso, como Dios, y nuestra tarea quedara facilitada si clasificamos sus atributos. El comprender a Dios con amplitud, en sentido absoluto, equivaldría a tratar de encerrar el Océano Atlántico en una taza. Pero El se ha revelado lo suficiente como para satisfacer nuestra capacidad mental. La clasificación siguiente quizá sea útil:

1. Atributos no relacionados, es decir, lo que Dios es en sí mismo, aparte de la creación. Responden a la siguiente pregunta: ¿Qué cualidades caracterizaron a Dios antes de existir lo creado?

2. Atributos activos, o lo que Dios es con relación al universo.

3. Los atributos morales, o lo que Dios es con relación a sus seres morales.

3.1. *Atributos no relacionados. (La naturaleza interior de Dios.)*

3.1.1. *Espiritualidad.*

Dios es un Espíritu con personalidad (Juan 4:24). Piensa, siente, habla y por lo tanto puede mantener comunicación directa con sus criaturas hechas a su imagen. Como Espíritu, Dios no está sujeto a las limitaciones que por tener cuerpo sufren los seres humanos. No posee miembros corporales o pasiones, no está compuesto de elementos materiales, y no está sujeto a las condiciones de la existencia natural. De ahí que no pueda ser visto con ojos naturales o comprendido por los sentidos naturales.

Esto no implica que Dios viva una existencia indefinida, oscura, insubstancial, pues el Señor Jesús se refiere "a su parecer" (Juan 5:37; compare con Filipenses 2:6). Dios es una Persona verdadera, pero de naturaleza tan infinita que no puede ser comprendido a la perfección por la mentalidad del hombre, ni descrito en forma adecuada por el lenguaje humano.

"A Dios nadie le vio jamás," declara Juan (Juan 1:18; compare Exodo 33:20); sin embargo, en Exodo 24:9, 10 leemos que Moisés y ciertos ancianos "vieron al Dios de Israel". No hay contradicción alguna. Juan quiere decir que nadie ha visto jamás a Dios tal cual es. Pero sabemos que el espíritu puede manifestarse en forma corporal (Mateo 3:16); por lo tanto Dios puede manifestarse a sí mismo en una forma que puede ser entendido o comprendido por el hombre. Dios describe también su personalidad infinita en un idioma entendido por la mente finita; de ahí que la Biblia hable de Dios diciendo que tiene manos, brazos, ojos y oídos; que ve, siente, oye, se arrepiente y así sucesivamente.

Pero Dios es inescrutable. "¿Descubirás tú los secretos de Dios?" (Job 11:7). Nuestra respuesta debe ser la siguiente: "No tenemos nada con qué sacarla, y el pozo es hondo" (Juan 4:11).

3.1.2. *Infinidad*

Dios no está sujeto a las limitaciones humanas y naturales. La infinidad de Dios puede ser considerada de dos maneras: (1) Con relación al espacio, Dios se caracteriza por la inmensidad (1 Reyes 8:27); es decir, la naturaleza de la Deidad está igualmente presente en el todo del espacio infinito, como en cada una de sus partes. No existe parte de la existencia que no sea afectada por su presencia y vigor, y punto alguno del espacio puede sustraerse a su influencia. "Su centro está en todas partes, su circunferencia en ninguna." No obstante, debemos recordar que en un sitio particular, su presencia y su gloria se revelan en forma extraordinaria: en el cielo. (2) Con relación al tiempo, Dios es eterno (Exodo 15:18; Deuteronomio 33:27; Nehemías 9:5; Salmo 90:2; Jeremías 10:10; Apocalipsis 4:8-10). Ha existido desde la eternidad, y existirá hasta la eternidad. El pasado, el presenté y el futuro son el presente para su mente. Por ser eterno, es inmutable: "Jesucristo es el mismo ayer, y hoy, y por los siglos." Se trata de una verdad consoladora para el creyente, que puede descansar confiado en la verdad de que "el eterno Dios es tu refugio, y acá abajo los brazos eternos" (Deuteronomio 33:27).

3.1.3. Unidad

"Oye, Israel: Jehová nuestro Dios, Jehová uno es", era base fundamental de la religión del Antiguo Testamento, y el mensaje distintivo, característico a un mundo que adoraba a muchos dioses falsos. (Cf. Exodo 20:3; Deuteronomio 4:35, 39; 6:4; 1 Samuel 2:2; 2 Samuel 7:22; 1 Reyes 8:60; 2 Reyes 19:15; Nehemías 9:6; Isaías 44:6-8; 1 Timoteo 1:17).

¿Está en pugna esta enseñanza relativa a la unidad de Dios con lo que enseña el Nuevo Testamento referente a la trinidad? Debemos distinguir entre dos clases de unidad: la *absoluta* y la *compuesta*. La expresión "un hombre" nos da la idea de unidad absoluta, porque nos referimos a una persona. Pero cuando leemos que un hombre y una mujer serán "una sola carne" (Génesis 2:24), tenemos unidad compuesta, puesto que se quiere dar a entender la unión de dos personas. Compárese también Esdras 3:1 y Ezequiel 37:17, pasajes que emplean para "uno" ("echad" en hebreo) el mismo vocablo que se emplea en Deuteronomio 6:4. Un término distinto ("yachidh") se emplea para proporcionar la idea de unidad absoluta, o calidad absoluta de uno (Génesis 22:2, 12; Amós 8:10; Jeremías 6:26; Zacarías 12:10; Proverbios 4:3; Jueces 11:34).

¿A qué unidad se refiere Deuteronomio 6:4? En virtud de que la frase "nuestro Dios" está en plural en el idioma original hebreo (Elohim) llegamos a la conclusión de que quizá se indique una unidad compuesta. La doctrina de la trinidad nos enseña la unidad de Dios como unidad compuesta, incluyendo tres Personas divinas, unidas mediante una eterna y a la vez esencial unidad.

3.2. Atributos activos. (Dios y el universo.)

3.2.1. Omnipotencia

La omnipotencia de Dios significa dos cosas: (1) Su libertad y poder para hacer todo lo que es consecuente con su naturaleza. "Porque nada hay imposible para Dios." Naturalmente que esto no significa que puede hacer o hará cosa alguna contraria a su propia naturaleza, por ejemplo, mentir o robar; o que hará una cosa absurda o contradictoria o antinómica, como por ejemplo un círculo triangular o agua seca. (2) Su control y soberanía sobre todo lo hecho o que puede ser hecho. Pero si eso es así, ¿por qué se practica el mal en el mundo? Porque Dios ha dotado al hombre de un libro albedrío, que El no violará. Por lo tanto permite acciones malvadas, pero con un propósito sabio, y con el objeto o perspectiva de vencer finalmente al mal. Sólo Dios es todopoderoso, y ni aun Satanás puede hacer nada sin su consentimiento. Lea Job, capítulos 1 y 2.

Toda la vida es sostenida de Dios (Hebreos 1:3; Hechos 17:25, 28; Daniel 5:23); la existencia del hombre es como las notas de un órgano, que duran mientras los dedos de Dios están en el teclado. Por lo tanto, toda vez que una persona peca, está empleando el propio poder del Creador para afrontarlo. (Cf. Génesis 1:1; 17:1; 18: 14; Exodo 15:7; Deuteronomio 3:24; 32:39; 1 Crónicas 16:25; Job 42:2; Isaías 40:12-15; Jeremías 32:17; Ezequiel 10:5; Daniel 3:17; 4:35; Amós 4:13; 5:8; Zacarías 12:1; Mateo 19:26; Apocalipsis 15:3; 19:6.)

3.2.2. Omnipresencia.

¿Qué diferencia hay entre inmensidad y omnipresencia? Inmensidad es la presencia de Dios con relación al *espacio*, mientras que omnipresencia es su presencia vista con relación a sus *criaturas*. Está presente entre sus criaturas o seres en las maneras siguientes: (1) Gloriosa, entre las huestes que lo adoran en el cielo (Isaías 6:1-3). (2) Eficaz, en el orden natural (Nahum 1:3). (3) Providencial, en los asuntos del hombre (Salmo 68:7-8). (4) Atenta, para los que le buscan (Mateo 18:19, 20; Hechos 17:27). (5) Judiciaria, para la conciencia de los malvados (Génesis 3:8; Salmo 68:1, 2). El hombre no puede esperar encontrar un rincón en el universo, donde puede escapar la ley de su Hacedor. "Si Dios está en todas partes, tiene que estar también en el infierno", manifestó cierto día un ciudadano chino a un creyente de]a misma nacionalidad. "Su ira está en el infierno", fue la rápida respuesta. Se nos dice que cierto día un ateo escribió lo siguiente: "Dios no está aquí." Su hijita, que estaba aprendiendo las primeras letras leyó: "Dios nuestro aquí." Ello lo convenció de su error, le hizo comprender su pecado. (6) Corporal, en el Hijo (Colosenses 2:9). "Dios con nosotros." (7) Mística, en la iglesia (Efesios 2:12-22). (8) Oficial, con sus obreros (Mateo 28:19, 20).

Aunque Dios está en todas partes, no significa que *habite* en todas partes. Sólo cuando entra en *relación directa* con un grupo o con una persona, se dice que *habita o vive en ellos*. (Cf. Génesis 28:15, 16; Deuteronomio 4:39; Josué 2:11; Salmo 139:710; Proverbios 15:3, 11; Isaías 66:1; Jeremías 23:23-24; Amós 9:2, 6; Hechos 7:48, 49; Efesios 1:23.)

3.2.3 Omnisciencia.

El conocimiento de Dios es perfecto, no tiene que razonar o reflexionar, o descubrir cosas, o aprender gradualmente, puesto que sus conocimientos con respecto al pasado, presenté y futuro son instantáneos.

Gran consuelo proporciona estudiar este atributo. En todas las pruebas de la vida, el creyente puede estar seguro de que "vuestro Padre sabe" (Mateo 6:8).

La siguiente dificultad se les presenta a algunos: puesto que Dios sabe todas las cosas, sabe quién se perderá; por lo tanto, ¿cómo puede una persona evitar perderse? Pero el que Dios sepa de antemano de qué manera empleará una persona su libre albedrío no significa que influirá en la elección de este. Dios preve el futuro, pero no lo fija o determina para el hombre. (Cf. Génesis 18:18, 19; 2 Reyes 8:10, 13; 1 Crónicas 28:9; Salmo 94:9; 139:1-16; 147:4, 5; Proverbios 15:3; Isaías 29:15, 16; 40:28; Jeremías 1:4, 5; Ezequiel 11:5; Daniel 2:22-28; Amós 4:13; Lucas 16:15; Hechos 15:8, 18; Romanos 8:27, 29; 1 Corintios 3:20; 2 Timoteo 2:19; Hebreos 4:13; 1 Pedro 1:2; 1 Juan 3:20.)

3.2.4 *Sabiduría.*

La sabiduría de Dios es una combinación de su omnisciencia y omnipotencia. Tiene poder para aplicar sus conocimientos de manera que los propósitos mejores sean realizados o cumplidos por los mejores medios posibles. Dios hace siempre lo que corresponde, de la manera correcta, en el momento oportuno. En las Sagradas Escrituras se dice del Señor: "Bien lo ha hecho todo."

Cuando Dios diseña todas las cosas y gobierna el curso de los acontecimientos a fin de que se cumplan sus buenos propósitos, llamamos a ello Providencia. La providencia *general* de Dios está relacionada con el gobierno del universo en general; su providencia *particular* tiene que ver con los detalles de la vida del hombre. (Cf. Salmo 104:24; Proverbios 3: 19; Jeremías 10:12; Daniel 2:20, 21; Romanos 11: 33; 1 Corintios 1:24, 25, 30; 2:6, 7; Efesios 3:10; Colosenses 2:2, 3.)

3.2.5. Soberanía.

Dios tiene absoluto derecho de gobernar, y disponer de sus criaturas según su voluntad. (Cf. Daniel 4:35; Mateo 20:15; Romanos 9:21.) Posee este derecho en virtud de su infinita superioridad, de su propiedad absoluta de todo, y de la absoluta dependencia que todas las cosas tienen de él para su continuación. Por lo tanto, no es sólo necio sino también malvado criticar su conducta. El señor D. S. Clarke nos dice lo siguiente:

> La doctrina de la soberanía de Dios es muy provechosa y estimulante. Si se nos diera a elegir, ¿qué elegiríamos: ser gobernados por el destino ciego, o la suerte caprichosa, o la ley natural irrevocable, o nuestro criterio miope y pervertido, o por un Dios infinitamente sabio, santo, amoroso y poderoso? El que rechaza la soberanía de Dios, puede elegir entre lo que queda.

3.3. *Atributos morales. (Dios y las criaturas morales.)*

Al pasar revista al trato de Dios con la humanidad, aprendemos lo siguiente:

3.3.1 Santidad.

La santidad de Dios significa esta absoluta pureza moral; no puede pecar ni tolerar el pecado. (Cf. Exodo 15:11; Levítico 11:44, 45; 20:26; Josué 24:19; 1 Samuel 2:2; Salmo 5:4; 111:9; 145:17; Isaías 6:3; 43:14, 15; Jeremías 23:9; Lucas 1:49; Santiago 1:13; 1 Pedro 1:15, 16; Apocalipsis 4:8; 15:3, 4.) La raíz etimológica del vocablo "santo" es separado, apartado. ¿En qué sentido está separado Dios? Está separado del hombre en lo que respecta a *espacio*. El está en el cielo, el hombre en la tierra.

Está separado del hombre en *naturaleza* y *carácter*. Dios es perfecto, el hombre imperfecto; Dios es divino, el hombre humano; Dios es moralmente perfecto, el hombre es pecaminoso. Vemos que la santidad es el atributo que establece y preserva la distinción entre Dios y las criaturas. Denota no sólo un atributo de Dios, sino la naturaleza divina misma. Por lo tanto, cuando Dios se revela de tal manera que con su divinidad causa impresión en el hombre, se dice que se santifica a sí mismo (Ezequiel 36:23; 38:23); es decir, se revela como el Santo. Cuando los serafines describen el resplandor del que se sienta en el trono, exclaman: "Santo, santo, santo, Jehová de los ejércitos" (Isaías 6:3).

Se dice que el hombre santifica a Dios cuando lo honra y reverencia como ser divino (Números 20:12; Levítico 10:3; Isaías 8:13). Cuando le afrentan al violar sus mandamientos, se dice que "profanan" su nombre, lo cual es lo opuesto de santificarlo (Mateo 6:9).

Sólo Dios es santo en sí mismo. Se habla de gente santa, de edificios y objetos santos, porque Dios los ha hecho santos, o los ha santificado. El vocablo "santo" aplicado a personas u objetos es un término que expresa una relación con Jehová, o sea que una determinada persona u objeto ha sido separado o apartado para servir a Dios. Habiendo sido así separados, los artículos deben ser limpios; y las personas deben consagrarse a fin de vivir de acuerdo con la Ley de la Santidad. Estos hechos constituyen la base de la doctrina de la santificación.

3.3.2 *Justicia.*

¿Qué diferencia hay entre santidad y justicia? "La justicia es santidad en acción", constituye una de las respuestas. La justicia es la santidad de Dios manifestada en el trato justo con sus criaturas. "El juez de toda la tierra, ¿no ha de hacer lo que es justo?" (Génesis 18:25). Justicia es ajustarse a un nivel justo de conducta; es la conducta que corresponde con relación a los demás. ¿Cuándo manifiesta Dios este atributo? (1) Cuando declara inocente al que lo es; y condena al malvado y vela porque se haga justicia. Dios juzga, no como los jueces modernos lo hacen, por las pruebas que otros presentan en el tribunal, sino que descubre las pruebas por sí mismo. De manera entonces que el Mesías, lleno del Espíritu Santo, no juzga "según la vista de sus ojos, ni argüirá por lo que oyeren sus oídos", sino que juzgará con equidad y justicia (Isaías 11:3). (2) Cuando perdona al penitente (Salmo 51:14; 1 Juan 1:9; Hebreos 6:10). (3) Cuando castiga y juzga a su pueblo (Isaías 8:17; Amós 3:2). (4) Cuando salva a su pueblo. La interposición de Dios en favor de su pueblo se denomina su justicia (Isaías 46:13; 45:24, 25). La salvación es el lado negativo; la justicia el positivo. Libera a su pueblo de sus pecados y de sus enemigos, y el resultado es justicia del corazón (Isaías 60:21; 54:13; 61:10;

51:6). (5) Cuando proporciona la victoria a la causa defendida por sus siervos fieles (Isaías 50:9). Después que Dios haya liberado a su pueblo y juzgado a los malvados, tendremos "cielos nuevos y tierra nueva, según sus promesas, en los cuales mora la justicia" (2 Pedro 3:13).

Dios no sólo trata o se conduce con justicia, sino que *requiere* justicia. Pero ¿y si el hombre ha pecado? Luego entonces imparte con misericordia la justicia (o justifica) al penitente (Romanos 4:5). Esta es la base de la doctrina de la justificación.

Se notará que la naturaleza divina es la base para el trato de Dios con el hombre. Según su naturaleza, o tal como es, se comporta o conduce. El Santo santifica; el Justo justifica.

3.3.3. *Fidelidad.*

Es digno de la confianza más completa, sus palabras siempre se cumplirán. Por lo tanto, su pueblo debe reposar, por así decirlo, en sus promesas. (Cf. Exodo 34:6; Números 23:19; Deuteronomio 4:31; Josué 21:4345; 23:14; 1 Samuel 15:29; Jeremías 4:28; Isaías 25:1; Ezequiel 12:25; Daniel:4; Miqueas 7:20; Lucas 18:7, 8; Romanos 3:4; 15:8; 1 Corintios 1:9; 10:13; 2 Corintios 1:20; Tesalonicenses 5:24; 2 Tesalonicenses 3:3; 2 Timoteo 2:13; Hebreos 6:18; 10:23; 1 Pedro 4:19; Apocalipsis 15:3.)

3.3.4. *Misericordia.*

"La misericordia de Dios es la bondad divina ejercida para aliviar las desgracias y aflicciones de sus criaturas; es la cualidad que hace a Dios condolerse y tomar medidas para el alivio de ellas, y cuando se trata de un pecador impenitente, es la cualidad que conduce a Dios a sentir paciencia longánima" (Hodges). (Cf. Tito 3:5; Lamentaciones 3:22; Daniel 9:9; Jeremías 3:12; Salmo 32:5; Isaías 49:13; 54:7.) Si se quiere una de las más hermosas descripciones de la misericordia de Dios, léase el Salmo 103:8-18. El conocimiento de su misericordia se convierte en fundamento de esperanza (Salmo 130:7) y fundamento de confianza (Salmo 52:8). La misericordia de Dios se manifestó en forma preeminente al enviar a Cristo al mundo (Lucas 1:78).

3.3.5. *Amor.*

El amor es el atributo de Dios por cuya razón desea mantener una relación personal con los que llevan su imagen, y especialmente con los que han sido hechos santos y son como él en carácter. Nótese de que manera es descrito el amor de Dios (Deuteronomio 7:8; Efesios 2:4; Sofonías 3:17; Isaías 49:15, 16; Romanos 8:39; Oseas 11:4; Jeremías 31:3); nótese hacia quienes se manifiesta (Juan 3:16; 16:27; 17:23; Deuteronomio 10:18); nótese cómo se demostró (Juan 3:16; 1 Juan 4:9, 10; Romanos 9:13; 1 Juan 3:1; Isaías 43:3, 4; Isaías 63:9; Tito 3:7; Isaías 38:17; Efesios 2:4, 5; Oseas 11:4; Deuteronomio 7:13; Romanos 5:5).

3.3.6. *Bondad.*

La bondad de Dios es ese atributo en razón del cual imparte vida y otras bendiciones a sus criaturas (Salmo 25:8; Nahum 1:7 Salmo 145:9; Romanos 2:4; Mateo 5:45; Salmo 31: 19; Hechos 14:17; Salmo 68:10; 85:5). El doctor Howard Agnew Johnson escribe lo siguiente:

> Hace algunos años, fui invitado a cierta casa a almorzar. El anfitrión me pidió que diera gracias. Después de pedir la bendición sobre los alimentos, y de dar gracias por los bienes de Dios que teníamos ante nosotros, el dueño de casa dijo casi con aspereza: "En realidad, no veo por qué esa ceremonia tenga razón de ser, puesto que yo mismo proporcioné la comida." A título de respuesta, le preguntamos: "¿Se ha detenido alguna vez a pensar que si fracasara la siembra o la cosecha tan sólo una vez en el mundo, la mitad de la gente moriría antes que viniera la próxima cosecha? ¿Y se le ha ocurrido pensar que si la siembra y la cosecha fracasarán durante dos años sucesivos, todos morirían antes de la siguiente cosecha?" Evidentemente sorprendido, admitió que nunca había considerado posibilidad tal. Luego insinuamos que estaba muy equivocado al decir que había proporcionado la comida que se nos había servido. Dios le había concedido la vida y la capacidad para ganarse la vida. Dios había depositado el germen de vida en los cereales y animales que empleábamos ahora para alimentarnos, lo cual él nunca hubiera podido hacer.
>
> Le sugerimos que había sido un colaborador de Dios, al valerse de las leyes divinas para la provisión de los alimentos que nos ofrecía. Luego le dijimos: "Si alguno le diera algo, usted le diría 'gracias'. Y si el regalo se repitiera dos o tres veces al día, usted daría las gracias cada vez." Respondió afirmativamente. "Ahora entiende por qué le decimos (gracias) a Dios toda vez que recibimos sus bendiciones." A ello respondió: "Ya veo que el dar gracias a Dios no es cuestión de simple honestidad, sino también de ser agradecido como corresponde."

Para algunos la existencia del mal y del sufrimiento presenta un obstáculo para creer en la bondad de Dios. "¿Por qué un Dios de amor creó un mundo con tantos sufrimientos?" se preguntan. Las consideraciones siguientes quizá arrojen luz sobre el problema. (1) Dios no es responsable del mal. Si un obrero negligente arroja arena en un mecanismo delicado, ¿debe culparse por ello al fabricante? Dios hizo todas las cosas buenas, pero el hombre estropeó su obra. Sustraiga de los sufrimientos del mundo todo lo que es el resultado del pecado y obstinación del hombre, y no quedará mucho. (2) Dios es todo poderoso, y por lo tanto, el mal existe por su permiso. No podemos, en cada oportunidad, entender el por qué el Señor permite el mal, pues "son inescrutables sus caminos". Al que es dado a hacerse conjeturas con exceso, el Señor le dice: "¿Qué a ti? Sígueme tú." Sin embargo, podemos entender parte de sus caminos, lo suficiente como para saber que no comete error alguno. Robert L. Stevenson, el famoso autor, escribió en cierta oportunidad lo siguiente:

> Si yo, desde mi atisbadero, mirando con ojos miopes la más pequeña fracción del universo, puedo percibir en mi propio destino evidencias dispersas de un plan, y algunas señales de una bondad que todo lo rige, ¿me enojaré tanto como para quejarme de que todo no puede ser descifrado? ¿No debo maravillarme más bien con infinita y agradecida sorpresa, de que en un plan tan amplio parece que he podido leer, aunque poco, y ese poco fue alentador para la fe?

(3) Dios es tan grande que hace triunfar el bien sobre el mal. Recordemos que hizo que resultara para bien la maldad de los hermanos de José, Faraón, Herodes y de aquellos que rechazaron y crucificaron a Jesucristo. Un sabio antiguo dijo lo siguiente: "El Dios todopoderoso no permitiría de manera alguna mal en sus obras si no fuera tan omnipotente y bueno que aun del mal podría sacar el bien." Muchos creyentes han salido de los fuegos del sufrimiento con un carácter purificado y la fe fortalecida. El sufrimiento los ha impulsado a refugiarse en el seno de Dios. El sufrimiento ha sido el dinero mediante el cual han adquirido carácter probado en el fuego. (4) Dios ha organizado el universo de acuerdo con leyes naturales, y estas leyes insinúan la posibilidad de accidentes. Por ejemplo, si una persona con descuido, o deliberadamente da un paso en el borde de un precipicio, sufre las consecuencias de desobedecer la ley de la gravedad. Sin embargo, estamos de acuerdo en que existan esas leyes, pues de otra manera el mundo se encontraría en un estado de confusión. (5) Se debe recordar que este no es el orden perfecto de cosas. Dios tiene otra vida y una edad futura en la cual reivindicará todos sus actos. En virtud de que Dios trabaja de acuerdo con el "sistema horario celestial", quizá pensemos a veces que se demora. No obstante, defenderá a sus elegidos con rapidez (Lucas 18:7, 8). No se debe juzgar a Dios hasta que no haya caído el telón del último acto del drama de los siglos. Veremos entonces qué "bien lo ha hecho todo".

4. LA TRINIDAD DE DIOS

4.1. Presentación de la doctrina.

Las Sagradas Escrituras enseñan que Dios es uno, y que fuera de El no hay Dios. Podría surgir la pregunta siguiente: ¿Cómo podría Dios tener comunión antes que las criaturas finitas comenzaran a existir? Respondemos que la unidad divina es una unidad compuesta, y que en esta unidad hay realmente tres personas distintas, cada una de ellas es la divinidad, pero consciente en grado supremo de las otras dos personas. Entonces existía una eterna comunión antes que los seres finitos fueran creados. Por lo tanto, Dios nunca estuvo sólo.

No es que haya tres dioses, cada uno de ellos independiente, de existencia propia, por sí mismo. Los tres cooperan con una mente y propósito, de manera que en el sentido más exacto del vocablo, son "uno". El Padre crea, el Hijo redime y el Espíritu Santo santifica. Sin embargo, en cada una de esas operaciones, los tres están presentes. El Padre es preeminentemente Creador, y el Hijo y el Espíritu se presentan en la función de cooperar en esa obra creadora. El Hijo es preeminentemente el Redentor, y el Padre y el Espíritu se presentan en la función de enviar al Hijo para redimir. El Espíritu Santo es el Santificador, y el Padre y el Hijo cooperan en esa obra santificadora.

La Trinidad es una comunión eterna, pero la obra de la redención del hombre provocó su manifestación histórica. El Hijo entró en el mundo de una nueva forma cuando se revistió de naturaleza humana, y se le dio un nuevo nombre, Jesús. El Espíritu Santo entró en el mundo en una nueva forma, es decir, como el Espíritu de Cristo, encarnado en la iglesia. Sin embargo, los tres obran juntos. El Padre testificó del Hijo (Mateo 3:17) y el Hijo testificó del Padre (Juan 5:19). El Hijo testificó del Espíritu (Juan 14:26), y más tarde el Espíritu testificó del Hijo (Juan 15:26).

¿Parece todo eso difícil de comprender? ¡Cómo podría ser de otra manera, puesto que tratamos de describir la vida interior del Dios todopoderoso! La doctrina de la trinidad es claramente una doctrina revelada, y no una concebida por la razón del hombre. ¿De qué otra manera podríamos aprender con respecto a la naturaleza interior de la divinidad, excepto por la revelación? (1 Corintios 2:16). Es cierto que el vocablo "trinidad" no aparece en el Nuevo Testamento. Se trata de una expresión teológica, inventada durante el siglo segundo para describir a la divinidad. Pero el planeta Júpiter existió antes que fuera designado con tal nombre y la doctrina de la trinidad figuraba en la Biblia antes que técnicamente se la denominara por ese nombre.

4.2. Definición de la doctrina.

Podemos comprender con toda facilidad por qué la doctrina de la trinidad fue a veces malentendida y presentada erróneamente. Era difícil encontrar un vocabulario humano por medio del cual expresar la unidad de Dios y al mismo tiempo la realidad y distinción o claridad de las personas. Al poner énfasis con respecto a la deidad de Cristo, y a la personalidad del Espíritu Santo, algunos escritores parecen estar en peligro de caer en el triteísmo, o sea la creencia en tres dioses. Otros escritores, al recalcar la unidad de Dios, parecen correr peligro de olvidar la distinción entre las personas. Este último error es conocido con el nombre de sabelianismo, que fue iniciado por el obispo Sabelio, quien enseñaba que el Padre, el Hijo y el Espíritu Santo son simplemente aspectos o manifestaciones de Dios. Este error ha aparecido muchas veces en la historia de la iglesia y es corriente aun en la actualidad.

Es evidente que esta doctrina carece de fundamento bíblico, y se la excluye mediante las distinciones claras establecidas en las Escrituras Sagradas entre el Padre, el Hijo y el Espíritu Santo. El Padre ama y envía al Hijo; el Hijo parte y retorna al seno del Padre. El Padre y el Hijo envían al Espíritu Santo; el Espíritu Santo intercede ante el Padre. Si entonces el Padre, el Hijo y el Espíritu Santo son Dios sólo bajo diferentes aspectos o nombres, luego el Nuevo Testamento es un serie de confusiones. Por ejemplo, al leer la oración intercesora (Juan 17) con la idea de que el Padre, el Hijo y el Espíritu Santo son una sola persona, revelará lo absurdo de la doctrina: "Como me he dado la potestad de toda carne, para que yo de vida eterna a todos los que me de ... Yo me he glorificado en la tierra, he acabado la obra que me di a mí mismo que hiciera. Ahora pues, me glorifico a mí mismo con la gloria que tenía conmigo antes que el mundo fuese."

¿Cómo fue preservada la doctrina de la trinidad para que no cayera en el sabelianismo, que niega la distinción entre las tres personas de la trinidad, y el triteísmo o sea la creencia en tres Dioses distintos en la trinidad? Mediante la formulación de *dogmas*, es decir, interpretaciones que definen la doctrina y la protegen del error. El ejemplo siguiente de un dogma se encuentra en el Símbolo de Atanasio, formulado durante el siglo quinto. Dice así:

> Adoramos a un Dios en la trinidad, y la trinidad en la unidad, sin confundir las personas, ni separar la sustancia, puesto que la persona del Padre es una, y la del Hijo otra, y la del Espíritu Santo otra. Pero del Padre, y del Hijo y del Espíritu Santo hay sólo una divinidad, igual gloria y majestad coeterna. Lo que es el Padre, también lo es el Hijo y el Espíritu Santo. El Padre es increado, el Hijo es increado, el Espíritu Santo es increado. El Padre es inmenso, el Hijo es inmenso, el Espíritu Santo es inmenso. El Padre es eterno, el Hijo es eterno, el Espíritu Santo es eterno. Sin embargo, no hay tres eternos, sino sólo uno. De manera que no hay tres seres increados, ni tres seres inmensos, sino un sólo ser increado, un sólo ser inmenso. De igual manera el Padre es omnipotente, el Hijo es omnipotente, el Espíritu Santo es omnipotente. Sin embargo, no hay tres seres omnipotentes, sino un sólo ser omnipotente. De manera que el Padre es Dios, el Hijo es Dios y el Espíritu Santo es Dios. Sin embargo no hay tres Dioses, sino un sólo Dios. De igual manera el Padre es Señor, el Hijo es Señor y el Espíritu Santo es Señor. Sin embargo, no hay tres Señores, sino uno sólo. Así como nos vemos obligados en honor a la verdad cristiana a afirmar que cada una de las personas particularmente es Señor o Dios, así también nos vemos imposibilitados de decir que hay tres Dioses o Señores. El Padre no fue hecho de nadie, no fue creado, no fue engendrado. El Hijo salió del Padre; no fue hecho, ni creado, sino engendrado. El Espíritu Santo salió del Padre y del Hijo. No fue hecho, ni creado,

ni engendrado, sino que procede de ellos. Por lo tanto, hay un sólo Padre y no tres; un sólo Hijo, y no tres; un sólo Espíritu Santo, y no tres. Y en esa trinidad no hay nada primero ni postrero; nada mayor o menor. Pero las tres personas coeternas son coiguales o mutuamente iguales entre sí; de manera que a través de todo, como se ha dicho arriba, tanto la unidad en la trinidad como la trinidad en la unidad deben adorarse.

Esa declaración quizá nos parezca árida, complicada, llena de argumentos sutiles; pero en los primeros siglos demostró su eficacia para preservar la declaración correcta de verdades que eran valiosas y vitales para la iglesia.

4.3. Demostración de la doctrina.

Puesto que la doctrina de la trinidad concierne a la naturaleza interior de la Trinidad, no podía conocerse a menos que lo fuera por revelación. Esa revelación se encuentra en las Sagradas Escrituras.

4.3.1. El Antiguo Testamento.

El Antiguo Testamento no enseña ni clara ni directamente la doctrina de la trinidad, y la razón es evidente. En un mundo donde la adoración de muchos dioses era cosa común, era necesario inculcar en el pueblo de Israel la verdad de que Dios era uno, y que no había nadie fuera de él. Si se hubiera enseñado con respecto a la trinidad desde el principio, ello podría haber sido malentendido e interpretado erróneamente.

Pero aunque no se menciona en forma explícita, el germen de la doctrina puede descubrirse en el Antiguo Testamento. Cada vez que un hebreo pronunciaba el nombre de Dios (Elohim) decía realmente "Dioses", pues el vocablo hebreo está en plural, y a veces se emplea en el idioma hebreo con un adjetivo plural (Josué 24:18-19) y con un verbo en plural (Génesis 35:7). Imaginémonos a un devoto e iluminado hebreo meditando sobre el hecho de que Jehová es uno, y al mismo tiempo Elohim, o "Dioses", Es posible imaginarse que llegaría a la conclusión de que había una pluralidad de personas en un Dios. Pablo el apóstol jamás cesó de creer en la unidad de Dios, tal como se le había enseñado desde la infancia (1 Timoteo 2:5; 1 Corintios 8:4.); más aún, recalcó que no enseñaba otras cosas que aquellas que se encontraban en la ley y los profetas.

Su Dios era el Dios de Abraham, Isaac y Jacob. No obstante lo cual, predica con respecto a la deidad de Cristo (Filipenses 2:8; 1 Timoteo 3:16) y la personalidad del Espíritu Santo (Efesios 4:30) y coloca a tres personas juntas en la bendición apostólica (2 Corintios 13:14).

Cada uno de los componentes de la Trinidad es mencionado en el Antiguo Testamento: (1) Padre (Isaías 63:16 y Malaquías 2:10). (2) El Hijo de Jehová (Salmo 45:6, 7; 2:6, 7, 12; Proverbios 30:4). El Medias es descrito con títulos divinos (Jeremías 23:5, 6; Isaías 9:6). Se hace mención del misterioso Angel de Jehová que lleva el nombre de Dios, y que tiene poder para perdonar pecados o retenerlos (Exodo 23:20, 21). (3) El Espíritu Santo (Génesis 1:2; Isaías 11:2, 3; 48:16; 61:1; 63:10).

La Trinidad está representada en la triple bendición de Números 6:2,26 y en la triple doxología, Isaías 6:3.

4.3.2. *El Nuevo Testamento.*

Los cristianos primitivos consideraban como base o fundamento de su fe la verdad de la unidad de Dios. Tanto a los judíos como a los gentiles podían testificarles, diciendo: "Creemos en un Dios." Pero al mismo tiempo tenían las palabras claras del Señor Jesús para demostrar que reclamaba para sí una posición y autoridad que hubiera sido blasfemia de su parte reclamarla si no hubiera sido Dios, y los escritores del Nuevo Testamento, al referirse a Jesús, emplean un idioma que indica que reconocían a Jesús como por "sobre todas las cosas, bendito por los siglos" (Romanos 9:5). Y la experiencia espiritual de los creyentes confirma y apoya esas afirmaciones. Cuando conocían a Jesús, lo conocían como Dios.

Lo mismo se puede decir del Espíritu Santo. Los cristianos primitivos no podían menos que creer que el Espíritu que residía en ellos, que los guiaba, les enseñaba y los inspiraba para caminar en novedad de vida, era un ser a quien podían conocer, y con quien podían tener verdadera comunión, y no una simple influencia o sentimiento. Y cuando leían el Nuevo Testamento, descubrían que en sus páginas se le asignaba al Espíritu Santo los atributos de la personalidad.

De manera entonces que confrontaban a la iglesia primitiva dos verdades, a saber: que Dios es uno, y que el Padre es Dios, el Hijo es Dios y el Espíritu Santo es Dios. Y estas dos grandes verdades relativas a Dios constituyen la doctrina de la trinidad. Dios el Padre era una realidad para ellos, el Hijo era una realidad para ellos, y así también lo era el Espíritu Santo. Y la única conclusión a que se podía llegar de esas verdades fue que en la divinidad había una distinción real pero misteriosa de la personalidad, distinción que se puso de manifiesto en la obra divina para la redención del hombre.

Varios pasajes del Nuevo Testamento mencionan las tres personas divinas. (Compare Mateo 3:16, 17; 28:19; Juan 14:16, 17, 26; 15:26; 2 Corintios 13:14; Gálatas 4:6; Efesios 2:18; 2 Tesalonicenses 3:5; 1 Pedro 1:2; Efesios 1:3, 13; Hebreos 9:14.)

Una comparación de textos tomada de todas partes de las Escrituras demuestra lo siguiente: (1) Cada una de las tres personas es Creadora, aunque se afirma que hay un sólo Creador (Job 33:4 e Isaías 44:24). (2) Se denomina Jehová a cada una de las personas (Deuteronomio 6:4; Jeremías 23:6; Ezequiel 8:1, 3), el Señor (Romanos 10:12; Lucas 2:11; 2 Corintios 3:18), el Dios de Israel (Mateo 15:31; Lucas 1:16, 17; 2 Samuel 23:2, 3), el Legislador (Romanos 7:25; Gálatas 6:2; Romanos 8:2; Santiago 4:12), omnipresente (Jeremías 23:24; Efesios 1:22; Salmo 139:7, 8), y la fuente de vida (Deuteronomio 30:20; Colosenses 3:4; Romanos 8:10). Sin embargo, se afirma que hay un sólo ser que se puede describir de esa manera. (3) Cada una de las personas hizo a la humanidad (Salmo 100:3; Juan 1:3; Job 33:4), resucita a los muertos (Juan 5:21; 6:33), resucitó a Cristo (1 Corintios 6:14; Juan 2:19; 1 Pedro 3:18), comisiona el ministerio (2 Corintios 3:5; 1 Timoteo 1:12; Hechos 20:28), santifica al pueblo de Dios (Judas 1; Hebreos 2:11; Romanos 15:16), y efectúa toda clase de operaciones de carácter espiritual (1 Corintios 12:6; Colosenses 3:11 y 1 Corintios 12:11). Sin embargo, es claro que sólo un Dios es capaz de hacer todo eso.

4.4. Ilustración de la doctrina.

¿Cómo es que tres personas pueden constituir un Dios? Esta es una pregunta que deja perplejos a muchos.

No nos sorprende su perplejidad, puesto que al considerar o estudiar la naturaleza interna del eterno Dios, estudiamos una forma de existencia muy distinta de la nuestra. Al respecto dice el doctor Peter Green:

> Supongamos que hubiera alguien, una especie de ángel por ejemplo, o un visitante del planeta Marte, que jamás hubiera visto nada que tiene vida. ¡Qué difícil le sería comprender el proceso del crecimiento! Entendería con facilidad de qué manera puede aumentar una cosa, por así decirlo, desde afuera, como un montón de piedras, por ejemplo, que se hace más grande a medida que se le añaden piedras. Pero le sería difícil comprender cómo algo podía crecer, por así decirlo, desde adentro para afuera, y por sí mismo. La idea del crecimiento le sería muy difícil de comprender. Y si se trataba de una persona engreída, impaciente, indócil, era casi seguro que no la comprendería.
>
> Supongamos ahora que a este mismo ser extraño, después de haber aprendido algo con respecto a la vida y al crecimiento, según se observa en los árboles y plantas, se le expusiera una nueva verdad, es decir, la de la inteligencia, según se observa en los animales superiores. ¡Qué difícil le sería entender el proceso por el que una cosa nos gusta o no, el acto de elegir y rechazar, el saber y ser ignorante! Si la vida es difícil de entender, cuánto más lo es la mente. Aquí también tendría que demostrar humildad, paciencia y docilidad, para comprender esas ideas. Pero tan pronto como comenzara a comprender el significado de la mente y cómo funciona, tendría que procurar entender algo más elevado que la mente, según se observa en los seres humanos. Nuevamente se vería confrontado aquí con algo nuevo, extraño, y que no se podría explicar haciendo referencia a lo que había conocido hasta entonces. Tendría que ser esmerado, humilde y dócil.
>
> Luego nuestro ángel o visitante procedente de Marte esperaría, y nosotros también haríamos muy bien en esperar que cuando

pasamos del estudio o consideración de la naturaleza del hombre, al estudio de la naturaleza de Dios, hallaremos algo nuevo.

Pero hay un método mediante el cual las verdades que están por encima de la razón pueden, en cierto grado, ponerse a la altura de la razón. Nos referimos al uso de las ilustraciones o analogías. Pero las debemos usar con cuidado, y no ir demasiado lejos con las comparaciones. "Toda comparación renguea", dijo un sabio de la antigua Grecia. Aun en el mejor de los casos, son imperfectas e inadecuadas. Se las puede comparar con pequeñas linternas que nos ayudan a vislumbrar lo razonable de las verdades demasiado vastas para la comprensión perfecta.

Se pueden obtener ilustraciones de tres fuentes, a saber: la naturaleza, la personalidad del hombre y las relaciones humanas.

4.4.1. La naturaleza nos proporciona muchas alegorías.

(1) El agua es una, y sin embargo se la conoce en tres formas o estados: líquida, sólida y evaporada. (2) La electricidad es una, y sin embargo produce movimiento, luz y calor. (3) El sol es uno, y no obstante se manifiesta mediante la luz, el calor y el fuego. (4) Cuando San Patricio evangelizaba a los irlandeses, les explicó la doctrina de la trinidad mediante el trébol de tres hojas. (5) Se ha señalado que todo haz de luz tiene tres rayos: el actínico o químico, el cual es invisible; el luminoso, el cual es visible, y el calorífico, que produce calor, y que se siente pero no se ve. Donde están estos tres, hay luz; donde hay luz, tenemos estos tres. Juan el apóstol dijo: "Dios es luz." Dios el Padre es invisible: se hizo visible por medio de su Hijo; y opera en el mundo por medio del Espíritu, que aunque invisible, es eficaz. (6) Tres bujías en una sala darán una sola luz. (7) Un triángulo tiene tres lados y tres ángulos; si se le quita un lado, deja de ser triángulo. Donde hay tres ángulos, hay un triángulo.

4.4.2. La personalidad del hombre.

(1) Dios dijo: "Hagamos al hombre a nuestra imagen, conforme a nuestra semejanza." El hombre es uno, no obstante lo cual posee naturaleza triple, pues consiste en cuerpo, alma y espíritu. (2) El tener conciencia de nosotros mismos nos señala la división de la personalidad.

4.4.3. Relaciones humanas.

(1) Dios es amor. Dios ha amado desde la eternidad. Pero el amor requiere un objeto para ser amado, y al ser eterno, debe de haber tenido un objeto eterno de su amor, es decir, su Hijo. El eterno Amante y el eterno Amado. Y el eterno Vínculo y expresión de ese amor es el Espíritu Santo. (2) El gobierno es uno, y sin embargo está compuesto de tres poderes: ejecutivo, legislativo y judicial.

CAPITULO 3

ANGELES

Nos rodea un mundo espiritual mucho más poblado, poderoso y de mayores recursos que el mundo de los seres humanos. Los espíritus, buenos y malos, andan entre nosotros. Con la velocidad de la luz y sin hacer el menor ruido pasan de un lugar a otro. Habitan el espacio que nos circunda. Sabemos que algunos de ellos están interesados en nuestro bienestar; otros procuran dañarnos. Los escritores inspirados descorren la cortina y nos proporcionan una visual de este mundo invisible, con el objeto de que seamos animados y advertidos.

BOSQUEJO

1. ANGELES
    1.1. Su naturaleza.
        1.1.1. Criaturas.
        1.1.2. Espíritus.
        1.1.3. Inmortales.
        1.1.4. Numerosos.
        1.1.5. Sin sexo.
    1.2. Su clasificación.
        1.2.1. El Angel del Señor.
        1.2.2. El arcángel.
        1.2.3. Angeles escogidos.
        1.2.4. Angeles de las naciones.
        1.2.5. Los querubines.
        1.2.5. Los serafines.
    1.3. Su carácter.
        1.3.1. Obedientes.
        1.3.2. Reverentes.
        1.3.3. Sabios.
        1.3.4. Humildes.

1. ANGELES

1.1 Su naturaleza.

Los ángeles son:

1.1.1. Criaturas (en otras palabras, seres creados).

Los ángeles fueron hechos de la nada por el poder extraordinario de Dios. No se nos dice la época exacta de su creación, pero sabemos que antes que apareciera el hombre, había existido ya por mucho tiempo, y que la rebelión de los ángeles a las órdenes de Satanás había ocurrido ya, dejando dos clases: los ángeles buenos, y los malos. Por ser criaturas, no aceptan la adoración (Apocalipsis 19:10; 22:8, 9) y el hombre, por su parte, ha recibido orden de no adorarlos (Colosenses 2:18).

1.1.2. Espíritus.

Se describe a los ángeles como espíritus, porque a diferencia del hombre, no están limitados por las condiciones naturales o físicas. Aparecen y desaparecen a voluntad, y viajan con rapidez inimaginable sin empleo de medios naturales. Aunque son puramente espíritus, tienen la capacidad de asumir la forma humana con el objeto de que su presencia sea visible para el hombre (Génesis 19:1-3).

1.1.3. Inmortales.

Los ángeles no están sujetas a la muerte. En Lucas 20:34, 35 el Señor Jesucristo les explica a los saduceos que los santos resucitados serán como los ángeles en el sentido de que no pueden morir más.

1.1.4. Numerosos.

Las Sagradas Escrituras enseñan que el número es muy elevado. "Millares de millares... millones de millones" (Daniel 7:10). "Doce legiones de ángeles" (Mateo 26:53). "Multitud e los ejércitos celestiales" (Lucas 2:13). "Muchos millares de ángeles" (Hebreos 12:22). Su Creador y Maestro es descrito entonces como "Jehová de los ejércitos".

1.1.5. Sin sexo.

Se describe a los ángeles como si fueron varones, pero en realidad son asexuales, es decir, no se propagan (Lucas 20:34, 35).

1.2. Su clasificación.

Puesto que el orden es la primera ley del cielo, se espera que los ángeles sean clasificados de acuerdo con su rango y actividad. Tal clasificación esta implicada en 1 Pedro 3:22, cuando leemos con respecto a "ángeles, y las potestades y virtudes". (Compare Colosenses 1:16; Efesios 1:20, 21.)

1.2.1. El Angel del Señor.

La forma como se describe al Angel del Señor lo distingue de cualquier otro ángel. El poder de perdonar o retener las transgresiones le es atribuido a él, y el nombre de Dios está en él (Exodo 23:20-23). En Exodo 32:34 se dice: "He aquí mi ángel irá delante de ti." En Exodo 33:14 la expresión varía: "Mi rostro irá contigo, y te haré descansar." Las dos ideas están combinadas en Isaías 63:9 que dice: "En toda angustia de ellos él fue angustiado, y el ángel de su faz los salvó." Se dicen dos cosas de importancia con respecto a este ángel: primera, que el nombre de Jehová, es decir, su carácter revelado, está en él, y que es el rostro de Jehová; en otras palabras, el rostro de Jehová se puede ver en él. De ahí que salva, no perdonará la transgresión, aunque tiene poder para ello. Compare asimismo la identificación que hizo Jacob del ángel con Dios mismo (Génesis 32:30; 48:16). No se puede evitar arribar a la conclusión de que este misterioso Angel no es otro que el Hijo de Dios, el Mesías, el Liberador de Israel y el Salvador futuro del mundo. Por lo tanto, el Angel del Señor es realmente un ser increado.

1.2.2. El arcángel.

Miguel es mencionado como arcángel, o ángel principal (Judas 9; Apocalipsis 12:7; compare 1 Tesalonicenses 4:16). Aparece como el ángel guardián de la nación israelita (Daniel 12:1). La manera como se menciona a Gabriel indicaría también que ocupaba una posición muy elevada. Está en la presencia de Dios (Lucas 1:19) y a él se le entregan mensajes del orden más elevado, o de gran importancia con relación al reino de Dios (Daniel 8:16; 9:21).

1.2.3. *Angeles escogidos.*

Los ángeles escogidos son probablemente aquellos ángeles que permanecieron fieles a Dios durante la rebelión satánico (1 Timoteo 5:21; Mateo 25:41).

1.2.4. *Angeles de las naciones.*

En Daniel 10:13, 20 se nos parece enseñar que toda raza tiene su ángel guardián, preocupado del bienestar de esa nación. Era la época en que los judíos debían regresar de la cautividad (Daniel 9:1, 2), y Daniel se puso a orar y ayunar para su retorno. Después de tres semanas, apareció un ángel y explicó que la razón de la demora se debía a que un príncipe o ángel de Persia se había opuesto al retorno de los judíos, pues quizá no estaba dispuesto a perder su influencia en la tierra de Persia. El ángel le dice que en su petición por el retorno de los judíos, no había tenido otro apoyo que el de Miguel, el príncipe de la nación hebrea (Daniel 10:21). El príncipe de los griegos no estaba más inclinado que el príncipe de los persas en favor de la partida de los judíos (Daniel 10:20).

El vocablo "principados" que aparece en el Nuevo Testamento quizá se refiera a estos príncipes angélicos de las naciones; se emplea tanto para referirse a los buenos como a los malos ángeles (Efesios 3:10; Colosenses 2:15; Efesios 6:12).

1.2.5. *Los querubines.*

Parecen ser ángeles de elevada posición relacionados con los fines retributivos y redentores de Dios respecto del hombre (Génesis 3:24 y Exodo 25:22). Se los describe con el rostro de un león, hombre, buey y águila y esto sugiere que representan la perfección de las criaturas: vigor de un león, inteligencia humana, velocidad del águila y servicio de buey. Su forma compuesta y su proximidad a Dios llevan implícita la seguridad de que "también las mismas criaturas serán libradas de la servidumbre de corrupción" (Romanos 8:21).

1.2.6. *Los serafines.*

Los serafines son mencionados en Isaías 6. Sabemos muy poco de ellos. Un escritor cree que constituyen el orden más elevado de ángeles, y que su característica distintiva es su amor ardiente hacia Dios. (El vocablo "serafines" significa seres ardientes.)

1.3. *Su carácter.*

1.3.1. *Obedientes.*

Cumplen su comisión sin discutir ni vacilar. Por lo tanto, oramos de la siguiente manera: "Sea hecha tu voluntad, como en el cielo, así también en la tierra" (Mateo 6:10). (Cf. Salmo 103:20; Judas 6; 1 Pedro 3:22.)

1.3.2. Reverentes.

Su actividad más elevada es la adoración de Dios (Nehemías 9:6; Filipenses 2;9-11; Hebreos 1:6).

1.3.3. Sabios.

"Como un ángel de Dios . . . para entenderse en lo bueno y lo malo" era frase proverbial en Israel (2 Samuel 14:17). La inteligencia de los ángeles excede a la del hombre en esta vida, pero es necesariamente finita. Los ángeles no pueden directamente discernir nuestros pensamientos (1 Reyes 8:39) y su conocimiento de los misterios de la gracia es limitado (1 Pedro 1:12). Un escritor hace la siguiente conjetura: "Se afirma que su imagen intelectual es tanto más amplia que la nuestra, que una sola imagen en la mente angélica puede abarcar más detalles que una vida de estudio podría revelarnos a nosotros aquí."

1.3.4. Humildes.

No abrigan resentimientos personales, ni tampoco denuncian o vilipendian a sus opositores (2 Pedro 2:11; Judas 9).

1.3.5. Poderosos.

Son "poderosos en fortaleza" (Salmo 103:20).

1.3.6. Santos.

Separados por Dios y para El, son "santos ángeles" (Apocalipsis 14:10).

1.4. Su obra.

Los ángeles son:

1.4.1. Agentes de Dios.

Se los menciona como ejecutores de los decretos de juicio de Dios (Génesis 3:24; Números 22:22-27; Mateo 13:39, 41, 49; 16:2; 24:31; Marcos 13:27; Génesis 19:1; 2 Samuel 24:16; 2 Reyes 19:35; Hechos 12:23).

1.4.2. Mensajeros de Dios.

El vocablo ángel significa literalmente "mensajero". Por medio de los ángeles, Dios nos envía: Anunciaciones (Lucas 1:11-20; Mateo 1:20, 21); Advertencias (Mateo 2:13; Hebreos 2:2); Instrucción (Mateo 28:2-6; Hechos 10:3; Daniel 4:13-17); Aliento (Hechos 27:23; Génesis 28:12); Revelación (Hechos 7:53; Gálatas 3:19; Hebreos 2:2; Daniel 9:21-27; Apocalipsis 1:1).

1.4.3. Siervos de Dios.

"¿No son todos espíritus administradores, enviados para servicio a favor de los que serán herederos de salud?" (Hebreos 1:14). Los ángeles son enviados para sostener o confortar (Mateo 4:11; Lucas 22:43; 1 Reyes 19:5), para preservar (Génesis 16:7; 24:7, Exodo 23:20; Apocalipsis 7:1), para liberar (Números 20:16; Salmo 34:7; 91:11; Isaías 63:9; Daniel 6:22; Génesis 48:16; Mateo 26:53), para interceder (Zacarías 1:12; Apocalipsis 8:3, 4), para ejercer ministerio en favor de los justos después de la muerte (Lucas 16:22).

Leyendo los pasajes arriba mencionados y comparándolos con las palabras del Señor en Mateo 18:10, algunos han formulado la doctrina de los ángeles guardianes, según la cual cada creyente tiene un ángel especial destinado a guiarlo y protegerlo por la vida. Afirman que las palabras en Hechos 12:15 implican que los creyentes primitivos entendieron de esa manera sus palabras. Todos podemos ser dogmáticos al respecto. Sin embargo, las promesas relativas a la ayuda angélica son lo suficientemente numerosas y claras como para constituir motivo de aliento para todo creyente.

2. SATANAS

Algunas personas nos aseguran que el diablo no existe. Pero después de observar el mal que reina en el mundo, se les perdonará a las gentes sencillas que se pregunten quién dirige las empresas diabólicas si el diablo no está presente.

Las Sagradas Escrituras nos hablan de:

2.1. *Su origen. (Isaías 14:12-15; Ezequiel 28:12-19.)*

La idea de un diablo de horrible apariencia, con cuernos y pezuñas se deriva de la mitología pagana y no de la Biblia. De acuerdo con las Escrituras, Satanás fue originalmente Lucifer (porta-antorcha, según el significado literal del vocablo) el más glorioso de los ángeles. Pero con orgullo aspiró a ser como el Altísimo, y cayó en "juicio del diablo" (1 Timoteo 3:6).

Nótese el fondo de las narraciones de Isaías 14 y Ezequiel 28. La gente se ha preguntado por qué la narración está dirigida a los reyes de Babilonia y de Tiro, antes de informarse con respecto a la caída de Satanás. Una de las respuestas sería en el sentido de que el profeta describió la caída de Satanás para un propósito práctico. Algunos de los reyes de Babilonia y Tiro reclamaron para sí, en forma blasfema, adoración como si fueran seres divinos (compare Daniel 3:1-12; Apocalipsis 13:15; Ezequiel 28:2 y Hechos 12:20-23), e hicieron de sus súbditos juguetes de su despiadada ambición. Para advertir a los tales, los profetas inspirados de Dios descorrieron el velo del pasado lejano y presentaron la caída del ángel rebelde que dijo: "Seré semejante al Altísimo." La lección era la siguiente: Si Dios castigó el orgullo blasfemo de este ángel elevado, no dejará de castigar a cualquier monarca que se atreva a usurpar el lugar de Dios. Nótese de qué manera Satanás trató de infectar a nuestros primeros padres con ese espíritu. (Compare Génesis 3:5 con Isaías 14:14.) Nótese de qué manera el orgullo y la ambición frustradas lo consumen aún, de manera que desea ser adorado (Mateo 4:9) como "dios de este siglo" (2 Corintios 4:4), una ambición que será transitoriamente satisfecha cuando se encarne en el anticristo (Apocalipsis 13:4).

Como castigo por su maldad, Satanás fue arrojado del cielo, junto con un grupo de ángeles que se habían plegado a su rebelión (Mateo 25:41; Apocalipsis 12:7; Efesios 2:2; Mateo 12:24). Trató de hacer de Eva una aliada, pero Dios frustró el complot y dijo: "Y enemistad pondré entre ti y la mujer" (Génesis 3:15).

2.2. Su carácter.

El carácter de Satanás está indicado por los nombres y títulos por medio de los cuales es conocido.

2.2.1. Satanás.

Satanás significa literalmente adversario, y presenta sus intentos perniciosos y maliciosos de obstaculizar los propósitos de Dios.

Su oposición se manifestó especialmente en sus intentos de obstaculizar los planes de Dios mediante la destrucción de la línea genealógica escogida de la cual debía de venir el Mesías, una actividad predicha en Génesis 3:15. Y desde el comienzo mismo ha persistido en este esfuerzo. Caín, el primer hijo de Eva, "era del maligno, y mató a su hermano" (1 Juan 3:12). Dios le dio a Eva otro hijo, Set, que se convirtió en la simiente señalada por medio de la cual debía de nacer el Libertador de la tierra. Pero el veneno de la serpiente operaba aun en la raza, y en el decurso de los años, la línea de Set cedió a influencias malignas y se produjo su deterioro. Todo ello dio como resultado esa condición de maldad universal, que provocó el diluvio. El plan de Dios no fue obstaculizado, sin embargo, puesto que había cuando menos una persona justa, Noé, cuya familia se convirtió en progenitora de la nueva raza. De manera entonces que fracasó así el intento de Satanás de destruir a la humanidad y anular el propósito de Dios.

De Sem, hijo de Noé, descendió Abraham, el progenitor de la raza escogida, por medio de quien Dios salvaría al mundo. Naturalmente que los esfuerzos del enemigo estaban dirigidos contra esta familia particular. Un escritor relaciona la odiosa oposición satánica con los incidentes siguientes: La oposición de Ismael, ejercida contra Isaac; el intento de Esaú de dar muerte a Jacob; y la opresión faraónica de los israelitas.

Se describe a Satanás queriendo destruir a la iglesia de dos maneras: primero, desde dentro, mediante la introducción de enseñanzas falsas (1 Timoteo 4:1; compare Mateo 13:38, 39) y desde fuera mediante la persecución (Apocalipsis 2:10). Lo mismo se puede decir con respecto a Israel, la iglesia de Dios del Antiguo Testamento. La adoración del becerro de oro al comienzo de su vida nacional es típico de lo que ocurrió constantemente a través de la historia; y en el libro de Ester tenemos el ejemplo de un intento de destruir al pueblo escogido. Pero el pueblo escogido de Dios ha sobrevivido al baldón de la idolatría y a la furia del perseguidor, debido a la gracia divina que siempre ha preservado al fiel remanente.

Cuando, al cumplirse el tiempo prescrito nació el Redentor en el mundo, su muerte fue planeada por el malvado Herodes. Pero una vez más Dios prevaleció y Satanás fue frustrado. En el desierto, Satanás intentó obstaculizar al Ungido de Dios y apartarle de su misión salvadora. Pero fue derrotado; y su Conquistador anduvo "haciendo bienes, y sanando a todos los oprimidos del diablo".

Este gran conflicto de las edades llegará a su punto culminante cuando Satanás, encarnado en el anticristo, sea vencido a la venida de Cristo.

2.2.2. Diablo.

Diablo significa literalmente "calumniador". Se le llama así a Satanás porque calumnia tanto a Dios (Génesis 3:2, 4, 5) como al hombre (Apocalipsis 12:10; Job 1:9; Zacarías 3:1, 2; Lucas 22:31).

2.2.3. Destructor.

Destructor es el pensamiento indicado por el vocablo griego Apolión y el hebraico Abadón (Apocalipsis 9:11). Lleno de odio contra el Creador y sus obras, el diablo quiere establecerse como dios destructor.

2.2.4. Serpiente.

"La serpiente antigua, que se llama diablo" (Apocalipsis 12:9). Todo esto nos hace recordar a aquel que en el pasado empleó a la serpiente como instrumento para provocar la caída del hombre.

2.2.5. Tentador.

"Tentar" significa literalmente poner a prueba (Mateo 4:3). El término se emplea asimismo con relación al trato de Dios (Génesis 22:1). Pero mientras Dios prueba al hombre para su bien, para purificar y desarrollar su carácter, Satanás lo tienta con el malvado intento de destruirlo.

2.2.6. Príncipe y dios de este mundo.

Estos títulos sugieren su influencia sobre la sociedad organizada aparte de Dios (Juan 12:31; 2 Corintios 4:4). "Todo el mundo está puesto en maldad", está en las garras del malvado (1 Juan 5:19), y está animado de su espíritu (1 Juan 2:16). El mundo, en el sentido en el cual es denunciado en las Sagradas Escrituras, "es esa vasta asamblea de actividades humanas, cuyo dios trino y uno es el honor, los placeres y las ganancias. A esos tres lo subordina todo y procura, mediante argumentos hábiles, exaltarlos y ennoblecerlos. Para realizar sus propósitos, está respaldado por la organización o sistema compuesto de toda clase de literatura, los negocios, el comercio, y el gobierno que ciertamente insinúan su reverencia por esos tres, presentándolos como el objeto de honorables deseos, y ensalzando continuamente a los que alcanzan esos objetivos, El mundo juzga todas las cosas por la posición externa y el éxito, por falsas máximas del honor, por falsas ideas del propósito de los placeres, y por falsos cálculos del valor y la dignidad de la riqueza. Apela a la parte baja de nuestra naturaleza, adornándose de un refinamiento materialista y falso".

2.3. Sus actividades.

2.3.1. Su naturaleza.

Satanás se opone a la obra de Dios (1 Tesalonicenses 2:18), obstaculiza el evangelio (Mateo 13:19; 2 Corintios 4:4), se posesiona de los malvados, los enceguece, engaña y los hace caer en el lazo (Lucas 22:3; 2 Corintios 4:4;

Apocalipsis 20:7, 8; 1 Timoteo 3:7). Aflige (Job 1:12) y tienta (1 Tesalonicenses 3:5) a los santos de Dios.

Se lo describe desde el principio como atrevido (Mateo 4:4, 5), orgulloso (1 Timoteo 3:6), poderoso (Efesios 2:2), maligno (Job 2:4), astuto (Génesis 3:1 y 2 Corintios 11:3), engañoso (Efesios 6:11), feroz y cruel (1 Pedro 5:8).

2.3.2. *Su esfera.*

No confina sus operaciones entre los malvados y depravados. Con frecuencia actúa en los círculos más elevados como ángel de luz (2 Corintios 11:14). Ciertamente el que Satanás asista a reuniones de carácter religioso es indicado por su presencia en la convención angélica (Job, capítulo 1) y por términos tales como "doctrinas de demonios" (1 Timoteo 4:1) y la "sinagoga de Satanás" (Apocalipsis 2:9). Sus agentes pasan con frecuencia por "ministros de justicia" (2 Corintios 11:15).

La razón por la que frecuenta reuniones religiosas es su maléfica determinación de destruir a la iglesia, puesto que sabe que una vez que la sal de la tierra ha sido robada de su sabor, la humanidad se convierte en presa fácil de su licencioso espíritu.

2.3.3. *Su motivo.*

¿Por qué está Satanás tan resuelto a dañarnos? El señor Joseph Husslein dice lo siguiente:

> Odia a la imagen de Dios reflejada en nosotros. Odia hasta nuestra naturaleza humana, que fue asumida por el Hijo de Dios. Odia la gloria externa de Dios, para promover la cual hemos sido creados, a fin de alcanzar así felicidad sin fin, eterna. Odia la felicidad misma para la cual estamos destinados, porque él mismo la ha perdido para siempre. Nos odia por miles de razones y nos envidia.

Tal como lo ha dicho un antiguo escriba judío: "Más por la envidia del diablo entró la muerte en el mundo, y los que le siguen están de su parte."

2.3.4. *Su limitación.*

Aunque reconocemos que Satanás es fuerte, debemos tener cuidado de no exagerar su poder. Para los que creen en Cristo, es ya un enemigo derrotado (Juan 12:31) y se muestra fuerte sólo con los que se rinden a él. A pesar de su ira borrascosa o tempestuosa, es un cobarde, puesto que Santiago nos dice: "Resistid al diablo, y huirá de nosotros" (Santiago 4:7). Tiene poder, pero ese poder es limitado. No puede tentar (Mateo 4:1), afligir (Job 1:12), matar (Job 2:6; Hebreos 2:14) ni tocar a un creyente sin el permiso de Dios.

2.4. *Su destino.*

En el principio Dios predijo y decretó la caída del poder que había causado la caída del hombre (Génesis 3:15), y la humillación de la serpiente hasta el polvo fue un cuadro profético de la degradación final y derrota de "esa serpiente el diablo". La carrera del diablo ha sido ciertamente hacia abajo. ¿Qué arrojado del cielo al comienzo; durante la tribulación será arrojado del cielo a la tierra (Apocalipsis 12:9); durante el milenio será puesto en el abismo, preso, y después de mil años, será arrojado en el lago de fuego (Apocalipsis 20:10). De manera entonces que la Palabra de Dios nos asegura que el diablo sufrirá una derrota final.

3. ESPIRITUS MALVADOS

3.1. Angeles caídos.

Los ángeles fueron creados perfectos, intachables, y a igual que el hombre, fueron dotados del poder de elegir. Bajo la dirección de Satanás, muchos de ellos pecaron y fueron arrojados el cielo (2 Pedro 2:4; Judas 6). El pecado por el cual Satanás y sus secuaces cayeron era el orgullo. Algunos han pensado que el motivo de su rebelión fue la revelación de la futura encarnación del Hijo de Dios y la obligación de adorarle.

La habitación actual de los ángeles malos es según las Escrituras, parcialmente en el infierno (2 Pedro 2:4) y parcialmente en el mundo, en especial en el aire que nos circunda (Juan 12:31; 14:30; 2 Corintios 4:4; Apocalipsis 12:4, 7-9). Al atrapar al hombre en los lazos del pecado, han adquirido gran poder sobre él (2 Corintios 4:3, 4; Efesios 2:2; 6:11, 12); este poder ha sido destruido en lo que respecta a los que son fieles a Cristo, por la redención que El ha logrado (Apocalipsis 5:9; 7:13, 14). Los ángeles nunca han sido abarcados por la promesa de la redención (1 Pedro 1:12), pero el infierno ha sido preparado para su castigo eterno (Mateo 25:41).

3.2. Demonios.

Las Sagradas Escrituras no describen el origen de los demonios. Esa cuestión parece ser una parte del misterio que rodea el origen del mal. Pero el Texto Sagrado testifica con claridad meridiana con referencia a su verdadera existencia y a su actividad (Mateo 12:26, 27). En los evangelios los vemos como a espíritus sin cuerpo, que entran en el hombre, de quien se dice luego que tiene demonio. En algunos casos, más de un demonio fija residencia en la misma víctima (Marcos 16:9; Lucas 8:2). La morada de demonios en el hombre provoca en este locura, epilepsia y otras enfermedades, relacionadas principalmente con el sistema mental y nervioso (Mateo 9:33; 12:22; Marcos 5:4, 5). La persona que está bajo la influencia del demonio no es dueña de sí misma; el mal espíritu habla por medio de su boca, o lo deja mudo a voluntad, lo lleva adonde quiere y por lo general lo emplea como instrumento suyo, impartiéndole a veces para ello poder sobrenatural.

El doctor Nevius, misionero en China, que ha realizado un concienzudo estudio de la posesión demoniaca escribe:

Hemos notado en casos de posesión demoniaca en China y en los ejemplos suministrados por las Sagradas Escrituras, en algunos casos una especie de doble conciencia, o acciones e impulsos directamente opuestos y contrarios. Una mujer en Fuchow, aunque bajo la influencia del demonio cuyo instinto era esquivar o rehuir la presencia de Cristo, fue impulsada por otra influencia opuesta o contraria para que saliera de su casa y fuera a Fuchow a pedir ayuda de Jesucristo.

Las siguientes son conclusiones a que llegó el mismo escritor, basadas en el estudio de posesión demoniaca entre los chinos:

> La característica más destacada de esos casos es que el sujeto evidencia otra personalidad, y la personalidad normal por el momento queda parcial o totalmente dormida, o latente. La nueva personalidad presenta rasgos de carácter completamente distintos de los que realmente pertenecen al sujeto en estado normal, y este cambio de carácter es, con raras excepciones, en la dirección de la perversión moral e impureza... Muchas personas cuando están en posesión de un demonio evidencian conocimientos que no se puede explicar en forma ordinaria. Con frecuencia parecen conocer al Señor como ser divino, y demuestran aversión y temor al Señor.

Señala especialmente estas buenas nuevas:

> Muchos casos de posesión demoniaca han sido curados mediante oraciones elevadas al Señor, o en su nombre; algunos sanaron de inmediato, otros con dificultad. Según hemos podido determinar, este método de cura no ha fracasado en caso alguno en que ha sido empleado, no importa lo difícil y dilatado del caso. Y en ninguna oportunidad, según parece, el mal ha retornado, si la persona se ha convertido a Cristo y ha continuado viviendo una vida cristiana... Como resultado de las comparaciones que se han hecho, vemos que la correspondencia entre los casos registrados en China y los observados en las Sagradas Escrituras es completa y precisa, abarcando casi todos los puntos presentados en las Escrituras.

¿Cuál es el motivo que induce a los demonios a posesionarse del cuerpo del hombre? El doctor Nevius vuelve a responder lo siguiente:

> La Biblia nos enseña con claridad que en todos los tratos de Satanás con nuestra raza su objeto es engañarnos y arruinarnos alejando nuestras mentes de Dios, e inducirnos a quebrantar las leyes de Dios, y provocar su descontento. Consigue estos propósitos mediante la posesión demoniaca. Se producen efectos sobrehumanos, que para los ignorantes y faltos de instrucción

parecen divinos. Se demanda adoración divina y obediencia implícita, y esa demanda se pone en vigor mediante la imposición de sufrimientos físicos, promesas falsa y temibles amenazas. De esta manera ritos idólatras y supersticiones, entretejidos en la trama de las costumbres sociales y políticas, han usurpado el lugar en casi todas las naciones de la historia del culto puro de Dios (lea 1 Corintios 10:20, 21; Apocalipsis 9:20; Deuteronomio 32:16; Isaías 65:3). Con respecto a los demonios mismos, parece que los anima razones personales adicionales. La posesión de cuerpos humanos parece proporcionarles un lugar de descanso profundamente deseado y halago físico. Nuestro Salvador nos habla con respecto de malos espíritus que andan por lugares áridos buscando descanso, y especialmente deseosos de hallar descanso en los cuerpos de las víctimas. Cuando están privados de un lugar de descanso en los cuerpos de seres humanos, se les presenta buscando ese descanso en los cuerpos de animales inferiores (Mateo 12:43-45).

Dijo Martín Lutero: "El diablo es el imitador de Dios." En otras palabras, el enemigo siempre está ofreciendo imitaciones falsificadas de las obras de Dios. Y seguramente que la posesión demoniaca es una farsa demoniaca de esa experiencia muy sublime, la habitación del Espíritu Santo en el hombre. Nótense algunos paralelos: (1) La posesión demoniaca significa la introducción de una nueva personalidad en el ser de la víctima, haciéndolo hasta cierto punto nueva criatura. Nótese de qué manera el endemoniado gadareno (Mateo 8:29) actuó y habló como persona controlada por otra personalidad. El que es controlado o gobernado por Dios tiene una personalidad divina que mora en él (Juan 14:23). (2) Exclamaciones inspiradas del demonio constituyen una farsa satánica de las expresiones inspiradas del Espíritu Santo. (3) Se ha observado que cuando una persona se ha rendido conscientemente a un poder demoniaco, con frecuencia recibe un don tal como poder demoniaco, de médium y otros. Al respecto, el doctor Nevius dice: "A estas alturas, la persona dominada por el demonio ha desarrollado capacidades para ser usada, y está dispuesta a ser usada. Es el esclavo voluntario, preparado y acostumbrado del demonio." ¡Imitación satánica de los dones del Espíritu Santo! (4) Los endemoniados manifiestan con frecuencia una fuerza extraordinaria, sobrehumana: se trata de una imitación satánica del poder del Espíritu Santo.

De esta manera vemos que las posibilidades demostradas que existen de que una persona sea dominada por el demonio arguyen en favor de la posibilidad de posesión por el Espíritu Santo. El Señor Jesucristo vino al mundo para librar a su pueblo del poder de los malos espíritus, y ponerlos bajo el dominio del Espíritu Santo.

CAPITULO 4

EL HOMBRE

Sólo Dios puede revelar realmente a Dios. Esta revelación de sí mismo, tan necesaria para la salvación del hombre, se nos ha dado por medio de las Escrituras. De la misma fuente derivamos el punto de vista de Dios con respecto del hombre, que es el punto de vista verdadero, puesto que ¿quién puede conocer al hombre mejor que su Creador? En estos días, cuando las filosofías falsas representan en forma errónea la naturaleza del hombre, es importante que estemos basados en la representación correcta. Asimismo también estaremos mejor capacitados para entender las doctrinas del pecado, el juicio, la salvación que se basan en el punto de vista bíblico relativo a la naturaleza del hombre.

BOSQUEJO

1. EL ORIGEN DEL HOMBRE
2. LA NATURALEZA DEL HOMBRE
    2.1. La trinidad del hombre.
    2.2. El espíritu humano.
    2.3. El alma humana.
        2.3.1. La naturaleza del alma.
        2.3.2. El origen del alma.
        2.3.3. El alma y el cuerpo.
        2.3.4. El alma y el pecado.
        2.3.5. El alma y el corazón.
        2.3.6. El alma y la sangre.
    2.4. El cuerpo humano.
        2.4.1. Una casa.
        2.4.2. Una funda o vaina.
        2.4.3. Un templo.
3. LA IMAGEN DE DIOS EN EL HOMBRE
    3.1. Parentesco con Dios.

3.2. Carácter moral.

3.3. Razón.

3.4. Capacidad para la inmortalidad.

3.5. Dominio sobre la tierra.

1. EL ORIGEN DEL HOMBRE

La Biblia enseña con claridad la doctrina de la creación especial, lo cual significa que Dios hizo a cada criatura "según su especie". Creó las diversas especies, y luego las dejó que se desarrollaran y progresaran de acuerdo con las leyes de su especie o ser. La distinción existente entre el hombre y las criaturas inferiores queda insinuada en la declaración de que "creó Dios al hombre a su imagen".

Contraria a la doctrina de la creación especial figura la teoría de la evolución, la cual nos enseña que todas las formas de vida nacieron de una forma y que las especies superiores se desarrollaron de las inferiores, de manera que, por ejemplo, el caracol se convirtió en pez, el pez en reptil, el reptil en ave, y pasando rápidamente, el mono se convirtió en ser humano. La teoría se explica como sigue: Cierto día en el pasado distante, apareció la materia y la energía. La ciencia no sabe la fecha ni cómo comenzó. Dentro de la materia y la energía, apareció una célula viva. Nadie sabe de donde. En esta célula residía una chispa de vida, y de esta célula original nació toda la vida, tanto vegetal como animal hasta el hombre. Ese desarrollo fue controlado, según la teoría, por leyes inherentes o intrínsecas. Esas leyes, con relación al medio ambiente, explican las varias especies que han existido y existen aún, incluso el hombre. De acuerdo con esa teoría, se ha producido un progreso gradual y continuo de las formas inferiores de vida hacia las superiores, hasta que se llegó al hombre.

¿Qué es una especie? Una clase de plantas o animales que tiene propiedades características en común, y que puede propagarse indefinidamente sin cambiar esas características. Una especie puede producir una variedad, es decir, una o más plantas o animales que poseen peculiaridades notables que no son comunes a las especies en general. Por ejemplo, un tipo especial de caballo de carrera puede obtenerse mediante la cría por selección, pero siempre será caballo. Cuando se produce una variedad y se perpetúa por muchas generaciones, tenemos una raza. Es así que en la especie canina tenemos muchas razas que difieren considerablemente unas de otras. No obstante ello, poseen ciertas características que las sitúan en la especie canina. Ahora bien, cuando leemos que Dios hizo todos los seres según su especie, no afirmamos que Dios los hizo incapaces de desarrollarse en nuevas variedades. Sólo queremos manifestar que Dios hizo a las especies distintas y separadas, y colocó una barrera intermedia de manera que, por ejemplo, un caballo no podría desarrollarse hasta transformarse en una raza de animales que ya no pudieran denominarse caballos.

¿Qué prueba existe para determinar la diferencia entre las especies? La siguiente: Si se pueden aparear dos animales a fin de que se propaguen, y si la descendencia de estos se puede propagar indefinidamente, luego pertenecen a la misma especie. De lo contrario, no pertenecen a la misma especie. Por ejemplo el caballo y el asno pertenecen a especies distintas, pues si se los cruza producen mulos o mulas, y estos son incapaces de reproducción, es decir, no pueden engendrar mulas. Esta verdad contradice la teoría de la evolución, pues demuestra en forma evidente que Dios ha colocado una barrera que impide que una especie se transforme en otra.

Se ha definido a la ciencia diciendo que consiste de "conocimientos verificados". ¿Es la evolución un hecho científicamente comprobado? La teoría de la evolución mejor desarrollada es la del naturalista Darwin. Pero se podría suministrar el nombre de varios distinguidos hombres de ciencia que afirman que se ha descartado la teoría de Darwin, puesto que no ha sido comprobada. El doctor Coppens dice:

> Aunque los hombres de ciencia se han dedicado durante muchos años a la exploración de la tierra y el mar, al examen de los restos fósiles de innumerables especies de plantas y animales, y a la aplicación del genio inventivo del hombre para perpetuar nuevas variedades y razas, no han podido todavía presentar una sola prueba decisiva de la transformación de una especie en otra. Los animales son ahora tal como están representados en las pirámides o se encuentran momificados en las tumbas de Egipto, o como eran antes que sus formas quedarán fosilizadas en las rocas. Muchas especies se han extinguido, y se han encontrado otras de las cuales al parecer no existen especímenes muy antiguos. Pero no se puede probar que ninguna especie se haya desarrollado jamás de otra.

Hay una sima impasable entre el bruto y el hombre, entre la forma más elevada de los seres irracionales y la forma más baja del hombre. No hay animal alguno que emplee herramientas, que haga fuego, que se exprese mediante el lenguaje elocuente o que tenga la capacidad de conocer lo espiritual. Pero todo eso está presente en las formas más bajas del ser humano. El mono más inteligente es sólo animal; el espécimen más degradado de la raza humana es sin duda aun un ser humano.

Los que propugnan la teoría de la evolución se han imaginado un tipo de criatura, el intermediario entre los monos y los seres humanos. Se trata este del eslabón perdido, que se ha denominado pitecántropo erecto. ¿Las pruebas? Hace algunos años se descubrieron en Java restos óseos que consistían en una parte de una bóveda craneana, dos molares y un fémur. ¡Y con la ayuda de yeso, se reconstruyó el eslabón intermedio entre el hombre y la creación inferior! Otros "eslabones" se han reconstruido de la misma manera. Pero el doctor Etheridge, inspector del Museo Británico, dijo lo siguiente: "En todo este gran museo no existe partícula alguna de evidencia de la trasmutación de las especies. En cambio este museo está lleno de pruebas de la completa falsedad de tales puntos de vista."

El señor Natán G. Moore escribió recientemente lo que podría calificarse del examen de la teoría de la evolución hecha por un abogado. Este libro se basa en el estudio de los hechos enunciados en algunas de las más recientes obras científicas en favor de la teoría. Puesto que pertenece a una profesión cuyos miembros basan sus conclusiones en las leyes de la evidencia, su testimonio tiene valor práctico. El propósito de este escritor fue "cotejar los hechos principales y someterlos al juicio del lector concienzudo, primero, a fin de ver si prueban satisfactoriamente la hipótesis de que el hombre es el resultado del desarrollo evolutivo y no de la creación; y segundo, a fin de ver si existe una ley o complejo de leyes que expliquen los hechos sobre bases naturales". Después de un examen detallado de los hechos, este abogado llegó a la siguiente conclusión:

> La teoría de la evolución no explica ni contribuye tampoco a explicar el origen del hombre, ni ayuda a demostrar que se desarrolló de forma inferior alguna, aun físicamente. Ni siquiera sugiere el método por el cual adquirió, o podría haber adquirido esas cualidades superiores que lo distinguen de las otras formas de vida.

Otro abogado, el doctor Phillip Mauro, hace el resumen siguiente de la evidencia presentada por los patrocinadores de la teoría de la evolución:

> Imaginémonos en el tribunal a un litigante sobre quien recae la responsabilidad de presentar las pruebas. Declara que sus alegatos son verídicos y demanda que se de un veredicto en su favor. Pero carece de pruebas para fundamentar sus alegatos. En realidad, todas las pruebas presentadas ante el tribunal están en su contra. Exige, no obstante, que se falle a su favor basándose en las suposiciones siguientes: (1) que el caudal de pruebas que existieron en el pasado (eslabones perdidos, y otras) han sido destruidas, y no hay rastros de ellas; y (2) que si esas pruebas se pudieran presentar, estarían en su favor. Tal es la situación absurda en que se encuentra actualmente la teoría de la evolución, según todas las pruebas.

Los evolucionistas buscan vincular al hombre con la creación de los brutos; pero el Señor Jesucristo vino a este mundo a fin de vincular al hombre con Dios. Tomó sobre sí nuestra naturaleza a fin de glorificarla para un destino celestial. A todos los que le reciben, les da el poder de convertirse en hijos de Dios (Juan 1:12); y los que comparten su vida divina se convierten en miembros de una raza nueva y más elevada, y hasta hijos de Dios. Esta nueva raza, sin embargo (el nuevo hombre, Efesios 2:15), vino mediante el descenso de lo divino en lo humano, y no mediante la evolución de lo humano hasta convertirse en divino. Para los "hechos participantes de la naturaleza divina" (2 Pedro 1:4), Juan el apóstol dice lo siguiente: "Amados, ahora somos hijos de Dios" (1 Juan 3:2).

2. *LA NATURALEZA DEL HOMBRE*

2.1. *La trinidad del hombre.*

De acuerdo con lo que se nos dice en Génesis 2:7, el hombre está compuesto de dos sustancias: la sustancia material, denominada su cuerpo, y la sustancia inmaterial, o su alma. El alma proporciona vida al cuerpo, y cuando el alma es quitada, el cuerpo muere.

Sin embargo, de acuerdo con lo que se nos dice en 1 Tesalonicenses 5:23 y Hebreos 4:12, el hombre está compuesto de tres sustancias: espíritu, alma y cuerpo, y algunos exégetas bíblicos han defendido está tricotomía, frente a la dicotomía, o sea la doctrina de los que sostienen que sólo dos partes constituyen al hombre.

Ambos puntos de vista son correctos cuando se los entiende como corresponde. El espíritu y el alma representan dos lados o partes de la sustancia no física del hombre; o, expresándolo de otra manera, el espíritu y el alma representan dos modos en los cuales opera la naturaleza espiritual. Aunque *separados*, el espíritu y el alma no son separables. Se saturan y compenetran mutuamente. En virtud del hecho de que están tan íntimamente relacionados, los vocablos "espíritu" y "alma" se emplean con frecuencia en forma intercambiable (Eclesiastés 12:7; Apocalipsis 6:9); de manera que en un lugar la sustancia espiritual del hombre se describe como alma (Mateo 10:28), y en otro lugar como espíritu (Santiago 2:26).

Aunque se intercambian con frecuencia en el uso, los términos espíritu y alma tienen distintos significados. Por ejemplo, "el alma" es el hombre visto con relación a su vida presente. A las personas fallecidas se las describe como "almas" cuando el escritor hace referencia a su vida previa (Apocalipsis 6:9, 10; 20:4). "Espíritu" es el vocablo común que se emplea para describir a los que han pasado a la otra vida (Hechos 23:9; 7:59; Hebreos 12:23; Lucas 23:46; 1 Pedro 3:19). Cuando una persona es "arrebatada" transitoriamente fuera del cuerpo (2 Corintios 12:2) se dice que está "en el Espíritu" (Apocalipsis 4:2; 17:3).

> Porque el hombre es "espíritu" es capaz de tener conciencia de Dios, y de tener comunión con Dios; porque es "alma" tiene conciencia de sí; porque es un "cuerpo" tiene, mediante los sentidos, conciencia del mundo.
>
> — Scofield.

2.2. El espíritu humano.

En todo ser humano habita un espíritu dado por Dios, en forma individual (Números 16:22; 27:16). Este espíritu fue formado por el Creador en la parte interior de la naturaleza del hombre, y es capaz de renovación y desarrollo (Salmo 51:10). El espíritu es centro y fuente de la vida del hombre. El alma es dueña de está vida y la usa, y por medio del cuerpo la expresa. En el principio Dios alentó el espíritu de vida en el cuerpo inanimado y el hombre se convirtió en alma viviente. De manera entonces que el alma es un espíritu que habita en un cuerpo, o un espíritu humano que opera por medio del cuerpo, y la combinación de ambos constituye al hombre en "alma". El alma sobrevive a la muerte, porque es vitalizada por el espíritu, y sin embargo ambos, el alma y el espíritu, son inseparables porque el espíritu está entretejido en la trama misma del alma. Están fundidos, amalgamados, si se nos permite el vocablo, en una sola sustancia.

El espíritu es lo que distingue al hombre de todas las cosas creadas conocidas. Contiene vida humana e inteligencia (Proverbios 20:27; Job 32:8), distinto a la vida animal. Los animales tienen un alma (Génesis 1:20, en el original hebreo) pero no espíritu. En Eclesiastés 3:21 parece que se hace referencia al principio de vida tanto en el hombre como en las bestias. Salomón registra una pregunta que se formuló cuando se había apartado de Dios. A diferencia del hombre, por lo tanto, los animales no pueden conocer las cosas de Dios (1 Corintios 2:11; 14:2; Efesios 1:17; 4:23) y no pueden entrar en relaciones personales, responsables con él (Juan 4:24). El espíritu del hombre, cuando es habitado por el Espíritu de Dios (Romanos 8:16), se convierte en centro de adoración (Juan 4:23, 24); de oración, canciones, bendiciones (1 Corintios 14:15), y servicio (Romanos 1:9; Filipenses 1:27).

El espíritu, puesto que representa la naturaleza más elevada del hombre, está relacionado con la cualidad de su carácter. Aquello que adquiere dominio de su espíritu se convierte en un atributo de su carácter. Por ejemplo, si permite que el orgullo lo domine, se dice que tiene espíritu altivo (Proverbios 16:18). De acuerdo con las influencias respectivas que lo controlan, un hombre puede tener un espíritu perverso (Isaías 19:14), un espíritu provocador, irritable (Salmo 106:33), un espíritu precipitado (Proverbios 14: 29), un espíritu agitado (Génesis 41:8), un espíritu contrito y humillado (Isaías 57:15; Mateo 5:3). Quizá esté bajo el espíritu de servidumbre (Romanos 8:15), o impelido por el espíritu de celo (Números 5:14). Debe, por lo tanto, custodiar el espíritu (Malaquías 2:15), enseñorearse de su espíritu (Proverbios 16:32), mediante el arrepentimiento hacerse un nuevo espíritu (Ezequiel 18:31) y confiar en Dios para que cambie su espíritu (Ezequiel 1:19).

Cuando las malas pasiones dominan al hombre, y éste manifiesta un espíritu perverso, ello significa que la vida natural, o del alma ha destronado al espíritu. El espíritu ha luchado y perdido la batalla. El hombre es presa de sus sentidos naturales y apetitos, y es "carnal". El espíritu no ejerce ya dominio de la situación, y su carencia de poder se describe como un estado de muerte. De ahí que sea necesario un nuevo espíritu (Ezequiel 18:31; Salmo 51:10); y sólo aquel que sopló en el *cuerpo* del hombre el hálito de vida, puede impartir al *alma* del hombre una nueva vida espiritual, en otras palabras, regenerarlo (Juan 3:8; Juan 20:22; Colosenses 3:10). Cuando esto ocurre, el espíritu del hombre ocupa un lugar de ascendencia y el hombre se convierte en "espíritu". Sin embargo, el espíritu no puede vivir de sí mismo, sino que debe buscar constante renovación mediante el Espíritu de Dios.

2.3. El alma humana.

2.3.1. La naturaleza del alma.

El alma es el principio vivificante e inteligente que anima al cuerpo humano, empleando los sentidos corporales como sus agentes en la exploración de las cosas materiales, y los órganos corporales para expresión de sí misma y comunicación con el mundo exterior. Debe su existencia al hálito sobrenatural del Espíritu de Dios. La podemos describir como espiritual y viviente puesto que procede de Dios; la describimos como natural, puesto que opera mediante el cuerpo. Sin embargo, no debemos pensar que el alma es *parte* de Dios, puesto que el alma peca. Es más correcto afirmar que es el don y la obra de Dios (Zacarías 12:1).

Deben observarse cuatro distinciones, a saber:

(1) El alma distingue la vida del hombre y de la bestia de las cosas *inanimadas* y también de la vida *inconsciente* de las plantas.

Tanto el hombre como la bestia tienen almas (en Génesis 1:20 la frase "ánima viviente" significa "alma" en el original). Podemos decir que las plantas tienen alma (refiriéndonos al principio de vida) pero no es un alma *consciente*.

(2) El alma distingue al hombre de los animales. Los animales tienen alma, pero es un alma terrena que perece al morir el cuerpo (Eclesiastés 3:21). El alma del hombre es de una cualidad diferente, puesto que está vivificada por el espíritu humano. "Toda carne no es la misma carne", de manera que es así también con el alma. Hay un alma humana y un alma animal.

Es evidente que el hombre hace lo que los animales inferiores no pueden hacer, no importa cuán inteligente sean. Su inteligencia es la del instinto, y no de la razón. Tanto el hombre como la bestia construyen casas. Pero el hombre ha progresado hasta construir catedrales, escuelas y rascacielos, mientras que los animales construyen en la actualidad precisamente en la misma forma que lo hicieron cuando Dios los creó. Hay animales que chillan (como los monos), otros que cantan (como los pájaros) y otros que hablan (como los loros); pero sólo el hombre produce arte, literatura, música e invenciones científicas. El instinto de los animales puede manifestar la sabiduría del Hacedor, pero sólo el hombre puede conocer y adorar a su Creador.

A fin de ilustrar con más amplitud el elevado sitial que ocupa el hombre en la escala de la vida, distingamos cuatro grados de vida, que superan en nobleza unos a otros a medida que se independizan de la materia. En primer lugar, la vegetativa, que necesita órganos materiales para asimilar los alimentos; en segundo lugar, la sensitiva, que emplea los órganos para percibir y establecer contacto con lo material; en tercer lugar, la intelectual, que percibe el significado de las cosas mediante pensamiento lógico, y no meramente por los sentidos; en cuarto lugar, la vida moral, que concierne a la ley y la conducta. Los animales tienen vida vegetativa y sensitiva; el hombre tiene vida vegetativa, sensitiva, intelectual y moral.

(3) El alma distingue a un hombre de otro, y forma de esa manera la base de la individualidad. El vocablo "alma" es por lo tanto empleado con frecuencia en el sentido de "persona". En Exodo 1:5 las "setenta almas" significa setenta personas. En Romanos 13:1 "toda alma" significa toda persona. En la actualidad hemos adoptado este empleo del vocablo cuando decimos: "No se veía ni un alma."

(4) El alma distingue al hombre no sólo de los órdenes inferiores sino también de los órdenes superiores de la vida. No hallamos referencia alguna con respecto al alma en los ángeles, porque no tienen cuerpos similares a los de los seres humanos. El hombre se convirtió en "ánima viviente", es decir, un alma que satura un cuerpo terrenal sujeto a condiciones terrenales. Se describe a los ángeles como espíritus (Hebreos 1:14) porque no están sujetos a condiciones materiales o limitaciones. Por razón similar, Dios se denomina "Espíritu". Pero los ángeles son espíritus creados y finitos, mientras que Dios es un Espíritu eterno e infinito.

2.3.2. *El origen del alma.*

Sabemos que la primera alma existió como resultado del soplo de Dios, que trasmitió al hombre un hálito de vida. Pero ¿cómo se han formado las almas desde entonces? Los estudiosos de la Biblia se dividen generalmente en dos grupos, a saber: (1) un grupo afirma que cada alma individual no es recibida de los padres, sino que es creación divina inmediata. Citan los siguientes versículos: Isaías 57:16; Eclesiastés 12 7; Hebreos 12:9; Zacarías 12:1. (2) Otros piensan que el alma es trasmitida por los padres. Señalan que la trasmisión de la naturaleza pecaminosa de Adán a la posteridad milita contra la doctrina de la creación divina del alma; asimismo arguyen en favor el hecho de que las características de los padres son trasmitidas a los hijos. Citan los versículos siguientes: Juan 1:13; Juan 3:6; Romanos 5:12; 1 Corintios 15:22; Efesios 2:3 y Hebreos 7:10.

El origen del alma puede explicarse mediante la cooperación del Creador y los padres. En el comienzo de una nueva vida, la creación divina y el empleo creador de ciertos medios operan juntos. El hombre engendra al hombre en cooperación con el Padre de los espíritus. El poder de Dios controla y satura el mundo (Hechos 17:28; Hebreos 1:3) de manera que todos los seres nacen de acuerdo a las leyes que él ha ordenado. Por lo tanto los procesos normales de reproducción humana ponen en movimiento esas leyes divinas de vida que hacen que el alma humana nazca en el mundo.

El origen de todas las formas de vida está rodeado de misterio (Eclesiastés 11:5; Salmo 139:13-16; Job 10:8-12), y está verdad nos debe advertir en el sentido de no conjeturar más allá de los límites delineados por las declaraciones bíblicas.

2.3.3. *El alma y el cuerpo.*

Las relaciones del alma con el cuerpo pueden ser descritas e ilustradas como sigue:

(1) El alma es la tenedora o portadora de la vida. Figura en todo aquello que pertenece al sostenimiento, riesgo y pérdida de la vida. Es por ello que en muchos casos el vocablo "alma" se ha traducido "vida". (Cf. Génesis 9:5; 1 Reyes 19:3; 1 Reyes 2:23; Proverbios 7:23; Exodo 21:23; Hechos 15:26.) La vida es la saturación del cuerpo con el alma. Cuando el alma ha desaparecido, el cuerpo no existe tampoco; todo lo que queda es un grupo de partículas materiales en estado de rápida descomposición.

(2) El alma satura y habita toda parte del cuerpo y afecta más o menos directamente todas sus partes. Ello explica por qué las Sagradas Escrituras atribuyen sentimientos al corazón, los riñones (Salmo 73:21; Job 16:13; Lamentaciones 3:13; Proverbios 23:16; Salmo 16:7; Jeremías 12:2; Job 38:36), entrañas (Filemón 12; Jeremías 4:19; Lamentaciones 1:20; 2:11; Cantar de los Cantares 5:4; Isaías 16:11), vientre (Habacuc 3:16; Job 20:23; Juan 7:38). Está misma verdad que el alma satura el cuerpo explica por qué en muchos lugares se presenta al alma realizando actos corporales (Proverbios 13:4; Isaías 32:6; Números 21:4; Jeremías 6:16; Génesis 44:30; Ezequiel 23:17, 22, 28).

"Mi interior" o frase equivalente es la terminología que se emplea con frecuencia para describir los órganos internos saturados por el alma (Isaías 16:11; Salmo 51:6; Zacarías 12:1; Isaías 26:9; 1 Reyes 3:26). Estos versículos describen las partes internas como centro de los sentimientos, de la experiencia espiritual y la sabiduría. Pero nótese que no es el tejido material el que piensa y siente, sino el alma que opera por medio de los tejidos. Hablando estrictamente, no es el corazón de carne, sino el alma por medio del corazón la que siente.

(3) Por medio del cuerpo, el alma recibe sus impresiones del mundo exterior. Las impresiones son recibidas por los sentidos (la vista, el oído, el gusto, el olfato y el tacto) y trasmitidas al cerebro por medio del sistema nervioso. Por medio del cerebro, el alma trabaja esas impresiones mediante los procesos del intelecto, de la razón, la memoria y la imaginación. El alma procede entonces de acuerdo con estas impresiones, enviando órdenes a las diversas partes del cuerpo por medio del cerebro y el sistema nervioso.

(4) El alma establece contacto con el mundo por medio del cuerpo, el cual

es el instrumento del alma. Los actos sensitivos, intelectuales y volitivos y otros son las actividades del alma, o del ser mismo. Soy "yo" el que ve, y no meramente los ojos; soy "yo" el que piensa, y no meramente el intelecto; soy "yo" el que arroja la pelota y no meramente el brazo; soy "yo" el que peca, y no meramente la lengua o los miembros. Cuando un órgano es dañado, el alma no puede funcionar como debe por medio de él; en caso de lesión cerebral, puede producirse la locura. El alma queda cual hábil músico con un instrumento roto o dañado.

2.3.4. *El alma y el pecado.*

El alma vive su vida natural por medio de lo que, por falta de término más adecuado, denominaremos los instintos. Estos instintos son la fuerza motriz de la personalidad, de la cual el Creador ha dotado al hombre a fin de capacitarlo para su existencia terrena (de la misma manera que le ha dotado de facultades espirituales para capacitarlo para la existencia celestial). Los denominamos instintos porque son estímulos naturales implantados dentro de la criatura para capacitarla para hacer *instintivamente* lo que es necesario para el origen y la preservación de la vida natural. El doctor Leander Keyser dice lo siguiente: "Si el niño recién nacido no tuviera ciertos instintos al comenzar su vida, no podría sobrevivir ni con el mejor cuidado médico o paterno."

Notemos los cinco instintos más importantes:

Primero, el instinto de conservación, que nos advierte del peligro y nos capacita para cuidarnos y protegernos. Segundo, el instinto de adquisición, que nos lleva a adquirir lo que nos es necesario para la subsistencia. Tercero, el instinto del hambre y de la sed que nos estimula a buscar alimentos y satisfacer el hambre natural. Cuarto, el instinto de reproducción o sexual, por el cual se perpetúa la raza. Finalmente, el instinto de dominación, que conduce a desplegar ese espíritu de iniciativa y afirmación necesario para cumplir la vocación y responsabilidad de uno.

La historia del revestimiento del hombre de estos instintos por el Creador se encuentra en los primeros dos capítulos de Génesis. El instinto de conservación está implicado en la prohibición y advertencia que dice: "Pero del fruto del árbol que está en medio del huerto dijo Dios: No comeréis de el, ni le tocaréis, para que no muráis." El instinto de la adquisición es evidente al recibir Adán de manos de Dios el hermoso huerto de Edén. El instinto de buscar alimentos queda expuesto en las palabras: "He aquí que os he dado toda planta que da semilla, que está sobre toda la tierra; y todo árbol en que hay fruto de árbol que da semilla; os serán para comer." Se hace referencia al instinto de reproducción en las siguientes declaraciones: "Varón y hembra los creó. Y los bendijo Dios; y les dijo: Fructificad y multiplicaos." El quinto instinto, el de dominio, está indicado en el mandamiento que dice: "Llenad la tierra, y sojuzgadla, y señoread."

Dios ordenó que las criaturas inferiores se gobiernen primeramente por instinto. Pero el hombre fue honrado con el don del libre albedrío y de la razón, por medio de los cuales se disciplinaría y se convertiría en árbitro de su propio destinó.

En calidad de guía para regular las facultades del hombre, Dios impuso una ley. El entendimiento del hombre con respecto a está ley produjo la *conciencia*. Cuando el hombre escuchó la ley, tenía una conciencia instruida; cuando desobedeció a Dios, sufrió los efectos de una conciencia que le acusaba. En la narración relativa a la tentación (Génesis 3) leemos de que manera el hombre se rindió a la concupiscencia de los ojos, la concupiscencia de la carne, y la soberbia u orgullo de la vida (1 Juan 2:16), y usó sus poderes contrarios a la voluntad de Dios. El alma a sabiendas y de buena voluntad empleó el cuerpo para pecar contra Dios. Esta combinación del alma que peca con un cuerpo humano constituye lo que se conoce como "el cuerpo del pecado" (Romanos 6:6) o la carne (Gálatas 5:24). La inclinación o deseo del alma en el empleo del cuerpo de esa manera se describe con la frase "intención de la carne" (Romanos 8:7). Porque el hombre pecó con el cuerpo, será juzgado de acuerdo con lo "hecho por medio del cuerpo" (2 Corintios 5:10). Eso implica una resurrección (Juan 5:28, 29).

Cuando la "carne" es condenada, no se hace referencia al cuerpo material (los tejidos materiales no pueden pecar) sino al cuerpo empleado por el alma que peca. Es el alma la que peca. Cortad la lengua calumniadora, y el calumniador quedará aun en pie; amputad la mano del ladrón, y seguirá siendo ladrón todavía en su corazón. Los impulsos pecaminosos del alma son los que se deben destruir, y esa es la obra del Espíritu Santo. (Compare Colosenses 3:5; Romanos 8:13.)

La "carne" debe definirse como la suma total de todos los instintos del hombre, no como fueron recibidos por primera vez del Creador, sino después de haber sido torcidos y convertidos en anormales por el pecado. Es la naturaleza humana en su condición caída, debilitada y desorganizada por la herencia racial derivada de Adán, y debilitada y pervertida por actos conocidos de pecado. Representa la naturaleza humana no regenerada, cuyas debilidades son disculpadas con frecuencia con las palabras: "Es la naturaleza humana, después de todo."

Es la perversión de los instintos y las facultades con los cuales Dios ha dotado al hombre lo que constituye la base del pecado. Por ejemplo, el egoísmo, la susceptibilidad, la envidia y el enojo son corrupciones del instinto de conservación. El robo y la codicia son corrupciones del instinto de la adquisición. "No robarás" y "no codiciarás" significan: "No corromperás el instinto de adquisición." La glotonería es la desnaturalización del instinto de buscar alimentos, y por lo tanto es pecado. La impureza es perversión del instinto de reproducción. La tiranía, la injusticia y el espíritu contencioso constituyen abusos del instinto de dominación. Vemos entonces que el pecado es fundamentalmente el abuso o desnaturalización de las fuerzas con las cuales Dios nos ha dotado.

Y notemos las consecuencias de está corrupción: En primer lugar, una conciencia culpable, que le dice al hombre que ha deshonrado a su Hacedor, y le advierte con respecto al terrible castigo. En segundo lugar, la desnaturalización de los instintos reacciona contra el alma, debilitando la voluntad, iniciando y fortaleciendo malos hábitos, y creando males del carácter. Pablo hace una lista de la perversidad del alma en Gálatas 5:19-21: "Y manifiestas son las obras de loa carne, que son: adulterio, fornicación, inmundicia, lascivia, idolatría, hechicerías, enemistades, pleitos, celos, iras, contiendas, disensiones, herejías, envidias, homicidios, borracheras, orgías, y cosas semejantes a estas." Pablo considera esto tan serio que añade las palabras: "Los que practican tales cosas no heredarán el reino de Dios."

Bajo la culpabilidad y el poder del pecado, el alma muere en delitos y pecados (Efesios 2:1). Situada entre el cuerpo y el espíritu, entre lo superior e inferior, entre lo terreno y lo espiritual, ha escogido incorrectamente. Pero la elección no ha producido beneficio, sino perdición eterna (Mateo 16:26). Se ha realizado el mal negocio de Esaú: el trueque de una bendición espiritual por algo terreno y perecedero (Hebreos 12:16). A la muerte, un alma semejante debe pasar a la otra vida "contaminada de la carne" (Judas 23).

Pero hay un remedio tanto para la culpabilidad como para el poder del pecado. (1) Puesto que el pecado es una ofensa contra Dios, se necesita la expiación para remover la culpabilidad y limpiar la conciencia. La provisión del evangelio es la sangre de Jesucristo. (2) Puesto que el pecado provoca la enfermedad del alma y el desorden en el ser del hombre, se necesita una fuerza sanadora y correctiva. Ese poder es proporcionado mediante la operación interna del Espíritu Santo que corrige la perversidad de nuestra naturaleza, y pone en movimiento, en nuestro interior, fuerzas en la dirección que corresponde. Los resultados ("fruto") son "amor, gozo, paz, paciencia, benignidad, bondad, fe, mansedumbre, templanza" (Gálatas 5:22, 23). En otras palabras, el Espíritu Santo nos hace *justos*, palabra que en el idioma hebreo significa, literalmente, "recto". Pecado equivale a tener el alma torcida, la justicia es rectitud de alma.

2.3.5. El alma y el corazón.

Tanto en las Sagradas Escrituras como en el uso común, el vocablo "corazón" denota el centro de todo (Deuteronomio 4:11; Mateo 12:40; Exodo 15:8; Salmo 46:2; Ezequiel 27:4, 25, 26, 27). El "corazón" del hombre es por lo tanto el centro mismo de su personalidad. Es el centro de la vida física. El doctor Beck dice lo siguiente: "El corazón es lo primero que vive. El primer movimiento es señal segura de vida, su detención, señal segura de muerte." Es también la fuente y lugar de convergencia de todas las corrientes de la vida, tanto espirituales como del alma. Lo podemos describir como la parte más profunda de nuestro ser, la "sala de máquinas" por así decirlo, de la personalidad, de donde proceden esos impulsos que determinan el carácter y la conducta del hombre.

(1) El corazón es el centro de la vida de los deseos, voluntad y juicio. El amor, el odio, la determinación, la buena voluntad, la alegría (Salmo 105:3) están relacionados con el corazón. El corazón conoce, entiende (1 Reyes 3:9), delibera, evalúa, calcula; se dice que uno fija el corazón en algo o lo inclina hacia algo, que es dirigido hacia algo, o presta atención a algo. Todo aquello que causa impresión en el alma se dice que está tallado o escrito en el corazón. El corazón es el depósito de todo lo que se oye o experimenta (Lucas 2:51). El corazón es la "fábrica", por así decirlo, donde se forman los pensamientos, y los propósitos, ya sean buenos o malos. Lea por ejemplo el Salmo 14:1; Mateo 9:4; 1 Corintios 7:37; 1 Reyes 8:17.

(2) El corazón es el centro de la vida de las emociones. Al corazón se le atribuyen todos los grados de gozo, desde el placer (Isaías 65:14) al transporte y a la exaltación (Hechos 2:46); toda la escala del dolor, desde el descontento (Proverbios 25:20) y la tristeza (Juan 14:1), hasta la angustia que traspasa, agobia y abruma (Salmo 109:22; Hechos 21: 13); todos los grados de la mala disposición, desde el disgusto y la ira (Proverbios 23:17) hasta la furia rabiosa (Hechos 7:54) y el deseo ferviente de vengarse (Deuteronomio 19:6); todo el orden del miedo, desde el temor reverencial (Jeremías 32:40) hasta el terror ciego (Deuteronomio 28:28). El corazón desfallece de angustia (Josué 5:1), se debilita por el desánimo (Levítico 26:36), desfallece ante el peso de la tristeza (Salmo 102:4), es quebrantado y aplastado por la adversidad (Salmo 147:3) y es consumido por un fuego sagrado (Jeremías 20:9).

(3) El corazón es el centro o eje de la vida moral. Puede concentrarse en el corazón el amor a Dios (Salmo 73:26), u orgullo blasfemo (Ezequiel 28: 2, 5). El corazón es el "taller" de todo lo que es bueno o malo en los pensamientos, palabras y hechos (Mateo 15:19). Es el lugar de convergencia o reunión de los buenos impulsos o los malos deseos o lujuria, el lugar donde está depositado lo bueno o lo malo. Según lo que lo llena, el corazón habla o acciona (Mateo 12:34, 35). Es el lugar donde originalmente fue escrita la ley de Dios (Romanos 2:15) y donde la misma ley es renovada por la operación del Espíritu Santo (Hebreos 8:10). Es allí donde reside la conciencia (Hebreos 10:22) y todos los testimonios de la conciencia le son asignados a él (1 Juan 3:19-21). Con el corazón el hombre cree (Romanos 10:10) o no cree (Hebreos 3:12). Es el terreno donde se siembra la Palabra divina (Mateo 13:19). Según las decisiones que adopta, se deja inspirar de Dios (2 Corintios 8:16) o Satanás (Juan 13:2). Es la habitación de Cristo (Efesios 3:17) y del Espíritu (2 Corintios 1:22) y de la paz de Dios (Colosenses 3:15). Es el receptáculo, podríamos decir, del amor de Dios (Romanos 5:5), el lugar donde nace la luz celestial (2 Corintios 4:6) y el lugar íntimo de la comunión secreta con Dios (Efesios 5:19). Es un misterio profundo que sólo Dios puede sondear (Jeremías 17:9).

Fue en vista de las posibilidades tremendas encerradas en la vida afectiva o del corazón del hombre, que Salomón pronunció la advertencia: "Sobre toda cosa guardada, guarda tu corazón, porque de él mana la vida" (Proverbios 4:23).

2.3.6. El alma y la sangre.

"Porque la vida (literalmente "alma") de la carne en la sangre está" (Levítico 17:11). Las Sagradas Escrituras nos enseñan que tanto en el hombre como en la bestia la sangre es la fuente y sustentación de la vida física (Levítico 17:11; 3:17; Deuteronomio 12:23; Lamentaciones 2:12; Génesis 4: 10; Hebreos 12:24; Job 24:12; Apocalipsis 6:9, 10; Jeremías 2:34; Proverbios 28:17). Según las palabras de Harvey, el médico británico que descubrió la circulación de la sangre: "Es la primera que vive, y la primera que muere; y la sede o asiento primario del alma. Vive y se alimenta de sí misma, y por ninguna otra parte del cuerpo." En los Hechos 17:26 y Juan 1:13 se presenta a la sangre como el material original del cual procede el organismo humano. Usando al corazón como bomba, y a la sangre como portadora de vida, el alma envía vitalidad y alimentos a todas partes del cuerpo.

El lugar del ser en la escala de la vida determina el valor de la sangre. Primero viene la sangre de animales; de mayor valor es la sangre del hombre, porque lleva en sí la imagen de Dios (Génesis 9:6); de estimación especial ante los ojos de Dios es la sangre de los inocentes y los mártires (Génesis 4:10; Mateo 23:35); y más valiosa que todas es la sangre de Cristo (1 Pedro 1:19; Hebreos 9:12), y de valor infinito porque está unida a la Deidad.

Mediante la misericordiosa ordenación de Dios, la sangre se convierte en un medio de expiación, cuando es rociada en el altar de Dios. "Y yo os la he dado para hacer expiación sobre el altar por vuestras almas; y la misma sangre hará expiación de la persona" (Levítico 17:11).

2.4. El cuerpo humano.

Los nombres siguientes se aplican al cuerpo:

2.4.1. Una casa.

Es una casa terrestre en la cual el alma peregrina del hombre habita durante el viaje de aquí a la eternidad (2 Corintios 5:1). A la muerte, se desarma esa casa terrestre o tabernáculo, y el alma parte entonces. Compare Isaías 38:12; 2 Pedro 1:13.

2.4.2. Una funda o vaina.

"Mi espíritu . . . en medio de mi cuerpo" (Daniel 7:15). El cuerpo es la funda o vaina del espíritu. La muerte equivale a sacar la espada de la vaina.

2.4.3. Un templo.

Un templo es un lugar consagrado por la presencia de Dios, un lugar donde el Dios omnipresente es localizado (1 Reyes 8:27, 28). El cuerpo de Cristo era un "templo" (Juan 2:21) porque Dios estaba en él (2 Corintios 5:19).

Cuando Dios entra en relación espiritual con una persona, el cuerpo de esa persona se convierte en templo del Espíritu Santo (1 Corintios 6:19).

Los filósofos paganos hablaron despreciativamente del cuerpo; lo consideraron un obstáculo para el alma, y pensaron del día cuando el alma sería liberada de su maraña o enredo. Pero las Sagradas Escrituras en todas partes consideran el cuerpo como obra de Dios, para ser presentado a Dios (Romanos 12:1), usado para gloria de Dios (1 Corintios 6:20). ¿Por qué, por ejemplo, contiene el libro de Levítico tantas leyes que gobiernan la vida física de los israelitas? A fin de enseñarles que el cuerpo, como instrumento del alma, debe mantenerse fuerte y limpio.

Es cierto que este cuerpo es terreno (1 Corintios 15:47) y como tal un cuerpo de humillación (Filipenses 3:21), sujeto a la enfermedad y la muerte (1 Corintios 15:53), de manera que gemimos por el cuerpo celestial (2 Corintios 5:2). Pero a la venida de Cristo, el mismo poder que vivificó el alma transformará el cuerpo, completando así la redención del hombre. Y la garantía de este cambio es la habitación del Espíritu (2 Corintios 5:5; Romanos 8:11).

3. LA IMAGEN DE DIOS EN EL HOMBRE

"Hagamos al hombre a nuestra imagen, conforme a nuestra semejanza." (Cf. Génesis 5:1; 9:6; Eclesiastés 7:29; Hechos 17:26, 28, 29; 1 Corintios 11:7; 2 Corintios 3:18; 2 Corintios 4:4; Efesios 4:24; Colosenses 1:15; Colosenses 3:10; Santiago 3:9; Isaías 43:7; Efesios 2:10.) El hombre fue creado a la imagen de Dios; se lo hizo a semejanza de Dios en carácter y personalidad. Y a través de las Sagradas Escrituras el nivel y objetivo sentado ante el hombre es el de ser como Dios (Levítico 19:2; Mateo 5:45 48; Efesios 5:1). Y ser semejante a Dios significa ser semejante a Cristo, que es la imagen del Dios invisible.

Consideremos algunos de los elementos que constituyen la imagen divina en el hombre.

3.1. Parentesco con Dios.

La relación de las criaturas vivas con Dios consistió en la obediencia ciega a los instintos implantados en ellas por el Creador; pero la vida que inspiraba al hombre era un resultado verdadero de la personalidad de Dios. El hombre realmente tiene un cuerpo que fue hecho del polvo de la tierra; pero Dios sopló en él el hálito de vida (Génesis 2:7), dotándole de esa manera con una naturaleza capaz de conocer, de amar y de servir a Dios. Por su imagen divina todos los hombres son, por la creación, hijos de Dios; pero puesto que la imagen ha sido empañada por el pecado, el hombre debe ser "recreado" o nacer de nuevo (Efesios 4:24) para ser en realidad hijo de Dios.

Un estudioso del idioma griego ha señalado el hecho de que uno de los vocablos griegos para describir al hombre (*anthropos*) es una combinación de palabras que significan literalmente "el que mira hacia arriba". El hombre es un ser que ora, y hay momentos en la vida del hombre más feroz cuando clama a algún Poder superior solicitando ayuda. El hombre quizá no entienda la grandeza de su posición, y de ahí que quizá se convierta en algo como una bestia que perece (Salmo 49:20), pero no es una bestia. Aun en su estado de degeneración es testigo de su noble origen, puesto que una bestia no puede degenerarse. Por ejemplo, sería absurdo pensar de una persona que le rogara a un tigre diciendo: "¡Ahora compórtate como un tigre!" Siempre fue y siempre será un tigre. Pero el llamado de "compórtate como hombre" lleva en sí implícito un verdadero significado para aquel que ha caído de su sitial. No importa cuán bajo haya caído, sabe que conducta debiera de haber seguido.

3.2. Carácter moral.

El reconocimiento del bien y del mal pertenece sólo al hombre. Se le puede enseñar a un animal a que no haga ciertas cosas, pero no las hará porque sepa distinguir entre lo bueno y lo malo, sino simplemente porque sabe que tal cosa no agrada a su amo. En otras palabras, los animales no poseen naturaleza religiosa o moral; no son capaces de absorber verdades relativas a Dios y la moral. Un gran naturalista escribe lo siguiente:

> Me suscribo sin reservas a la opinión de esos escritores que afinan que, de todas las diferencias entre el hombre y los animales inferiores, el sentido moral o conciencia es en alto grado el más importante. Este sentido está sintetizado en la palabra corta, pero imperiosa de "debes" tan pletórica de sentido. Es el más noble de todos los atributos del hombre.

3.3. Razón.

El animal es una simple criatura de la naturaleza; el hombre está por encima de la naturaleza, es superior a ella. El hombre es capaz de reflexionar y razonar con respecto a las causas de las cosas. Pensemos de los inventos maravillosos que han sido ideados por el hombre: el reloj, el microscopio, los buques a vapor, el telégrafo, la radio, la máquina de sumar y otros que no se pueden mencionar por lo numerosos. Miremos a la estructura toda de la civilización levantada por las artes diversas. Consideremos los libros que se han escrito, la poesía y la música que se han compuesto. Y luego adoremos al Creador por el don maravilloso de la razón. La tragedia de la historia reside en el hecho de que el hombre ha empleado sus dotes divinos para fines destructores, hasta para negar al Creador que lo hizo una criatura pensante.

3.4. Capacidad para ser inmortal.

El árbol de la vida plantado en el huerto del Edén indica que el hombre nunca hubiera muerto si no hubiera desobedecido a Dios. Cristo vino al mundo para traer el alimento de vida y ponerlo a nuestro alcance, de manera que no tenemos que perecer, sino vivir para siempre.

3.5. *Dominio sobre la tierra.*

El hombre estaba destinado a ser la imagen de Dios en lo que respecta a señorío; y puesto que nadie puede ejercer soberanía sin súbditos ni reino, Dios le dio gente tanto como imperio. "Y los bendijo Dios; y les dijo: Fructificad y multiplicaos, llenad la tierra, y sojuzgadla, y señoread en los peces de la mar, en las aves de los cielos, y en todas las bestias que se mueven sobre la tierra." (Compare Salmo 8:5-8.) En virtud de los poderes que se derivan a raíz del hecho de haber sido formado a la imagen de Dios, todos los seres vivientes sobre la tierra fueron entregados al hombre. Iba a ser el representante visible de Dios con relación a las criaturas que lo rodeaban.

El hombre ha colmado la tierra con sus producciones. Tiene el privilegio especial de sojuzgar los poderes de la naturaleza. Ha hecho que el relámpago sea su mensajero, ha rodeado el globo terráqueo, se ha elevado hasta las nubes y explorado las profundidades oceánicas. Ha hecho que la naturaleza se vuelva contra sí misma; ha ordenado que el viento le ayude al hacer frente a los peligros del mar. Y aunque es maravilloso el dominio del hombre sobre lo externo, la naturaleza muerta, más maravilloso aun es su dominio sobre la naturaleza animada. Ver al halcón, en la caza de cetrería, retornar al halconero y depositar a sus pies la presa, cuando tiene ante sus ojos la libertad de un cielo abierto; ver a los galgos que emplean su velocidad para cazar liebres y conejos que no son para ellos sino para sus dueños; ver al camello transportando al hombre a través del desierto, su habitación, todo ello demuestra la habilidad creadora del hombre, y su parecido con Dios el Creador.

La caída del hombre dio como resultado la pérdida o daño de la imagen divina. Ello no significa que los poderes mentales y físicos (el alma) del hombre se perdieran, sino que la inocencia original y la integridad moral en la cual fue creado fue perdida por su desobediencia. De ahí que el hombre sea completamente incapaz de salvarse a si mismo y sin esperanzas fuera de un acto de gracia que le restaurará la imagen divina. Esta materia será tratada con más amplitud en el capítulo que sigue.

CAPITULO 5

El PECADO

Leemos que Dios, después de su obra de la creación, consideró a todo "bueno en gran manera". Pero una pequeña observación nos convencerá de que hay muchas cosas que no son buenas: maldad, iniquidad, opresión, luchas, guerras, muerte, sufrimientos. Y naturalmente, surge la pregunta: ¿De qué manera entró el pecado en el mundo? Esta pregunta ha dejado perplejos a muchos pensadores. La Biblia tiene la respuesta de Dios. Aun más, nos dice lo que verdaderamente es el pecado; mejor aun nos revela el remedio del pecado.

BOSQUEJO

1. *LA REALIDAD DEL PECADO*
   1.1. *Ateísmo.*
   1.2. *Determinismo.*
   1.3. *Hedonismo.*
   1.4. *Ciencia Cristiana.*
   1.5. *Evolución.*
2. *EL ORIGEN DEL PECADO*
   2.1. *La tentación.*
      2.1.1. *Posibilidad.*
      2.1.2. *Fuente.*
      2.1.3. *Sutileza.*
   2.2. *Culpabilidad.*
   2.3. *Castigo.*
      2.3.1. *De la serpiente.*
      2.3.2. *De la mujer.*
      2.3.3. *Del hombre.*
   2.4. *La redención.*
      2.4.1. *Prometida.*
      2.4.2. *Simbolizada.*

3. LA NATURALEZA DEL PECADO
3.1. Lo que enseña el Antiguo Testamento.
3.1.1. En la esfera de la moral.
3.1.2. En la esfera de la conducta fraternal.
3.1.3. En la esfera de la santidad.
3.1.4. En la esfera de la verdad.
3.1.5. En la esfera de la sabiduría.
3.2. Las enseñanzas del Nuevo Testamento.
3.2.1. Errar el blanco.
3.2.2. Deuda.
3.2.3. Desenfreno.
3.2.4. Desobediencia.
3.2.5. Transgresión.
3.2.6. Caída.
3.2.7. Derrota.
3.2.8. Impiedad.
3.2.9. Error.
4. LAS CONSECUENCIAS DEL PECADO
4.1. Debilidad espiritual.
4.1.1. Daño a la imagen divina.
4.1.2. Pecado original.
4.1.3. Conflicto interior.
4.2. Castigo positivo.

1. LA REALIDAD DEL PECADO

No se necesita argumentar la cuestión relativa a la realidad del pecado. Tanto la historia como la propia conciencia del hombre atestiguan con abundancia la citada verdad. Pero se han propuesto teorías que niegan, o presentan erróneamente o restan importancia al pecado y a su naturaleza.

1.1. Ateísmo.

Al negar la existencia de Dios, el ateísmo niega también el pecado, puesto que en sentido estricto, podemos pecar sólo contra Dios. El hombre puede ser culpable de hacer lo malo con relación a los demás; quizá practique el vicio con relación a sí mismo; pero sólo con relación a Dios estas cosas constituyen pecado. En el análisis final de las cosas, toda mala acción está dirigida contra Dios, pues el hacer mal es desobedecer la ley del bien, y el bien es la ley de Dios. "He pecado contra el cielo, y contra ti", exclamó el Pródigo. El hombre, por lo tanto, necesita perdón basado en la provisión divina de la expiación.

1.2. Determinismo.

Se trata de la teoría que afirma que el libre albedrío es un engaño y no realidad. Nos imaginamos que somos libres para escoger, cuando en realidad nuestra elección es dictada por estímulos internos y por circunstancias fuera de nuestro dominio. El humo que sale por la chimenea quizá piense que es libre, pero asciende en virtud de leyes inexorables. Siendo así, una persona no puede comportarse de una manera distinta a la que lo hace, y hablando en términos precisos, no se le debe elogiar por lo bueno que hace, ni censurársele por lo malo. El hombre es simplemente un esclavo de las circunstancias. Eso es lo que afirma la teoría.

Pero las Sagradas Escrituras afirman en forma consecuente que el hombre es libre para escoger entre el bien y el mal, una libertad insinuada en toda exhortación o mandamiento. Lejos de ser una víctima de la suerte o de la casualidad, se dice que el hombre es árbitro de su propio destino.

Durante una discusión de la cuestión del libre albedrío, el doctor Johnson, notable erudito y autor británico declaró lo siguiente: "¡Señor, sabemos que nuestras voluntades son libres, y no hay más que decir!" Ese gramo de sentido común pesaba más que una tonelada de filosofía.

Una de las consecuencias prácticas del determinismo es considerar al pecado como una enfermedad por la cual debe considerarse al pecador como un ser digno de lástima, y no como a alguien a quien se debe castigar. Pero el perentorio sentido del deber implantado en la conciencia del hombre refuta esta teoría. Recientemente un asesino de diecisiete años de edad se negó a presentar un alegato que lo hiciera aparecer como demente, afirmando que su crimen no tenía excusa, pues había sido cometido a pesar de la iluminación que le habían proporcionado los padres y la Escuela Dominical. Insistió por lo tanto en pagar toda la pena que le correspondía. Aunque joven, y frente a la muerte, se negó a dejarse engañar.

1.3. *Hedonismo.*

La palabra hedonismo procede de una raíz etimológica griega que significa "placer". Se trata de una teoría que mantiene que el mayor bien de la vida es el disfrutar los placeres y evitar el dolor, de manera que lo primero que uno debe preguntarse es "¿me proporcionará placer?", y no "¿es justo?" No todos los hedonistas viven una vida viciosa, pero la tendencia general del hedonismo es pasar por alto el pecado y dorar la píldora con designaciones como las siguientes: "debilidad inocente", "un tropezón", "un capricho" y "entusiasmo juvenil". Disculpan el pecado con dichos como los siguientes: "El errar es humano", "lo que es natural es hermoso, y lo que es hermoso es bueno".

Esta teoría se oculta tras el sistema moderno de enseñanza que aboga por la "expresión libré de la individualidad". En lenguaje técnico, significa despojarse de las inhibiciones o complejos; en lenguaje común, "ceden a la tentación puesto que la represión no es saludable". Naturalmente que esto representa con frecuencia un intento de justificar la inmoralidad. Pero los que propugnan estas teorías no estarían de acuerdo con las personas que no reprimen la ira, el odio criminal, la envidia, la borrachera, y cualquier otra tendencia mala.

Subraya esta teoría el deseo de restar importancia a la gravedad del pecado, y hacer borrosa la línea que separa el bien del mal, lo justo de lo injusto. Representa una variación moderna de la antigua mentira que dice: "No morirás." Y muchos de los descendientes de Adán se han tragado la amarga píldora del pecado, dorada de la tranquilizadora afirmación: "No lo dañará." Dios ha hecho lo bueno blanco, y negro el pecado, pero algunos quisieran mezclarlos para obtener un gris neutro. "¡Ay de los que a lo malo dicen bueno, y a lo bueno malo!" constituye la advertencia divina a los que tratan de confundir las distinciones morales.

1.4. *Ciencia Cristiana.*

La Ciencia Cristiana niega la realidad del pecado. El pecado, dice, no es algo positivo, sino simplemente la ausencia de lo bueno. El hecho de que el pecado tenía existencia verdadera es un "error de la mente mortal". El hombre piensa que el pecado es verdadero, real, y por lo tanto su pensamiento necesita corregirse. Pero después de observar que el pecado y la ruina son muy reales en el mundo, parece que "este error de la mente mortal" es casi tan malo como lo que las personas chapadas a la antigua denominaban "pecado". Las Sagradas Escrituras denuncian el pecado como violación positiva de la ley de Dios, una ofensa real que merece verdadero castigo en un infierno verdadero.

1.5. *Evolución.*

La teoría de la evolución considera el pecado como la herencia de animalidad del hombre primitivo. Por lo tanto, en vez de exhortar al pueblo en el sentido de descartar al viejo hombre o al viejo Adán, sus proponentes debieran aconsejar de descartar el viejo mono o el viejo tigre. Como hemos visto, esta teoría de la evolución es antibíblica. Además, los animales no pecan; viven de acuerdo con su naturaleza, y no experimentan conciencia de culpabilidad por el proceder de esa manera. El doctor Leander Keyser dice lo siguiente: "Si la lucha sangrienta y egoísta por la existencia en el reino animal era el método de progreso, por el cual surgió el hombre, ¿por qué sería equivocado que el hombre continuara a lo largo de esa ruta sangrienta? Es cierto que el hombre tiene una naturaleza física, pero esa parte inferior de él fue creación de Dios y ha sido creada para que esté sujeta a una inteligencia iluminada por Dios."

2. *EL ORIGEN DEL PECADO*

El tercer capítulo del Génesis da las claves que caracterizan la historia espiritual del hombre. Son ellas: tentación, pecado, culpabilidad, castigo, redención.

2.1. *La tentación.*

2.1.1. *La posibilidad de la tentación.*

El segundo capítulo de Génesis proporciona el fondo de la narración de la caída del hombre. Habla del primer hogar del hombre, su inteligencia, su servicio en el huerto de Edén, los dos árboles, y la primera boda. Se hace mención particular de los dos árboles del destino: el árbol del conocimiento del bien y del mal y del árbol de vida. Esos dos árboles representan un sermón ilustrado, que les dicen constantemente a nuestros primeros padres: "Si seguís el BIEN y rechazáis el MAL tendréis VIDA." ¿Y no es ésta en esencia la senda de la vida, tal como se encuentra por todas las Sagradas Escrituras? (Cf. Deuteronomio 30:15.)

Nótese el árbol prohibido. ¿Por qué razón se había plantado allí? Con el objeto de proporcionar una prueba por medio de la cual el hombre podía con cariño y libertad escoger servir a Dios, y desarrollar así el carácter. Sin el libre albedrío, el hombre hubiera sido simple máquina.

2.1.2. *La fuente de la tentación.*

"Pero la serpiente era astuta, más que todos los animales del campo que Jehová Dios había hecho." Es razonable inferir que la serpiente, que por entonces debe de haber sido una criatura o ser hermoso, fue el agente empleado por Satanás, que había sido ya arrojado del cielo antes de la creación del hombre (Ezequiel 28:13-17; Isaías 14:12-15). Por esta razón se describe a Satanás como "la serpiente antigua, que se llama diablo y Satanás" (Apocalipsis 12:9). Satanás, por lo general, trabaja por medio de agentes. Cuando Pedro, sin mala intención, trató de disuadir a su Maestro de que siguiera la senda del deber, el Señor vio más allá de Pedro, y dijo: "Quítate de delante de mí, Satanás" (Mateo 16:22, 23). En ese caso Satanás procedió por medio de uno de los amigos de Jesús; en el huerto del Edén empleó a una criatura de la que Eva no desconfiaba.

2.1.3. *La sutileza de la tentación.*

La sutileza se menciona como una característica sobresaliente de la serpiente. (Cf. Mateo 10:16.) Presenta con gran astucia sugerencias que, cuando se las abraza, dan objeto a deseos pecaminosos y actos también pecaminoso. Comienza dirigiéndose a la mujer, el vaso más débil, que, además, no había oído la prohibición (Génesis 2:16, 17). Y espera hasta que Eva está sola. Notemos con que astucia que se presenta. Tergiversa las palabras de Dios (compare Génesis 3:1 y 2:16, 17) y luego pretende sorpresa ante el giro torcido que le ha dado a las palabras. Es así que astutamente siembra la duda en el corazón de la cándida mujer y al mismo tiempo insinúa que él mismo tiene la preparación necesaria para ser juez, en lo que respecta a la justicia de tal prohibición. Mediante la pregunta formulada en el versículo 1, introduce una duda de carácter triple con respecto a Dios: (1) La duda con respecto a la bondad de Dios. Dice en otras palabras lo siguiente: "Dios te está negando algunas bendiciones." (2) Duda con respecto a la justicia de Dios. "No moriréis." En otras palabras, insinúa que Dios quiere dar a entender una cosa distinta de lo que dice. (3) Duda de su santidad. En el versículo 5 la serpiente dice en efecto: "Dios te ha prohibido comer del árbol porque te tiene envidia. No quiere que llegues a ser tan sabia como él, de manera que te mantiene en la ignorancia. Te ha prohibido comer del árbol, no para evitar que mueras, sino para impedir que seas como él."

2.2. Culpabilidad.

Nótense las evidencias de una conciencia culpable: (1) "Entonces fueron abiertos los ojos de ambos, y conocieron que estaban desnudos." Empléase esta expresión para describir una iluminación repentina (Génesis 21:19; 2 Reyes 6:17). Las palabras de la serpiente (versículo 5) se cumplieron, pero el conocimiento adquirido fue distinto del que habían esperado. En vez de sentirse como Dios, experimentaron un horrible sentimiento de culpabilidad que los hizo temer a Dios. Nótese que la desnudez física o corporal es símbolo de una conciencia desnuda o culpable. Las perturbaciones de carácter emocional se reflejan en nuestro aspecto. Algunos comentaristas afirman que antes de su caída, Adán y Eva estaban vestidos de un halo o vestidura de luz, señal de su comunión con Dios, y el dominio del espíritu sobre el cuerpo. Cuando pecaron, la comunión fue interrumpida, el cuerpo venció el espíritu, y se inició el conflicto entre el espíritu, y la carne (Romanos 7:14-24) que ha sido la causa de tanta miseria. (2) "Entonces cosieron hojas de higuera, y se hicieron delantales." Así como la desnudez física era representación y señal de una conciencia culpable, así también la tentativa de cubrir su desnudez es un cuadro del intento del hombre de ocultar su culpabilidad bajo el manto del olvido o de las excusas. Pero sólo una vestidura hecha por Dios puede cubrir el pecado (v. 21). (3) "Y oyeron la voz de Jehová Dios, que se paseaba en el huerto, al aire del día; y el hombre y su mujer se escondieron de la presencia de Jehová Dios entre los árboles del huerto." El hombre culpable, por instinto, trata de ocultarse de Dios, de huir de El. Y así como Adán y Eva procuraron ocultarse entre los árboles, así también la gente procura en la actualidad ocultarse o sumirse en los placeres y otras actividades.

2.3. Castigo.

2.3.1. Castigo de la serpiente.

"Por cuanto esto hiciste, maldita serás entre todas las bestias y entre todos los animales del campo; sobre tu pecho andarás, y polvo comerás todos los días de tu vida." Estas palabras indican que en cierta época, la serpiente era un animal hermoso, erguido. Pero ahora, porque se convirtió en el instrumento de la caída del hombre, es un animal maldito y degradado, en la escala de la creación animal. Pero puesto que la serpiente fue sencillamente un instrumento de Satanás, ¿por qué se le debe castigar? Porque Dios se propuso hacer de la maldición sobre la serpiente una figura y profecía de la maldición sobre el diablo y todas las fuerzas del mal. Por el castigo a la serpiente, el hombre debe reconocer de qué manera la maldición de Dios recae sobre todo pecado y maldad; por el arrastrarse en la arena o polvo de la tierra, debía recordarle al hombre del día cuando reducirá a polvo el poderío de Satanás. Lo siguiente es un estímulo para el hombre: él, tentado, está erguido, mientras que la serpiente está bajo la maldición. Por la gracia de Dios, el hombre puede aplastar la cabeza de la serpiente, en otras palabras, puede vencer al mal. Compare Lucas 10:18; Romanos 16:20; Apocalipsis 12:9; 20:1-3,10.

2.2.2. *Castigo de la mujer.*

"A la mujer dijo: Multiplicaré en gran manera los dolores en tus preñeces; con dolor darás a luz los hijos; y tu deseo será para tu marido, y él se enseñoreará de ti." Un escritor dijo lo siguiente:

> La presencia del pecado ha sido la causa de mucho sufrimiento en las formas precisamente indicadas aquí. Con respecto al acto de dar a luz, no hay duda que en este momento crítico y de ansiedad en la vida de la mujer, el recuerdo de las malas acciones del pasado la atormentan particularmente, y asimismo la crueldad y necedad del hombre han contribuido a hacer el proceso más doloroso y peligroso para las mujeres que para los animales.

El pecado ha empañado todas las relaciones de la vida, incluso la vida matrimonial. En muchos países, la mujer es prácticamente la esclava del hombre; la posición de niñas viudas y niñas madres en la India es comentario elocuente y horrible del cumplimiento de esta maldición.

2.3.2. *Castigo del hombre.*

Al hombre se le había designado ya el trabajo (Génesis 2:15); pero el castigo consistirá en lo arduo del trabajo, y de las desilusiones y disgustos que acarrea (versículos 17-19). Se especifica la agricultura en particular, puesto que ha sido a través de los siglos una de las ocupaciones más necesarias de la raza. En forma misteriosa la tierra y la creación toda en general han sufrido también la maldición de la caída de su señor (el hombre), pero están destinadas a compartir también su redención. Esa es la idea expresada en Romanos 8:19-23. En Isaías 11:1-9 y 65:17-25, tenemos ejemplos de versículos que predicen la remoción de la maldición de la tierra durante el milenio. Además de la maldición de carácter físico que ha caído sobre la tierra, es también cierto que la obstinación y pecado del hombre han contribuido a hacer más difíciles las condiciones de trabajo.

Nótese la pena de muerte. "Pues polvo eres, y al polvo volverás." El hombre fue creado capaz de no morir físicamente. Podría haber vivido indefinidamente si hubiera preservado su inocencia y continuado comiendo del árbol de la vida. Aunque restaure su comunión con Dios (y venza la muerte *espiritual*) por el arrepentimiento y la oración, no obstante ello debe retornar a su Hacedor por el camino de la tumba. Porque la muerte es parte de la pena del pecado, la salvación completa debe abarcar la resurrección del cuerpo (1 Corintios 15:54-57).

Sin embargo, algunos tendrán, como Enoc, el privilegio de escapar de la muerte física (Génesis 5:24; 1 Corintios 15:51).

2.4. La redención.

Los primeros tres capítulos de Génesis contienen las tres revelaciones de Dios que a través de todas las Sagradas Escrituras figuran en todas las relaciones de Dios con el hombre: El Creador, que dio la vida a todo (capítulo 1); el Dios del pacto, que inicia relaciones personales con el hombre (capítulo 2); el Redentor, que hace provisión para la restauración del hombre (capítulo 3).

2.4.1. La redención prometida. (Lea Génesis 3:15).

(1) La serpiente trató de formar una alianza con Eva contra Dios, pero Dios romperá esa alianza. "Y pondré enemistad entre ti y la mujer, y entre tu simiente [descendientes] y la simiente suya." En otras palabras, se producirá una lucha entre la humanidad y los poderes malignos que causaron su caída. (2) ¿Cuál será el resultado de ese conflicto? En primer lugar, victoria para la humanidad, por medio del representante del hombre, la simiente de la mujer. "Esta [la simiente de la mujer] te herirá en la cabeza." Cristo, la simiente de la mujer, vino al mundo para aplastar el poder del diablo (Mateo 1:23, 25; Lucas 1:31-35, 76; Isaías 7:14; Gálatas 4:4; Romanos 16:20; Colosenses 2:15; Hebreos 2:14, 15; 1 Juan 3:8; 5:5; Apocalipsis 12:7, 8, 11; 20:1-3, 10). (3) Pero la victoria no será sin sufrimiento. "Tú [la serpiente] le herirás en el calcañar." En el Calvario, la serpiente hirió en el calcañar a la simiente de la mujer. Pero esa herida ha proporcionado salud a la humanidad (Isaías 53:3, 4, 12; Daniel 9:26; Mateo 4:1-10; Lucas 22:39-44, 53; Juan 12:31-33; 14:30, 31; Hebreos 2:18; 5:7; Apocalipsis 2:10).

2.4.2. La redención simbolizada.

Dios mató a una criatura inocente con el objeto de vestir a los que se sentían desnudos en su presencia por causa del pecado (Génesis 3:21). De igual manera, el Padre dio a su Hijo, el inocente, para que muriera con el objeto de proporcionar una expiación para el alma del hombre.

3. LA NATURALEZA DEL PECADO

¿Qué es el pecado? La Biblia tiene una variedad de términos para describir el mal moral que nos dice algo de su naturaleza. Un estudio de estos términos en el hebreo y griego originales nos proporcionará la definición bíblica del pecado.

3.1. La enseñanza del Antiguo Testamento.

Las diversas palabras hebreas presentan al pecado operando en las siguiente esferas:

3.1.1. *La esfera de la moral.*

Las siguientes son las palabras empleadas para expresar el pecado en esta esfera. (Para un estudio más amplio, consulte una concordancia.)

(1) El vocablo empleado con más frecuencia para describir el pecado significa "errar el blanco". Trasmite o comunica las siguientes ideas: (a) Errar el blanco, como un arquero errático que arroja la flecha pero yerra. De igual manera el pecador yerra el verdadero blanco u objetivo de la existencia. (b) Errar el camino, como el viajero que se ha desviado de la senda o carretera. (c) Ha sido hallado falto cuando ha sido pesado en la balanza de Dios.

En Génesis 4:7 donde el vocablo se emplea por primera vez, el pecado es personificado como bestia salvaje lista para arrojarse sobre todo aquél que le da oportunidad.

(2) Otra palabra significa literalmente "torcedura" y se traduce con frecuencia "perversidad". Es así contraria a la justicia, que significa literalmente, lo que es recto o conforme a un nivel justo.

(3) Otra palabra común, traducida "mal", proporciona la idea de violencia o rompimiento, y describe al hombre que quebranta o viola las leyes de Dios.

3.1.2. *La esfera de la conducta fraternal.*

Para los pecados en esta esfera el vocablo empleado significa violencia o conducta perjudicial (Génesis 6:11; Ezequiel 7:23; Proverbios 16:29). Arrojando a un lado la influencia morigeradora de la ley, el hombre maltrata y oprime a sus semejantes.

3.1.3. *La esfera de la santidad.*

Los vocablos empleados para describir al pecado en esta esfera dan a entender que el ofensor ha estado en relaciones con Dios. La nación israelita toda era una nación constituida de sacerdotes, considerándose a cada uno en comunión con Dios y en contacto con su Tabernáculo santo. Por lo tanto, todo israelita era santo, es decir, separado para Dios, y todas las actividades de la esfera de su vida estaban reguladas por la ley de la santidad. Lo excluido de la ley era profano (lo opuesto de santo) y el que participaba en ello se convertía en inmundo o contaminado (Levítico 11:24; 27, 31, 33, 39). Si persistía, se le consideraba persona profana o irreligiosa (Levítico 21:14; Hebreos 12:16). Si se rebelaba y deliberadamente repudiaba la jurisdicción de la ley de la santidad, se le consideraba un "transgresor" (Salmo 37:38; 51:13; Isaías 53:12). Al israelita que seguía la conducta mencionada en último término, se lo colocaba en la clase "criminal" y a esa clase pertenecían los publicanos, según la opinión de la generación del Señor.

3.1.4. *La esfera de la verdad.*

Los vocablos que describen al pecado en esta esfera recalcan el elemento engañoso y vano del pecado. Los pecadores se conducen y hablan con falsedad (Salmo 58:3; Isaías 28:15), presentan erróneamente la verdad y dan falso testimonio (Exodo 20:16; Salmo 119:128; Proverbios 19:5, 9). Esa actividad se denomina "vanidad" (Salmo 12:2; 24:4; 41:6), es decir, vacía, carente de valor.

El primer pecador fue mentiroso (Juan 8:44); el primer pecado comenzó con una mentira (Génesis 3:4); y todo pecado contiene el elemento de engaño (Hebreos 3:13).

3.1.5. *La esfera de la sabiduría.*

El hombre se conduce con maldad ya sea porque no se preocupa de razonar como conviene, o porque se niega a ello. Por descuido o ignorancia deliberada no guía su vida de acuerdo con la voluntad de Dios.

(1) Muchas son las exhortaciones dirigidas a los simples (Proverbios 1:4, 22; 8:5). Este vocablo describe al hombre natural, sin desarrollo hacia el bien o el mal, sin principios fijos, pero con una inclinación natural hacia el mal, inclinación natural que puede ser explotada para seducirlo. Carece de propósitos fijos y de cimientos morales. Oye pero se olvida, y por lo tanto es conducido con facilidad al pecado. (Compare Mateo 7:26.)

(2) Leemos con frecuencia de personas que carecen de entendimiento (Proverbios 7:7; 9:4), es decir, los que caen víctimas del pecado por falta de entendimiento antes que por inclinación pecaminosa. Debido a que la sabiduría que poseen es defectuosa, juzgan con precipitación e imprudencia los juicios de la providencia de Dios, y cosas que están por encima de ellos. Y de ahí que caen en la impiedad. Tanto esta clase de personas como los simples son inexcusables, pues las Sagradas Escrituras presentan al Señor ofreciendo libremente, ¡que digo! rogándoles que acepten (Proverbios 8:1-10), lo que les dará sabiduría para buscar la salvación.

(3) El vocablo que se traduce con frecuencia como "necio" (Proverbios 15:20) describe a la persona que aunque capaz de hacer bien, está ligada por lazos carnales y es conducida fácilmente al pecado por sus inclinaciones pecaminosas. No se disciplina a sí misma, ni guía sus tendencias o predisposiciones según la ley divina.

(4) El "escarnecedor" (Salmo 1:1; Proverbios 14:6) es el malvado que justifica su maldad mediante argumentos razonados contra la existencia o realidad de Dios, y contra lo espiritual en general. De manera que el vocablo escarnecedor del Antiguo Testamento equivale al ateo o librepensador descreído de la actualidad, y la expresión "silla de escarnecedores" se refiere con probabilidad a la sociedad pagana o infiel local.

3.2. *Las enseñanzas del Nuevo Testamento.*

El Nuevo Testamento describe al pecado como lo siguiente:

3.2.1. *Errar el blanco.*

Errar el blanco, que significa la misma idea expresada en el Antiguo Testamento.

3.2.2. *Deuda.*

El hombre le *debe* a Dios el guardar sus mandamientos (Mateo 6:12). Todo pecado cometido equivale a una deuda contraída. Incapaz de pagarla, su única esperanza es el perdón o remisión de la deuda.

3.2.3. Desenfreno.

"El pecado es transgresión de la ley" (1 Juan 3:4). El pecador es un rebelde e idólatra, pues aquél que deliberadamente quebranta un mandamiento escoge su propia voluntad antes que la de Dios. Peor aún, se convierte en ley para sí mismo y por lo tanto, hace un dios de sí mismo. El pecado comenzó en el corazón del ángel enaltecido que dijo "subiré", en oposición a la voluntad de Dios (Isaías 14:13, 14). El anticristo es el desenfrenado (traducción literal del inicuo) porque se enaltece sobre toda cosa que es adorada o denominada Dios (2 Tesalonicenses 2:4). El pecado es esencialmente obstinación, terquedad, y la obstinación es esencialmente pecado.

El pecado destronaría, si pudiera, a Dios; lo asesinaría. Sobre la cruz del Hijo de Dios podrían haberse escrito las siguiente palabras: "¡El pecado lo hizo!"

3.2.4. Desobediencia.

Desobediencia, literalmente, "oír impropiamente"; escuchar con falta de atención (Hebreos 2:2). "Mirad pues cómo oís" (Lucas 8:18).

3.2.5. Transgresión.

Transgresión, o literalmente, "excederse los límites" (Romanos 4:15). Los mandamientos de Dios son cercas o setos, por así decirlo, que impiden que el hombre penetre en territorio peligroso y sufra así daño su alma.

3.2.6. Caída.

Caída, o falta, o caer junto al camino. (Cf. Efesios 1:7 en el idioma griego.) De ahí la expresión común de "caer en pecado". Pecar es caer de un nivel de conducta.

3.2.7. Derrota.

Derrota es el significado literal de la palabra "falta" en Romanos 11:12. Al rechazar a Cristo, la nación judía sufrió una derrota y equivocó el propósito de Dios.

3.2.8. Impiedad.

Impiedad, de un vocablo que significa "sin adoración o reverencia" (Romanos 1:18; 2 Timoteo 2:16). El hombre impío es aquél que presta poca atención o ninguna a lo sagrado. Lo sagrado no produce sentimiento alguno de temor reverencial. Está sin Dios porque no quiere a Dios.

3.2.9. Error.

El error describe esos pecados cometidos por descuido o ignorancia, y se diferencian de aquellos pecados cometidos con presunción, frente a la luz (Hebreos 9:7). El hombre que obstinadamente se propone hacer lo malo incurre en mayor grado de culpa que aquél que por debilidad cae en alguna falta.

4. *LAS CONSECUENCIAS DEL PECADO*

El pecado es acto y estado. En calidad de sublevación a las leyes de Dios, es un acto de la voluntad del hombre; como separación de Dios, se convierte en estado pecaminoso. Una consecuencia doble se produce: El pecador se acarrea el mal sobre sí, por sus malas acciones, e incurre en *culpabilidad* ante Dios. Dos cosas, por lo tanto, deben distinguirse: las malas consecuencias que siguen al acto del pecado, y la pena que sufrirá en el juicio. Todo ello se puede ilustrar de la manera siguiente: Un padre le prohíbe a su hijo fumar, y le advierte de una consecuencia doble. Primero, el fumar lo enfermará, y además, lo castigará por su desobediencia. El niño desobedece y se fuma el primer cigarrillo. El malestar estomacal que le produce constituye o representa las malas consecuencias de su pecado, y la paliza o castigo que recibirá representa la pena positiva por su culpabilidad.

De igual manera, las Sagradas Escrituras describen dos efectos del pecado en las personas culpables: es seguido de consecuencias desastrosas para sus almas y acarreará sobre ellos el decreto positivo de la condenación de Dios.

4.1. *Debilidad espiritual.*

4.1.1. *Daño a la imagen divina.*

El hombre no perdió por completo la imagen divina, puesto que aún en su condición caída se le considera como criatura hecha a la imagen de Dios (Génesis 9:6; Santiago 3:9), verdad expresada en el dicho popular de que hay algo de bueno en el más malo de los hombres. El doctor Maudesley, el gran médico alienista de nacionalidad británica afirma que la majestad inherente de la mente humana se evidencia aún en la ruina provocada por la locura.

Pero aunque no se ha perdido por completo, la imagen divina en el hombre ha sido gravemente dañada. El Señor Jesucristo vino al mundo para hacer posible para el hombre el reconquistar la imagen divina, al ser recreado en la imagen de Dios (Colosenses 3:10).

4.1.2. *Pecado original.*

El efecto de la caída estaba tan arraigado en la naturaleza del hombre, que Adán, el padre de la raza, trasmitió a sus descendientes una tendencia o inclinación a pecar (Salmo 51:5). Esta desventaja espiritual y moral bajo la cual todos los hombres nacen se conoce con el nombre de pecado original. Los actos o acciones de pecado que siguen durante la edad de la razón se denominan pecado actual o voluntario. Cristo, el segundo Adán, vino a este mundo para librarnos de todos los efectos de la caída (Romanos 5:12-21).

Esta condición moral del alma es descrita de muchas formas: todos han pecado (Romanos 3:9); todos están bajo maldición (Gálatas 3:10); el hombre natural es extraño a las cosas divinas (1 Corintios 2:14); el corazón natural es engañoso y malvado (Jeremías 17:9); la naturaleza mental y moral es corrupta (Génesis 6:5, 12; 8:21; Romanos 1:19-31); la mente carnal es enemistad con Dios (Romanos 8:7, 8); el pecador es esclavo del pecado

(Romanos 6:17; 7:6); es controlado por el príncipe del poder del aire (Efesios 2:2); está muerto en transgresiones y pecados (Efesios 2:1); y es hijo de la ira (Efesios 2:3).

4.1.3. Conflicto interior.

En el comienzo Dios hizo el cuerpo del hombre del polvo, dotándole así de vida física o naturaleza inferior o baja; luego le infundió vida, impartiéndole así una naturaleza superior que lo relaciona con Dios. Se tenía el propósito de que hubiera armonía en el ser del hombre, que el cuerpo estuviera subordinado al alma. Pero el pecado perturbó esta relación, de manera que el hombre se encontró dividido en sí mismo, parte de su ser en conflicto con la otra en una guerra intestina entre su naturaleza superior e inferior. Su naturaleza inferior, frágil en sí misma, se ha rebelado contra la superior, y ha abierto los portales de su ser al enemigo. Durante la intensidad del conflicto, el hombre exclama: "¡Miserable este de mí! ¿quién me librará de este cuerpo de muerte?" (Romanos 7:24).

El "Dios de paz" (1 Tesalonicenses 5:23) sojuzga los elementos en conflicto de la naturaleza del hombre, y santifica el espíritu, el alma y el cuerpo. El resultado es bendición interna: "Justicia, paz y gozo en el Espíritu Santo" (Romanos 14:17).

4.2. Castigo positivo.

"El día que de él comieres, ciertamente morirás" (Génesis 2:17). "Porque la paga del pecado es muerte" (Romanos 6:23).

El hombre fue creado con la capacidad para la inmortalidad, es decir, no tenía que morir si obedecía las leyes de Dios. Con el objeto de "echar mano" de la inmortalidad y la vida eterna, fue colocado bajo el pacto de obras, ilustrado por dos árboles: el árbol del conocimiento del bien y del mal y el árbol de la vida. La vida estaba así condicionada a la obediencia. Mientras Adán obedecía la *ley de la vida*, tenía derecho a comer del *árbol de la vida*. Pero desobedeció, quebrantó el mandamiento de la vida, y se separó de Dios, la Fuente de la vida. La muerte comenzó desde ese momento y se consumó en la desorganización de la personalidad en la forma de separación del cuerpo y del alma. Pero nótese que la pena incluía más que muerte física; la disolución física era un indicio del desagrado de Dios y el hecho de que el hombre estaba aislado de la Fuente de la vida. Aun cuando Adán se reconciliara más tarde con su Hacedor, la muerte física continuó, de acuerdo con el decreto divino que decía: "Porque el día que de él comieres, ciertamente morirás." Sólo mediante un acto de redención y recreación tendría el hombre de nuevo el derecho al árbol de la vida, que está en medio del paraíso de Dios. Por medio de Cristo, la justicia es restaurada al alma, la cual, en la resurrección, se reúne con un cuerpo glorificado.

Vemos entonces que la muerte física vino al mundo como un castigo, y en las Escrituras, toda vez que se amenaza castigar con la muerte al pecado, significa primeramente pérdida del favor divino. De manera entonces que el alma pecadora está ya muerta en delitos y pecados. A la muerte física entra en el mundo invisible en la misma condición.

Luego en el juicio, el Juez pronuncia la sentencia de la segunda muerte, que implica "enojo e ira, tribulación y angustia" (Romanos 2:7-12). De manera que la "muerte" en calidad de castigo no constituye la extinción de la personalidad, sino un medio de separación de Dios. Hay tres fases con relación a esta muerte: muerte espiritual mientras vive el hombre (Efesios 2:1; 1 Timoteo 5:6), muerte física (Hebreos 9:27), y la segunda o muerte eterna (Apocalipsis 21:8; Juan 5:28, 29; 2 Tesalonicenses 1:9; Mateo 25:41).

Por otra parte, cuando las Sagradas Escrituras nos hablan de vida como recompensa a la justicia, se significa algo más que *existencia*, porque los malvados existen en el infierno. La vida significa vivir en comunión y favor con Dios, una comunión que la muerte no puede interrumpir o destruir (Juan 11:25, 26). Es una vida vivida en unión consciente con Dios, la Fuente de vida. "Y esta es la vida eterna: que te conozcan a ti, el único Dios verdadero, y a Jesucristo, a quien has enviado" (Juan 17:3). La vida eterna es la existencia *buena*, que corresponde; la muerte eterna es la existencia *mala*, miserable y envilecida.

Nótese que el vocablo destrucción empleado con relación a la suerte de los malvados (Mateo 7:13; Juan 17:12; 2 Tesalonicenses 2:3) no significa extinción. El perecer o ser destruido (según el griego) no es ser extinguido, sino *arruinado*. Por ejemplo, el hecho de que los odres se pierdan (Mateo 9:17) significa que no son buenos como odres para vino, y no que serán aniquilados. De igual manera el pecador que perece o es destruido, no queda reducido a la nada, sino que está arruinado en lo que respecta al disfrute de las bendiciones de Dios y de la vida eterna. El mismo uso es seguido en la actualidad. Cuando decimos que "ha arruinado su vida", no queremos dar a entender que el hombre esté muerto, sino que ha equivocado el objetivo verdadero de su vida.

CAPITULO 6

EL SEÑOR JESUCRISTO

S u cumpleaños se celebra en todo el orbe. En la fecha de su muerte, se proyecta la silueta de la cruz en el horizonte de las naciones. ¿Quién es?" Con estas palabras, un predicador prominente formuló una pregunta de suprema importancia y de constante interés.

La pregunta fue hecha por el Maestro mismo cuando, durante una de las crisis de su ministerio, dijo: "¿Quién dicen los hombres que es el Hijo del hombre?" Escuchó las respuestas que reflejaban la opinión corriente del público, sin hacer comentario, pero pronunció su bendición sobre la respuesta que Pedro había recibido de Dios: "Tú eres el Cristo, el Hijo del Dios viviente."

La pregunta sigue todavía en pie, y el hombre procura responderla. Sin embargo, la respuesta verdadera debe proceder del Nuevo Testamento, escrito por hombres que le conocieron mejor que ninguno, y quienes, por ese conocimiento, estuvieron dispuestos a perder todo lo demás.

BOSQUEJO

1. *LA NATURALEZA DE CRISTO*
  1.1. *Hijo de Dios (Deidad).*
    1.1.1. *La conciencia que Cristo tenía de sí mismo.*
    1.1.2. *Las afirmaciones de Jesús.*
    1.1.3. *La autoridad de Cristo.*
    1.1.4. *La perfección de Cristo.*
    1.1.5. *El testimonio de los discípulos.*
  1.2. *La Palabra (preexistencia y actividad eternas).*
  1.3. *Señor.*
    1.3.1. *Deidad.*
    1.3.2. *Exaltación.*
    1.3.3. *Soberanía.*
  1.4. *El Hijo del Hombre (humanidad).*
    1.4.1. *¿Quién?*

1. LA NATURALEZA DE CRISTO

La mejor manera de responder a la pregunta ¿quién es Cristo? es dando a conocer y explicando los nombres y títulos por los cuales es conocido.

1.1. Hijo de Dios (Deidad).

De la misma manera que la frase "hijo del hombre" significa nacido de hombre, así también "Hijo de Dios" significa nacido de Dios. De ahí que este título proclame la deidad de Cristo. A Jesús jamás se lo denomina un Hijo de Dios, en el sentido general en que los hombres y los ángeles (Job 2:1) son hijos de Dios. Es el Hijo de Dios por excelencia, en sentido especial y único. Según la descripción que de Jesús nos hacen las Sagradas Escrituras, mantiene con Dios una relación que no es compartida por persona alguna en el universo.

En calidad de explicación y confirmación de esta verdad, consideremos:

1.1.1. *La conciencia que Cristo tenía de sí mismo.*

¿En que consistía la conciencia que el Señor tenía de sí mismo? En otras palabras, ¿qué sabía de sí? Lucas, el único escritor que registra un incidente de la niñez de Jesús, nos dice que a la edad de doce años (cuando menos) Jesús estaba consciente de dos cosas: de una relación especial con Dios, a quien describe como Padre; y de una misión especial en la tierra, los negocios de su Padre.

Cuándo comenzó Jesús a tener conciencia de sí, y cómo tuvo esa conciencia, seguirá en el misterio para nosotros. Cuando vemos a Dios que viene hacia nosotros en la forma de hombre, debemos exclamar con referencia: "Grande es el misterio de la piedad." No obstante, la siguiente ilustración quizá sea útil: Pon a un bebé frente al espejo. Se verá a sí mismo, pero no se reconocerá. Pero llegará el momento en que sabrá que la imagen reflejada es la suya. En otras palabras, el niño está ahora consciente de su propia identidad. ¿No habrá sido así también en lo que respecta al Señor Jesucristo? Siempre fue el Hijo de Dios. Pero llegó el momento en que, después de estudiar las Sagradas Escrituras relacionadas con el Mesías de Dios, la conciencia de que El, el Hijo de María, no era otro que el Hijo de Dios iluminó su mente. En vista de que el Hijo eterno de Dios vivió la vida perfectamente natural del ser humano, es razonable suponer que esa conciencia de su deidad le llegó de esa manera.

En el río Jordán el Señor Jesús oyó la voz del Padre que corroboraba y confirmaba su conciencia interior (Mateo 3:17) y en el desierto resistió con éxito los intentos de Satanás destinados a poner en tela de juicio su carácter de Hijo de Dios. "Si eres Hijo de Dios" (Mateo 4:3). Más tarde en su ministerio tuvo palabras de elogio para Pedro por el testimonio inspirado del cielo respecto de su deidad y mesiazgo (Mateo 16:15-17). Cuando se le procesaba ante el alto tribunal judío, podría haber escapado de la muerte negando su carácter extraordinario de Hijo de Dios, y afirmando simplemente que era hijo en el mismo sentido que los demás hombres lo eran. Pero al ser puesto bajo juramento por el sumo sacerdote, declaró tener conciencia de su deidad, aunque sabía que dicha declaración le significaba la muerte (Mateo 26:63-65).

1.1.2. *Las afirmaciones de Jesús.*

Jesús se identificó plenamente con las actividades divinas. En efecto, dijo: "Mi Padre hasta ahora trabaja, y yo trabajo" (Juan 5:17). "Salí del Padre" (Juan 16:28). "Como me envió el Padre" (Juan 20:21). Afirmó tener conocimientos divinos y comunión (Mateo 11:27; Juan 17:25). Afirmó revelar el ser del Padre mediante sí mismo (Juan 14:9-11). Asumió prerrogativas divinas: omnipresencia (Mateo 18:20); poder para perdonar pecados (Marcos 2:5-10); poder para resucitar a los muertos (Juan 6:39, 40, 54; 11:25; 10:17, 18). Se proclamó a sí mismo el Juez y Arbitro del destino del hombre (Juan 5:22; Mateo 25:31 46).

Demandó una rendición y fidelidad que sólo Dios podía reclamar con derecho. Insistió en la rendición o sumisión absoluta de parte de sus seguidores. Debían estar preparados para romper los lazos más queridos, pues cualquiera que amaba aún padre o madre más que a El no era digno de El (Mateo 10:37; Lucas 14:25-33).

Esas demandas trascendentales fueron formuladas por uno que vivió como el más humilde de los hombres, y presentadas en la forma más simple y sencilla, como por ejemplo, Pablo diría: "Yo de cierto soy hombre Judío." Con el objeto de arribar a la conclusión de que Cristo era divino, uno sólo necesita hacer dos concesiones: primera, que Jesús no era mal hombre; segunda, que no era demente. Si dijo que era divino cuando sabía que no lo era, luego no sería un hombre bueno; si se imaginaba falsamente que era Dios, luego no podía ser una persona sensata, en su sano juicio. Pero ninguna persona en plena posesión de sus facultades mentales, inteligente, soñaría negar su carácter perfecto o su sabiduría superior. En consecuencia, no se puede menos que llegar a la conclusión de que era lo que afirmaba ser: el Hijo de Dios en sentido único.

1.1.3. *La autoridad de Cristo.*

En las enseñanzas de Cristo, uno nota ausencia completa de expresiones como estas: "Según opino", "quizá", "creo que", "supongamos". Un sabio racionalista judío admitió que el Señor hablaba con la autoridad del Dios todopoderoso mismo. El doctor Henry Van Dyke señala que en el Sermón del Monte, por ejemplo tenemos:

> El cuadro absolutamente anonadador de un hebreo creyente que se coloca por encima de la regla de su propia fe, un Maestro humilde que afirma su autoridad suprema sobre toda la conducta del hombre, un reformador moral que descarta todos los demás fundamentos, y dice: "Cualquiera, pues, que me oye estas palabras, y las hace, le compararé a un hombre prudente, que edificó su casa sobre la roca" (Mateo 7:24). Cuarenta y nueve veces, en este breve registro del discurso de Jesús, aparece esta frase solemne mediante la cual auténtica la verdad: "De cierto os digo."

1.1.4. *La perfección de Cristo.*

Ningún maestro que llama a los hombres al arrepentimiento y a la justicia puede evitar alguna referencia a su propio pecado e imperfección. En realidad, cuanto más santo es, tanto más lamentará y reconocerá sus propias limitaciones. Pero en las palabras y hechos de Jesús, hay una ausencia total de la conciencia o confesión del pecado. Tenía el conocimiento más profundo respecto de los males del pecado, y sin embargo no cayó sobre su alma sombra o mancha alguna. Por el contrario, El, el más humilde de los hombres, lanza el siguiente reto: "¿Quién de vosotros me redarguye de pecado?" (Juan 8:46)

1.1.5. *El testimonio de los discípulos.*

Ningún judío cometió jamás el error de pensar que Moisés era divino; ni aún sus discípulos más entusiastas hubieran soñado jamás con atribuirle declaraciones como esta: "Bautizándolos en el nombre del Padre, y de *Moisés*, y del Espíritu Santo." (Compare Mateo 28:19.) Y la razón es que Moisés jamás habló ni se comportó como uno que procedía de Dios o compartía su naturaleza. Por otra parte, el Nuevo Testamento enuncia este milagro: tenemos aquí a un grupo de hombres que caminaron con Jesús, y lo vieron en todos los aspectos característicos de su humanidad y que, sin embargo, más tarde lo adoraron como divino, predicaron que su nombre era el poder para la salvación e invocaron su nombre en oración. Juan, que se recostó sobre el pecho de Jesús, no vaciló en hablar de El como el eterno Hijo de Dios que creó el universo (Juan 1:1, 3), y relata sin vacilación ni disculpas el acto de Tomás de adorarle y exclamar: "¡Señor mío, y Dios mío!" (Juan 20:28) Pedro, que había visto comer, beber y dormir a Jesús, que había estado consciente del hambre y la sed sufridas por el Señor, que le había escuchado orar, y le había visto llorar, en otras palabras, que había sido testigo de su humanidad toda, más tarde les dice a los judíos que Jesús está a la mano derecha de Dios, de que posee la prerrogativa divina de impartir el Espíritu Santo (Hechos 2:33, 36); de que es el único camino de la salvación (Hechos 4:12), el Perdonador de pecados (Hechos 5:31) y el Juez de los muertos (Hechos 10:42). En su segunda epístola (3:18) adora al Señor y le atribuye a El "gloria ahora y hasta el día de la eternidad".

No hay registro alguno en el sentido de que Pablo el apóstol viera a Jesús en la carne (aunque le vio en forma glorificada), pero se encontraba en contacto directo con los que lo habían visto. Y este Pablo, que jamás perdió esa reverencia hacia Dios que le había sido inculcada desde su juventud, describe no obstante con calma perfecta a Jesús como nuestro "gran Dios y Salvador Jesucristo" (Tito 2:13), le representa encarnando la plenitud de la Deidad (Colosenses 2:9), y como Creador y Sostenedor de todas las cosas (Colosenses 1:16, 17). Como tal, su nombre debe ser invocado en oración (1 Corintios 1:2; compare Hechos 7:59) y su nombre está unido al del Padre y del Espíritu Santo en la bendición apostólica (2 Corintios 13:14).

Desde el principio mismo la iglesia primitiva consideró divino a Cristo y lo adoró como tal. A principios del segundo siglo un funcionario romano informó que los creyentes estaban acostumbrados a reunirse antes del amanecer y "cantar un himno de alabanza a Cristo, como si fuera Dios". Un autor pagano escribió lo siguiente: "Los cristianos adoran todavía al gran hombre que fue crucificado en Palestina."

Hasta el ridículo de los paganos constituye un testimonio de la deidad de Cristo. Se encontró una inscripción en un antiguo palacio romano (anterior al siglo cuarto) la cual representa una figura humana con cabeza de asno, pendiente de una cruz, mientras que un hombre se encuentra ante ella en actitud de adoración. Debajo de la inscripción se lee lo siguiente: "Alexamenos adora a su Dios." Henry Van Dyke hace el siguiente comentario:

> De esta manera las canciones y oraciones de los creyentes, las acusaciones de los perseguidores, las burlas de los escépticos, y el desprecio grosero de los que se burlaban, todo se mezclaba para demostrar fuera de toda duda que los cristianos primitivos rindieron honores divinos al Señor Jesús ... Hay tanta certeza de que los creyentes primitivos vieron en Cristo una revelación personal de Dios, como que los seguidores de Abraham Lincoln consideraron a este un ciudadano bueno y leal.

No debemos inferir, sin embargo, que la iglesia primitiva no adoró a Dios el Padre, pues lo hizo. La práctica general consistía en orar al Padre en el nombre de Jesús, y agradecer al Padre por el don del Hijo. Pero tan real era para ellos la deidad de Cristo y la unidad entre las dos personas, que les fue natural invocar el nombre de Jesús. Fue su adhesión firme a las enseñanzas del Antiguo Testamento respecto de la unidad de Dios, combinada con la creencia firme en la deidad de Cristo, lo que los llevó a formular la doctrina de la trinidad.

Las siguientes palabras del Credo Niceno (siglo cuarto) han sido, y lo son todavía, recitadas por muchos de manera formal, pero no obstante expresan fielmente la sincera convicción de la iglesia primitiva:

> Creemos en un Señor Jesucristo, el Hijo de Dios, unigénito del Padre, es decir, de la sustancia del Padre, Dios de Dios, Luz de Luz, verdadero Dios de verdadero Dios, engendrado y no creado, siendo de una sustancia con el Padre; por quien todas las cosas que están en los cielos y en la tierra fueron hechas; quien, para nosotros los hombres y para nuestra salvación descendió, y fue encarnado y hecho hombre, y sufrió, y se levantó el tercer día, y ascendió a los cielos, y vendrá de nuevo a juzgar a los vivos y a los muertos.

1.2. *La Palabra (preexistencia y actividad eternas).*

La palabra del hombre es aquélla por la cual se expresa a sí mismo, por la cual se pone en comunicación con otros. Por medio de la palabra da a conocer sus pensamientos y sentimientos, y por su palabra da a conocer mandamientos y pone en vigor su voluntad. La palabra que habla lleva la impronta de su pensamiento y carácter. Mediante sus palabras, el hombre puede conocerse perfectamente, aunque uno fuera ciego. El sentido de la vista y la información podría revelar muy poco con respecto a su carácter si uno no hubiera escuchado a sus palabras. La palabra del hombre es su carácter en la expresión.

De igual manera, la Palabra de Dios es aquélla por la cual el Padre se comunica con otros seres, trata con ellos; es el medio por el cual expresa su poder, inteligencia y voluntad. Cristo es esa Palabra, el Verbo, puesto que por intermedio de El, ha revelado su actividad, voluntad y propósito, y porque por El, Dios establece contacto con el mundo. Nos expresamos a nosotros mismos por medio de palabras; el Dios eterno se expresa a sí mismo por medio de su Hijo, que es la "misma imagen de su sustancia" (Hebreos 1:3). Cristo es la Palabra de Dios porque revela a Dios demostrándole en persona. No sólo trae el mensaje de Dios, sino que *es* el mensaje de Dios.

Consideremos la necesidad de tal Revelador. Trate de comprender el tamaño del universo, con sus incalculables millones de cuerpos celestiales, cubriendo distancias de magnitud incomprensible para la mentalidad del hombre; imaginemos las enormes distancias del espacio más allá del universo de la materia; luego tratemos de concebir lo poderoso de Aquél que es la fuente de todo. Consideremos, por un lado, lo insignificante del hombre. Se ha calculado que si todos fueran de 1,80 mt. de alto, por 0,45 de ancho, y 0,30 de espesor, toda la raza humana, compuesta de seis mil millones de habitantes, cabría en un cubo de 2.400 metros de ancho, 2.400 de lado y 2.400 de profundidad. Dios, ¡cuán grande y poderoso! El hombre, ¡cuán infinitamente pequeño! Además, este Dios es Espíritu, y por lo tanto, no puede ser comprendido por la vista, ni por los demás sentidos naturales. La gran pregunta que surge es la siguiente: ¿De qué manera podemos tener comunión con un Dios semejante? ¿Cómo podemos concebir su naturaleza y carácter?

Es cierto que Dios se reveló a sí mismo por medio de la palabra profética, por sueños y visiones, y por manifestaciones transitorias. Pero el hombre anhelaba aún una respuesta más clara a la pregunta: ¿Cómo es Dios? Para responder a esta pregunta, ocurrió el acontecimiento más estupendo de la historia: "Y aquel Verbo fue hecho carne" (Juan 1:14). La Palabra eterna de Dios tomó sobre sí la naturaleza humana y se hizo hombre, con el objeto de revelar al eterno Dios por medio de la personalidad humana. "Dios, habiendo hablado muchas veces y de muchas maneras en otro tiempo a los padres por los profetas, en estos postreros días nos ha hablado por el Hijo" (Hebreos 1:1, 2). Por lo tanto, a la pregunta "¿cómo es Dios?" el creyente responde: Dios es como Cristo, pues Cristo es la Palabra, la idea que Dios tiene de sí mismo. Es decir, El es la misma imagen de su sustancia (Hebreos 1:3), "imagen del Dios invisible" (Colosenses 1:15).

1.3. *Señor.*

Un vistazo a una concordancia revelará el hecho de que el "Señor" es uno de los títulos más comunes de Jesucristo. Ese título indica su deidad, exaltación, y soberanía.

1.3.1. *Deidad.*

El título de "Señor", cuando se lo colocaba antes de un nombre, proporcionaba la idea de deidad tanto para judíos como para gentiles. El vocablo "Señor" en el idioma griego (*Kurios*) fue el equivalente de Jehová en la traducción griega del Antiguo Testamento; por lo tanto, para los judíos, el "Señor Jesús" era una atribución clara de la Deidad. Cuando el emperador romano se refirió a sí mismo como "Señor César", y les requirió a sus súbditos que dijeran "César es Señor", los gentiles entendieron que el emperador reclamaba para sí la divinidad. Los creyentes entendieron de esa manera el vocablo, y escogieron el sufrir la persecución, que asignar a un hombre el título que pertenece sólo a uno verdaderamente divino. Sólo a El, a quien Dios había exaltado, le atribuirían señorío y lo adorarían.

1.3.2. *Exaltación.*

En la *eternidad,* Cristo posee el título de "Hijo de Dios", en virtud de su relacion con Dios (Filipenses 2:9); en la historia, se ganó el título de "Señor", muriendo y resucitando por la salvación de los hombres (Hechos 2:36; 10:36; Romanos 14:9). Fue siempre divino por naturaleza; se convirtió en Señor por su obra. Ilustremos por lo siguiente: Un joven que nace en una familia de multimillonarios no se conforma con heredar lo que otros han obtenido mediante su trabajo, sino que sólo desea poseer lo que ha ganado por su propio trabajo. Por lo tanto, renuncia voluntariamente a todos sus privilegios, ocupa su lugar como trabajador común, y mediante su laboriosidad se gana para sí un sitio de honor y riqueza. De igual manera el Hijo de Dios, aunque por naturaleza era igual a Dios, voluntariamente se sujetó a las limitaciones del hombre, pero sin pecado, al tomar sobre sí la naturaleza del hombre, transformándose en siervo del hombre, y finalmente murió en la cruz por su redención. Como recompensa, se le dio señorío sobre toda criatura, una recompensa apropiada, pues que mejor derecho podría alguno tener al gobierno de los hombres, que la verdad que los amaba, y se dio a sí mismo por ellos (Apocalipsis 1:5). Este derecho ha sido reconocido por millones de personas, y la cruz se ha convertido en peldaño por medio del cual el Señor Jesús asciende al lugar de soberanía sobre el corazón del hombre.

1.3.3. *Soberanía.*

En Egipto, Jehová se reveló a sí mismo a Israel en calidad de Redentor y Salvador, en Sinaí, como Señor y Rey. Las dos cosas marchan juntas, pues Aquél que se convirtió en Salvador, tiene derecho a ser su Jefe. Es por ello que los Diez Mandamientos comienzan con la siguiente declaración: "Yo soy Jehová tu Dios, que te saqué de la tierra de Egipto, de casa de servidumbre"

(Exodo 20:2). En otras palabras, "Yo, el Señor que os he redimido, tengo derecho a gobernaros".

Y así es con Cristo y su pueblo. Los primitivos cristianos reconocieron instintivamente como todo verdadero discípulo que el que los redimió del pecado y la destrucción tiene derecho a ser Señor de sus vidas. Comprados por precio, no se pertenecen a sí mismos (1 Corintios 6:20) sino que pertenecen a Aquél que murió y resucitó por ellos (2 Corintios 5:15). Por lo tanto el título "Señor", aplicado a Jesús por sus seguidores, significa lo siguiente: "Aquél que por su muerte se ha ganado un lugar de soberanía en mi corazón, y a quién me siento obligado a adorar y servir con todas mis fuerzas."

Cuando el ciego fue reprobado por transportar su cama el día sábado, replicó: "El que me sanó, él mismo me dijo: Toma tu lecho y anda" (Juan 5:11). Supo instintivamente, con la lógica de su corazón, que Aquél que le había dado la vida tenía el derecho de decirle de que manera emplear esa vida. Si Jesús es nuestro Salvador, debe ser nuestro Señor.

1.4. *El Hijo del hombre (humanidad).*

1.4.1. *¿Quién?*

De acuerdo con la costumbre hebrea, "hijo de" denota relación y participación. Por ejemplo, "los hijos del reino" (Mateo 8:12) son los que compartirán sus verdades y bendiciones. "Hijos de la resurrección" (Lucas 20:36) son los que participan de la vida de resurrección; "hijo de paz" (Lucas 10:6) es uno que posee pacífica disposición; "hijo de perdición" (Juan 17:12) es uno destinado a sufrir la perdición y la ruina. Por lo tanto, "hijo del hombre" significa principalmente uno que comparte la naturaleza humana y las cualidades humanas. De esta manera, "hijo del hombre", se convierte en designación enfática para el hombre, en sus atributos característicos de debilidad e incapacidad en sí mismo (Números 23:19; Job 16:21; 25:6). En este sentido, el título se aplica unas ochenta veces en Ezequiel, como recuerdo de su debilidad y mortalidad, y como incentivo a la humildad en el cumplimiento de su llamado profético.

Aplicado a Cristo, la frase "Hijo del hombre" le designa como participante de la naturaleza y cualidades humanas, y lo sujeta a las fragilidades del hombre. Sin embargo, al mismo tiempo ese título indica su deidad, pues si una persona declara con énfasis "soy hijo del hombre", la gente exclamaría: "¡Cualquiera lo sabe!" Pero en labios de Jesús la expresión significaba una persona celestial que se había identificado en forma definida con la humanidad, como representante y Salvador. Nótese asimismo que se trata *del* Hijo del hombre por excelencia, y no simplemente de *un* Hijo del hombre.

El título está relacionado con su vida terrenal (Marcos 2:10; 2:28; Mateo 8:20; Lucas 19:10), con sus sufrimientos en bien de la humanidad (Marcos

8:31), y con su exaltación y gobierno sobre la humanidad (Mateo 25:31; 26:24; compare con Daniel 7:13, 14).

Al referirse a sí mismo como "Hijo del hombre" Jesús deseaba proporcionar el mensaje siguiente: "Yo, el Hijo de Dios, soy hombre, en debilidad, en sufrimiento, y hasta en la muerte. Sin embargo, estoy todavía en contacto con el cielo de donde vine y mantengo tal relación con lo divino que puedo perdonar pecados (Mateo 9:6) y soy superior a los reglamentos religiosos que sólo tienen significado transitorio y nacional (Mateo 12:8). Esta naturaleza humana o condición de hombre no cesará cuando haya pasado por las últimas etapas de sufrimiento y muerte, que debo soportar para la salvación del hombre, y dar por terminada mi tarea, puesto que resucitaré y la llevaré conmigo a los cielos, de donde retornaré para gobernar sobre aquéllos cuya naturaleza he asumido."

La humanidad del Hijo de Dios era verdadera y no fingida. Según los anales de las Sagradas Escrituras, en realidad sufrió el hambre, la sed, el cansancio, el dolor y estuvo sujeto en general a las debilidades de la naturaleza humana, pero sin pecado.

1.4.2. ¿De qué manera?

¿Por qué medios, o acto, se convirtió en Hijo del hombre el Hijo de Dios? ¿Qué milagro pudo traer al "segundo hombre", el cual es Señor del cielo, al mundo? (1 Corintios 15:47) La respuesta es que el Hijo de Dios entró en el mundo como Hijo del hombre al ser concebido por el Espíritu Santo, aparte de padre humano, en el seno de María.

Y la cualidad de toda la vida de Jesús está en consonancia con la manera de su nacimiento. Aquél que vino al mundo por el *nacimiento virginal,* vivió una vida *virgen* (perfección absoluta), siendo éste un milagro tan grande como aquél. Nació milagrosamente, vivió milagrosamente, resucitó milagrosamente, y dejó este mundo milagrosamente.

Sobre la *verdad* del nacimiento virginal se basa la doctrina de la *encarnación* (Juan 1:14). La siguiente declaración de esta doctrina procede de la pluma de Martin J. Scott, un capacitado erudito:

> Como lo saben todos los cristianos, la *encarnación* significa que Dios (es decir, el Hijo de Dios) se hizo hombre. Esto no significa que Dios se convirtió en hombre, ni tampoco que Dios dejó de ser Dios y comenzó a ser hombre; sino que permaneciendo como Dios, asumió o tomó una nueva naturaleza, es decir, la humana, uniendo esta naturaleza a la divina en un solo ser o persona: Jesucristo, verdadero Dios, y verdadero hombre.

En las bodas de Caná, el agua se convirtió en vino por la voluntad de Jesucristo, el Señor de la creación (Juan 2:1-11). No fue de la misma manera que Dios se hizo hombre, puesto que en Caná el agua cesó de ser agua cuando se convirtió en vino.

Un ejemplo que quizá nos ayude a entender en que sentido Dios se hizo hombre, pero que sin embargo no ilustra a la perfección el asunto, es el de un rey que por voluntad propia se convierte en mendigo. Si un rey poderoso dejara su trono y el lujo de la corte, y asumiera los harapos de un mendigo, viviera con mendigos, cómpartiera su vida y vicisitudes, con el objeto de mejorar la vida de estos, podríamos decir que el rey se transformó en mendigo, no obstante lo cual era un verdadero rey. Sería correcto decir que lo que sufrió el mendigo fue el sufrimiento de un monarca; de que lo que el mendigo expió, fue el rey que lo expió.

Puesto que Jesucristo es Dios y hombre, es evidente que Dios, de alguna manera, es hombre también. Ahora bien, ¿de qué manera es Dios hombre? Es evidente que no fue hombre siempre, puesto que el hombre no es eterno, y Dios lo es. En cierta época definida, por lo tanto, Dios se hizo hombre adoptando la naturaleza humana ¿Qué quiere decir *asumir o adoptar la naturaleza humana?* Queremos decir que el Hijo de Dios, sin dejar de ser Dios, tomó otra naturaleza, es decir, la del hombre, y así la unió con la suya para constituir una persona, Jesucristo.

La encarnación significa entonces que el Hijo de Dios, verdadero Dios desde toda la eternidad, con el curso del tiempo se hizo también verdadero hombre, en una persona, Jesucristo, consistente en dos naturalezas, la humana y la divina. Esto, naturalmente, es un misterio. No podemos entenderlo, como tampoco podemos entender la Trinidad.

Hay misterios en todo nuestro alrededor. No entendemos de qué manera la hierba y el agua que ingieren las vacas puede convertirse en sangre y carne. Un análisis químico de la leche demuestra que no hay en ella ingrediente alguno de la sangre, y sin embargo la leche que toma el bebé se convierte en carne y sangre del pequeñuelo. La madre misma no sabe cómo se produce dentro de ella la leche que da a tomar al bebé.

Todos los sabios del mundo juntos no pueden explicar la relación que hay entre pensamiento y palabra. No nos debe causar sorpresa, por lo tanto, si no podemos entender la encarnación. La creemos porque Aquel que nos la ha revelado es Dios mismo, que no puede engañar, ni ser engañado.

1.4.3. ¿Por qué el Hijo de Dios se hizo Hijo del hombre, o cuáles fueron los propósitos de esa encarnación?

(l) Como lo hemos visto ya, el Hijo de Dios vino a este mundo para ser un Revelador de Dios. Afirmó que sus obras y palabras estaban guiadas por Dios (Juan 5:19, 20; 10:38); aun hasta su obra evangelista fue una revelación del corazón del Padre celestial, y los que criticaron su obra entre los pecadores demostraron de esa manera falta de armonía con el espíritu del cielo (Lucas 15:1-7).

(2) Tomó nuestra naturaleza humana con el objeto de glorificarla, y adaptarla de esa forma para un destino celestial. De manera que labró o forjó un modelo celestial, por así decirlo, por medio del cual podía rehacerse o

convertirse a la semejanza divina la naturaleza humana. El Hijo de Dios, se convirtió en el Hijo del hombre con el objeto de que los hijos de los hombres pudieran convertirse en hijos de Dios (Juan 1:12), y un día serán como El (1 Juan 3:2); aun sus cuerpos serán semejantes a su cuerpo glorioso (Filipenses 3:21). "El primer hombre [Adán] es de la tierra, terrenal: el segundo hombre, que es el Señor, es del cielo" (1 Corintios 15:47). Así pues "como trajimos la imagen del terrenal traeremos también la imagen del celestial" (v. 49, cf. Génesis 5:3), porque "el postrer Adán en espíritu vivificante", es decir, fue hecho en espíritu vivificante (v. 45).

(3) Pero el obstáculo en el camino de la perfección de la humanidad fue el pecado, que en el comienzo privó a Adán de la gloria de la justicia original. Con el objeto de librarnos del poder y la culpabilidad del pecado, el Hijo de Dios murió en la cruz, realizando de esta manera el sacrificio expiatorio.

1.5. *El Cristo (título y misión oficiales).*

1.5.1. *La profecía.*

"Cristo" es la forma griega del vocablo hebreo "Mesías" que significa "el ungido". La palabra se deriva de la práctica de ungir con aceite como símbolo de la consagración divina al servicio. Mientras que sacerdotes, y a veces profetas, eran ungidos con aceite al ser puestos en posesión de sus funciones, el título "Ungido" fue aplicado particularmente a los reyes de Israel que gobernaban en calidad de representantes de Jehová (2 Samuel 1:14). En algunos casos, el símbolo de la unción fue seguido por la realidad espiritual de manera que la persona se convirtió, en un sentido vivo, en el ungido del Señor (1 Samuel 10:1, 6; 16:13).

Saúl fue un fracaso, pero David, que le sucedió, fue un hombre según el corazón de Dios; un rey que hizo de la voluntad de Dios algo supremo en su vida, y que se consideró a sí mismo representante de Dios. Pero la mayoría de los reyes se apartaron lamentablemente del patrón divino, conduciendo a la gente a la idolatría y hasta algunos de los reyes más piadosos eran culpables. Contra este oscuro telón de fondo, los profetas anunciaron la promesa de la venida del Rey de la casa de David, un Rey aún mayor que David. Sobre El reposaría el Espíritu del Señor con una fuerza desconocida hasta entonces (Isaías 11:1-3; 61:1). Aunque Hijo de David, sería también Hijo de Jehová, llevando nombres divinos (Isaías 9:6, 7; Jeremías 23:6). A diferencia del de David, su reino sería eterno, y todas las naciones quedarían bajo su cetro. Este era el Ungido por excelencia, o el Mesías, o el Cristo, y sobre él se centralizaban las esperanzas de Israel.

1.5.2. *El cumplimiento.*

El testimonio consecuente del Nuevo Testamento es que Jesús afirmó ser el Mesías, o Cristo, prometido en el Antiguo Testamento.

Así como el presidente de un país es elegido primero, y luego investido públicamente de su alta jefatura, así también Jesucristo fue eternamente elegido para ser el Mesías o Cristo, y luego investido públicamente de su dignidad mesiánica en el Jordán. Y así como Samuel ungió primero a Saúl, y luego le explicó el significado de la unción (1 Samuel 10:1), así también Dios el Padre ungió a su Hijo con el Espíritu de poder, y le susurró a los oídos el significado de su unción: "Tú eres mi Hijo amado; en ti tengo complacencia" (Marcos 1:11). En otras palabras, "Tú eres el Hijo de Jehová, cuya venida fue predicha por los profetas, y aquí te otorgo la autoridad y el poder para tu misión, y te envío con mi bendición."

La gente entre la cual iba a ejercer su ministerio esperaba el retorno del Señor Jesucristo a la tierra, pero desgraciadamente sus esperanzas estaban teñidas de ideas políticas. Esperaban un hombre fuerte, que fuera una combinación de soldado y estadista. ¿Sería Jesucristo esa clase de Mesías? El Espíritu lo llevó al desierto para que hiciera frente a las tentaciones de Satanás, quien le sugirió astutamente que adoptara la plataforma popular y emprendiera el camino más corto y más fácil al poder. "Responde a sus anhelos materiales", le sugirió el tentador (compare con Mateo 4:3, 4 y Juan 6:14, 15, 26), "maravíllales saltando desde el templo, y de paso, queda bien con las autoridades del templo, erígete en paladín de la gente y condúcela a la guerra." (Compare Mateo 4:8, 9 y Apocalipsis 13:2, 4.)

Jesús sabía que Satanás abogaba por una política inspirada de su espíritu egoísta y violento. El que tal conducta conduciría ciertamente al derrame de sangre y a la ruina era cierto. ¡No! Tomaría el camino delineado por Dios y dependería sólo de armas espirituales para conquistar el corazón de los hombres, aun cuando la senda condujera al malentendido, al sufrimiento, a la muerte. En el desierto, el Señor Jesucristo eligió la cruz, y la escogió porque era parte del programa de Dios para su vida.

El Maestro no se desvió jamás de esta línea de conducta, aunque con frecuencia fue tentado exteriormente de apartarse de la senda de la cruz. (Lea, por ejemplo, Mateo 16:22.)

El Señor Jesús escrupulosamente se mantuvo alejado de los enredos de la situación política del día. Hubo momentos en que prohibió a los que había sanado que divulgaran su fama, no fuera que su ministerio fuera interpretado erróneamente, y considerado como incitación a que el pueblo se rebelara contra las autoridades romanas (Mateo 12:15, 16; compare Lucas 23:5), donde su éxito fue convertido en acusación contra El. Se negó deliberadamente a acceder a las demandas del pueblo (Juan 6:15). Prohibió la proclamación pública de su mesiazgo y el testimonio relativo a su transfiguración, a fin de que no surgieran falsas esperanzas entre el pueblo (Mateo 16:20; 17:9). Procediendo con sabiduría consumada, eludió una trampa que se le había tendido hábilmente para desacreditarlo ante el pueblo, acusándosele de falta de patriotismo, y por otra parte crearle dificultades con las autoridades romanas (Mateo 22:15-21). En todo esto el Señor Jesucristo cumplió la profecía de Isaías en el sentido de que el Ungido de Dios debía ser el proclamador de la verdad divina, y no un agitador violento en procura de la consecución de intereses personales (Mateo 12:16-21) como lo eran algunos de los falsos mesías que le precedieron y siguieron (Juan 10:8; Hechos 5:36; 21:38). Con fidelidad evitó los métodos carnales y siguió los espirituales, de manera que Pilato, representante de Roma, podía declarar lo siguiente: "Ninguna culpa hallo en este hombre."

Hemos visto que el Señor Jesús comenzó su ministerio entre el pueblo que tenía la justa esperanza de un Mesías, pero el concepto equivocado de su persona y obra. Empleemos la sencilla ilustración: el rótulo era correcto, pero el contenido del frasco no estaba de acuerdo con el rótulo. Al saber esto, Jesús al principio no se proclamó como Mesías (Mateo 16:20), pues sabía que ello representaría una señal de rebelión contra Roma. Habló más bien con respecto al reino, describiendo sus niveles y su naturaleza espiritual, esperando inspirar al pueblo sed del reino espiritual que a su vez los llevaría a desear un Mesías espiritual. Y sus esfuerzos en este sentido no fueron completamente infructuosos, puesto que Juan el apóstol nos dice en el capítulo 1 que desde el principio hubo un grupo espiritual que le reconoció como Cristo; asimismo de tiempo en tiempo se reveló a sí mismo a personas que estaban espiritualmente preparadas (Juan 4:25, 26; 9:35-37).

Pero la nación, en sentido general, no relacionó su ministerio espiritual con el pensamiento del Mesías. Admitieron libremente los judíos que se trataba de un maestro capacitado, de un gran predicador y hasta de un profeta (Mateo 16-13, 14); pero sin duda no creían que fuera la persona destinada a dirigir el programa político, militar y económico, como pensaron que lo debía de hacer el Mesías.

Pero, ¿por qué culpar al pueblo de tal expectativa? Dios había prometido realmente establecer un reino terrenal (Zacarías 14:9-21; Amós 9:11-15; Jeremías 23:6-8). Es cierto, pero precediendo a ese acontecimiento debía producirse una limpieza moral y una regeneración espiritual de la nación (Ezequiel 36:25-27); (compare Juan 3:1-3). Y tanto Juan el Bautista como Jesús manifestaron con claridad a la nación, que en su condición actual, no estaba capacitada para entrar en el reino. De ahí la exhortación: "Arrepentíos, que el reino de los cielos se ha acercado." Pero mientras que las palabras "reino de los cielos" conmovían profundamente al pueblo, la palabra "arrepentíos" causaba escasa impresión. Tanto los dirigentes (Mateo 21:31, 32) como el pueblo (Lucas 13:1-3; 19:41-44) se negaron a cumplir las condiciones del reino y en consecuencia perdieron los privilegios del reino (Mateo 21:43).

Pero el omnisciente Dios había previsto el fracaso de Israel (Isaías 6:9, 10; 53:1; Juan 12:37, 40), y Dios, el todopoderoso lo había dirigido de tal manera para la promoción de un plan hasta aquí mantenido secreto. El plan era el siguiente: el rechazo de Israel daría oportunidad para que Dios escogiera a un pueblo elegido de entre los gentiles (Romanos 11:11; Hechos 15:13, 14; Romanos 9:25, 26) quienes, junto con los creyentes judíos debían de constituir la compañía conocida como la iglesia (Efesios 3:4-6). El Señor Jesucristo mismo dio a los discípulos un vislumbre de ese período (el período de la iglesia) que debía de transcurrir entre la venida primera y la segunda, denominando misterios a esas revelaciones, porque no fueron reveladas a los profetas del Antiguo Testamento (Mateo 13:11-17). En cierta ocasión, la fe inamovible de un centurión gentil contrastó con la falta de fe de muchos israelitas y trajo a la memoria de su visión inspirada el espectáculo de gentiles de todas las tierras que entraban en el reino que Israel había rechazado (Mateo 8:10-12).

La crisis prevista en el desierto había llegado, y Jesús se preparó para proporcionar algunas noticias tristes a sus discípulos. Comenzó con tacto a fortalecer su fe con un testimonio inspirado del cielo relativo a su mesiazgo, un testimonio que dio Pedro, dirigente del grupo. Luego hizo una predicción de carácter notable (Mateo 16:18, 19), que puede parafrasearse de la siguiente manera: "La congregación de Israel (o iglesia, Hechos 7:38) me ha rechazado como Mesías, y en realidad, sus dirigentes me han de excomulgar a mi, que soy la piedra angular o fundamental de la nación (Mateo 21:42). Pero no por ello fracasará el plan de Dios, puesto que estableceré otra congregación ('iglesia') compuesta de hombres como tú, Pedro (1 Pedro 2:4-9) que creerán en mi deidad y mesiazgo. Serás un dirigente y ministro en esta congregación, y tuyo será el privilegio de abrir sus puertas con la llave del evangelio de verdad, y tú y tus hermanos administrarán sus asuntos."

Luego el Señor Jesucristo hizo una declaración que los discípulos no entendieron con amplitud hasta después de su resurrección (Lucas 24:25-48); es decir, que la cruz era parte del programa de Dios para el Mesías. "Desde entonces comenzó Jesús a declarar a sus discípulos que le era necesario ir a Jerusalén y padecer mucho de los ancianos, de los principales sacerdotes y de los escribas; y ser muerto, y resucitar al tercer día" (Mateo 16:21).

A su debido tiempo se cumplió la tétrica profecía. Aunque Jesucristo podría haber escapado la muerte negando su deidad, y podría haber sido absuelto negando que fuera rey, persistió en su testimonio y murió en la cruz con la inscripción: "Este es el Rey de los judíos."

Pero el Mesías sufriente (Isaías 53:7-9) se levantó de los muertos (Isaías 53:10, 11) y como Daniel lo había previsto, ascendió a la mano derecha de Dios (Daniel 7:14; Lucas 24:51) de donde vendrá para juzgar a los vivos y a los muertos.

Después de este examen de las enseñanzas del Antiguo y Nuevo Testamento, estamos en condiciones de expresar nuestra definición amplia del título de Mesías, es decir, aquel a quien Dios ha autorizado para salvar a Israel y las naciones, del pecado y la muerte, y gobernar sobre ellas como Señor y Maestro de sus vidas. El que tal afirmación implica deidad queda entendido por los judíos pensantes, pero es una piedra de tropiezo para ellos. El señor Claude Montefiore, famoso sabio judío, dice:

Si pudiera creer que Jesús era Dios (es decir, divino) luego es obvio sería mi Maestro, puesto que mi Maestro, el Maestro del judío moderno, es, y no puede ser otro que Dios.

1.6. *Hijo de David. (línea genealógica real).*

Ese título es equivalente a Mesías, puesto que una de las cualidades importantes del Mesías era su descendencia de David.

1.6.1. *La profecía.*

Como recompensa por su fidelidad, se le prometió a David una dinastía eterna (2 Samuel 7:16), y la soberanía eterna sobre Israel le fue dada a su casa. Se trataba este del pacto davídico o pacto del trono. De esa fecha data la esperanza de que, viniera lo que le viniera a la nación, aparecería siempre, en la época establecida por Dios, un rey que pertenecería a la estirpe y línea directa de David. En épocas de dificultades los profetas recordaron esta promesa al pueblo, informándole que la redención de Israel y de las naciones estaba relacionada con la venida de un gran rey de la casa de David (Jeremías 30:9; 23:5; Ezequiel 34:23; Isaías 55:3, 4; Salmo 89:34-37).

Nótese particularmente Isaías 11:1, que puede traducirse de la siguiente manera: "Y saldrá un brote del tronco del árbol de Isaí (padre de David) y una rama verde crecerá de sus raíces." En Isaías 10:33, 34, Asiria, cruel opresor de Israel, es comparado con un cedro, cuyo tronco no brota nunca, sino que se pudre lentamente. Una vez que ha sido cortado, el árbol no tiene futuro. Y un árbol semejante ilustra la historia de Asiria, que hace mucho que ha dejado de pertenecer a la historia moderna. La casa de David, por otra parte, se la compara con un árbol que dará brotes del tronco que quedó en la tierra. La profecía de Isaías es como sigue: La nación judía será casi destruida, y la casa de David cesará en su calidad de casa real, es decir, será cortada hasta quedar sólo un tronco. Pero del tronco saldrá un brote, y de las raíces del tronco nacerá una rama: el Rey-Mesías.

1.6.2. *El cumplimiento.*

Judá fue llevada cautiva, y de la cautividad retornó sin monarca, y sin independencia, para quedar sometida sucesivamente a Persia, Grecia, Egipto, Siria, y después de un breve período de independencia, a Roma. Durante esos siglos de sujeción a los gentiles, hubo períodos de desánimo, cuando el pueblo miraba retrospectivamente el pasado, la antigua gloria del reino de David y clamaba con el salmista: "Señor, ¿dónde están tus antiguas misericordias, que juraste a David por tu verdad?" (Salmo 89:49). Pero nunca perdieron las esperanzas. Reunidos al calor de la profecía mesiánica, fortalecieron su corazón y esperaron pacientemente al Hijo de David.

No fueron desilusionados. Centenares de años después que la casa real de David hubiera dejado de existir, un ángel se le apareció a una joven judía y le dijo: "Y ahora, concebirás en tu vientre, y darás a luz un hijo, y llamarás su nombre Jesús. Este será grande, y será llamado Hijo del Altísimo: y el Señor Dios le dará el trono de David su padre, y reinará sobre la casa de Jacob para siempre, y su reino no tendrá fin" (Lucas 1:31-33. Compare Isaías 9:6, 7).

Un liberador se había levantado de la casa de David. En la época en que la casa de David parecía reducida a su estado más bajo, cuando los herederos vivos eran un humilde carpintero y una sencilla doncella, luego mediante la intervención milagrosa de Dios, la Rama brotó del tronco cortado, y creció hasta ser un árbol grande que ha proporcionado refugio para muchas personas.

A continuación proporcionamos lo fundamental del pacto davídico, según fue interpretado por los profetas inspirados: Jehová descendería para salvar a su pueblo. Habría entonces en la tierra un descendiente vivo de la familia davídica, por medio de quien Jehová liberaría y luego gobernaría a su pueblo. El que Jesús era el Hijo de David queda demostrado por el anuncio hecho a su nacimiento, por sus genealogías (Mateo 1 y Lucas 3), por haber aceptado el título que le fue atribuido (Mateo 9:27; 20:30, 31; 21:1-11), y por el testimonio de los escritores del Nuevo Testamento (Hechos 13:23; Romanos 1:3 2 Timoteo 2:8; Apocalipsis 5:5; 22:16).

Pero el título "Hijo de David" no era una descripción completa del Mesías, pues recalcaba simplemente su descendencia humana. Por lo tanto la gente, ignorando los pasajes que hablaban de la naturaleza divina de Cristo, esperaban un Mesías humano que fuera un segundo David. En cierta ocasión, Jesús intentó elevar los pensamientos de los dirigentes por encima de esta idea incompleta (Mateo 22:42-46). "¿Qué os parece del Cristo? (o Mesías) ¿De quién es hijo?" Los fariseos respondieron naturalmente: "De David." Luego el Señor Jesús, citando el Salmo 110:1, preguntó: "Pues si David le llama Señor, ¿cómo es su Hijo?" ¿Cómo puede ser el Señor de David hijo de David? fue la pregunta que perturbaba a los fariseos. La respuesta es naturalmente la siguiente: el Mesías es ambas cosas. Por el milagro del nacimiento virginal, Jesucristo nació de Dios y también de María. Fue así el Hijo de Dios e Hijo del hombre. En calidad de Hijo de Dios, es Señor de David; en calidad de hijo de María, es hijo de David.

El Antiguo Testamento registra dos aspectos de la verdad mesiánica. Algunos pasajes declaran que el Señor mismo vendrá del cielo para liberar a su pueblo (Isaías 40:10; 42:13; Salmo 98:9); otros expresan que un liberador nacerá de la familia de David. Ambos acontecimientos se fusionaron en la aparición del pequeño Bebé de Belén, la ciudad de David, pues entonces el Hijo del Altísimo nació como hijo de David (Lucas 1:32). Nótese de que manera en Isaías 9:6, 7 la naturaleza divina y la descendencia davídica del futuro Rey se combinan. El título mencionado aquí, "Padre eterno", ha sido interpretado erróneamente por algunos que han deducido que no hay trinidad, y que Jesús es el Padre, y el Padre es Jesús.

Un conocimiento del idioma del Antiguo Testamento les podría haber salvado de este error. En aquellos días, un gobernante que regía con sabiduría y justicia era denominado "padre" para su pueblo. De esta manera, el Señor, hablando por intermedio de Isaías, dice de un funcionario: "Y será *padre* al morador de Jerusalén, y a la casa de Judá. Y pondré la llave de la casa de David sobre su hombro" (Isaías 22:21, 22; nótese el parecido con Isaías 9:6, 7 y compare con Apocalipsis 3:7). Este título fue aplicado a David, como lo demuestra la aclamación del pueblo durante la entrada triunfal. "Bendito el reino de nuestro padre David que viene" (Marcos 11:10). No querían dar a entender que David era su antepasado, pues no todos descendían de esa familia; y naturalmente que no tenían idea alguna de llamarle Padre celestial. Se describe a David como "padre" porque como rey según el corazón de Dios, era el fundador verdadero del reino israelita (Saúl era un fracaso) agrandándolo de 10.000 a 100.000 kilómetros cuadrados. De igual manera se hace referencia con frecuencia a Jorge Washington, denominándosele "Padre de la patria".

El "padre David" era humano y murió; su reino era terreno y con el tiempo se desintegró. Pero de acuerdo con Isaías 9:6, 7, el descendiente de David, el Rey-Mesías, será divino, y su reino será eterno. David fue "padre" transitorio de su pueblo; el Mesías será un Padre *eterno* (divino, inmortal, inmutable) para todos los pueblos, designado para tal dignidad por Dios el Padre (Salmo 2:6-8; Lucas 22:29).

1.7. *Jesús (obra salvadora).*

El Antiguo Testamento enseña que Dios mismo es la fuente de salvación: es el Salvador de Israel y Liberador. Liberó a su pueblo de la esclavitud egipcia y desde entonces en adelante Israel supo por experiencia que el era un Salvador (Salmo 106:21; Isaías 43:3, 11; 45:15, 22; Jeremías 14:8).

Pero Dios procede por medio de agentes, y por lo tanto leemos de que salvó a Israel por el misterioso "ángel de su faz" (Isaías 63:9). Hubo épocas cuando se emplearon instrumentos humanos; Moisés fue enviado a liberar a Israel de la esclavitud; de vez en cuando surgieron jueces para socorrer a Israel.

"Pero cuando vino el cumplimiento del tiempo, Dios envió su Hijo, nacido de mujer y nacido bajo la ley, para que redimiese a los que estaban bajo la ley, a fin de que recibiésemos la adopción de hijos" (Gálatas 4:4). Al entrar en el mundo, el Redentor recibió el nombre expresivo de su misión suprema: "Y llamarás su nombre Jesús, porque él salvará a su pueblo de sus pecados" (Mateo 1:21).

Los primeros predicadores del evangelio no necesitaban explicar a los judíos el significado del vocablo "Salvador"; habían aprendido la lección ya de su propia historia (Hechos 3:26; 13:23). Los judíos entendieron que el mensaje del evangelio significaba que así como Dios había enviado a Moisés para liberar a Israel de la esclavitud egipcia, así también había enviado a Jesús para liberar a su pueblo de sus pecados. Entendieron, pero se negaron a obedecer.

Sobre la cruz Cristo cumplió la misión indicada por su nombre, puesto que el salvar a la gente del pecado implica expiación, y la expiación implica muerte. Pero aun durante toda su vida vivió de acuerdo con su nombre: fue siempre el Salvador. Por toda la tierra había gente que podía testificar, diciendo: "Estuve dominado por el pecado, pero Jesús me salvó." María Magdalena podía decir: "Me liberó de siete demonios." El que otrora fuera paralítico podía decir: "Me perdonó los pecados."

2. LAS DIGNIDADES DE CRISTO

En la época del Antiguo Testamento, había tres clases de mediadores entre Dios y su pueblo: el profeta, el sacerdote y el rey. Como Mediador perfecto (1 Timoteo 2:5) Cristo reúne en sí las tres dignidades o cargos. Jesús es el Cristo-Profeta, que ilumina a las naciones; el Cristo-Sacerdote que se ofrece como sacrificio de las naciones; el Cristo-Rey, que gobierna a todas las naciones.

2.1. Cristo el Profeta.

El profeta del Antiguo Testamento era el representante o agente terreno de Dios, que reveló su voluntad con relación al presente y al futuro. El que el Mesías fuera profeta para iluminar a Israel y las naciones constituye un testimonio de los profetas (Isaías 42:1; compare Romanos 15:8), y que Jesús era así considerado es el testimonio de los evangelios (Marcos 6:15; Juan 4:19; 6:14; 9:17; Marcos 6:4; 1:27). En calidad de profeta Jesús hizo lo siguiente:

2.1.1. Jesús predicó la salvación.

Los profetas de Israel ejercieron el ministerio más importante en épocas de crisis, cuando los gobernantes, los estadistas y los sacerdotes estaban confusos en lo que a juicio respecta, y estaban impotentes para proceder. Era entonces que surgía el profeta con autoridad divina, y les proporcionaba la solución de sus dificultades, diciendo: "Este es el camino, andad en él."

El Señor Jesucristo apareció en una época en que la nación judía se encontraba en un estado de intranquilidad, causado por su anhelo de liberación nacional. Por medio de la predicación de Cristo, la nación se vio confrontada con una elección en lo que respecta a la forma de liberación: guerra con Roma, o paz con Dios. Escogieron incorrectamente y sufrieron las desastrosas consecuencias de la destrucción nacional (Lucas 19:41-44. Compare Mateo 26:52). De la misma manera que sus antepasados desobedientes y rebeldes habían tratado de forzar su camino a Canaán (Números 14:40-45), así también los judíos, en el año 68 d. C., trataron de libertarse de Roma por la fuerza. Su rebelión fue ahogada en sangre, Jerusalén y el templo fueron destruidos, y el judío errante comenzó su doloroso peregrinaje a través de los siglos.

El Señor Jesucristo señaló la senda de escape del poder y culpabilidad del pecado, no sólo para la nación, sino también para el individuo. Los que llegaron con la pregunta "¿qué haremos para ser salvos?" recibieron instrucciones precisas, y en ellas figuraba siempre el mandamiento de seguirle. No sólo señaló, sino que abrió la senda de la salvación por su muerte en la cruz.

2.1.2. Jesús anunció el reino.

Todos los profetas se refirieron a una época en que la humanidad debía quedar bajo el cetro de la ley de Dios, una condición y estado de cosas conocido con el nombre de "reino de Dios". Este fue un tema sobresaliente en la predicación de nuestro Señor: "Arrepentíos, porque el reino de los cielos se ha acercado" (Mateo 4:17). Amplió la información con respecto a este tema al describir la naturaleza del reino, sus miembros, condiciones para entrar en él, su historia espiritual después de su ascensión (Mateo 13) y la forma de su establecimiento en la tierra.

2.1.3. Jesús predijo el futuro.

La profecía se basa en el principio de que la historia no marcha con pasos inciertos, sino que está bajo el dominio de Dios, que conoce desde el comienzo cuál será el fin. Les revela a sus profetas el curso de la historia, capacitándoles así para predecir el futuro. En calidad de profeta, Cristo previo el triunfo de su causa y reino en medio de los cambios efímeros de la historia humana (Mateo 24 y 25).

El Cristo ascendido continúa su ministerio profético por medio de su cuerpo, la iglesia, a la cual le ha prometido inspiración (Juan 14:26; 16:13), e impartido el don de la profecía (1 Corintios 12:10). Eso no significa que los creyentes deban añadir a las Sagradas Escrituras, que son la revelación "de una vez para siempre" (Judas 3), sino que por inspiración del Espíritu pronunciarán mensajes de edificación, exhortación y consuelo (1 Corintios 14:3) basados en la Palabra.

2.2. Cristo el Sacerdote.

Un sacerdote, en el sentido bíblico del vocablo, es una persona divinamente consagrada para representar al hombre ante Dios y ofrecer sacrificios que le asegurarán el favor divino. "Porque todo sumo sacerdote está constituido para presentar ofrendas y sacrificios; por lo cual es necesario que también éste tenga algo que ofrecer" (Hebreos 8:3). En el Calvario, Cristo el Sacerdote se ofreció a sí mismo, el sacrificio, con el objeto de asegurar el perdón del hombre y la aceptación ante Dios. Su vida con anterioridad a esto era una preparación para su obra sacerdotal. El Hijo eterno participó de nuestra naturaleza (Hebreos 2:14-16) y nuestras experiencias, puesto que de otra manera no podía representar al hombre ante Dios ni ofrecer sacrificios; ni tampoco podía socorrer a la humanidad tentada sin saber por experiencia lo que significaba la tentación. Un sacerdote por lo tanto debe ser humano; por ejemplo, un ángel no podría ser sacerdote para el hombre.

El sumo sacerdote de Israel fue consagrado para representar al hombre ante Dios y ofrecer sacrificios que le asegurarían a Israel el perdón y la aceptación. Una vez por año, el sumo sacerdote hizo expiación por Israel; en sentido típico o simbólico, el sacerdote era el salvador que aparecía en la presencia de Dios para obtener perdón. Los sacrificios de ese día fueron hechos en el atrio exterior o patio del templo; de igual manera Cristo fue crucificado en la tierra. Luego la sangre fue llevada al Lugar Santísimo y rociada en la presencia misma de Dios. De igual manera el Señor Jesucristo ascendió a los cielos, "para aparecer en la presencia de Dios por nosotros". La aceptación que hace Dios de la sangre de su Hijo nos proporciona confianza con respecto a la aceptación de todos los que confían en su sacrificio. (Compare Levítico, capítulo 16, y Hebreos, capítulos 8 al 10.)

Aunque Cristo ofreció un sacrificio perfecto una vez por todas, su obra sacerdotal continúa todavía. Vive para presentar ante Dios los méritos y el poder de su obra expiatoria en bien de los pecadores. El que murió por los hombres vive ahora para ellos, para salvarlos e interceder por ellos. Y cuando oramos en el nombre de Jesús, presentamos la obra expiatoria de Cristo como la base de nuestra aceptación, pues sólo así se nos asegura que somos aceptos en el amado (Efesios 1:6).

2.3. *Cristo el Rey.*

El Cristo-Sacerdote es también el Cristo-Rey. El plan de Dios consistía en que ambas dignidades fueran desempeñadas por el Gobernador perfecto. De esta manera Melquisedec, puesto que era tanto rey de Salem como sacerdote del Dios Altísimo, se convirtió en tipo del Rey perfecto de Dios, el Mesías (Génesis 14:18, 19; Hebreos 7:1-3). Hubo un período en la historia del pueblo judío cuando este ideal casi se cumplió. Casi siglo y medio antes del nacimiento de Cristo, el pueblo era gobernado por una sucesión de sumos sacerdotes que desempeñaban también el cargo de gobernantes civiles; el gobernador del pueblo era tanto sacerdote como monarca.

Así también durante la edad media el papa reclamó para sí e intentó ejercer tanto el poder temporal como el espiritual sobre Europa. En calidad de representante de Cristo, afirmó gobernar tanto sobre la iglesia como sobre las naciones. "Ambos experimentos, el judío y el cristiano, fracasaron", nos dice el doctor H. B. Swete, "y según se puede juzgar por estos ejemplos, ni los intereses temporales ni los espirituales del hombre son promovidos confiándolos al cuidado del mismo representante. La doble tarea es demasiado grande para que la pueda cumplir el simple mortal."

Pero los escritores inspirados hablaron de la venida de uno que era digno de llevar la doble carga. Ese era el Mesías venidero, gobernante y sacerdote según el orden de Melquisedec (Salmo 110:1-4) y "será sacerdote en su trono" (Zacarías 6:13). Ese es el Cristo ascendido. (Compare Salmo 110:1 y Hebreos 10:13.)

De acuerdo con el Antiguo Testamento, el Mesías iba a ser el gran Rey de la casa de David, que debía de gobernar a Israel y a las naciones, e iniciar la era áurea de la justicia, paz y prosperidad (Isaías 11:1-9; Salmo 72).

Jesús afirmó ser ese Rey. En la presencia de Pilato, testificó que había nacido para ser Rey, aunque explicó que su reino no era de este mundo, es decir, no era un reino fundado por la fuerza humana ni estaba gobernado por un sistema humano (Juan 18:36). Tiempo antes de su muerte, Jesús predijo su retorno con poder y majestad, a fin de juzgar a las naciones (Mateo 25:31). Aún sobre la cruz, se comportó como rey y habló como tal, de manera que el ladrón agonizante captó la visión y exclamó: "Acuérdate de mí cuando vengas en tu reino" (Lucas 23:42). Percibió como entre densa bruma que la muerte llevaría a Jesucristo al reino celestial.

Después de su resurrección, el Señor Jesús declaró lo siguiente: "Toda potestad me es dada en el cielo y en la tierra" (Mateo 28:18). Después de su ascensión, fue coronado y elevado al trono con el Padre (Apocalipsis 3:21; compare Efesios 1:20-22). Esto significa que a la vista de Dios el Señor Jesucristo es Rey; no es sólo Jefe de la iglesia, sino también Señor de todo el mundo y de todos los hombres. La tierra es suya, y todo lo que hay en ella. Suyos, y sólo suyos son los poderes y la gloria de todos los reinos brillantes que Satanás el tentador señaló desde la cumbre de la montaña. Es Cristo el Rey, Señor del mundo, Dueño de todas las riquezas, y Señor del hombre.

Todo eso es ahora una realidad desde el punto de vista de Dios; pero no todos los hombres han reconocido el gobierno de Cristo. Aunque Cristo ha sido ungido Rey de Israel (Hechos 2:30), "los suyos" (Juan 1:11) han rechazado su soberanía (Juan 19:15) y las naciones siguen su propio camino sin reconocer su autoridad.

Esa situación fue prevista y predicha por Cristo en la parábola de las minas (Lucas 19:12-15). En aquellos días, cuando un dirigente nacional heredaba un reino, primero debía de ir a Roma y recibirlo del emperador, después de lo cual quedaba libre para retornar y gobernar. Asimismo Cristo se compara con cierto noble que se trasladó a un país lejano para recibir para sí el reino y retornar. Vino del cielo a la tierra, obtuvo el ensalzamiento y soberanía por su muerte expiatoria para los hombres, y luego ascendió al trono de su Padre para recibir la corona y el gobierno. "Pero sus ciudadanos le aborrecían, y enviaron tras de él una embajada, diciendo: No queremos que este reine sobre nosotros." Israel, de igual manera, rechazó a su Rey. Al saber que estaría ausente por algún tiempo, el noble le confió a sus siervos ciertas tareas; de igual manera Cristo, previendo que transcurriría cierto tiempo entre su primera y segunda venida, les asignó a sus siervos la tarea de proclamar su reino y reclutar súbditos bautizándolos en el nombre del Padre, y del Hijo y del Espíritu Santo. Finalmente el noble, después de haber recibido su reino, retornó para recompensar a sus siervos, afirmando su soberanía, y castigando a sus enemigos. De igual manera Cristo retornará para recompensar a sus siervos, afirmar su soberanía sobre el mundo, y castigar a los malvados. Este es el tema central del libro de Apocalipsis (Apocalipsis 11:15; 12:10; 19:16).

Se sentará luego sobre el trono de David, y se establecerá entonces el reino del Hijo de David, cuando por mil años la tierra gozará de un reinado áureo de paz y abundancia. Toda esfera de actividad humana quedará bajo el dominio de Cristo, el mal será suprimido con la vara de hierro, Satanás será atado, y la tierra quedará llena del conocimiento y de la gloria de Dios, "como cubren la mar las aguas".

3. *LA OBRA DE CRISTO*

Cristo realizó muchas obras, pero la obra por excelencia que realizó fue el morir por los pecados del mundo (Mateo 1:21; Juan 1:29). Están incluidas en su obra expiatoria su muerte, resurrección y ascensión. No sólo debe morir por nosotros, sino también debe vivir por nosotros. No sólo debe resucitar de los muertos, para nosotros, sino ascender para interceder por nosotros (Romanos 8:34; 4:25; 5:10).

3.1. *La muerte de Cristo.*

3.1.1. *Su importancia.*

El acontecimiento extraordinario y la doctrina central del Nuevo Testamento puede ser sintetizada en las siguientes palabras: "Cristo fue muerto [el acontecimiento] por nuestros pecados [la doctrina]" (1 Corintios 15:3). La muerte expiatoria de Cristo es la característica única de la religión cristiana. Martín Lutero declaró que la doctrina cristiana se distinguía de toda otra, y especialmente de aquella que parecía cristiana, por el hecho de que es la doctrina de la cruz. La batalla toda de la Reforma fue por la interpretación correcta de la cruz. Los reformadores enseñaban que el que entiende la cruz como corresponde, entiende a Cristo y a la Biblia.

Se trata esta de una característica única de los evangelios que hace del cristianismo la religión por excelencia; puesto que el problema es el del pecado, y la religión que adopta disposiciones perfectas para la liberación de la culpabilidad y el poder del pecado, es divinamente completa. Jesucristo es el autor de la "salvación eterna" (Hebreos 5:9), es decir, de la salvación final. Todo lo que la salvación puede significar es adquirido o asegurado por El.

3.1.2. *Su significado.*

Hay cierta relación verdadera entre el hombre y su Hacedor. Algo ocurrió para destruir esta relación. No sólo está el hombre alejado de Dios, y se diferencia de Dios en carácter, sino que hay un obstáculo que bloquea u obstaculiza el camino, cual peña gigantesca, obstáculo tan grande que el hombre no lo puede hacer a un lado por su propio esfuerzo. Ese obstáculo es el pecado, o más bien la culpabilidad, que significa el pecado asignado por Dios contra el pecador.

El hombre no puede remover ese obstáculo. Sólo Dios puede hacerlo. Dios debe tomar la iniciativa y salvar al hombre, de otra manera no podrá ser salvo. El que Dios haya hecho esto constituye el testimonio de las Sagradas Escrituras. Envió a su Hijo del cielo a la tierra para remover ese obstáculo y hacer de esa manera posible la reconciliación del hombre con su Dios. Al morir por nuestros pecados, quitó la barrera separatoria; soportó sobre si lo que nosotros debíamos de haber soportado; realizó por nosotros lo que nosotros éramos impotentes de hacer por nosotros mismos; esto hizo porque era la voluntad del Padre. Esta es la esencia de la expiación.

En virtud de su importancia, la materia será considerada con más detalles en un capítulo por separado.

3.2. *La resurrección de Cristo.*

3.2.1. *El hecho o realidad de la resurrección.*

La resurrección de Cristo es el milagro por excelencia del cristianismo. Una vez que establecemos la realidad de este acontecimiento, la discusión de los otros milagros del evangelio se hace innecesaria. Además, es el milagro sobre el que se sustenta o se desploma toda la fe cristiana; pues el cristianismo es una religión histórico que basa sus enseñanzas en acontecimientos definidos que ocurrieron en Palestina hace unos diecinueve siglos. Estos acontecimientos son el nacimiento y ministerio de Jesucristo, que culminó con su muerte, sepultura y resurrección. De estos, la resurrección es la corona, puesto que si Cristo no resucitó, luego no es lo que afirmaba ser; su muerte no fue entonces una muerte expiatoria; luego los cristianos han sido engañados por siglos; los predicadores han estado declarando errores; los fieles han sido engañados por la falsa esperanza de la salvación. Pero, gracias a Dios, en vez del signo de interrogación, podemos colocar el de admiración en esta doctrina: "¡Pero ahora Cristo ha resucitado de los muertos; primicias de los que durmieron es hecho!"

3.2.2. *La evidencia de la resurrección.*

"Ustedes los cristianos viven de la fragancia de una tumba vacía", dijo un escéptico francés. Es verdad que las que vinieron a embalsamar el cuerpo de Jesús en aquella memorable mañana de Resurrección descubrieron la tumba vacía. Esta verdad no se ha explicado, y no podrá explicarse aparte de la verdad respecto de la resurrección de Jesús. ¡Con que facilidad los judíos podrían haber refutado el testimonio de los primeros predicadores, presentando el cuerpo de nuestro Señor! Pero no lo hicieron, porque no podían.

¿Cómo se podría explicar la existencia de la iglesia cristiana, que seguramente habría permanecido sepultada con su Señor, si Jesucristo no hubiera resucitado? La iglesia viva y radiante del día de Pentecostés no nació de un dirigente muerto. ¿Qué haremos con el testimonio de los que vieron a Jesús después de su resurrección, muchos de los cuales hablaron con El, le tocaron, comieron con El; con el testimonio de centenares de quienes Pablo dijo que vivían en su día; muchos de los cuales nos han proporcionado su testimonio inspirado en el Nuevo Testamento?

¿Cómo recibiremos el testimonio de hombres que por su honradez y sinceridad jamás habrían predicado un mensaje si hubieran creído que era falso, y que lo sacrificaron todo por esa predicación?

¿Cómo explicaremos la conversión de Pablo el apóstol, de perseguidor del cristianismo en uno de los misioneros más grandes, a menos que en realidad hubiera visto a Cristo en el camino a Damasco? Sólo hay una respuesta para todas estas preguntas: *Jesucristo resucitó*.

Se han realizado intentos de evadir la verdad. Los dirigentes judíos afirmaron que sus discípulos habían robado el cuerpo como si un pequeño grupo de discípulos tímidos y desilusionados pudieran haber reunido suficiente valor para arrebatar a los endurecidos soldados romanos el cuerpo de su Maestro, cuya muerte había truncado sus esperanzas.

Algunos estudiosos modernos tienen sus explicaciones. "Los discípulos experimentaron simplemente una visión", nos dicen. ¡Como si centenares de personas hubieran visto la misma visión y se hubieran imaginado que veían realmente a Cristo! "Jesús no murió en realidad, sino que se desmayó y estaba todavía con vida cuando fue quitado de la cruz", dicen otros. ¡Como si un pálido y débil Jesucristo, bañado en sangre, hubiera podido persuadir a los discípulos que dudaban, y especialmente a Tomás, de que era el Cristo resucitado de la vida!

Estas explicaciones son tan débiles que llevan en sí su propia refutación. De nuevo afirmarnos lo siguiente: *Cristo resucitó*. De Wette, el teólogo liberal, afirmó que "la resurrección de Jesucristo no puede ponerse en duda, de la misma manera que no se pone en duda la certeza histórico del asesinato de César."

3.3.3. *El significado de la resurrección.*

Significa que Jesús es todo lo que afirmó ser, Hijo de Dios, Salvador, Señor (Romanos 1:4). El mundo respondió a las afirmaciones y derechos de Jesús enviándolo a la cruz; Dios respondió resucitándole.

Significa que la muerte expiatoria de Cristo fue una realidad, y de que el hombre podrá hallar el perdón por sus pecados pasados, y así hallar paz con Dios (Romanos 4:25). La resurrección es realmente la consumación de la muerte expiatoria de Cristo. ¿Cómo sabemos que no era una muerte ordinaria? ¿Cómo sabemos que lavará realmente el pecado? ¡Porque *resucitó*!

Significa que tenemos un sumo sacerdote en los cielos que simpatiza con nosotros, que ha vivido nuestra vida, y conoce nuestras tristezas y enfermedades y que está capacitado para darnos poder para vivir la vida cristiana día tras día. El que murió por nosotros, vive ahora por nosotros (Romanos 8:34; Hebreos 7:25).

Significa que podemos saber que hay una vida venidera. "Pero nadie ha regresado jamás para contarnos con respecto al otro mundo", constituye una objeción común. Pero alguien ha retornado, Jesucristo. A la pregunta ¿si un hombre muere, vivirá de nuevo? La ciencia sólo puede contestar: "No lo sabemos." La filosofía puede decir: "Debe de haber una vida futura." Pero el cristianismo puede decir: "Porque El vive, viviremos también nosotros; porque el resucitó de los muertos, también resucitarán todos."

La resurrección de Cristo nos proporciona, no sólo prueba de la verdad de la inmortalidad, sino la seguridad de inmortalidad personal (1 Tesalonicenses 4:14; 2 Corintios 4:14; Juan 14:19).

Significa que hay la certeza de un juicio futuro. Tal como lo ha dicho el apóstol inspirado, Dios "ha establecido un día en el cual juzgará al mundo con justicia, por aquel varón al cual designó; dando fe a todos con haberle levantado de los muertos" (Hechos 17:31).

Tan cierto como Jesús resucitó de los muertos para ser juez de los hombres, así también los hombres resucitarán de la tumba para ser juzgados por El.

3.3. *La ascensión de Cristo.*

La verdad de la ascensión es corroborada por los evangelios, Hechos y las epístolas. ¿Qué significado tiene este hecho histórico? ¿Qué doctrinas se basan en él? ¿Cuáles son los valores prácticos?

La ascensión nos enseña que nuestro Maestro es:

3.1.1. *El Cristo celestial.*

El Señor Jesucristo abandonó este mundo porque le había llegado el momento de retornar a su Padre. Su partida fue un ascenso, así como su entrada en el mundo había sido un descenso. El que había descendido, ahora ascendió adonde estaba antes. Y de la misma manera que su entrada en el mundo era sobrenatural, así también fue su partida.

Consideremos la forma de su partida. Sus apariciones y desapariciones después de la resurrección habían sido instantáneas, la ascensión había sido gradual, pues las Sagradas Escrituras nos dicen: "Y estando ellos con los ojos puestos en el cielo" (Hechos 1:10). No fue seguida de ninguna otra aparición, en la cual el Señor les apareciera en medio de ellos en persona, para comer y beber con ellos. Las apariciones de esta clase terminaron con la ascensión. Fue el alejamiento, de una vez por todas, de la vida terrenal que los hombres viven en este mundo. Desde ahora en adelante, los discípulos no deben considerarlo como el Cristo según la carne, es decir, que vive una vida terrenal, sino como el Cristo glorificado que vive una vida celestial en la presencia de Dios, y estableciendo contacto con ellos por medio del Espíritu Santo. Antes de la ascensión apareció el Maestro, desapareció y reapareció de nuevo de tiempo en tiempo, con el objeto de apartarlos gradualmente de la dependencia del contacto visible y terreno con El, y acostumbrarlos a la comunión invisible, espiritual, con El. De manera entonces que la ascensión se convierte en la línea divisoria de dos períodos de la vida de Cristo: desde el nacimiento hasta la resurrección es el Cristo de la historia humana, el que vivió una vida perfecta bajo condiciones terrenas. Desde la ascensión, es el Cristo de la experiencia espiritual, que vive en el cielo y toca a los hombres por medio del Espíritu Santo

3.3.2. *El Cristo exaltado.*

En un lugar las Sagradas Escrituras, refiriéndose a Cristo, emplean el vocablo "iba", mientras que en otro los Anales Sagrados dicen que "fue alzado". El primero representa a Cristo en circunstancias que se presenta al Padre por voluntad y derecho propios; el segundo recalca el acto del Padre por medio del cual el Señor es exaltado, como recompensa por su obediencia hasta la muerte. Su lento ascenso por la voluntad del Padre, a plena vista de los discípulos les hizo a estos comprender que abandonaba la vida terrena, y al mismo tiempo los convirtió en testigos oculares de su partida. Pero una vez oculto a la vista, el viaje fue completado por un acto de su voluntad. El doctor Swete hace el comentario siguiente:

> En ese instante toda la gloria de Dios brilló a su alrededor, y se halló en el cielo. El cuadro no era del todo nuevo para El; en la profundidad de su conciencia el Hijo del hombre recordaba las glorias que durante la época anterior a su encarnación había compartido con el Padre, "antes que el mundo fuese" (Juan 17:5). Pero el alma humana de Cristo, hasta el momento de la ascensión, no había experimentado la visión amplia de Dios que resplandeció en El al ser levantado de la tierra. Era este el objetivo de su vida humana, el gozo puesto delante de El (Hebreos 12:2); y en el momento de la ascensión fue logrado.

Fue en vista de su ascensión y exaltación que Cristo declaró lo siguiente: "Toda potestad [autoridad] me es dada en el cielo y en la tierra" (Mateo 28:18; lea Efesios 1:20-23; 1 Pedro 3:22; Filipenses 2:9-11; Apocalipsis 5:12). Citamos a continuación de nuevo al doctor Swete:

> Nada es hecho en ese gran mundo desconocido que llamamos cielo sin esta autoridad inicial, guiadora, que todo lo determina. Procesos que son inconcebibles para nuestra mente son llevados adelante, más allá del velo, por agencias igualmente inconcebibles. Es suficiente para la iglesia el saber de que todo lo que se hace allí es hecho por la autoridad de su Señor.

3.3.3. *El Cristo soberano.*

Cristo ascendió a su sitial de supremacía o jefatura sobre todas las criaturas. Es la "cabeza de todo varón" (1 Corintios 11:3), "la cabeza de todo principado y potestad" (Colosenses 2:10); todas las autoridades del mundo invisible como así también del mundo de los hombres están bajo su dominio (1 Pedro 3:22; Romanos 14:9; Filipenses 2:10, 11). Posee esta soberanía universal, a ser ejercitada para el bien de su iglesia que es su cuerpo; Dios "sometió todas las cosas debajo de sus pies, y lo dio por cabeza sobre todas las cosas a la iglesia". En un sentido especial, por lo tanto, Cristo es la Cabeza de la iglesia. Esta jefatura se manifiesta de dos maneras:

(1) Por la autoridad ejercida por El sobre todos los miembros de la iglesia. El apóstol Pablo emplea la relación matrimonial como ilustración de las relaciones entre Cristo y la iglesia (Efesios 5:22-33). De la misma manera que la iglesia vive en sujeción a Cristo, así también las esposas deben sujetarse a sus maridos; así como Cristo amó a la iglesia y se dio a sí mismo por ella, así también los esposos deben ejercer su autoridad en el espíritu de amor y sacrificio personal. La obediencia de la iglesia a Cristo es una sumisión voluntaria; de igual manera debiera la esposa ser obediente no sólo por causa de la conciencia, sino por amor y reverencia.

Para los creyentes, los vínculos matrimoniales se han convertido en "misterio" (una verdad con significado divino), pues ellos revelan la unión espiritual entre Cristo y su iglesia; "autoridad de parte de Cristo, subordinación de parte de la iglesia, amor de ambas partes, amor que responde al amor, para ser coronado en la plenitud del gozo, cuando se complete la unión a la venida del Señor" (Swete).

Una característica prominente de la iglesia primitiva fue la actitud de amorosa sumisión a Cristo. "Jesús es Señor" no fue solamente la declaración de un credo, sino también la regla o gobierno de la vida.

(2) El Cristo ascendido no es sólo el poder gobernante y dirigente de la iglesia, sino también la fuente de su vida y energía. La relación que hay entre la rama y el árbol, la cabeza y el cuerpo, guarda también el Cristo vivo con su iglesia. Aunque la Cabeza de la iglesia está en el cielo, mantiene estrecha comunión con su cuerpo en la tierra, siendo el Espíritu Santo el vínculo de comunicación (Efesios 4:15, 16; Colosenses 2:19).

3.3.4. *El Cristo que preparó el camino.*

La separación entre Cristo y la iglesia terrena que comenzó con la ascensión, no es permanente. Ascendió en calidad de precursor para preparar el camino para ellos, a fin de que le siguieran. Su promesa fue la siguiente: "Donde yo estuviere, allí también estará mi servidor" (Juan 12:26). El término precursor se aplica primeramente a Juan el Bautista pues fue él quien preparó el camino para Cristo (Lucas 1:76). Así como Juan preparó el camino para Cristo, así también el Cristo ascendido preparó el caminó para la iglesia. Esta esperanza es comparada "a la segura y firme ancla del alma, y que entra hasta dentro del velo, donde entró por nosotros como precursor Jesús" (Hebreos 6:19, 20). Aunque sacudidos por las olas de la prueba y la adversidad, los fieles no necesitan temer el naufragio, mientras mantengan firme su esperanza en las realidades celestiales. En sentido espiritual, la iglesia ha seguido ya al Cristo glorificado. En efecto, Dios hizo sentar a los creyentes "en los cielos con Cristo Jesús" (Efesios 2:6). Por medio del Espíritu, los creyentes ascienden con el corazón y la mente hasta el Cristo resucitado; pero se producirá una ascensión literal correspondiente a la de Cristo (1 Tesalonicenses 4:17; 1 Corintios 15:52). Esta esperanza de los creyentes no es engaño, pues están conscientes del poder o fuerza de atracción del

Cristo glorificado (1 Pedro 1:8). Con esta esperanza, el Señor Jesucristo consoló a sus discípulos antes de su partida (Juan 14:1-3). "Por tanto, alentaos los unos a los otros con estas palabras" (1 Tesalonicenses 4:18).

3.3.5. *El Cristo que intercede.*

En virtud de haber asumido nuestra naturaleza, y muerto por nuestros pecados, Jesús es el Mediador entre Dios y el hombre (1 Timoteo 2:5). Pero el Mediador es también un Intercesor, y la intercesión va un paso más allá de la mediación. Un mediador quizá ponga en contacto a dos personas o partes, dejándolas luego solas para que solucionen sus dificultades. Pero un intercesor hace algo más, ya que expresa una palabra en favor de la persona a quien representa, o por quien se toma interés. La intercesión es un ministerio importante del Cristo ascendido (Romanos 8:34). Forma el punto culminante de sus actividades salvadoras. Murió por nosotros; resucitó por nosotros; ascendió por nosotros, y hace intercesión por nosotros (Romanos 8:34). Nuestra esperanza no reside en el Cristo muerto, sino en uno que vive; y no simplemente en uno que vive, sino en uno que vive y reina con Dios. El sacerdocio de Cristo es eterno, por lo tanto su intercesión es permanente.

> Por lo tanto, puede llevar a un término feliz (salvar hasta lo sumo, Hebreos 7:25) todo caso que asume para la defensa, garantizando así a los que se acercan a Dios por su mediación la restauración completa del favor divino y la bendición. En realidad, el hacer eso es el propósito mismo de su vida en el cielo; vive para este fin con el objeto de interceder ante Dios por su pueblo. No se puede suspender esta obra intercesora mientras dure el mundo... pues la intercesión del Cristo ascendido no es una oración, sino una *vida*. El Nuevo Testamento no lo representa como suplicante que ante el Padre, con los brazos extendidos, y con voz alta y lágrimas, ruega por nuestra causa ante la presencia de un Dios remiso, poco inclinado a responder, sino que lo presenta como Sacerdote-Rey en su trono, que pide lo que desea de un Padre que siempre oye y concede las peticiones.
>
> —Swete.

¿Cuáles son las peticiones principales de Cristo en su ministerio intercesor? La oración de Juan 17 sugerirá la respuesta.

Análoga a la dignidad de mediador es el de abogado (en el griego "Paracleto") (1 Juan 2:1). Un abogado o paracleto es aquél llamado a ayudar a una persona en dificultades o necesidad, para administrar ayuda o proporcionar consejo y protección. Tal era la relación del Señor con sus discípulos durante los días de la carne. Pero el Cristo ascendido está preocupado también con el problema del pecado. En calidad de Mediador, obtiene acceso, para nosotros, en la presencia de Dios; en calidad de Intercesor, lleva las peticiones ante Dios; como Abogado, hace frente a las acusaciones lanzadas contra nosotros por el "acusador de los hermanos" en lo que respecta al pecado. Para los verdaderos creyentes, una vida de pecado habitual está fuera de la cuestión (1 Juan 3:6); no obstante, casos aislados de pecado son posibles en los mejores creyentes, y tales ocasiones requieren la defensa de Cristo. En 1 Juan 2:1, 2 se expresan tres consideraciones que dan fuerza a su defensa: primero, el Señor está con el Padre, en la presencia de Dios; segundo, es el Justo, y como tal, hace expiación por otros; tercero, El es la propiciación por nuestros pecados, es decir, un sacrificio que asegura el favor de Dios mediante la expiación de los pecados.

3.3.6. *El Cristo omnipresente.*

Mientras se encontraba en la tierra, Cristo estaba limitado a un sitio a la vez, y no podía estar en contacto con cada uno de sus discípulos en todo momento. Pero mediante su ascensión a la Fuente de poder del universo, estuvo en condiciones de enviar su poder y personalidad divina en todo momento y en todo lugar a todos los discípulos (Juan 14:12). La ascensión al trono de Dios le dio no sólo omnipotencia (Mateo 28:18) sino también omnipresencia, haciendo posible para El el cumplimiento de la promesa que dice: "Porque donde están dos o tres congregados en mi nombre, allí estoy en yo medio de ellos" (Mateo 18:20).

3.3.7. *Conclusión: valores de la ascensión.*

¿Cuáles son los valores prácticos de la doctrina de la ascensión? (1) El estar conscientes del Cristo ascendido, a quien esperamos ver algún día, constituye un incentivo para la santidad (Colosenses 3:1-4). La mirada hacia arriba contrarrestará la atracción hacia abajo. (2) El conocimiento de la ascensión contribuye a la concepción justa de la iglesia. La creencia en un Cristo meramente humano hará que la gente considere a la iglesia como simple sociedad humana, empleada para fines filantrópicos y morales, pero desprovista de poder o autoridad sobrenaturales. Por otro lado, un conocimiento del Cristo ascendido dará como resultado el reconocimiento de la iglesia como organismo, una organización sobrenatural que deriva su vida divina del Jefe resucitado. (3) El tener conciencia del Cristo ascendido producirá una justa actitud hacia el mundo, y hacia las cosas del mundo. "Mas nuestra ciudadanía está en los cielos, de donde también esperamos al Salvador, al Señor Jesucristo" (Filipenses 3:20). (4) Fe en el Cristo ascendido inspirará un sentido profundo de responsabilidad personal. La creencia en el Cristo ascendido lleva consigo el conocimiento de que tendremos que rendirle cuentas algún día (Romanos 14: 7-9; 2 Corintios 5:9,10). El sentido de responsabilidad hacia el Maestro en los cielos sirve de freno al pecado, y de incentivo para seguir la justicia (Efesios 6:9). (5) Con la fe en el Cristo ascendido está relacionada la gloriosa y bendita esperanza de su retorno. "Y si me fuere y os preparare lugar, vendré otra vez" (Juan 14:3).

CAPITULO 7

LA EXPIACION

BOSQUEJO

1. LA EXPIACION EN EL ANTIGUO TESTAMENTO.

¿Por qué vamos a ocupar tiempo y espacio en la descripción de los sacrificios del Antiguo Testamento? Por la sencilla razón de que en el vocablo "sacrificio" tenemos la clave del significado de la muerte de Cristo. Muchas teorías modernas se han ofrecido para explicar esa muerte, pero cualquier explicación que excluye el elemento expiatorio es antibíblica, puesto que nada es más señalado en el Nuevo Testamento que el empleo de términos expiatorios para dar a conocer la muerte de Cristo. El describirle como "Cordero de Dios", el decir que su sangre limpia del pecado y compra la redención, el enseñar que murió por nuestros pecados, todo esto equivale a decir que la muerte de Jesús era un sacrificio verdadero por el pecado.

Puesto que la muerte de Jesús es descrita con vocablos relacionados con los sacrificios del Antiguo Testamento, un conocimiento de los términos empleados para los sacrificios facilita considerablemente su interpretación. Los sacrificios (además de proporcionar un ritual de adoración para los israelitas) eran señales proféticas (tipos o símbolos) que señalaban al sacrificio perfecto; en consecuencia, un entendimiento claro de las señales conducirá a un mejor conocimiento del sacrificado. No sólo fueron esos sacrificios profecías relativas a Cristo, sino que sirvieron también para preparar al pueblo de Dios para una dispensación de mayor importancia, que comenzaría con la venida de Cristo. Cuando los primeros predicadores del evangelio declararon que Jesús era el Cordero de Dios, cuya sangre había comprado la redención de los pecados, no tuvieron que definir estos términos a sus oyentes, para quienes estos vocablos eran conocidos, familiares.

Nosotros, sin embargo, que vivimos miles de años después de estos acontecimientos, y que no hemos sido educados en el ritual mosaico, necesitamos estudiar la cartilla, por así decirlo, por la cual Israel aprendió a deletrear el gran mensaje: Redención por medio del sacrificio expiatorio. De esta manera se justifica esta sección respecto del origen, historia, naturaleza y eficacia del sacrificio del Antiguo Testamento.

1.1. *El origen del sacrificio.*

1.1.1. *Ordenado en el cielo.*

La expiación no fue un expediente tardío o pensamiento de último momento de parte de Dios. La caída del hombre no tomó a Dios por sorpresa, ni necesitó pasos rápidos para remediarla. Antes de la creación del mundo, Aquél que sabe el fin desde el comienzo hizo provisión o tomó medidas para la redención del hombre.

De la misma manera que una máquina es concebida en la mente del inventor antes de ser construida, así también la expiación residía en la mente y en los propósitos de Dios antes de su verdadera realización. Esta verdad es apoyada por las Sagradas Escrituras. Se describe a Jesús como el "Cordero, que fue inmolado desde el principio del mundo" (Apocalipsis 13:8). El Cordero Pascual era "predestinado" varios días antes de morir (Exodo 12:3, 6). De igual manera Cristo, el Cordero sin mancha ni contaminación había sido "ya destinado desde antes de la fundación del mundo, pero manifestado en los postreros tiempos por amor de vosotros" (1 Pedro 1:20). Adquirió para el hombre vida eterna, que Dios prometió "antes del principio de los siglos" (Tito 1:2). El que hubiera un grupo de personas santificadas por este sacrificio fue decretado "antes de la fundación del mundo" (Efesios 1:4). Pedro les comunicó a los judíos que aunque por su ignorancia habían crucificado a Cristo con manos malvadas, no obstante habían cumplido el plan eterno de Dios, puesto que había sido "entregado por el determinado consejo y anticipado conocimiento de Dios" (Hechos 2:23).

Es evidente así que el cristianismo no es una nueva religión, que comenzó hace diecinueve siglos, sino la manifestación histórico de un propósito eterno.

1.1.2. *Instituido en la tierra.*

Puesto que centenares de años transcurrirían antes de la consumación del sacrificio, ¿qué debía el hombre pecador hacer mientras tanto? Desde el comienzo Dios ordenó una institución que prefigurara el sacrificio, y asimismo se convirtió en un medio de la gracia para el arrepentido y creyente. Nos referimos a los sacrificios de animales, una de las más antiguas de las instituciones humanas.

La primera mención de un animal sacrificado ocurre en el tercer capitulo de Génesis. Nuestros primeros padres, después de haber pecado, tuvieron conciencia de su desnudez física, la cual era indicio exterior de la desnudez de conciencia. Fueron en vano sus esfuerzos de cubrirse exteriormente con hojas, y por dentro con excusas. Luego leemos que el Señor Dios tomó las pieles de animales y los cubrió. Mientras que el registro no dice en palabras que se trataba de un sacrificio, sin embargo al reflexionar con respecto al significado espiritual del acto, uno no puede evitar llegar a la conclusión de que tenemos aquí una revelación de Jehová el Redentor, tomando disposiciones para la redención del hombre.

Vemos a una criatura inocente que muere con el objeto de que la culpabilidad sea cubierta. Ese es el objeto principal del sacrificio, una cubierta divinamente proporcionada para la conciencia culpable. El primer libro de la Biblia presenta una criatura inocente que muere por el culpable, y el último libro de la Biblia habla del Cordero inmaculado muerto con el objeto de liberar al culpable de sus pecados (Apocalipsis 5:6-10).

1.2. *La naturaleza del sacrificio.*

Esa institución original del sacrificio explica con toda probabilidad por qué la adoración mediante los sacrificios se ha practicado en todas las épocas y en todos los lugares. Aunque desnaturalizado en lo que respecta al patrón original, los sacrificios paganos se basan en dos ideas fundamentales: adoración y expiación. (1) El hombre reconoce que está bajo el poder de una Deidad que tiene ciertos derechos sobre él. Como reconocimiento de estos derechos, y como señal de rendición personal, ofrece un don o sacrificio.

(2) Con frecuencia, sin embargo, al tener conciencia de que el pecado ha perturbado la relación, reconoce instintivamente que el mismo Dios que lo hizo tiene el derecho de destruirlo, a menos que se haga algo para reparar la relación rota. El que el sacrificio de la víctima y el derrame de su sangre impediría o conjuraría la ira divina y aseguraría el favor divino era una de las creencias más firmes y antiguas. ¿Pero cómo aprendieron todo eso? El apóstol Pablo nos dice que hubo una época en que conocían a Dios (Romanos 1:21). De la misma manera que el hombre caído lleva las marcas o distintivos de su origen divino, así también los sacrificios paganos llevan marcas o características de una revelación original divina.

Después de la confusión de lenguas (Génesis 11:1-9), los descendientes de Noé se esparcieron por todas partes, llevando consigo el conocimiento verdadero de Dios, pues no había aún registro alguno de idolatría. Lo que ocurrió con el paso de los años se describe brevemente en Romanos 1:19-32. Las naciones se apartaron de la adoración pura a Dios, y pronto perdieron de vista la divinidad. Esa separación dio como resultado la ceguera espiritual. En vez de ver a Dios en los cuerpos celestes, comenzaron a adorar a esos cuerpos en calidad de deidades; en vez de ver al Creador en los árboles y animales, comenzaron a adorarlos como si fueran dioses; en vez de reconocer que el hombre fue hecho a la imagen de Dios, comenzaron a hacer un dios a la imagen del hombre. De manera entonces que la ceguera espiritual conduce a la idolatría. La idolatría no era asunto meramente intelectual. La adoración de la naturaleza, que forma la base de la mayor parte de las religiones paganas, llevó al hombre a deificar o divinizar sus propias concupiscencias, y el resultado de ello fue la corrupción moral.

Sin embargo, a pesar de esa perversión, la adoración efectuada por el hombre ostentaba débiles marcas que indicaba que había habido una época en que sabía lo que debía hacer, o cómo comportarse. En las religiones de Egipto, la India y China, hay reminiscencias de la creencia en un Dios verdadero, el Espíritu Eterno que hizo todas las cosas.

Cuando la oscuridad espiritual se cernió sobre las naciones, de la misma manera que la corrupción moral había asolado el mundo antediluviano, Dios comenzó de nuevo con Abraham, de la misma manera que lo había hecho anteriormente con Noé. El plan de Dios consistía en hacer de Abraham el progenitor de una nación que devolviera al mundo el conocimiento de la gloria de Dios. En el monte Sinaí, Israel fue separada de las demás naciones, a fin de ser constituida en nación santa. Con el objeto de dirigirlos en una vida de santidad, Dios les dio a los israelitas un código de leyes que gobernaban su vida moral, nacional y religiosa. Entre ellas figuraban las leyes del sacrificio (Levítico, capítulos 1-7) las cuales enseñaban a la nación la manera justa mediante la cual uno debe allegarse a Dios y adorarle. Las naciones observaban una adoración pervertida. Dios restauró a Israel la adoración pura.

Los sacrificios mosaicos fueron medios por los cuales los israelitas cumplían con su obligación principal hacía el Hacedor, es decir, la adoración. Se ofrecían esos sacrificios con el objeto de alcanzar la comunión con Dios, y remover todos los obstáculos de esa comunión. Por ejemplo, si un israelita pecaba y perturbaba de esa manera las relaciones entre él y Dios, traía una ofrenda de pecado o expiación, el sacrificio de la expiación. O, si había hecho algún mal a su vecino, traía la ofrenda por la culpa, el sacrificio de la restitución (Levítico 6:1-7). Ahora que el hombre había arreglado sus cuentas con Dios y con el hombre, y deseaba consagrarse de nuevo, ofrecía un holocausto, el sacrificio de adoración (Levítico 1). Estaba así preparado para gozar de una feliz comunión con Dios, que le había perdonado y aceptado, de manera que presentaba una ofrenda de paz, el sacrificio de comunión (Levítico 3).

El propósito de estos sacrificios de sangre se cumple en Cristo, el sacrificio perfecto. Su muerte es descrita como la muerte por el pecado, la muerte que cargó con el pecado (2 Corintios 5:21). Dios hizo del alma de su Hijo "expiación por el pecado" (Isaías 53:10); canceló la deuda que nosotros no habríamos podido cancelar, y borró el pasado que nosotros no podríamos haber borrado. El Señor es nuestro holocausto, puesto que su muerte es presentada como acto de perfecta consagración (Hebreos 9:14; Efesios 5:2). El Señor es nuestra ofrenda de paz, puesto que El mismo describió su muerte como medio de compartir, o sea darnos comunión con la vida divina (Juan 6:53-56; Levítico 7:15, 20).

1.3. La eficacia del sacrificio.

¿Hasta que punto eran eficaces los sacrificios del Antiguo Testamento? ¿Procuraban en realidad el perdón y la limpieza? ¿Qué beneficios aseguraban para el oferente? Estas preguntas son de vital importancia, pues comparando y contrastando los sacrificios levíticos con el sacrificio de Cristo, estaremos capacitados para comprender mejor la eficacia y perfección de este último sacrificio.

La materia es tratada en la epístola a los Hebreos. El escritor se dirige a un grupo de cristianos hebreos quienes, desalentados por la persecución, están tentados a retornar al judaísmo y a los sacrificios del templo. Las realidades en las que creen son invisibles, mientras que el templo con su suntuoso ritual parece tan tangible y real. Con el objeto de apartarlos de la idea de seguir tal conducta, el escritor hace una comparación entre los pactos Nuevo y Viejo, demostrando que el Nuevo Pacto es mejor que el Antiguo, puesto que el Antiguo es imperfecto y transitorio, mientras que el Nuevo es perfecto y eterno. El retornar al templo con su sacerdocio y sacrificios sería dejar la sustancia por la sombra, la perfección por la imperfección. El argumento es el siguiente: el Antiguo Pacto era bueno para su época, y para los fines para los que fuera designado, pero el Nuevo Pacto es mejor.

1.3.1. *Los sacrificios del Antiguo Testamento eran buenos.*

De otra manera, no hubieran sido divinamente ordenados. Eran buenos en el sentido de que cumplían cierto propósito en el plan divino, es decir, ser un medio de gracia a fin de que el pueblo de Jehová que había pecado contra El pudiera retornar a un estado de gracia, ser reconciliado con El, y continuara disfrutando de unión con El. Cuando los israelitas habían cumplido fielmente las condiciones, podían confiar en la promesa siguiente: "Así el sacerdote hará por él la expiación de su pecado, y tendrá perdón" (Levítico 4:26).

En circunstancias que los bien informados israelitas traían sus ofrendas, estaban conscientes de dos cosas: primero, que el arrepentimiento en sí mismo es insuficiente; una transacción visible debe producirse, para indicar que su pecado había sido remitido o perdonado (Hebreos 9:22). Pero por otra parte, supo de los profetas que el ritual sin la justa disposición interior era una simple formalidad sin valor. El acto de sacrificio debe ser la expresión exterior de los sacrificios internos de alabanza, oración, justicia y obediencia, los sacrificios de un corazón contrito y arrepentido. (Lea el Salmo 26:6; 50:12-14; 4:5; 51: 17; Proverbios 21:3; Amos 5:21-24; Miqueas 6:6-8; Isaías 11-17.) "El sacrificio de los impíos es abominación a Jehová", dijo Salomón (Proverbios 15:8). Los escritores inspirados establecieron con claridad que los ritos, sin la justicia de corazón, no eran aceptados.

1.3.2. *El sacrificio del Nuevo Testamento es mejor.*

Mientras que reconocían la ordenación divina de los sacrificios animales, los israelitas bien informados no podían menos que sentir que estos no eran medios perfectos de expiación.

(1) Había una amplia disparidad entre una criatura irracional e irresponsable, y un hombre hecho a la imagen de Dios; era evidente que el animal no realizó el sacrificio en forma inteligente o voluntaria; no había comunión entre el oferente y la víctima. Era evidente que el sacrificio de un animal no podía por una parte equipararse al valor de un alma, ni por la otra podía ejercer poder espiritual en el hombre interior. No había elemento alguno en la sangre de un ser irracional que pudiera realizar la redención espiritual del alma. Ello podía obtenerse sólo mediante la ofrenda de una vida humana perfecta. El escritor inspirado expresó realmente lo que debe de haber sido la conclusión de muchos creyentes del Antiguo Testamento cuando dijo: "Porque la sangre de los toros y de los machos cabríos no puede quitar los pecados" (Hebreos 10:4). A lo sumo, los sacrificios eran medios transitorios e imperfectos de cubrir el pecado, hasta que entrara en vigor una redención mejor. La ley convenció a la gente de su pecado (Romanos 3:20), y los sacrificios tenían la virtud de hacer que esos pecados no provocaran la ira de Dios.

(2) Los sacrificios animales son calificados (de "ordenanzas de la carne", es

decir, ritos que removían y quitaban la contaminación corporal, y expiaban las acciones exteriores de pecado (Hebreos 9:10) pero no contenían virtud espiritual en sí. "La sangre de los toros y de los machos cabríos. . . santifican para la purificación de la carne" (Hebreos 9:13); en otras palabras, expiaba esa contaminación exterior que aislaba al israelita de la comunión con los demás en la congregación de Israel. Por ejemplo, si una persona se contaminaba físicamente se lo consideraba inmundo y se lo aislaba de la congregación de Israel hasta que se había purificado a sí mismo y ofrecido sacrificio (Levítico 5:1-6); o si había ofendido materialmente a su vecino, se encontraba bajo condenación hasta que traía una ofrenda por la culpa (Levítico 6:1-7). En el primer caso, el sacrificio limpiaba de contaminación de carácter físico, pero no limpiaba el alma; en el segundo caso, el sacrificio hacía expiación por el hecho externo, pero no cambiaba el corazón. David mismo reconoció que estaba en las garras de una depravación de la cual no podían liberarle los sacrificios animales (Salmo 51:16; lea también 1 Samuel 3:14) y oró por esa renovación espiritual que los sacrificios de animales eran impotentes de efectuar (Salmo 51:6-10, 16, 17).

(3) La repetición de los sacrificios de animales señala su imperfección; no podían hacer perfecto al adorador (Hebreos 10:1, 2), es decir, darle o proporcionarle una relación perfecta con Dios sobre la cual pudiera edificar su carácter; no podían proporcionarle esa experiencia de "una sola vez (Hebreos 10:10) de transformación espiritual que debiera de ser el comienzo de una nueva vida

(4) Los sacrificios animales eran ofrecidos por sacerdotes imperfectos, la imperfección de cuyo ministerio era indicada por el hecho de que no podían entrar en ningún momento en el Lugar Santísimo, y por lo tanto eran incapaces de conducir al adorador directamente a la presencia divina. "Dando el Espíritu Santo a entender con esto que aún no se había manifestado el camino al Lugar Santísimo" (Hebreos 9:8). El sacerdote no tenía sacrificio que ofrecer por medio del cual podía conducir a la gente a una experiencia de carácter espiritual con Dios, y así hacer al adorador "perfecto en cuanto a la conciencia" (Hebreos 9:9).

Si un israelita espiritual hubiera sido interrogado con respecto a sus esperanzas de redención, ese mismo discernimiento que le había revelado a él la imperfección del sacrificio animal le hubiera llevado a replicar que la solución residía en el futuro, y que la redención perfecta estaba relacionada en cierta manera con el orden perfecto que sería iniciado a la venida del Mesías. En realidad, una revelación semejante fue concedida a Jeremías. Ese profeta había perdido las esperanzas de que el pueblo fuera jamás capaz de cumplir el pacto de la ley; su pecado estaba escrito con cincel de hierro (17:1), su corazón era engañoso en extremo, y perverso (17:9), no podían mudar de corazón de la misma manera que el etíope no podía mudar de color (Jeremías 13:23), y estaban tan endurecidos y eran tan depravados que los sacrificios no podían serles de provecho alguno (6:20); en realidad se habían olvidado del propósito primordial de estos sacrificios.

Desde el punto de vista humano, no había esperanzas para el pueblo, pero Dios animó a Jeremías con la promesa de que vendría una época en que, bajo un pacto nuevo y mejor, el corazón del pueblo sería cambiado, y cuando habría una remisión perfecta de los pecados. "Perdonaré la maldad de ellos, y no me acordaré más de su pecado" (Jeremías 31: 31-34). En Hebreos 10:17, 18 tenemos la interpretación inspirada de esas últimas palabras, es decir, que una redención perfecta sería realizada por medio de un sacrificio perfecto y que por lo tanto, los sacrificios de animales debían de caducar. (Compare Hebreos 10:6-10.) Por medio de este sacrificio, el hombre tiene una experiencia de carácter permanente que se proporciona una posición perfecta ante Dios. Lo que los sacrificios de la ley no podían realizar ha sido efectuado por el sacrificio perfecto de Cristo. "Y ciertamente todo sacerdote está día tras día ministrando y ofreciendo muchas veces los mismos sacrificios, que nunca pueden quitar los pecados. Pero Cristo, habiendo ofrecido para *siempre un solo sacrificio* por los pecados, *se ha sentado* a la diestra de Dios" (Hebreos 10:11,12).

(5) Queda por considerarse otro asunto. Es cierto que la gente fue verdaderamente justificada antes de la obra expiatoria de Cristo. Abraham fue justificado por la fe (Romanos 4:3) y entró en el reino de Dios (Mateo 8:11; Lucas 16:22); Moisés fue glorificado (Lucas 9:30, 31); y Enoc y Elías fueron trasladados. Había sin duda un elevado número de piadosos israelitas que alcanzaron la estatura espiritual de estas personas dignas. Admitiendo que los sacrificios animales eran inadecuados, y que el sacrificio de Cristo fue el único sacrificio perfecto, ¿sobre que bases fueron justificados estos santos del Antiguo Testamento?

Fueron salvados en anticipación del futuro sacrificio, de la misma manera que la gente en la actualidad es salvada en consideración al sacrificio realizado ya. La prueba de la verdad se halla en Hebreos 9:15 (compare asimismo Romanos 3:25) que enseña que la muerte de Cristo fue en cierto sentido retroactiva y retrospectiva; en otras palabras, tenía eficacia con relación al pasado.

En Hebreos 9:15 se nos sugiere la siguiente línea de pensamiento: el antiguo Pacto era impotente para proporcionar una redención perfecta. Cristo clausuró este Pacto e inició el Nuevo Pacto con una muerte que realizó la "remisión de las rebeliones que había bajo del primer testamento". En otras palabras, cuando Dios justificó creyentes del Antiguo Testamento, lo hizo en anticipación de la obra de Cristo, "a crédito", por así decirlo. Cristo pagó todo el precio en la cruz, y canceló la deuda Dios les dio a los creyentes del Antiguo Testamento una posición que el Antiguo Pacto no podía comprar, y lo hizo así en vista del futuro pacto que podía efectuar todo esto.

Si uno pregunta si los creyentes del Antiguo Testamento durante su vida gozaron de los mismos beneficios que los que vivieron y viven en la época del Nuevo Testamento, la respuesta debe ser negativa. No había el don permanente del Espíritu Santo (Juan 7:39) que siguiera a su arrepentimiento y fe; no disfrutaban de un conocimiento amplio respecto de la inmortalidad, sacado a luz por Cristo (2 Timoteo 1:10), y en general se vieron limitados por las imperfecciones de la dispensación en la que vivían. Cuando más, sólo podían pregustar las cosas venideras.

2. LA EXPIACION EN EL NUEVO TESTAMENTO

2.1. La realidad o verdad de la expiación.

La expiación que fue preordenada o predeterminada en la eternidad y simbólicamente prefigurada en el ritual del Antiguo Testamento, fue históricamente realizada en la crucifixión de Jesús, cuando el propósito redentor de Dios fue consumado. "¡Consumado es!" Los escritores de los evangelios describen los sufrimientos y muerte de Cristo con una minuciosidad que no tiene paralelos en la narrativa de otros acontecimientos de la vida de Cristo, y al referirse al cumplimiento de las profecías indican su sentido de la importancia del acontecimiento.

Algunos escritores de la escuela liberal mantienen que la muerte de Cristo fue un accidente y una tragedia. Comenzó con esperanzas brillantes de éxito, dicen, pero se vio enredado en una red de circunstancias que condujeron a la destrucción que no había previsto, y a la cual no podía escapar. Pero ¿qué nos dicen los evangelios con respecto al asunto? De acuerdo con su testimonio, el Señor Jesús sabía desde el principio que el sufrimiento y la muerte eran parte de su destino divinamente designado. En su declaración de que convenía o era necesario que el Hijo del Hombre sufriera, ese vocablo "convenía" indicó vocación divina y no suerte imprevista e inevitable.

A su bautismo escuchó las palabras siguientes: "Este es mi Hijo amado, en quien tengo complacencia." Estas palabras fueron tomadas de dos profecías, la primera de las cuales declaraba la deidad del Mesías y su dignidad de Hijo (Salmo 2:7) mientras que la segunda describe el ministerio del Mesías en calidad de Siervo del Señor (Isaías 42:1). Ahora bien, el Siervo mencionado en Isaías 42:1 es el Siervo Sufriente de Isaías 53. Se llega a la conclusión de que aún en su bautismo, el Señor Jesucristo estaba consciente de que el sufrimiento y la muerte eran parte de su llamado. Su rechazo de las ofertas de Satanás en el desierto indica que había llegado a la trágica encrucijada de su obra, puesto que escogió la senda difícil del rechazo, antes que la fácil de la popularidad. La realidad misma de que el Santo se reuniera con el resto de la gente (Lucas 3:21) y se sometiera al bautismo, era un acto de identificación con la humanidad pecadora, a fin de sobrellevar la carga de sus pecados. El Siervo del Señor, de acuerdo con el capítulo 53 de Isaías debía ser nombrado o contado entre los transgresores. El bautismo de Jesús debía de considerarse como el gran acto de comunión amorosa con nuestra miseria, puesto que en esa hora se identificó a sí mismo con los pecadores, y de esta manera, en cierto sentido, comenzó su obra de la expiación.

Muchas veces durante el curso de su ministerio el Señor se refirió en forma velada y figurada a la forma de su muerte futura (Mateo 17:10-12; Mateo 17:22, 23; Marcos 9:12, 13; 14:18-21); pero en Cesarea de Filipo, les manifestó con toda claridad a sus discípulos que debía sufrir y morir. Desde ese momento en adelante trató de inculcar en sus mentes el hecho de que debía sufrir, de manera que al ser advertidos de antemano, su fe no naufragaría a raíz del golpe de la crucifixión (Marcos 8:31; 9:31; 10:32). Les explicó asimismo el significado de su muerte. No la debían de considerar como algo infortunado e imprevisto, una tragedia a la cual debían resignarse, sino que debían considerarla como una muerte con fines expiatorios. El Hijo del hombre había venido para dar su vida en rescate por muchos. En la última cena les dio instrucciones a sus discípulos referentes a la futura conmemoración de su muerte, acto supremo de su ministerio. Ordenó un rito que debía conmemorar la redención de la humanidad del pecado, de la misma manera que la Pascua había conmemorado la redención de Israel del territorio egipcio.

Sus discípulos, que estaban aún bajo la influencia de las ideas judías con respecto al Mesías y su reino, no estaban capacitados para comprender la necesidad de su muerte y con dificultad se podían reconciliar con ese pensamiento. Pero después de la resurrección y ascensión los discípulos entendieron, y desde ese momento afirmaron que la muerte de Cristo era el medio divinamente señalado de expiación. "Cristo murió por nuestros pecados", constituía su testimonio consecuente.

2.2. *La necesidad de la expiación.*

La necesidad que se tenía de la expiación se desprende de dos hechos, a saber: la santidad de Dios y la pecaminosidad del hombre. La reacción de la santidad de Dios contra la pecaminosidad del hombre es conocida como su ira, que puede evitarse por la expiación. De manera entonces que la clave de nuestra discusión será como sigue: Santidad, pecaminosidad, ira y expiación.

2.2.1. *Santidad.*

Dios es santo en lo que a naturaleza respecta, lo cual significa que es justo en carácter y conducta. Estos atributos de su carácter quedan manifiestos en su trato con su creación. "El ama justicia y juicio" (Salmo 33:5). "Justicia y juicio son el cimiento de tu trono" (Salmo 89:14).

Dios ha constituido al hombre y al mundo de acuerdo con leyes definidas. Sus leyes forman el fundamento mismo de la personalidad del hombre, al ser escritas en el corazón o naturaleza del hombre (Romanos 2:14, 15) antes de ser escritas en tablas de piedra. Estas leyes atan al hombre a su Creador en una relación personal, y forman la base de la responsabilidad humana. "Porque en él vivimos, y nos movemos, y somos" (Hechos 17:28), se dijo de la humanidad en general. El pecado perturba la relación expresada en este versículo, y finalmente el pecador no arrepentido es arrojado eternamente lejos de la presencia de Dios. Se trata esta de la muerte segunda.

En muchas ocasiones, esta relación fue reafirmada, ampliada e interpretada según un acuerdo conocido con el nombre de pacto. Por ejemplo, en el monte Sinaí Dios reafirmó la condición en virtud de la cual El podía tener comunión con el hombre (la ley moral) y luego promulgó una serie de reglamentos por medio de los cuales Israel podía observar estas condiciones en la esfera de la vida nacional y religiosa.

El guardar el pacto equivale mantener la relación justa con Dios, o estar en la gracia, puesto que el Justo sólo puede mantener comunión con los justos. "¿Andarán dos juntos, si no estuvieren de acuerdo?" (Amos 3:3) Y el mantener comunión con Dios significa vida. Desde el comienzo al fin, las Escrituras declaran esta verdad, de que la vida y la obediencia marchan juntas (Génesis 2:17; Apocalipsis 22:14).

2.2.2. *Pecaminosidad.*

Esta relación está empañada por el pecado, que es una perturbación de la relación personal entre Dios y el hombre. Es violencia hecha a la constitución, por así decirlo, bajo la cual Dios y el hombre viven, de la misma manera que la infidelidad viola el pacto según el cual viven marido y mujer (Jeremías 3:20). "Pero vuestras iniquidades han hecho división entre vosotros y vuestro Dios" (Isaías 59:2).

El dar cumplida satisfacción por el quebrantamiento de la ley y reparar las relaciones interrumpidas entre Dios y el hombre constituye la función de la expiación.

2.2.3. *Ira.*

El pecado es esencialmente un ataque contra el honor y la santidad de Dios. Es rebelión contra Dios, pues al pecar voluntariamente, el hombre escoge su propia voluntad en vez de la de Dios, y por el momento, se convierte en ley para sí mismo. Pero si Dios permitiera que su honor fuera atacado, luego dejaría de ser Dios. Su honor demanda la destrucción de aquél que lo resiste. Su justicia demanda satisfacción de la ley violada. Su santidad reacciona contra el pecado. Esta reacción se describe como ira.

Pero esta reacción divina no es automática. No siempre reacciona instantáneamente como lo haría el fuego en la mano que lo toca. La ira de Dios está gobernada por consideraciones personales. No se apresura a destruir la obra de sus manos. Le ruega al hombre, espera, a fin de ser misericordioso. Demora el castigo con la esperanza de que su bondad conducirá al hombre al arrepentimiento (Romanos 2:4; 2 Pedro 3:9). Pero el hombre interpreta erróneamente las demoras divinas, y se burla de la idea de castigo. "Por cuanto no se ejecuta luego sentencia sobre la mala obra, el corazón de los hijos de los hombres está en ellos dispuesto para hacer el mal" (Eclesiastés 8:11).

Pero aunque demorada, la retribución vendrá finalmente, puesto que en el mundo gobernado por leyes, debe haber un día de rendición de cuentas. "No os engañéis: Dios no puede ser burlado: pues todo lo que el hombre sembrare, eso también segará" (Gálatas 6:7). Esta verdad fue demostrada en el Calvario, donde Dios manifestó "su justicia, a causa de haber pasado por alto, en su paciencia, los pecados pasados" (Romanos 3:25). Un erudito en el estudio de las Sagradas Escrituras hace la siguiente traducción: "Esto era para demostrar la justicia de Dios, en vista de que los pecados cometidos previamente durante el tiempo de la paciencia de Dios habían sido pasados por alto." Otro hace una paráfrasis de las palabras de la siguiente manera: "Difirió el castigo del pecado durante ese período anterior, el período de su paciencia, teniendo en cuenta la revelación de su justicia bajo esta dispensación o era, cuando él, mientras seguía siendo un juez justo, puede en realidad absolver al pecador que fundamenta su alegato en la fe en Jesucristo." En épocas pasadas parece que Dios paso por alto los pecados de las naciones. El hombre continuó pecando, pero al parecer no cosechó el resultado de su pecado. Y surgió entonces la pregunta siguiente: ¿Pasa Dios por alto el pecado? Pero la crucifixión reveló la enormidad del pecado, representando en forma vívida el terrible castigo que le corresponde. La cruz de Cristo declara que Dios jamás fue indiferente al pecado del hombre, no lo es ni lo será jamás. Un erudito en el estudio de las Sagradas Escrituras hace el comentario siguiente:

> Dios dio pruebas de su enojo contra el pecado infligiendo de vez en cuando castigo a Israel y a los gentiles. Pero no infligió *todo* el castigo; de lo contrario la raza hubiera perecido. En grado sumo *pasó por alto* los pecados de los hombres. Ahora bien, el que un rey pase por alto el crimen, o se abstenga de castigar, o aún demore el castigo, es injusto. Y el carácter de Dios quedó rebajado a la vista de algunos por su paciencia, que interpretaron erróneamente como indicio de que escaparían el castigo. Dios dio a Cristo para que muriera a fin de demostrar su justicia en vista de la tolerancia de los pecados pasados, que parecían oscurecerla.

2.2.4. Expiación.

El hombre ha quebrantado las leyes de Dios y ha violado los principios de la justicia. Este conocimiento está registrado en la memoria, y la conciencia lo registra como culpa. ¿Qué se puede hacer para remediar el pasado, para asegurar el futuro? ¿Hay expiación para la ley violada? Para esta pregunta se han proporcionado tres respuestas:

(1) Algunos mantienen que la expiación no es posible. La vida es gobernada por una ley inexorable que castiga las violaciones sin remordimiento alguno. Lo que el hombre siembra, eso cosechará, y no hay escape. El pecado

permanece. El pecador jamás podrá escaparse del pasado. El futuro está hipotecado al pasado, por así decirlo, y no puede ser redimido, o rescatado. Esta teoría hace al hombre un esclavo de las circunstancias. No puede hacer nada para moldear su destino. Si los exponentes de esta teoría reconocen a Dios para algo, es un Dios esclavizado por sus propias leyes, y que no puede proporcionar un camino de salvación para el pecador.

(2) En el otro extremo figuran los que enseñan que la expiación es innecesaria. Dios es demasiado bondadoso para castigar al pecador, y demasiado bondadoso para demandar satisfacción por la ley quebrantada. Por lo tanto, es innecesaria la expiación, y el perdón puede darse por sentado.

Cierto médico le respondió a uno de sus pacientes que le había estado hablando del evangelio: "No necesito la expiación. Cuando hago algo malo, se lo confieso a Dios y eso es suficiente." Poco tiempo después su paciente lo visitó y le dijo: "Doctor, estoy bien ahora. Lamento haber estado enfermo, y le prometo que desde ahora en adelante procuraré no caer enfermo." Al mismo tiempo el paciente insinuó que no había necesidad de que le enviara la cuenta. Confiamos que el doctor haya aprendido su lección, es decir, que el mero arrepentimiento no puede abonar la cuenta, ni reparar el daño hecho por el pecado.

(3) En el Nuevo Testamento se nos enseña que la expiación es tanto posible como necesaria. Es posible, porque Dios es misericordioso y también justo; necesaria, porque Dios es justo a la vez que misericordioso.

Los dos errores a que nos hemos referido son exageraciones relativas a dos verdades con respecto al carácter de Dios. La primera recalca sobremanera su justicia, excluyendo la gracia; la segunda recalca hasta el exceso su gracia, hasta excluir su justicia. La expiación hace justicia a ambos aspectos de su carácter, pues en la muerte de Jesucristo, Dios procede tanto con justicia como con misericordia. Al tratar con el pecado, necesita demostrar su gracia, puesto que no desea la muerte del pecador; sin embargo, al perdonar el pecado, necesita revelar su justicia, ya que la estabilidad misma del universo depende de la soberanía de Dios.

En la expiación, Dios hace justicia a su carácter en calidad de Dios misericordioso. En virtud de su justicia, el pecador debe ser castigado; en virtud de su gracia, Dios proporciona un plan para el perdón del pecado. Al mismo tiempo, hace justicia a su carácter de Dios justo. Dios no se haría justicia a sí mismo si desplegara compasión hacia los pecadores en una forma que no diera importancia al pecado; que no lo tomara en serio, que pasara por alto sus realidades trágicas. La gente podía pensar que Dios era indiferente o indulgente hacia el pecado.

En el Calvario, la pena por el pecado fue pagada, y honrada la ley divina. Dios podía de esa manera ser misericordioso sin ser injusto, y justo sin demostrar falta de misericordia o bondad.

2.3. *La naturaleza de la expiación.*

"Cristo fue muerto", expresa la verdad histórico de la Crucifixión; "por nuestros pecados," interpreta el hecho. ¿En que sentido murió el Señor Jesucristo por nuestros pecados? ¿De qué manera se explica esta verdad en el Nuevo Testamento? La respuesta se hallará en las siguientes palabras clave que se aplican a la muerte de Cristo: Expiación, Propiciación, Sustitución, Redención, Reconciliación.

2.3.1. *Expiación.*

El vocablo expiación significa literalmente "cubrir" en el idioma hebreo, y se traduce en nuestras Biblias castellanas, entre otros, con los siguientes significados: expiación, aplacamiento, reconciliación, purificación y limpieza.

El vocablo expiación, en el original, incluye la acción de cubrir tanto los pecados (Salmos 78:38; 79:9; Levítico 5:18) como el pecador (Levítico 4:20). El expiar por el pecado significa ocultarlo de la vista de Dios, a fin de que pierda el poder de provocar su ira. A continuación publicamos la cita siguiente del doctor Alfred Cave:

> La idea expresada por el vocablo original hebreo que se tradujo "expiación" era la de cubrir y cubierta, no en el sentido de hacer que algo quede invisible para Jehová, sino en el sentido de hacer que Jehová fije o concentre la atención en alguna otra cosa, de neutralizar el pecado, por así decirlo, de desarmarlo, de convertirlo en incapaz de provocar la justa ira de Dios. El expiar el pecado... equivalía a arrojar, si se nos permite el vocablo, un velo tan deslumbrante sobre el pecado, que el velo, y no el pecado, quedaba visible; equivalía a colocar junto al pecado algo tan atrayente que absorbiera o cautivara por completo la mirada. La figura simbólica que el Nuevo Testamento emplea cuando habla del nuevo manto (de justicia), el Antiguo Testamento la emplea cuando habla de la expiación. Cuando se hacía expiación de acuerdo con la ley, era como si Jehová, cuya ira se había encendido ante la vista del pecado y de la maldad, era apaciguado por el nuevo manto colocado alrededor del pecado, o para emplear otra figura simbólica que aunque moderna no es menos apropiada, era como si el pecador que había quedado expuesto al rayo de la ira divina, había sido envuelto rápidamente con una capa aisladora. La expiación significaba cubrir el pecador de tal manera que su pecado quedaba invisible, o desaparecía en el sentido de que no podía interponerse más entre él y su Hacedor. Un teólogo alemán dijo lo siguiente: "Cuando el hombre pecaminoso se aproximaba al altar de Dios, donde habitaba la santidad divina, su naturaleza pecaminosa se interponía entre él y Dios, y la expiación servía para cubrir sus pecados, para cancelar las acusaciones por las cuales había sido llevado ante el tribunal.

Cuando el sacerdote aplicaba la sangre sobre el altar, el israelita tenía la confirmación de que la promesa que fuera hecha a sus antepasados, se cumpliría para él. "Y veré la sangre, y pasaré de vosotros" (Exodo 12:13).

¿Cuáles eran los efectos de la expiación? El pecado era borrado o deshecho (Jeremías 18:23; Isaías 43:25; 44:22), quitado (Isaías 6:7), borrado (Salmo 32:1), echado en la profundidad del mar (Miqueas 7:19), echado tras las espaldas de Dios (Isaías 38:17), perdonado (Salmo 78:38). Todos estos vocablos sugieren que el pecado es cubierto, de manera que quedan anulados sus efectos. Indican asimismo que se lo aparta de la vista, se lo invalida, se lo anula. Jehová no lo ve ya, y no ejerce sobre él influencia alguna.

La muerte de Cristo fue una muerte expiatoria porque quitó o deshizo el pecado (Hebreos 9:26, 28; 2:17; 10:12-14; 9:14). Fue una muerte inmoladora, o sea una muerte con relación al pecado. ¿Qué relación había? "Quien llevó él mismo nuestros pecados en su cuerpo sobre el madero" (1 Pedro 2:24). "Al que no conoció pecado, por nosotros hizo lo pecado, para que nosotros fuésemos hechos justicia de Dios en él" (2 Corintios 5:21). El expiar por el pecado significa cargar con él, quitarlo del corazón del transgresor, quien queda entonces justificado de toda injusticia, limpio de contaminación y santificado para pertenecer al pueblo de Dios. Muere para el pecado, con el objeto de vivir para Cristo.

2.3.4. Propiciación.

El vocablo propiciación procede, según se cree, de la palabra latina *prope* que significa cerca. De ahí que el vocablo signifique reunir, crear un ambiente favorable para la reconciliación, lograr con éxito la reconciliación. El sacrificio de la propiciación aproxima al hombre a su Dios, lo reconcilia con El, expiando sus transgresiones y ganando el favor y la gracia divinos. Dios, inspirado de misericordia, acepta el don de la propiciación y restaura el pecador a su amor. Este es también el sentido del vocablo griego empleado en el Nuevo Testamento. Propiciar significa apaciguar la justa ira de un Dios santo mediante el ofrecimiento de un sacrificio expiatorio. Se describe a Cristo como propiciación tal (Romanos 3:25; 1 Juan 2:2; 4:10). El pecado mantiene al hombre a distancia de Dios, pero Cristo ha tratado de tal manera con el pecado, en favor del hombre, que su poder de separación ha sido anulado. Por lo tanto, el hombre puede ahora acercarse a Dios en el nombre de Cristo. El acceso a Dios, el más sublime de todos los privilegios, ha sido comprado a gran precio, la sangre de Cristo. El doctor James Denney dice lo siguiente:

> Y así como en el tabernáculo antiguo todo objeto sagrado empleado en la adoración tenía que ser rociado con la sangre de la expiación, así también todas las partes de la adoración cristiana, todos nuestros acercamientos a Dios deben fundamentarse en la expiación. Uno debe estar consciente de que esos acerca-

mientos son un privilegio inapreciable, y deben emprenderse con un sentido de la pasión de Cristo, y del amor con el cual nos amó cuando sufrió por los pecados, una vez por todas, el justo por los injustos, a fin de que podamos acercarnos a Dios.

El vocablo "propiciación" de Romanos 3:25 es el mismo vocablo empleado para traducir propiciatorio en el idioma griego. En el hebreo, propiciatorio significa literalmente cubierta, y tanto en el griego como en el hebreo, los vocablos sugieren la idea de un sacrificio expiatorio. Se hace referencia al arca del pacto (Exodo 25:10-22) la cual estaba compuesta de dos partes: primera, el arca, que representaba el trono del justo Rey de Israel, y contenía las tablas de la ley como expresión de su voluntad justa; segunda, la cubierta o tapa, conocida como el propiciatorio, adornado de figuras angélicas conocidas con el nombre de querubines. Este objeto sagrado enseñaba dos cosas sobresalientes, a saber: primero, las tablas de la ley indicaban que Dios era justo, que no pasaría por alto el pecado, y que debía poner en vigor sus decretos y castigar a los malvados. Pero ¿cómo podía una nación pecaminosa vivir ante El? El propiciatorio, que cubría la ley, era el lugar donde la sangre se rociaba una vez al año a fin de hacer expiación por los pecados del pueblo. Era el lugar donde se cubría el pecado, y enseñaba la lección de que Dios, quien es justo, puede consecuentemente perdonar el pecado debido a un sacrificio expiatorio. Por medio de la sangre expiatoria, aquel que era trono de juicio se convierte en trono de gracia.

El arca y el propiciatorio ilustran el problema resuelto por la expiación. El problema y su solución son enunciados en Romanos 3:25, 26 donde leemos que el Señor Jesucristo ha sido puesto "como propiciación (sacrificio expiatorio) por medio de la fe en su sangre (recibida por la fe) para manifestar su justicia, a causa de haber pasado por alto, en su paciencia, los pecados pasados (para demostrar que las demoras aparentes en lo que respecta a castigo no significan que Dios pasa por alto el pecado), con la mira de manifestar en este tiempo su justicia (su manera de hacer justos a los pecadores), a fin de que él sea el justo (inflija el castigo por el pecado), y el que justifica (remueva o destruya el castigo debido al pecado) al que es de la fe de Jesús." ¿De qué manera puede Dios al mismo tiempo infligir realmente y cancelar en verdad el castigo por el pecado? En la persona de su Hijo, Dios mismo tomó la pena, dejando así el camino expedito para el perdón del culpable. Su ley fue reverenciada, respetada, y el pecador fue salvado. Se expiaba el pecado, y se propiciaba la ira divina. El hombre puede entender de que manera Dios puede ser justo en el castigo, y misericordioso en el perdón, pero no puede comprender como puede ser Dios justo en el acto de justificar al *culpable*. El Calvario resuelve el problema.

Debe recalcarse el hecho de que la propiciación era una verdadera transacción, pues hay algunos que afirman que la expiación era simplemente una demostración del amor de Dios y de Cristo, destinada a inspirar al pecador al arrepentimiento. Es ese en realidad uno de los efectos de la expiación (1 Juan 3:16), pero no la expiación toda. Por ejemplo, podríamos arrojarnos al río y morir ahogados en la presencia de un pobre hombre a quien queremos convencer de nuestro afecto hacia él, pero ese acto de sacrificio no le pagaría el alquiler ni la cuenta del almacenero. La obra expiatoria de Cristo fue una verdadera transacción que quitó el obstáculo que se interponía entre nosotros y Dios, y que pagó o canceló la deuda que nosotros jamás podríamos haber satisfecho.

2.3.3. Sustitución.

Los sacrificios del Antiguo Testamento fueron de carácter expiatorio. Se consideraba que hacían en el altar por el israelita lo que este no podía hacer por sí mismo. El altar representaba a Dios; el sacerdote representaba al pecador; la víctima era el sustituto del israelita, aceptada en lugar de este.

De igual manera el Señor Jesucristo efectuó en la cruz del Calvario lo que nosotros no podríamos haber realizado por nosotros mismos, y cualquiera sea nuestra necesidad, somos aceptados por "causa de él", o en consideración a él. Ya ofrezcamos a Dios el arrepentimiento, o las gracias o la consagración, lo hacemos "en su nombre", pues El es el sacrificio por quien nos acercamos a Dios el Padre.

El pensamiento de la sustitución figura con prominencia en los sacrificios del Antiguo Testamento, donde la sangre de la víctima es considerada como cubierta o como aquello que efectúa la expiación por el alma del oferente; y en ese capítulo en el cual los sacrificios del Antiguo Testamento alcanzan su significado más elevado (Isaías 53) leemos lo siguiente: "Ciertamente llevó él nuestras enfermedades, y sufrió nuestros dolores... Mas él herido fue por nuestras rebeliones, molido por nuestros pecados; el castigo de nuestra paz fue sobre él, y por su llaga fuimos nosotros curados." Todas esas expresiones presentan al Siervo de Jehová llevando el castigo que otros merecen, a fin de justificar a muchos, pues "él llevará las iniquidades de ellos."

Cristo, por ser el Hijo de Dios, podía ofrecer un sacrificio de valor infinito y eterno. En virtud de haber asumido la naturaleza humana, podía identificarse a sí mismo con la humanidad y sufrir así su pena. Murió en nuestro lugar, por nosotros. Cargó sobre sus espaldas el castigo que nos correspondía, a fin de que nosotros no lo sufriéramos. Ello explica el grito de "Dios mío, Dios mío, ¿por qué me has desamparado?" Aquel que era perfecto por naturaleza, que jamás había cometido pecado alguno en su vida, se hizo pecador (u ocupó el lugar del pecador). Según las palabras de Pablo, "al que no conoció pecado, por nosotros lo hizo pecado" (2 Corintios 5:21); según Pedro, "quien llevó él mismo nuestros pecados en su cuerpo sobre el madero" (1 Pedro 2:24).

2.3.4. Redención.

El vocablo "redimir", tanto en el Nuevo como en el Antiguo Testamento, significa comprar algo de nuevo, mediante el pago de un precio; liberar de la esclavitud mediante el pago de un precio; comprar en el mercado y sacar del mercado. El Señor Jesucristo es un Redentor, y su obra expiatoria se califica de redención (Mateo 20:28; Apocalipsis 5:9; 14:3, 4; Gálatas 3:13; 4:5; Tito 2:14; 1 Pedro 1:18).

La ilustración más interesante de la redención es la ley del Antiguo Testamento relativa al pariente redentor (Levítico 25:47, 49). En virtud de esta ley, un hombre que hubiera vendido su propiedad y a sí mismo como esclavo, debido a alguna deuda contraída, podía recuperar tanto su tierra como su libertad en cualquier momento con la condición de que fuera redimido por un hombre que poseyera los siguientes requisitos o condiciones: primero, que fuera pariente del interesado; segundo, que estuviera dispuesto a redimirlo; tercero, debía poseer el dinero necesario. El Señor Jesucristo reunía todas estas condiciones: se hizo pariente nuestro al tomar nuestra naturaleza; estaba dispuesto a darlo todo para redimirnos (2 Corintios 8:9) y por ser divino, estaba capacitado para pagar el precio, su propia sangre preciosa.

La realidad de la redención nos recuerda que la salvación es costosa, y por lo tanto, no debe considerársela con superficialidad. Cuando algunos creyentes corintios descuidaron su manera de vida, Pablo les hizo la advertencia siguiente: "¿O ignoráis que . . . no sois vuestros? Porque habéis sido comprados por precio: glorificad, pues, a Dios en vuestro cuerpo y en vuestro espíritu, los cuales son de Dios" (1 Corintios 6:19, 20).

El Señor Jesucristo dijo en cierta oportunidad: "Porque ¿qué aprovechará al hombre, si ganare todo el mundo, y perdiere su alma? ¿O qué recompensa dará el hombre por su alma?" Quiso decir que el alma, o la verdadera vida del hombre, podía ser perdida o arruinada, y de que cuando se perdía, no podía haber compensación por ella, puesto que no había medio alguno de comprarla de nuevo. El rico puede jactarse de sus riquezas y confiar en ellas, pero su poder es limitado. Dice el salmista (49:7-9) lo siguiente: "Ninguno de ellos podrá en manera alguna redimir al hermano, ni dar a Dios su rescate. (Porque la redención de su vida es de gran precio, y no se logrará jamás.) Para que viva adelante para siempre, y nunca vea corrupción." Pero ya que hay multitudes que han perdido o enajenado el alma al vivir en el pecado, y no pueden redimirla por medios humanos, ¿qué debe hacerse? El Hijo del hombre vino al mundo "para dar su vida en rescate (o redención) por muchos" (Mateo 20:28). El objeto supremo por el cual vino a este mundo fue el de ofrecer su vida como rescate, a fin de que aquellos que habían perdido o enajenado su vida espiritual pudieran recuperarla de nuevo. Las vidas perdidas de muchos son liberadas mediante el sacrificio de la vida de Cristo.

El apóstol Pedro les manifiesta a sus lectores lo siguiente: "Habéis sido rescatados de vuestra vana conversación [literalmente, conducta, forma de vida] la cual recibisteis de vuestros padres [es decir, tradición, costumbre]."

El vocablo "vana" significa vacía o insatisfactoria. La vida antes de ser transformada por el Señor Jesucristo es inútil y vana. Es un andar a tientas en busca de algo que no se puede encontrar nunca; y a pesar de todos los esfuerzos, no se puede establecer contacto con la realidad, no se tienen frutos permanentes. "No vale la pena vivir", exclaman muchas personas. Cristo nos ha libertado de esa esclavitud. Cuando el poder de la muerte expiatoria de Cristo penetra en la vida, esa vida deja de ser insatisfactoria. Se ha liberado de las tradiciones ancestrales y de las costumbres establecidas. Las acciones del creyente surgen de una nueva vida creada por el poder de la muerte de Cristo. La muerte de Cristo, en calidad de muerte por el pecado, libera y crea de nuevo el alma.

2.3.5. Reconciliación.

"Y todo esto proviene de Dios, quien nos reconcilió consigo mismo por Cristo, y nos dio el ministerio de la reconciliación; que Dios estaba en Cristo reconciliando consigo al mundo, no tomándoles en cuenta a los hombres sus pecados, y nos encargó a nosotros la palabra de la reconciliación" (2 Corintios 5:18, 19). Cuando eramos enemigos, fuimos reconciliados con Dios por la muerte de su Hijo (Romanos 5:10). Hombres que en otro tiempo eran extraños y enemigos de ánimo y de mente, por las malas obras, ahora el Señor los ha reconciliado en el cuerpo de su carne por medio de su muerte (Colosenses 1:21-22).

La expiación es con frecuencia mal entendida y erróneamente representada. Algunos se imaginan que la expiación significa que Dios estaba airado con el pecador, y con hosquedad se mantuvo aislado hasta que su ira fue aplacada por su Hijo que se ofreció para pagar la pena. En otras palabras, Dios tenía que reconciliarse con el pecador. Todo esto, sin embargo, es solo una caricatura de la doctrina verdadera. A través de las Sagradas Escrituras es Dios, la parte ofendida, que toma la iniciativa en la provisión de una expiación por el hombre. Es Dios quien proporciona vestiduras a nuestros primeros padres; es Dios quien ordena los sacrificios expiatorios; es Dios el Padre que envía a su Hijo y lo da en calidad de sacrificio para la humanidad. Dios mismo es el autor de la redención del hombre. Aunque su majestad ha sido ofendida por el pecado del hombre, y naturalmente su santidad debe reaccionar contra él, no obstante no está deseoso que el pecador perezca (Ezequiel 33:11) sino que se arrepienta y se salve. Pablo no dice que Dios se reconcilió con el hombre, sino que Dios hizo algo con el objeto de que fuera el hombre quien se reconciliara con Dios.

Ese acto de reconciliación es una obra consumada, terminada, que se ha realizado en favor del hombre, de manera que a la vista de Dios el mundo entero se ha reconciliado ya. Le corresponde ahora al evangelista proclamarlo, y a la persona recibirlo. La muerte de Cristo ha hecho posible la reconciliación de la humanidad con Dios; a cada persona le corresponde ahora hacerla una *realidad* en su vida.

Esta es la esencia del mensaje del evangelio: la muerte de Cristo era una obra consumada de reconciliación, lograda independientemente de nosotros, a un costo infinito, y a la cual obra el hombre es llamado mediante él ministerio de la reconciliación.

2.4. La eficacia de la expiación.

¿Qué hace para el hombre la obra expiatoria de Cristo? ¿Qué produce en su experiencia?

2.4.1. Perdón de la transgresión.

Por medio de su obra expiatoria, Jesucristo pagó la deuda que nosotros no podíamos pagar, y aseguró la remisión de pecados pasados. El pasado pecaminoso no pende más como peso muerto sobre el creyente, ya que sus pecados han sido borrados, llevados, cancelados (Juan 1:29; Efesios 1:7; Hebreos 9:22-28; Apocalipsis 1:5). Ha comenzado la vida de nuevo, confiado de que los pecados del pasado no se le serán recordados el día del juicio (Juan 5:24).

2.4.2. Libertad del pecado.

Por medio de la expiación el creyente no está libre sólo de la culpabilidad de sus pecados pasados, sino que también puede ser libre del poder del pecado. La materia está considerada en Romanos 6 al 8. Pablo se anticipa a una objeción que algunos de sus oponentes deben de haber hecho con frecuencia, es decir, que si la gente se salvaba creyendo simplemente en Jesús, pensarían con ligereza del pecado, diciendo: "¿Perseveraremos en pecado para que la gracia abunde?" (Romanos 6:1). Pablo repudia aún el pensamiento, y señala que aquel que cree realmente en Cristo se ha separado decididamente, en virtud de su fe, del pecado, una separación tan decisiva que se puede describir de muerte. La fe viva en el Salvador crucificado da como resultado la crucifixión de la antigua naturaleza pecaminosa.

El hombre que cree con todo el poder de su alma (y eso precisamente es lo que significa la verdadera creencia) que Cristo murió por los pecados, tiene tal convicción de lo terrible del pecado que lo repudia con todo su ser. La cruz significa la muerte o ruina del pecado en su vida. Pero el tentador acosa continuamente al hombre, y la naturaleza humana es frágil, de ahí que sea necesaria una vigilancia constante y la crucifixión diaria de los impulsos pecaminosos (6:11). Y la victoria es segura. "Porque el pecado no se enseñoreará de vosotros; pues no estáis bajo la ley, sino bajo la gracia" (6:14). En otras palabras, la ley significa que el pecador tiene que hacer algo; incapaz de cancelar la deuda, o realizar lo que requiere la ley, permanece en las garras del pecado. Por otra parte, la gracia significa que algo se ha hecho por el pecador, la obra terminada del Calvario. Y en circunstancias que cree lo que se ha hecho por él, recibe lo que se ha hecho por él.

Su fe tiene un poderoso aliado en la persona del Espíritu Santo, que vive en él, le ayuda a aplastar los impulsos pecaminosos, le ayuda a orar y le da la seguridad de su libertad y victoria como hijo de Dios (Romanos 8). Verdaderamente Cristo murió para remover el obstáculo del pecado, a fin de que el Espíritu de Dios viniera a morar en la vida del hombre (Gálatas 3:13, 14). Salvo por la misericordia de Dios revelada en la cruz, el creyente recibe una experiencia de limpieza y avivamiento espiritual (Tito 3:5-7). Después de haber muerto para la vieja vida de pecado, nace de nuevo a una nueva vida, nacida del agua (experimenta limpieza) y del Espíritu (recibe vida divina) (Juan 3:5).

2.3.3. *Liberación de la muerte.*

La muerte tiene un significado físico y otro espiritual. En virtud de su significado físico, denota el cese de la vida física, como consecuencia de alguna enfermedad, o por causas naturales, o por alguna causa violenta. Pero se emplea más comúnmente en sentido espiritual, es decir, como la pena asignada por Dios al pecado humano. La palabra expresa la condición espiritual de separación de Dios, y la desaprobación divina debido al pecado. Al morir sin haberse reconciliado con Dios, el impenitente permanece separado del Señor, en el otro mundo, y la eterna separación que sigue es conocida como la muerte. La amenaza "porque el día que de él comieres, morirás", no se hubiera cumplido si la muerte hubiera significado simplemente el acto físico de la muerte, puesto que Adán y Eva continuaron viviendo después de ese día. Pero la proclamación es profundamente verídica cuando recordamos que el vocablo "muerte" encierra todas las consecuencias penales del pecado, tales como separación de Dios, inquietud o desasosiego, inclinación hacia el mal, debilidad física, y finalmente la muerte física y las consecuencias más allá de la muerte.

Cuando las Escrituras dicen que Cristo murió por nuestros pecados, significan que Cristo se sometió no meramente a la muerte física, sino a la muerte como castigo por el pecado. Se humilló a los sufrimientos de la muerte, "para que por la gracia de Dios gustase la muerte por todos" (Hebreos 2:9). En virtud de su naturaleza divina y el acuerdo o preparación divina, pudo realizar esto. Quizá no entendamos como se realizó, pues es evidente que nos confronta un misterio divino. Pero aceptamos muchos hechos de este universo sin preguntarnos cómo se realizan. Ninguna persona sensata se priva a sí misma de los beneficios de la electricidad simplemente porque no entienda a la perfección lo que es la electricidad, y por qué actúa como lo hace. Ni nadie necesita privarse de los beneficios de la expiación simplemente porque no pueda razonar con respecto a ella, como la haría con un problema de matemáticas.

Puesto que la muerte es la pena del pecado, y Cristo vino para darse a sí mismo por nuestros pecados, lo hizo muriendo. Concentrado en estas pocas horas de la muerte en la cruz estaba todo el terrible significado de la muerte y la oscuridad de la pena, y esto explica el grito inspirado por la sensación de abandono: "Dios mío, Dios mío, ¿por qué me has desamparado?" No son estas las palabras de un mártir, puesto que los mártires son sostenidos con frecuencia por la conciencia de la presencia de Dios. Son las palabras de uno que realiza un acto que implica separación divina. Ese acto era el de cargar el pecado (2 Corintios 5:21).

Es cierto que aquellos que creen en El quizá tengan que sufrir la muerte física (Romanos 8:10); sin embargo, para ellos la penalidad o el estigma es quitado de la muerte, y ella se convierte en una puerta hacia una vida más amplia. En ese sentido, el siguiente dicho de Jesús se convierte en realidad: "Y todo aquel que vive y cree en mí, aunque esté muerto, vivirá" (Juan 11:26).

2.4.4. *El don de vida eterna.*

Cristo murió a fin de que nosotros no perezcamos (se emplea el término en el sentido bíblico de ruina espiritual) sino que tengamos vida eterna (Juan 3:1, 16. Lea Romanos 6:23). La vida eterna significa algo más que simple existencia; significa vida que goza de la comunión con Dios, y disfruta de su favor. Muerto en delitos y pecados, el hombre no goza del favor de Dios. Por medio del sacrificio de Cristo, el pecado es expiado y el hombre se encuentra en plena comunión con Dios. El gozar del favor y de la comunión con Dios significa vida eterna, pues es vida con El, que es eterno. Esta vida se posee ahora pues los creyentes están en comunión con Dios ahora; la vida eterna se describe así mismo de futura (Tito 1:2; Romanos 6:22) puesto que la vida futura traerá comunión perfecta con Dios. "Y verán su cara."

2.3.5. *La vida victoriosa.*

La cruz es la dinamo que genera en el corazón del hombre ese resultado o reacción favorable que constituye la vida cristiana. "Mi amor y vida, doy a ti, que fuiste a la cruz por mí", expresa con exactitud la fuerza dinámica de la cruz. La vida cristiana es la reacción del alma al amor de Cristo.

La cruz de Cristo inspira verdadero arrepentimiento, el cual es arrepentimiento hacia Dios. El pecado puede ser seguido por el remordimiento, la vergüenza y el enojo; pero sólo hay verdadero arrepentimiento cuando se siente tristeza por haber ofendido a Dios. Esa conciencia no puede producirse a voluntad, pues reside en la naturaleza misma del pecado oscurecer la mente y endurecer el corazón. El pecador necesita un poderoso motivo de arrepentimiento, algo para hacerle ver y sentir que su pecado ha agraviado y ofendido profundamente a Dios. La cruz de Cristo proporciona ese motivo, pues demuestra lo terrible del pecado, por haber causado la muerte del Hijo de Dios; declara la terrible pena del pecado, pero también revela el amor y la gracia de Dios. Se ha dicho que "todo penitente verdadero es hijo de la cruz". Su penitencia no es la suya: es la reacción hacia Dios producida en su alma mediante esta demostración de lo que el pecado es para el Señor, y de lo que su amor hace para alcanzar y ganar al pecador.

Está escrito con respecto a ciertos santos que vinieron de grande tribulación que "han lavado sus ropas, y las han enblanquecido en la sangre del Cordero"

(Apocalipsis 7:14). Esta referencia corresponde al poder santificador de la muerte de Cristo. Habían resistido al pecado, y estaban ahora purificados. ¿Dónde consiguieron la fortaleza para vencer al pecado? Por el poder del amor de Cristo revelado en el Calvario. El poder de la cruz que penetró en el corazón de ellos los capacitó para vencer al pecado. (Compare Gálatas 2:20.) "Y ellos le han vencido por medio de la sangre del Cordero y de la palabra del testimonio de ellos" (Apocalipsis 12:11). El amor de Cristo era la fuerza inspiradora, y los capacitaba para vencer. La presión ejercida sobre ellos era grande, pero con la sangre del Cordero como la fuerza o motivo que los impulsaba, eran invencibles. No se atrevían, al tener ante sus ojos el cuadro de la cruz en la que El murió, traicionar su causa mediante la cobardía, y amar sus vidas más de lo que El amó a la suya. Debían pertenecer al Señor, así como El les había pertenecido a ellos.

La vida victoriosa abarca o incluye la victoria sobre Satanás. En el Nuevo Testamento se declara que Cristo conquistó a Satanás por nosotros (Lucas 10:17-20; Juan 12:31, 32; 14:30; Colosenses 2:15; Hebreos 2:14, 15; Apocalipsis 12:11). El creyente podrá obtener la *victoria* contra el diablo mientras cuente con el *Vencedor* del diablo.

CAPITULO 8

SALVACION

E l Señor Jesucristo, por su muerte expiatoria, compró la salvación del hombre. ¿De qué manera es esa salvación aplicada por Dios, recibida por el hombre y verificada en la experiencia? Las verdades relacionadas con la aplicación de la salvación pueden reunirse en tres grupos: justificación, regeneración y santificación. Las verdades relacionadas con la aceptación de la salvación de parte del hombre pueden reunirse en tres grupos: arrepentimiento, fe y obediencia.

BOSQUEJO

1. LA NATURALEZA DE LA SALVACION
   1.1. Tres aspectos de la salvación.
      1.1.1. Justificación por el Juez.
      1.1.2. Regeneración y adopción por el Padre.
      1.1.3. Santificación por el Santo.
   1.2. Salvación, externa e interna.
   1.3. Las condiciones de la salvación.
      1.3.1. Arrepentimiento.
      1.3.2. Fe.
   1.4. Conversión.
2. JUSTIFICACION
   2.1. La naturaleza de la justificación: absolución divina.
   2.2. La necesidad de la justificación: la condenación del hombre.
   2.3. La fuente de la justificación: la gracia.
   2.4. La base de la justificación: la justicia de Cristo.
   2.5. El medio de la justificación: la fe.
3. REGENERACION
   3.1. La naturaleza de la regeneración.
      3.1.1. Un nacimiento.

5.2. Arminianismo.

5.3. Una comparación.

5.4. Equilibrio bíblico.

1. LA NATURALEZA DE LA SALVACION

El tema de esta sección es el siguiente: Lo que constituye la salvación, o el estado de gracia.

1.1. Tres aspectos de la salvación.

Hay tres aspectos de la salvación, o del estado de gracia, y cada uno se caracteriza por un vocablo que suministra una ilustración clara de la bendición: Justificación, Regeneración, Santificación.

1.1.1. Justificación por el Juez.

Justificación es un término judicial o legal que nos recuerda una escena en los *tribunales de justicia.*

El hombre, culpable ante Dios y condenado, recibe la absolución, se le declara justo, en otras palabras, es justificado.

1.1.2. Regeneración y adopción por el Padre.

La regeneración (la experiencia interna o interior) y *la adopción*, nos sugiere una escena *doméstica*, del hogar. El alma, muerta en delitos y pecados, necesita una vida nueva, la cual es impartida mediante el acto divino de la regeneración. La persona se convierte entonces en "hijo de Dios", y pasa a formar parte de su hogar o casa.

1.1.3. Santificación por el Santo.

El vocablo *santificación* nos sugiere una escena en el *templo*, pues el término está relacionado principalmente con la adoración a Dios. Hecho justo en lo que a la ley de Dios respecta, y renacido para vivir una vida nueva, el hombre queda desde ese momento dedicado al servicio de Dios. Comprado mediante un precio, no se pertenece a sí mismo; no abandona el templo (en sentido figurado) sino que sirve a Dios noche y día (Lucas 2:37). Es santificado por Dios, y se da a sí mismo a Dios.

El hombre salvado es entonces aquél que ha cancelado su deuda con Dios, ha ajustado sus cuentas con El, ha normalizado sus relaciones con el Hacedor, ha sido adoptado en la familia divina y está ahora dedicado al servicio de Dios. En otras palabras, su experiencia de la salvación, o estado de gracia consiste en la justificación, regeneración (y adopción) y santificación. Al estar justificado, pertenece a los justos; al estar regenerado, es un hijo de Dios; al estar santificado, es un "santo" (literalmente persona santa).

¿Se reciben todas estas bendiciones en orden de sucesión, o en forma simultánea? Hay sin duda un orden lógico: primero el pecador cancela su deuda o ajusta sus cuentas en lo que respecta a la ley de Dios; luego, por estar su vida en desorden, tiene que ser cambiada; finalmente, debe ser separado para vivir una vida nueva y servir a Dios. No obstante, las tres experiencias aquí descritas son simultáneas en el sentido de que en la realidad no pueden separarse, aunque las separamos para fines de estudio. Las tres constituyen la "salvación plena". El cambio exterior denominado justificación es seguido de un cambio interno llamado regeneración, que a su vez es seguido de la dedicación o consagración al servicio de Dios. No se puede concebir que una persona realmente justificada no sea regenerada; ni tampoco que una persona verdaderamente regenerada no sea santificada (aunque en la vida real una persona salvada puede a veces violar su consagración). No puede haber salvación plena sin estas tres experiencias, como tampoco puede haber un triángulo verdadero sin tres lados. Esas experiencias cristianas constituyen el fundamento de carácter triple sobre el cual se erige la vida cristiana. Partiendo de estas tres experiencias, la vida cristiana progresa hasta su consumación.

Esa distinción triple regula el idioma del Nuevo Testamento hasta sus más ligeros matices. Pasamos a ilustrar:

Con relación a la *justificación*: Dios es el Juez y Cristo el Abogado; el pecado es transgresión de la ley; la expiación es satisfacción o pago; el arrepentimiento es convicción; la aceptación es perdón o remisión; el testimonio del Espíritu es de perdón; la vida cristiana es obediencia y su perfección es el cumplimiento de la ley de justicia.

La salvación es también una *vida nueva* en Cristo. Con relación a esa nueva vida, Dios es el Padre (Procreador), Cristo el Hermano mayor y la Vida; el pecado es obstinación, voluntariedad, es decir, equivale a escoger nuestra propia voluntad, en vez de la del Jefe de la casa; la expiación es reconciliación; la aceptación es adopción; la renovación de vida es regeneración, el ser nacido de Dios; la vida cristiana es la crucifixión o mortificación de la vieja naturaleza, contraria a la nueva, y asimismo el nutrimento o cultivo de esta última; la perfección de esta vida es el reflejo perfecto de la imagen de Cristo, el unigénito Hijo de Dios.

La vida cristiana es una vida dedicada a la adoración y servicio de Dios, es decir, una vida santificada. Con relación a la *vida santificada*, Dios es el Santo; Cristo es el sumo sacerdote; el pecado es contaminación; el arrepentimiento es el tener conciencia de la contaminación; la expiación es un sacrificio expiatorio o propiciatorio; la vida cristiana es dedicación o consagración en el altar (Romanos 12:1); la perfección de ese aspecto es la completa santificación del pecado y separación a fin de vivir para Dios.

Todas estas tres bendiciones de la gracia *fueron obtenidas o alcanzadas por la muerte expiatoria de Cristo*, y las virtudes de esa muerte son impartidas al hombre por medio del Espíritu Santo. Como satisfacción a las demandas de la ley, la expiación aseguró el perdón y la justicia del hombre; como abolición de la barrera que se interponía entre Dios y el hombre, hizo posible nuestra vida regenerada; como sacrificio por la purificación del hombre de sus pecados, su beneficio es la santificación y la santidad.

Nótese también que las tres bendiciones *fluyen o nacen de nuestra unión con Cristo*. El creyente es uno con Cristo en virtud de su muerte expiatoria y de su Espíritu que imparte vida. Nos hemos convertido en la justicia de Dios en El (2 Corintios 5:21); y por medio de El tenemos el perdón de los pecados (Efesios 1:7); en El somos nuevas criaturas, nacidos de nuevo a una nueva vida (2 Corintios 5:17); somos santificados en El (1 Corintios 1:2) y El ha sido hecho para nosotros santificación (1 Corintios 1:30). El es la "causa de eterna salud".

1.2. Salvación, externa e interna.

La salvación es tanto objetiva (externa) como subjetiva (interna).

a. La justicia es primero de todo cambio de posición, pero es seguida de un cambio de condición. La justicia debe ser tanto atribuida o imputada como impartida.

b. La adopción se refiere al hecho de conferir la dignidad de hijo de Dios; la regeneración es la vida interior que corresponde a nuestro llamado y nos hace participantes de la naturaleza divina.

c. La santificación es tanto externa como interna. En lo exterior, es la separación del pecado y la dedicación a Dios; en lo interior, demanda purificarse del pecado.

El aspecto exterior de la gracia es proporcionado por la obra expiatoria de Cristo; el aspecto interno es la obra del Espíritu Santo.

1.3. *Las condiciones de la salvación.*

¿Qué se quiere decir por condiciones de la salvación? Se quiere decir los requisitos en el hombre a quien Dios acepta por amor de Cristo, y en quien deposita libremente las bendiciones del evangelio de gracia.

Las Sagradas Escrituras enuncian el arrepentimiento y la fe como condiciones de la salvación; el bautismo en agua es mencionado como símbolo exterior de la fe interna del convertido. (Cf. Marcos 1:15; Hechos 22:16; 16:31; 2:38; 3:19.)

El apartarse del pecado y allegarse a Dios son las condiciones y preparaciones para la salvación. Hablando en sentido estricto ni el arrepentimiento ni la fe tienen mérito; puesto que todo lo necesario para la salvación ha sido ya realizado para el penitente. Mediante el arrepentimiento el penitente remueve el obstáculo que impide la recepción del don; por medio de la fe acepta el don. Pero aunque el arrepentimiento y la fe son obligatorios puesto que son ordenados, se insinúa la influencia auxiliadora del Espíritu Santo. (Nótese la frase "ha dado Dios arrepentimiento". Hechos 11:18.) La blasfemia contra el Espíritu ahuyenta a aquél que es el único que puede inspirar el arrepentimiento del corazón, y por lo tanto no hay perdón.

¿Qué diferencia hay entre el arrepentimiento y la fe? La fe es el instrumento por medio del cual recibimos la salvación, lo cual no se puede decir del arrepentimiento. Asimismo el arrepentimiento está relacionado con el pecado y el remordimiento que produce, mientras que la fe descansa o se apoya en la misericordia de Dios.

¿Puede haber fe sin arrepentimiento? No; puesto que sólo el penitente siente la necesidad de un Salvador y desea la salvación de su alma.

¿Puede haber arrepentimiento piadoso sin fe? Nadie puede arrepentirse en el sentido bíblico sin fe en la Palabra de Dios, sin creer en sus amenazas de juicio y promesas de salvación.

¿Son la fe y el arrepentimiento simplemente condiciones preparatorias para la salvación? Siguen también al creyente en la vida cristiana; el arrepentimiento se transforma en fervor en pro de la purificación del alma y la fe trabaja en amor y continúa recibiendo de Dios.

1.3.1. *Arrepentimiento.*

El arrepentimiento se ha definido de la siguiente manera: "Un dolor verdadero por el pecado, acompañado de un sincero esfuerzo por dejarlo"; "dolor de carácter piadoso por el pecado"; "la convicción de culpabilidad producida por la aplicación de la ley divina al corazón, por el Espíritu Santo"; "sentir tanto dolor que uno deja de pecar" (definición de un niño).

Tres elementos constituyen el arrepentimiento bíblico: el intelectual, el emocional, y el práctico. Pueden ser ilustrados como sigue: (1) Un viajero se da cuenta que se ha equivocado de tren; ese conocimiento corresponde al elemento intelectual mediante el cual una persona comprende, por la predicación de la Palabra, que no está en buenas relaciones con Dios, que no ha ajustado sus cuentas con el Señor. (2) El descubrir que se ha equivocado de tren perturba al viajero. Le produce disgusto, quizá temor. Eso ilustra el lado emocional del arrepentimiento, que consiste de acusación a sí mismo, y dolor sincero por haber ofendido a Dios (2 Corintios 7:10). (3) Se baja de ese tren en la primera oportunidad que tiene, y sube al que corresponde. Esto ilustra el aspecto práctico del arrepentimiento, que encierra el volver por completo las espaldas al pecado, y viajar en la dirección de Dios. Un vocablo griego para el "arrepentimiento" significa literalmente "un cambio mental o de propósito". El pecador convencido de su pecado se propone corregir su conducta y volverse a Dios; el resultado práctico es que produce frutos dignos de arrepentimiento (Mateo 3:8).

El hombre, por medio del arrepentimiento hace honor a la ley, así como por medio de la fe hace honor al evangelio. ¿De qué manera el hombre hace honor a la ley por medio del arrepentimiento? Arrepentido, lamenta haberse apartado del santo mandamiento, y de haberse contaminado personalmente, como lo revela la ley; en la confesión, reconoce la justicia de la sentencia; al enmendar su conducta o rectificarse, se aparta del pecado y realiza todas las reparaciones posibles y necesarias según las circunstancias.

¿De qué manera el Espíritu Santo le ayuda a una persona a arrepentirse? Mediante la aplicación de la Palabra en la conciencia; influyendo en el corazón y fortaleciendo la voluntad y la determinación de apartarse del pecado.

1.3.2. Fe.

En el sentido bíblico del vocablo, fe significa creencia y confianza. Es el asentimiento de la mente o intelecto, y el consentimiento de la voluntad. Con respecto al intelecto, es creencia en ciertas verdades reveladas, relativas a Dios y a Cristo; con referencia a la voluntad, es la aceptación de estas verdades según dirigen los principios de la vida. La fe intelectual no es suficiente (Santiago 2:19; Hechos 8:13, 21) para la salvación; una persona puede dar asentimiento intelectual al evangelio, sin consagrar o dedicar su vida a él. La creencia afectiva o del corazón es fundamental (Romanos 10:9). La fe de carácter intelectual significa el reconocimiento de que el evangelio es verídico, es una realidad; la fe afectiva o del corazón significa la dedicación voluntaria, de la vida de uno a las obligaciones que están encerradas o incluidas en la realidad del evangelio. La fe en calidad de confianza incluye asimismo un elemento emocional; de ahí que la fe; salvadora sea un acto de la personalidad toda, que abarca el intelecto, las emociones y la voluntad.

El significado de la fe puede ser determinado por la forma en la cual se emplea en el original griego. La fe a veces denota no sólo el acto de creer en un cuerpo o conjunto de verdades, sino también todo el conjunto de verdades, como en las expresiones siguientes: "Anuncia la fe que en otro tiempo destruía", "algunos apostatarán de la fe", "esta es la palabra de fe, la cual predicamos", "la fe que ha sido una vez dada a los santos". Esa es a veces denominada fe objetiva o externa. El acto mismo de creer estas verdades se conoce como fe subjetiva.

Seguido de ciertas preposiciones griegas el vocablo "creer" significa la idea de reposar o descansar sobre un fundamento seguro, como por ejemplo Juan 3:16; seguido de otra preposición significa una confianza que une a la persona al objeto de su confianza, o lo solidariza con ella. La fe es de esa manera vínculo de unión entre el alma y Cristo.

¿Es la fe una actividad humana o divina? El que se le ordene al hombre creer indica que tiene la capacidad para creer, y la obligación de hacerlo. Todo hombre está capacitado o dotado para depositar su confianza en alguien o algo, de manera que por ejemplo, uno puede depositar la confianza en las riquezas, en el hombre, en amigos, y así sucesivamente. Cuando la creencia se funda en la Palabra de Dios, y la confianza reposa en Dios y en Cristo, luego tenemos fe salvadora. No obstante, se insinúa como agente en la producción de la fe salvadora, la gracia auxiliadora del Espíritu Santo. (Cf. Juan 6:44; Romanos 10:17; Juan 16:7-14.)

¿Qué es la fe salvadora? Se han proporcionado las definiciones siguientes: "La fe en Cristo es una gracia salvadora en virtud de la cual recibimos la salvación, y asimismo dependemos de El exclusivamente para la salvación, según se nos ofrece en los Evangelios." Es el "acto del penitente sólo, según es ayudado especialmente por el Espíritu Santo, y según deposita su confianza en Cristo". "El acto o hábito de la mente del penitente, por el cual, bajo la influencia de la gracia divina, deposita su confianza en Cristo en calidad de Salvador suficiente y único." "Una confianza segura que Cristo murió por mis pecados y me amó, y se dio a sí mismo por mí." "Significa creer, depositar la confianza en los méritos de Cristo, de que por amor a su Hijo, Dios ciertamente está dispuesto a demostrarnos misericordia." "El acogerse del pecador a la misericordia de Dios en Cristo."

1.4. Conversión.

En su significado más simple, la conversión es el apartarse del pecado y acudir a Dios (Hechos 3:19). El término se emplea tanto para denotar el período crítico cuando el pecador se aparta del camino de pecado para transitar por la senda de justicia, como para dar a entender también el arrepentimiento por alguna transgresión particular, cometida por los que ya se encuentran en la senda de justicia (Mateo 18:3; Lucas 22:32; Santiago 5:20).

Se relaciona estrechamente con el arrepentimiento y la fe, y ocasionalmente significa lo uno o lo otro, o ambos, al representar la suma total de las actividades por las cuales el hombre se vuelve del pecado hacia Dios (Hechos 3:19; 11:21; 1 Pedro 2:25). El catecismo de Westminster, al responder a la pregunta "¿qué es el arrepentimiento para vida?" proporciona una definición cabal, completa, de la conversión:

> El arrepentimiento para vida es una gracia salvadora, por la cual el pecador, inspirado de un sentido verdadero de su pecado, y adueñándose de la misericordia de Dios en Cristo, con dolor por el pecado y odio hacia él, se aparta del camino del pecado para volverse a Dios, con el propósito más amplio de seguir una nueva obediencia, y practicarla de todo corazón.

Nótese que esta definición demuestra de que manera la conversión abarca la personalidad toda: el intelecto, la emoción y la voluntad.

¿De qué manera podemos distinguir entre la conversión y la salvación? La conversión describe un lado de la salvación, según afecta al hombre. Pasemos a ilustrar: Se observa que un pecador notorio ya no bebe, ni juega, ni tampoco frecuenta los antros del vicio; odia aquello que antes amaba, y ama lo que antes odiaba. Sus conocidos comentan: "Se ha convertido, es un hombre cambiado." Describen lo que ven, es decir, el lado del acontecimiento que afecta al hombre. Pero en lo que respecta al otro lado, que corresponde a Dios, diremos que Dios ha perdonado su pecado, y le ha dado un nuevo corazón.

¿Pero significa ello acaso que la conversión es enteramente asunto de esfuerzo humano? A igual que la fe y el arrepentimiento, a los cuales encierra, abarca, la conversión es una actividad humana, del hombre; pero también constituye un efecto sobrenatural en el sentido de que se trata de la reacción del hombre a la fuerza atrayente de la gracia y la Palabra de Dios. De manera que la conversión se produce mediante la cooperación armónica de las actividades divinas y humanas. "Ocupaos en vuestra salvación con temor y temblor, porque Dios es el que en vosotros produce así el querer como el hacer, por su buena voluntad" (Filipenses 2:12, 13). Los siguientes versículos relatan el lado divino de la conversión: Jeremías 31:18; Hechos 3:26. Los siguientes se relacionan con el lado humano: Hechos 3:19; 11:18; Ezequiel 33:11.

¿Qué viene primero, la regeneración o la conversión? Las operaciones que entraña la conversión, son profundas y misteriosas, y por lo tanto no deben analizarse con precisión matemática.

2. JUSTIFICACION

2.1. *La naturaleza de la justificación: absolución divina.*

El vocablo "justificar" es un término judicial que significa absolver, declarar justo, o pronunciar sentencia favorable de aceptación. La palabra se toma de las relaciones jurídicas. En efecto, el culpable comparece ante Dios, el Juez justo. Pero en cambio de una sentencia de condenación, recibe la absolución.

El vocablo "justificación" o "justicia" significa un estado de aceptación al cual uno entra por la fe. Esta aceptación es un don gratuito de Dios, disponible por la fe en Cristo (Romanos 1:17; 3:21, 22). Es un estado de aceptación sobre el cual reposa el creyente (Romanos 5:2). Sin tener en consideración su pasado pecaminoso e imperfección presente, tiene una posición completa y segura con relación a Dios. "Justificado" es el veredicto de Dios, y nadie lo puede contradecir o negar (Romanos 8:34). La doctrina se ha definido de la siguiente manera: "La justificación es un acto de la gracia libre de Dios, por medio de la cual perdona todos nuestros pecados y nos acepta en calidad de justos ante su presencia, sólo en virtud de la justicia de Cristo imputada o atribuida a nosotros y recibida por fe solamente." La justificación es primordialmente un cambio de posición de parte del pecador; antes condenado, ahora absuelto; antes bajo la condenación divina, está sujeto ahora al encomio o alabanza divina.

La justificación abarca mucho más que el perdón del pecado y la eliminación de la condena; en el acto de la justificación, Dios coloca al ofensor en la posición de hombre justo. En algunos países el gobernador de un estado puede conmutar la pena de un criminal, pero no puede devolverle a la posición de uno que jamás ha quebrantado las leyes. Pero Dios puede hacer ambas cosas. Borra el pasado, es decir, los pecados y ofensas, y luego trata a la persona como si nunca hubiera cometido pecado en su vida. El criminal perdonado no es considerado o descrito como persona justa o buena; pero cuando Dios justifica al pecador, lo declara justificado, es decir, justo a su vista. Ningún juez podría justificar con justicia a un criminal, es decir, declararlo justo y bueno. Si Dios estuviera sujeto a las mismas limitaciones, y justificara sólo a los buenos, no habría evangelio para los pecadores. Pablo nos asegura que Dios justifica a los impíos. "El milagro del evangelio consiste en que Dios acude a los impíos con una misericordia que es toda justa, y capacita a los impíos, por la fe, y a pesar de lo que son, a iniciar una relación nueva con El en la cual la justicia se hace posible para ellos. El secreto todo del cristianismo del Nuevo Testamento, y de todo avivamiento religioso y reforma en la iglesia, es esa paradoja maravillosa: Dios justifica al impío."

De manera entonces que la justificación es en primer lugar una resta: la cancelación de la deuda del pecado, y en segundo lugar una suma: la imputación o atribución de la justicia.

2.2. La necesidad de la justificación: la condenación del hombre.

Job hizo la siguiente pregunta: "¿Y cómo se justificará el hombre con Dios?" (Job 9:2). "¿Qué debo hacer para ser salvo?" dijo el carcelero de Filipos. Ambos hombres expresaron una de las preguntas de mayor trascendencia que se pueden formular: ¿De qué manera puede el hombre cancelar su deuda con Dios y estar seguro de que ha sido aprobado por el Hacedor?

La respuesta a la pregunta se encuentra en el Nuevo Testamento, especialmente en la epístola a los Romanos, la que presenta el plan de la salvación en forma detallada y sistemática. El tema del libro está encerrado en 1:16, 17, y puede expresarse de la manera siguiente: el evangelio es el poder de Dios para la salvación del hombre, porque dice de qué manera los pecadores pueden ser cambiados en lo que respecta a posición y condición, para quedar en buenas relaciones con Dios.

Una de las frases notables del libro es la siguiente: "La justicia de Dios." El apóstol inspirado describe la clase de justicia que es aceptable ante Dios, de manera que el hombre que la posee es considerado "justo" a la vista de Dios. Es la justicia que resulta de la fe en Cristo. Pablo nos demuestra que todos los hombres necesitan la justicia de Dios, puesto que la raza toda ha pecado. Los gentiles están bajo condenación. Los pasos que condujeron a la caída son evidentes: una vez conocieron a Dios (1:19, 20), pero al no adorarle y servirle, sus mentes se oscurecieron (1:21, 22). La ceguera espiritual condujo a la idolatría (v. 23), y la idolatría llevó a la corrupción moral (vv. 24-31). No tienen excusa, porque poseen una revelación de Dios en la naturaleza, y una conciencia que aprueba o desaprueba sus acciones (Romanos 1:19, 20; 2:14, 15). El judío está también bajo la condenación. Es cierto que pertenece a la nación escogida, y ha conocido la ley de Moisés por centenares de años, pero ha violado esa ley en lo que respecta a pensamientos, hechos y palabras. Capítulo 2. Pablo cierra las puertas de la celda de condenación de la raza humana, con las siguientes palabras: "Pero sabemos que todo lo que la ley dice, lo dice a los que están bajo la ley, para que toda boca se cierre, y todo el mundo quede bajo el juicio de Dios; ya que por las obras de la ley ningún ser humano será justificado delante de él; porque por medio de la ley es el conocimiento del pecado" (Romanos 3:20).

¿Qué es esta justicia que el hombre necesita tanto? El vocablo mismo significa el estado o condición de justo. A veces la palabra describe el carácter de Dios, en el sentido de que está libre de imperfecciones e injusticias. Aplicado al hombre, significa el estado de justo ante Dios. El vocablo justo equivale a "recto" o derecho, es decir, conforme a una norma o patrón. De lo que antecede se deduce que un hombre justo, recto, es aquél cuya conducta está en armonía con la ley de Dios. Pero ¿qué ocurre si descubre que en vez de justo o "recto" es "perverso", es decir, se ha desviado del camino y no puede enderezarse? Luego entonces necesita la justificación, la cual es obra de Dios.

Pablo ha declarado que por las obras de la ley nadie puede justificarse. No se trata de un baldón sobre la ley, la cual es santa y perfecta. Significa simplemente que la ley no fue dada para el fin de hacer *justa* a la gente, sino para proporcionar un nivel de justicia. La ley puede compararse con una medida que indicará el largó de una pieza de material, pero no aumentará su largo. O se puede comparar con una báscula que dice el peso que tenemos, pero no puede añadir a nuestro peso. "Por la ley es el conocimiento del pecado."

"Mas ahora, sin la ley, la justicia de Dios se ha manifestado." Nótese el vocablo "ahora". Se ha dicho que para Pablo el tiempo se dividía en "ahora y entonces". En otras palabras, la venida de Cristo efectuó un cambio en el trato de Dios con el hombre. Introdujo una nueva dispensación. Durante siglos el hombre había estado pecando y reconociendo la imposibilidad de abandonar o conquistar sus propios pecados. Pero ahora Dios con claridad, y abiertamente, ha revelado el camino.

Muchos israelitas consideraban que debía haber una forma de ser justificado, aparte del guardar la ley, por dos razones: (1) Percibieron un profundo abismo entre el nivel de Dios para Israel, y su condición actual. El pueblo de Israel era injusto, y la salvación no podía llegar por sus propios méritos y esfuerzos. La salvación debía de proceder de Dios, por medio de su interposición en beneficio de ellos. (2) Muchos israelitas supieron por experiencia personal que no podían guardar la ley perfectamente. Llegaron a la conclusión de que debía de haber una justicia independiente de sus propias obras y esfuerzos. En otras palabras, anhelaban la redención y la gracia. Y Dios les aseguró que tal justicia debía de ser revelada. Pablo (Romanos 3:21) habla con respecto a la justicia de Dios sin la ley que ha sido "testificada por la ley (Génesis 3:15; 12:3; Gálatas 3:6-8) y los profetas (Jeremías 23:6; 31:31-34)". Esta justicia abarca el perdón de los pecados, y la justicia interna del corazón.

En realidad, Pablo afirma que la justificación por la fe era el método original de Dios de salvar al hombre; la ley fue añadida con el objeto de disciplinar a los israelitas y hacerlos sentir la necesidad de la redención (Gálatas 3:19-26).

Pero la ley en sí misma no tenía poder salvador de la misma manera que un termómetro no tiene poder para hacer disminuir la fiebre que registra. Jehová mismo era el Salvador de su pueblo, y su gracia su única esperanza.

Desgraciadamente los judíos llegaron a exaltar la ley como agente justificador, e idearon un sistema de salvación basado en los méritos de guardar sus preceptos, y las tradiciones añadidas a ella. "Porque ignorando la justicia de Dios, y procurando establecer la suya propia, no se han sujetado a la justicia de Dios" (Romanos 10:3). Habían interpretado erróneamente el propósito de la ley. Habían llegado a confiar en ella como medio de salvación espiritual. Al ignorar la pecaminosidad innata de su corazón, se imaginaban que serían salvados mediante el guardar la letra de la ley, de modo que, cuando vino Cristo ofreciéndoles salvación por sus pecados, pensaron que no tenían necesidad alguna de tal Mesías. (Cf. Juan 8:32-34.) Pensaron que se prescribirían ciertos rígidos requisitos por medio de los cuales podían obtener vida eterna. "¿Qué debemos hacer?" preguntaron, "para poner en práctica las obras de Dios?" Y no estaban dispuestos a seguir el camino indicado por el Señor Jesús. "Esta es la obra de Dios, que creáis en el que él ha enviado" (Juan 6:28, 29). Estaban tan ocupados procurando establecer y resolver su propio sistema de justicia que pasaron por alto o equivocaron el plan de Dios para justificar al hombre pecador. En la realización de un viaje, un tren es el medio para llegar a un fin. No tenemos intención de hacer del tren nuestra casa u hogar permanente. Estamos preocupados sólo de llegar al punto de destino, y cuando llegamos al fin de nuestro viaje, dejamos el tren. La ley fue dada a fin de conducir a Israel a cierto destino, y el fin era la confianza en la gracia salvadora de Dios. Pero cuando vino el Redentor, los judíos satisfechos de sí mismos procedieron como un hombre que se niega a dejar el tren cuando se ha llegado a destino, aun cuando el guarda o inspector del tren anuncia que se ha llegado a la terminal. Los judíos se negaron a moverse de sus asientos en el "tren" del Antiguo Pacto, aun cuando el Nuevo Testamento anunciaba que Cristo es "el fin de la ley" y que el Antiguo Pacto se había cumplido (Romanos 10:4).

2.3. *La fuente de la justificación: la gracia.*

Gracia significa primordialmente favor, o disposición bondadosa en la mente de Dios. Se ha denominado "pura bondad y favor sin recompensa"; "favor inmerecido". Como tal, la gracia no puede hacer deudor al hombre. Lo que Dios otorga, lo otorga como don; no podemos resarcir a Dios, ni pagar por su gracia. La salvación es presentada siempre como don, un favor inmerecido e impagable, un beneficio puro de Dios (Romanos 6:23). El servicio cristiano, por lo tanto, no se hace en pago de la gracia de Dios. El servicio es la forma cristiana de expresar nuestra devoción y amor a Dios. "Le amamos, porque él nos amó primero."

La gracia es el trato de Dios con el pecador absolutamente aparte de la cuestión de méritos o deméritos. "La gracia no equivale a tratar a una persona *según* lo merece, o *mejor* de lo que merece", nos dice el doctor Lewis Sperry Chafer: "Equivale al trato misericordioso sin la más mínima referencia a sus merecimientos. La gracia es amor infinito que se expresa por medio de bondad infinita."

Debe evitarse un malentendido. La gracia no significa que el pecador es perdonado porque Dios tiene un gran corazón que le permite perdonar la pena o desistir de imponer justo juicio. El Gobernador perfecto del Universo no puede tratar con lenidad el pecado, pues ello lo desviaría de su perfecta santidad y justicia. La gracia de Dios hacia los pecadores se ve en el hecho de que El mismo, por medio de *la expiación de Cristo* pagó toda la pena por el pecado, por lo cual puede perdonar *con justicia* el pecado sin tener en consideración el mérito o demérito del pecador. El pecador no es perdonado porque Dios sea misericordioso para excusar sus pecados, sino porque hay redención mediante la sangre de Cristo (Romanos 3:24; Efesios 1:7). Predicadores liberales se han desviado del camino en este punto: han pensado que Dios es misericordioso al perdonar el pecado, aunque el perdón de los pecados se basa en *justicia* estricta. Al perdonar el pecado, "él es fiel y justo" (1 Juan 1:9). La gracia de Dios se revela al proporcionar una expiación por la cual puede al mismo tiempo justificar a los impíos, y al mismo tiempo reivindicar su ley santa e inmutable.

La gracia es independiente de la actividad u obra del hombre. Cuando una persona está bajo la ley, no puede estar bajo la gracia; cuando está bajo la gracia, no está bajo la ley. Una persona está bajo la ley cuando procura asegurarse la salvación o santificación como asunto de recompensa, mediante la realización de buenas obras y la observancia de ceremonias; está bajo la gracia cuando obtiene la salvación confiando en la obra de Dios, hecha para él, y no en sus obras para Dios. Las dos esferas se excluyen mutuamente (Gálatas 5:4). La ley dice: "Págalo todo"; mientras que la gracia afirma: "Todo está pagado." La ley significa una obra que debe hacerse; la gracia es una obra hecha. La ley restringe las acciones; la gracia cambia la naturaleza. La ley condena; la gracia justifica. Bajo la ley, una persona es un siervo que trabaja por salario; bajo la gracia es un hijo que disfruta de la herencia.

Profundamente arraigada en el corazón del hombre está la idea de que el hombre debe hacer algo para hacerse digno de la salvación. En la iglesia primitiva ciertos maestros judíos cristianos insistieron que los convertidos eran salvados por la fe, y por la ley de Moisés, es decir, su observancia. Entre los paganos, y en algunos sectores de la iglesia cristiana, ese error ha tomado la forma de castigo a sí mismo, el cumplimiento de ritos, la realización de peregrinajes, la dádiva de limosnas. La idea que subraya todo eso es la siguiente: Dios no es misericordioso, el hombre no es justo, por lo tanto debemos hacernos justos a nosotros mismos con el objeto de hacer a Dios misericordioso. Ese fue el error de Lutero, cuando mediante dolorosa mortificación de su cuerpo procuraba efectuar o lograr su propia salvación.

"¡Oh cuándo serás lo suficientemente piadoso para que tengas un Dios misericordioso!", exclamó en cierta oportunidad. Pero finalmente descubrió la verdad que constituye la base del evangelio: Dios es misericordioso y por lo tanto desea hacer justo al hombre. La gracia de un Padre amoroso revelada en la muerte expiatoria de Cristo es un elemento en el cristianismo que lo diferencia de cualquier otra religión.

> La salvación es la justicia imputada o atribuida de Dios; no es la justicia imperfecta del hombre. La salvación es una reconciliación divina; no es una regulación del hombre. La salvación es la cancelación de todos los pecados; no es el dejar de cometer algún pecado. La salvación es ser librado de la ley, ser muerto a la ley. No es el deleitarse en la ley, o cumplir la ley. La salvación es regeneración divina; no es reforma humana. La salvación es ser aceptable a Dios; no es convertirse en excepcionalmente bueno. La salvación es integridad en Cristo; no es competencia de carácter. La salvación es siempre de Dios, y sólo de El. No es nunca del hombre.
>
> — Lewis Sperry Chafer.

A veces el vocablo "gracia" se emplea en sentido interno, para denotar la operación de la influencia divina (Efesios 4:7), y el efecto de la influencia divina (Hechos 4:33; 11:23; Santiago 4:6; 2 Corintios 12:9). Las operaciones de ese aspecto de la gracia han sido clasificadas como sigue: gracia *precedente*, (literalmente, "que va delante") es la divina influencia que precede a la conversión de la persona, estimulando sus esfuerzos destinados a retornar a Dios. Es el efecto del favor de Dios en atraer al hombre (Juan 6:44) y contender o esforzarse con el desobediente (Hechos 7:51). Se denomina a veces gracia *eficaz*, por el hecho de que es eficaz en producir la conversión, si no se la resiste. (Cf. Juan 5:40; Hechos 7:51; 13:46.) La gracia *actual* capacita al hombre para vivir con justicia, resistir la tentación y hacer o cumplir su deber. De manera entonces que hablamos de orar pidiendo gracia para realizar una tarea difícil. La gracia *habitual* es el efecto del Espíritu que mora en el hombre, que da como resultado una vida caracterizada por el fruto del Espíritu (Gálatas 5:22, 23).

2.4. *La base de la justificación: la justicia de Cristo.*

¿De qué manera puede Dios tratar al pecador como una persona justa? Respuesta: Dios le proporciona justicia. Pero ¿es justo dar el título de "bueno" y "justo" a uno que no se lo ha ganado? Respuesta: El Señor Jesucristo lo ha ganado para el pecador, y en representación de él, a quien declara justo "por la redención que es en Cristo Jesús". La redención significa liberación completa por medio de un precio pagado.

Cristo obtuvo esta justicia para nosotros por medio de su muerte expiatoria; "al cual Dios ha propuesto en propiciación por la fe en su sangre".

Propiciación es aquello que asegura el favor de Dios para el que no lo merece. Cristo murió a fin de salvarnos de la justa ira de Dios y asegurarnos su favor. La muerte y resurrección de Cristo representa la provisión externa para la salvación del hombre; el término justificación tiene referencia a la forma en la cual los beneficios salvadores de la muerte de Cristo se ponen a disposición de la persona; la fe es el medio por el cual el pecador se adueña de los beneficios.

Consideremos la necesidad que se tiene de justicia. De la misma manera que el cuerpo necesita abrigo, así el alma necesita carácter. Así como uno debe aparecer ante el mundo vestido de las ropas que corresponden, así también el hombre debe aparecer ante Dios y el cielo revestido del manto de un carácter perfectamente justo. (Cf. Apocalipsis 19:8; 3:4; 7:13, 14.) Pero el manto del pecador está manchado y hecho jirones (Zacarías 3:1-4) y si fuera a vestirse con el manto de su propia bondad y méritos, y reclamar el favor divino en virtud de sus propias buenas obras, éstas serían consideradas como "trapo de inmundicia" (Isaías 64:6). La única esperanza del hombre consiste en tener la justicia que Dios aceptará: la "justicia de Dios". Como el hombre carece naturalmente de esa justicia, se le debe proporcionar; y tiene que ser una justicia imputada o atribuida.

Esta justicia fue comprada mediante la muerte expiatoria de Cristo. (Cf. Isaías 53:5, 11; 2 Corintios 5:21; Romanos 4:6; 5:18, 19.) Su muerte fue un acto perfecto de justicia, porque satisfizo la ley de Dios; fue también un acto perfecto de obediencia. Y todo esto fue hecho para beneficio nuestro, y puesto a nuestro crédito. "Dios nos acepta en calidad de justos ante sus ojos sólo por la justicia de Cristo imputada a nosotros", dice una declaración doctrinal.

El acto por el cual Dios nos acredita esta justicia se denomina imputación o atribución. Imputación es cargar sobre una persona las consecuencias del acto de otra; por ejemplo, las consecuencias del pecado de Adán son cargadas a sus descendientes. Las consecuencias del pecado del hombre fueron imputadas a Cristo, y las consecuencias de la obediencia de Cristo son cargadas o acreditadas en ese caso, al creyente. El vistió nuestras ropas del pecado, a fin de que nosotros lleváramos el manto de su justicia. El "ha sido hecho por Dios sabiduría, y justificación" (1 Corintios 1:30); se convierte en Jehová, justicia nuestra (Jeremías 23:6).

Cristo expió nuestra culpa, satisfizo la ley, tanto mediante la obediencia como por el sufrimiento, y se convirtió en nuestro sustituto, de manera que al ser nosotros unidos a El por fe, su muerte se convierte en la nuestra, su justicia, nuestra justicia, su obediencia, nuestra obediencia. Dios luego nos acepta, no porque haya algo en nosotros, no por nada tan imperfecto como las obras (Romanos 3:28; Gálatas 2:16) o mérito, sino por la perfecta y del todo suficiente justicia de Cristo, acreditada a nuestra cuenta. Por amor de Cristo, Dios trata al pecador, cuando es penitente y creyente, como si fuera justo. Los méritos de Cristo se le atribuyen a él.

Puede surgir la pregunta siguiente: La justificación que salva es algo externo, que concierne a la posición del pecador, pero ¿no se produce un cambio de condición? Afecta su posición, pero ¿qué diremos de su conducta? La justicia es imputada, pero ¿es también impartida? En la justificación Cristo es por nosotros, pero ¿está también en nosotros? En otras palabras, parecería que la imputación fuera un baldón para la ley, si esa imputación no llevara encerrada en sí la promesa de una vida futura de justicia de parte del creyente.

La respuesta es que la fe justificadora es el acto *inicial* de la vida cristiana, y este acto inicial, cuando la fe es viva, es seguido de un cambio interno y espiritual denominado regeneración. La fe une al creyente al Cristo vivo, y la unión con el Autor de la vida da como resultado un cambio de corazón. "De modo que si alguno está en Cristo, nueva criatura es; las cosas viejas pasaron; he aquí todas son hechas nuevas" (2 Corintios 5:17). La justicia es imputada en la justificación, e impartida en la regeneración. El Cristo que está en favor de nosotros se convierte en el Cristo en nosotros.

La fe por la cual una persona es en realidad justificada debe ser por necesidad una fe viva, y una fe viva producirá un vivir justo; será una fe que "*obra* por el amor" (Gálatas 5:6). Además, vistiendo la justicia de Cristo, el creyente es llamado a vivir una vida acorde con ese carácter. "Porque el lino fino es las acciones justas de los santos" (Apocalipsis 19:8). La verdadera salvación demanda una vida de santidad práctica. ¿Qué pensaríamos de una persona que siempre viste ropas blancas, limpias, pero que nunca se lava? ¡Inconsecuente, lo menos que se puede decir! No menos inconsecuente sería la persona que reclamara la justicia de Cristo, y sin embargo viviera de manera indigna al llamado cristiano. Los que visten su justicia tendrán cuidado de purificarse a sí mismos, así como El es puro (1 Juan 3:3).

2.5. *El medio de la justificación: la fe.*

Puesto que la ley no puede justificar, la única esperanza del hombre es una justicia "sin la ley" (no una injusticia que sea ilegal, o una religión que nos permita pecar), sino un cambio de posición y condición. Esta es la "justicia de Dios", es decir, una justicia que Dios imparte; y es un don porque el hombre carece de la capacidad de producirla o llevarla a cabo (Efesios 2:8-10).

Pero un don debe ser aceptado. ¿De qué manera entonces es aceptado el don de justicia? O, hablando en lenguaje teológico, ¿cuál es el instrumento por medio del cual el hombre se adueña de la justicia de Cristo? Respuesta: "Por la fe de Cristo." La fe es la mano, por así decirlo, que toma o recibe lo que Dios ofrece. El que esa fe es el agente de la justificación lo veremos por los siguientes pasajes: Romanos 3:22; 4:11; 9:30; Hebreos 11:7; Filipenses 3:9

En virtud de cierto medio, los méritos de Cristo le son comunicados al pecador, y este recibe la salvación. Tal medio debe ser divinamente designado, puesto que debe trasmitir aquello que sólo Dios otorga. Este medio es la fe, el principio de que se vale la gracia de Dios para devolvernos la imagen y favor divinos. Nacida en pecado, y heredera de miserias y sufrimientos, el alma necesita un cambio completo, así interior como exterior, tanto en lo que respecta a su relación con Dios, como consigo mismo. El cambio que se produce con relación a Dios se llama justificación, y el cambio interior espiritual se denomina regeneración por el Espíritu Santo. Esta fe es despertada en el hombre por la influencia del Espíritu Santo, generalmente con relación a la Palabra. La fe se apropia de la promesa de Dios, y de la salvación. Conduce al alma a descansar en Cristo como Salvador, y el sacrificio por los pecados, imparte paz a la conciencia y la esperanza consoladora del cielo. Siendo viva y espiritual, y llena de gratitud hacia Cristo, abunda en buenas obras de toda clase.

"Porque por gracia sois salvos por medio de la fe; y esto no de vosotros, pues es don de Dios; no por obras, para que nadie se gloríe" (Efesios 2:8, 9). El hombre no tenía cosa alguna con la cual comprar su justificación. Dios no podía descender a lo que el hombre tenía para ofrecer; el hombre no podía elevarse a la altura de lo que Dios exigía. De manera que Dios lo salvó gratuitamente: "siendo justificados gratuitamente por su gracia". Esa gracia gratuita se recibe por la fe. No hay mérito alguno en esta fe, de igual manera que no tiene mérito alguno el acto de un pordiosero de extender la mano pidiendo una limosna. Este método descarga un golpe a la dignidad del hombre, pero en lo que a Dios respecta, el hombre caído no tiene dignidad alguna. Carece del poder de adquirir o acumular justicia suficiente como para comprar la salvación. "El hombre no es justificado por las obras de la ley."

La doctrina de la justificación por la gracia de Dios, por medio de la fe del hombre, remueve o destruye dos peligros: primero, el orgullo de la justicia propia y del esfuerzo personal o propio; segundo, el temor de que uno es demasiado débil para superar los obstáculos, vencer las dificultades, obtener la victoria.

Si la fe no es meritoria en sí misma, tratándose simplemente de la mano para obtener la gracia libre de Dios, ¿qué es lo que le concede o proporciona poder, y que garantía ofrece que uno que ha recibido el don vivirá una vida justa? La fe es importante y poderosa porque une el alma a Cristo, y en esa unión se encuentra el motivo y el poder para una vida de justicia.

"Porque todos los que habéis sido bautizados en Cristo, de Cristo estáis revestidos ... Pero los que son de Cristo han crucificado la carne con sus pasiones y deseos" (Gálatas 3:27; 5:24).

La fe no sólo recibe pasivamente sino que también emplea activamente lo que Dios otorga. Es asunto del corazón (Romanos 10:9, 10; compárese con Mateo 15:19; Proverbios 4:23), y el creer con el corazón es abarcar, u obtener la colaboración de todas las emociones, afectos y deseos, en respuesta al ofrecimiento de salvación hecho por Dios. Mediante la fe, Cristo vive en el corazón (Efesios 3:17). La fe opera por el amor (la "obra de vuestra fe", 1 Tesalonicenses 1:3). Es decir, se trata de un principio enérgico, vivificante, como también una actitud receptiva. La fe es entonces un motivo poderoso para la obediencia y para toda buena obra. La fe encierra la voluntad, y está relacionada con todas las buenas elecciones y acciones, porque "todo lo que no es de fe es pecado" (Romanos 14:23). Abarca la elección y adherencia a la verdad (2 Tesalonicenses 2:12) e implica la sujeción a la justicia de Dios (Romanos 10:3).

La siguiente es la enseñanza bíblica relativa a las relaciones entre la fe y las obras. La fe es opuesta a las obras cuando por las obras significamos las buenas acciones en las cuales una persona depende para la salvación. Gálatas 3:11. Sin embargo, una fe viva producirá obras (Santiago 2:26) de la misma manera que un árbol con vida producirá frutos. La fe es justificada y aprobada por las obras (Santiago 2:18) de la misma manera que la salud y el vigor de las raíces de un árbol frutal se conocen por sus frutos. La fe se perfecciona en las obras (Santiago 2:22), de la misma manera que una flor se completa o manifiesta en el proceso de echar flor o florecer. En pocas palabras entonces, las obras son el resultado de la fe, la prueba de la fe, y la consumación de la fe.

Se ha imaginado una contradicción entre las enseñanzas de Pablo y las de Santiago, puesto que uno aparentemente enseña que una persona es justificada por la fe y el otro por las obras. (Cf. Romanos 3:20 y Santiago 2:14-26.) Sin embargo la comprensión del sentido en el que se usan estos vocablos disipará rápidamente la supuesta dificultad. Pablo elogia o encomia una fe viva que confía sólo en Dios; Santiago denuncia una fe formalista, muerta, que es meramente un asentimiento intelectual. Pablo rechaza las obras muertas de la ley, u obras sin fe; Santiago encomia las obras vivas que demuestran que la fe es vital. La justificación de que nos habla Pablo se refiere al comienzo de la vida cristiana; mientras que Santiago emplea el vocablo en el sentido de esa vida de obediencia y santidad que es la expresión exterior o evidencia de que una persona es salvada. Pablo combate el legalismo, o dependencia en obras de salvación; Santiago combate el antinomianismo, o las enseñanzas de que no importa mucho de que manera uno vive mientras uno cree. Pablo y Santiago no son dos soldados que se oponen entre sí; están espalda contra espalda, luchando contra enemigos que vienen de direcciones opuestas.

3. REGENERACION

3.1. *La naturaleza de la regeneración.*

La regeneración es un acto divino que imparte al creyente penitente una vida nueva y más elevada en unión con Cristo.

El Nuevo Testamento describe la regeneración de la siguiente manera:

3.1.1. *Un nacimiento.*

Dios el Padre es el Procreador y el creyente es el que ha sido engendrado de Dios (1 Juan 5:1) "nacido del Espíritu" (Juan 3:8), y "nacido de arriba", traducción literal de Juan 3:7. Estos términos se refieren al acto de gracia creativa que hace al creyente hijo de Dios.

3.1.2. Una limpieza.

Dios nos salvó por "el lavamiento (literalmente, baño) de la regeneración" (Tito 3:5). El alma fue completamente bañada o limpiada de las inmundicias de la vieja vida, y hecha vivir en novedad de vida, una experiencia representada por el bautismo en agua (Hechos 22:16).

3.1.3. Una vivificación.

Fuimos salvos no sólo por el "lavamiento de la regeneración", sino también por la "renovación del Espíritu Santo" (Tito 3:5). (Cf. Colosenses 3:10; Romanos 12:2; Efesios 4:23; Salmo 51:10.) La esencia de la regeneración es una nueva vida impartida por Dios el Padre, por medio de Cristo y por la obra del Espíritu.

3.1.4. Una creación.

El que creó al hombre en el comienzo, y alentó en su nariz soplo de vida, lo recrea por la operación de su Espíritu Santo. (Cf. 2 Corintios 5:17; Efesios 2:10; Gálatas 6:15; Efesios 4:24; Génesis 2:7.) El resultado práctico es un cambio radical en la naturaleza, el carácter, los deseos y los propósitos de la persona.

3.1.5. Una resurrección.

Así como Dios proporcionó vida al barro o a la arcilla sin vida, para que tuviera conciencia del mundo físico, así también proporciona vida al alma muerta en pecados y la hace consciente de las realidades del mundo espiritual. (Cf. Romanos 6:4, 5; Colosenses 2:12, 3:1; Efesios 2:5, 6.) Este acto de resurrección de la muerte espiritual es simbolizada en el bautismo en agua. La regeneración es "ese gran cambio que Dios opera en el alma cuando le comunica vida; cuando la hace resucitar de la muerte en el pecado, a una vida de justicia" (Wesley).

Se notará que los términos expresados anteriormente son simples variantes de un gran concepto fundamental de regeneración, es decir, la comunicación divina de nueva vida al alma del hombre. Y tres hechos científicos, ciertos en lo que respecta a la vida natural, también se aplican a la vida espiritual, es decir, que viene repentinamente, aparece misteriosamente, y se desarrolla progresivamente.

La regeneración es una característica única en la religión del Nuevo Testamento. En las religiones paganas la permanencia o incapacidad de cambio de carácter es universalmente reconocida. Aunque estas religiones prescriben penitencias y ritos por medio de los cuales el hombre puede esperar expiar sus pecados, no hay promesa de vida y gracia para transformar su naturaleza. La religión de Jesucristo "es la única religión que profesa tomar la naturaleza caída del hombre y regenerarla inculcando en ella la vida de Dios". Y profesa hacer esto porque el Fundador del cristianismo es una persona viviente, divina, que vive para salvar hasta lo sumo.

No hay analogía entre la religión cristiana y pongamos por ejemplo, el budismo o la religión mahometana. Nadie, en sentido correcto, podría decir: "El que tiene a Buda, tiene la vida" (1 Juan 5:12). Quizá tenga algo que ver con la moralidad. Quizá estimule, impresione, enseñe y guíe; pero no hay nada claramente añadido al alma de los que profesan el budismo. Estas religiones quizá desarrollen al hombre natural o moral. Pero el cristianismo profesa ser algo más. Es el hombre mental o moral *sumado* a algo más o a Alguien más.

3.2. *La necesidad de la regeneración.*

La entrevista de nuestro Señor con Nicodemo (Juan 3) proporciona un hermoso fondo para el estudio de la materia arriba mencionada. Las palabras iniciales de Nicodemo revelan cierto número de emociones que se debaten en su corazón; y la declaración abrupta de nuestro Señor (v. 3) que parece ser un cambio repentino de asunto, se explica por el hecho de que respondió al *corazón* del hombre, antes que a las palabras de sus labios. Las palabras iniciales de Nicodemo revelan lo siguiente: (1) Sed espiritual. Si el príncipe hubiera puesto en palabras el deseo de su alma, hubiera podido decir: "Cansado estoy de estos servicios sin vida de la sinagoga; yo asisto a ellos, pero salgo con tanta sed espiritual como cuando entré. ¡Ay! La gloria se ha apartado de Israel; no hay visión y el pueblo perece. Maestro, mi alma anhela la realidad. Sé poco con respecto a tu personalidad, pero tus palabras han tocado un lugar profundo en mi corazón. Tus milagros me convencen de que eres un Maestro enviado de Dios. Quisiera plegarme a tu compañía." (2) Falta de profundidad de convicciones. Nicodemo siente su necesidad, pero cree necesitar a un *maestro*, más bien que a un *Salvador*. A igual que la mujer samaritana, quiere el agua de vida (4:15), pero a igual que ella, debe comprender que es un pecador que necesita limpieza y transformación (4:16-18). (3) Uno descubre en sus palabras un toque de complacencia consigo mismo, natural en una persona de su edad y posición. Le diría a Jesús: "Creo que has sido enviado a restaurar el reino de Israel, y yo he venido para aconsejarte en el plan de operaciones e instarte a que adoptes ciertos procedimientos." Con toda probabilidad dio por sentado que el ser un israelita, e hijo de Abraham, serían requisitos suficientes para convertirse o transformarse en miembro del reino de Dios.

Respondió Jesús: "De cierto, de cierto te digo, que el que no naciere de nuevo, no puede ver el reino de Dios." Hagamos la siguiente paráfrasis de las palabras: "Nicodemo, no puedes *plegarte* a mi compañía, de la misma manera que uno se plegaría a una organización. El pertenecer o no a mi compañía depende de la clase de vida que vivas; mi causa no es otra que la del reino de Dios, y no puedes entrar sin cambio espiritual. El reino de Dios es completamente otra cosa de lo que tú piensas, y la manera de establecerlo, enrolar ciudadanos en él, es muy distinta de lo que has estado meditando."

Jesucristo señaló la necesidad más profunda y universal de todos los hombres: un cambio completo, radical, de toda la naturaleza del hombre. La naturaleza toda del hombre ha sido deformada por el pecado, la herencia de la Caída, y esa deformación se refleja en la conducta de la persona y en sus diversas relaciones. Antes de poder vivir una vida que agrade a Dios, en el tiempo y la eternidad, su naturaleza debe pasar por un cambio tan radical que es en realidad el segundo nacimiento. El hombre no puede cambiarse a sí mismo; la transformación debe proceder del cielo, de arriba.

El Señor Jesucristo no intentó explicar *cómo* se producía el nuevo nacimiento, pero sí explicó el *porqué* del asunto. "Lo que es nacido de la carne, carne es; y lo que es nacido del Espíritu, espíritu es." La carne y el espíritu pertenecen a diferentes esferas, y la una no puede producir el otro; la naturaleza humana puede generar naturaleza humana, pero sólo el Espíritu Santo puede generar naturaleza espiritual. La naturaleza humana sólo puede producir naturaleza humana, y ninguna criatura puede elevarse más allá de su propia naturaleza. La vida espiritual no desciende del padre al hijo mediante la generación natural; desciende de Dios al hombre por medio de la generación espiritual.

La naturaleza humana no puede elevarse por encima de sí misma. El doctor Marcus Dods escribe lo siguiente:

> Toda criatura tiene cierta naturaleza de acuerdo con su clase y está determinada por su parentesco. Esta naturaleza que el animal recibe de sus padres, determina desde el principio las capacidades o posibilidades y la esfera de la vida animal. El topo no puede hender el aire y elevarse hacia el sol como el águila; ni tampoco puede el aguilucho hacer una cueva como el topo. Ninguna preparación podría hacer de la tortuga un animal tan veloz como el antílope, o al antílope tan fuerte como el león ... Ningún animal puede actuar más allá de la esfera de su naturaleza.

El mismo principio se puede aplicar con respecto al hombre. El destino más elevado del hombre es vivir con Dios para siempre. Pero la naturaleza humana, en su condición presente, no posee la capacidad para vivir en un reino celestial. Por lo tanto, la vida celestial debe proceder de arriba, del cielo, a fin de transformar la naturaleza del hombre y hacerla apta para vivir en ese reino.

3.3. *Los medios de la regeneración.*

3.3.1. *Agencia divina.*

El Espíritu Santo es el agente especial en la regeneración, que actúa sobre la persona como para producir un cambio (Juan 3:6; Tito 3:5). Sin embargo, cada una de las personas de la Trinidad está implicada o comprendida en cada una de las operaciones divinas, aunque cada una de las personas tiene ciertos cargos que son suyos en sentido especial. De manera entonces que el Padre es preeminentemente el Creador; sin embargo, tanto el Hijo como el Espíritu son también mencionados como agentes. El Padre procrea (Santiago 1:18) y a través del evangelio, según Juan, el Hijo se presenta como el Dador de la vida. Lea los capítulos 5 y 6.

Nótese especialmente la relación de Cristo con respecto a la regeneración del hombre. El es el Dador de vida. ¿Y de que manera proporciona vida al hombre? Al morir por ellos, de manera que el mortal, al comer la carne de Cristo y beber su sangre (que significa figurativamente creer en su muerte expiatoria) pueda tener vida eterna. ¿De qué manera le imparte en realidad vida al hombre? Parte de su recompensa era la prerrogativa de impartir el Espíritu Santo (compare Juan 3:3, 13; Gálatas 3:13, 14), y ascendió con el objeto de convertirse en la Fuente de vida espiritual (Juan 6:62) y energía (Hechos 2:33). El Padre tiene vida en sí mismo (Juan 5:26); de manera que da a su Hijo para tener vida en sí mismo; el Padre es la fuente del Espíritu Santo, pero da al Hijo el poder para impartir el Espíritu Santo. De manera que el Hijo es "Espíritu vivificante" (1 Corintios 15:45), que tiene poder no sólo para resucitar a los físicamente muertos (Juan 5:25, 26) sino también para vivificar las almas muertas de los hombres. (Cf. Génesis 2:7; Juan 20:22, y 1 Corintios 15:45.)

3.3.2. *La preparación humana.*

Hablando en el sentido estricto del vocablo, el hombre no puede cooperar en el acto de regeneración, el cual es un acto soberano de Dios; pero tiene parte en la preparación para el nuevo nacimiento. ¿Cuál es esa preparación? El arrepentimiento y la fe.

3.4. *Los efectos de la regeneración.*

Los podemos agrupar bajo tres encabezamientos: relativos a posición (adopción); espirituales (unión con Dios); prácticos (vida justa).

3.4.1. *Relativos a posición.*

Cuando una persona ha experimentado el cambio espiritual conocido como regeneración, se convierte en hijo de Dios y es beneficiario de todos los privilegios derivados de esa dignidad de hijos. El doctor William Evans escribe lo siguiente: "En la adopción el creyente, hijo ya, recibe un lugar en calidad de hijo adulto; de manera entonces que el niño se convierte en hijo, el menor se convierte en adulto" (Gálatas 4:1-7). El término "adopción", significa literalmente, "el otorgar la posición de hijos", y se refiere en el lenguaje común el traer el hombre a su casa a niños que no descienden de él.

En el aspecto doctrinal, la adopción y la regeneración deben distinguirse:

la primera es un término legal que indica el conferir o comunicar el privilegio correspondiente a la dignidad de hijo a uno que no es miembro de la familia; la segunda denota un cambio espiritual interno que hace a uno hijo de Dios, y participante de la naturaleza divina. Sin embargo, es difícil separar los dos en consideración a la experiencia, puesto que la regeneración y la adopción representan la doble experiencia de la dignidad de hijo.

En el Nuevo Testamento esta dignidad común de hijo es definida por el término "hijos" (*uioi*) vocablo que forma la raíz de la palabra "adopción", y a veces por la palabra "hijos" (*tekna*) que significa literalmente "engendrados", y la cual implica regeneración. Las dos ideas se distinguen entre sí, y no obstante se combinan en los versículos siguientes: "Mas a todos los que le recibieron, a los que creen en su nombre, les dio potestad (indicando adopción) de ser hechos hijos de Dios; los cuales no son engendrados de sangre . . . sino de Dios" (Juan 1:12, 13). "Mirad cuál amor nos ha dado el Padre, para que seamos llamados (indica adopción) hijos de Dios (vocablo empleado para referirse a los que nacen de Dios)" (1 Juan 3:1). En Romanos 8:15, 16 los dos conceptos se combinan o armonizan: "Pues no habéis recibido el espíritu de esclavitud para estar otra vez en temor, sino que habéis recibido el espíritu de adopción, por el cual clamamos: ¡Abba, Padre! El Espíritu mismo da testimonio a nuestro espíritu, de que somos hijos de Dios."

3.4.2. *Espirituales.*

En virtud de su verdadera naturaleza, la regeneración implica unión espiritual con Dios y con Cristo, por medio del Espíritu Santo; y esta unión espiritual encierra habitación divina. 2 Corintias 6:16-18; Gálatas 4:5, 6; 1 Juan 3:24; 4:13; Gálatas 2:20. Esta unión resulta en un nuevo tipo de vida y carácter, descrito de varias maneras: novedad de vida (Romanos 6:4); un nuevo corazón (Ezequiel 36:26); un nuevo espíritu (Ezequiel 11: 19); un nuevo hombre (Efesios 4:24); participantes de la naturaleza divina. 2 Pedro 1:4. El deber del creyente es mantener su contacto con Dios por varios medios de gracia y preservar y alimentar su vida espiritual.

3.4.3. *Prácticos.*

La persona nacida de Dios demostrará ese hecho por su odio al pecado (1 Juan 3:9; 5:18) por sus obras justas (1 Juan 2:29), amor fraternal (1 Juan 4:7) y la victoria sobre el mundo (1 Juan 5:4).

Debe evitarse dos extremos: hacer el nivel demasiado bajo de manera que la regeneración se convierta en asunto de reforma natural; o elevar el nivel demasiado alto, sin tolerancia o consideración alguna para las debilidades de los creyentes. Los nuevos convertidos, cuando aprenden a caminar en Cristo, pueden tropezar, a igual que un bebé que aprende a caminar; creyentes de más edad quizá sean tomados en falta Juan declara que es completamente inconsecuente que uno nacido de Dios y que lleva la naturaleza divina viva habitualmente en el pecado (1 Juan 3:9); sin embargo, tiene cuidado de escribir: "Y si alguno hubiere pecado, abogado tenemos para con el Padre, a Jesucristo el justo" (1 Juan 2:1).

4. SANTIFICACION

4.1. La naturaleza de la santificación.

En un estudio previo afirmamos que la clave del significado de la doctrina del Nuevo Testamento con respecto a la expiación, se encontraba en el sacrificio ritual del Antiguo Testamento; de igual manera, alcanzaremos el significado de la doctrina de santificación del Nuevo Testamento mediante un estudio del uso en el Antiguo Testamento del vocablo "santo".

Al comienzo obsérvese que "santificación", "santidad", "consagración", son sinónimos; lo son también "santificado" y "santo"; santificar es lo mismo que hacer santo o consagrar. El vocablo "santo" proporciona las ideas siguientes:

4.1.1. Separación.

"Santo" es un vocablo descriptivo de la naturaleza divina. Su significado original es el de "separación"; por lo tanto, la santidad representa aquello en Dios que lo hace separado de todo lo terreno y humano, es decir, su absoluta perfección moral y majestad divina.

Cuando el Santo desea emplear a una persona u objeto en su servicio, lo separa para el uso común, y en virtud de su separación, la persona u objeto se convierte en "santo".

4.1.2. Dedicación.

La santificación incluye tanto una separación de algo, como una dedicación a algo. Es la condición de creyentes según son separados del pecado y del mundo, hechos participantes de la naturaleza divina, y consagrados a la comunión y servicio de Dios por medio del Mediador.

La palabra "santo" se emplea principalmente con relación a la adoración. Cuando se la aplica a los hombres o a las cosas, expresa el pensamiento de que son empleados a su servicio y dedicados a él, en sentido especial su propiedad. Israel es una nación santa, porque fue dedicada al servicio de Jehová. Los levitas son santos porque estaban especialmente dedicados a los servicios del tabernáculo; los sábados y días de fiesta son santos porque representan la dedicación o consagración del tiempo a Dios.

4.1.3. Purificación.

Mientras que el significado primario de santo es el de separación para el servicio, la idea de purificación está implicada o encerrada también. El carácter de Jehová ejercía influencia en todo aquello que se le dedicaba a El. De ahí que el hombre dedicado al Señor debía compartir su naturaleza. Las cosas dedicadas a El debían de ser limpias. La limpieza es una *condición* de santidad, pero no la santidad misma, que es en primer lugar separación y dedicación.

Cuando Jehová elige y separa a una persona u objeto para su servicio, hace algo o hace que se haga, lo cual santifica o hace santo a la persona u objeto. Los objetos inanimados eran consagrados al ser ungidos con aceite. Exodo 40:9-11. La nación israelita fue santificada mediante la sangre del sacrificio del pacto (Exodo 24:8). (Cf. Hebreos 10:29.) Los sacerdotes eran santificados por Moisés, representante de Jehová, que los lavaba con agua, y los ungía con aceite y los rociaba con la sangre de la consagración. Lea Levítico, capítulo 8.

De la misma manera que los sacrificios del Antiguo Testamento simbolizaban o prefiguraban el sacrificio de Cristo, así también los varios lavacros y unciones del sistema mosaico simbolizaban la verdadera santificación hecha posible por la obra de Cristo. De manera entonces que como Israel fue santificado por la sangre del pacto, así también Jesús, "para santificar al pueblo por su propia sangre, padeció fuera de la puerta." Hebreos 13:12.

Jehová santificó a los hijos de Aarón para el sacerdocio por medio de la mediación de Moisés, y por el agua, el aceite y la sangre. Dios el Padre (1 Tesalonicenses 5:23) santifica a los creyentes para el sacerdocio espiritual (1 Pedro 2:5) por la mediación del Hijo (1 Corintios 1:2; 1:30; Efesios 5:26; Hebreos 2:11), y por medio de la Palabra (Juan 17-17; 15:3), la sangre (Hebreos 10:29; 13:12) y el Espíritu (Romanos 15:16; 1 Corintios 6:11; 1 Pedro 1:2).

4.1.4. Consagración.

Consagración, en el sentido de vivir santa y justamente. ¿Qué diferencia hay entre justicia y santidad? La justicia representa la vida regenerada, según concuerda con *la ley divina;* los hijos de Dios viven píamente (1 Juan 3:6-10). La santidad es la vida regenerada y dedicada al servicio divino, según concuerda con la *naturaleza divina,* y esto reclama la remoción de cualquier inmundicia o suciedad que pudiera obstaculizar ese servicio. "Como aquel que os llamó es santo, sed también vosotros santos en toda vuestra manera de vivir" (1 Pedro 1:15). De manera entonces que la santificación abarca la remoción de cualquiera mancha o contaminación que sea contraria a la santidad de la naturaleza divina.

Después de la consagración de Israel, la cuestión surgiría naturalmente: ¿De qué manera debe vivir un pueblo santo? Para responder a esta pregunta, Dios les dio un código de leyes santas que se encuentran en el libro de Levítico. De manera entonces que de la consagración de Israel siguió la obligación de vivir una vida santa. Lo mismo se puede decir del creyente. Aquéllos a quienes se les declara santificados (Hebreos 10:10) son exhortados a seguir la santidad (Hebreos 12:14); los que han sido limpiados (1 Corintios 6:11) son exhortados a limpiarse a sí mismos (2 Corintios 7:1).

4.1.5. Servicio.

El pacto es un estado de relación con Dios y el hombre en el cual el Señor es el Dios de los hombres, y éstos su pueblo, lo que significa su pueblo adorador. El vocablo "santo" expresa esta relación derivada del pacto. El servir a Dios en esta relación equivale a ser sacerdote; de ahí que se describa a Israel como nación santa y reino de sacerdotes (Exodo 19:6). Cualquier corrupción que afecte o empañe esas relaciones debe ser limpiada con el agua o la sangre de la purificación.

De igual manera los creyentes del Nuevo Testamento son "santos", es decir, personas santas y consagradas. Mediante la sangre del pacto, se han convertido en "linaje escogido, real sacerdocio, nación santa, ... sacerdocio santo, para ofrecer sacrificios espirituales, aceptables a Dios por medio de Jesucristo" (1 Pedro 2:9, 5), ofrecen el sacrificio de alabanza (Hebreos 13:15) y se dedican a sí mismos, como sacrificios vivos, en el altar de Dios (Romanos 12:1).

Vemos así que el servicio espiritual es un elemento esencial de santificación o santidad, pues este es el único sentido en el cual el hombre puede pertenecer a Dios, es decir, como adorador de Dios rindiéndole servicio. El apóstol Pablo expresa perfectamente este aspecto de la santidad cuando habló de Dios "de quien soy y a quien sirvo" (Hechos 27:23). Santificación abarca posesión de parte de Dios, y servicio a Dios.

4.2. El tiempo de la santificación.

La santificación es: (1) Relativa a posición es "en Cristo" e instantánea. (2) Práctica y progresiva.

4.2.1. Relativa a posición, "en Cristo" e instantánea.

La siguiente es una declaración con respecto a la enseñanza referente a la "segunda obra precisa o definida" de gracia, formulada por una persona que enseñó esa doctrina durante muchos años:

> La justificación es considerada una obra de gracia, por la cual los pecadores son hechos justos, y liberados de sus hábitos pecaminosos cuando acuden a Cristo. Pero en el meramente justificado queda un principio corrupto, un árbol malo, "una raíz de amargura", que continuamente inclina al pecado. Si el creyente obedece este impulso y peca voluntariamente, deja de ser justificado; de ahí la conveniencia de que esa raíz sea extirpada, a fin de disminuir las probabilidades de una reincidencia. La extirpación de esta raíz pecaminosa se denomina santificación. Es por lo tanto la limpieza de la naturaleza de todo pecado innato por la sangre de Cristo (aplicada por medio de la fe cuando se ha realizado una consagración amplia), y el fuego refinador del Espíritu Santo que quema toda la hez, cuando todo se coloca sobre el altar del sacrificio. Esta, y sólo esta, es la verdadera santificación, una segunda obra de gracia, clara, precisa, definida, subsiguiente a la justificación, y sin la cual es muy probable que la justificación se pierda.

La definición procedente nos enseña que una persona puede ser salva o justificada sin ser santificada. Esta teoría, sin embargo, es contraria a lo que nos enseña el Nuevo Testamento. El apóstol Pablo se dirigía a *todos* los creyentes denominándolos "santos (literalmente, "santificados"), y en calidad de ya santificados (1 Corintios 1:2; 6:11); sin embargo, la misma carta fue escrita para corregir a esos creyentes, debido a la carnalidad y hasta pecado manifiesto (1 Corintios 3:1; 5:1, 2, 7, 8). Eran "santos" y "santificados *en Cristo*", pero algunos de ellos estaban lejos de serlo en su vida cotidiana. Habían sido llamados a ser santos, pero no caminaban dignos de la vocación a la cual habían sido llamados.

Según el Nuevo Testamento, hay un aspecto en el cual la santificación es simultánea con la justificación.

4.2.2. *Práctica y progresiva.*

Pero, ¿consiste la santificación *sólo* en dar o proporcionar la posición de santos? No, puesto que esa separación inicial es el *comienzo* de una vida progresiva de santificación.

Todos los creyentes están separados para Dios, en Jesucristo, y de esta separación nace la responsabilidad de vivir para Cristo. Esta separación debe seguirse diariamente, y el creyente debe procurar ser cada día más semejante a Cristo. "La santificación es la obra de la gracia gratuita de Dios, por la cual nuestro ser todo es renovado según la imagen de Dios, y capacitado más y más para morir al pecado, y vivir para la justicia." Esto no significa que crecemos hasta *alcanzar* la santificación, sino que progresamos *en* la santificación.

La santificación es tanto absoluta como progresiva: absoluta en el sentido de que se trata de una obra hecha de una vez para siempre (Hebreos 10:14), y progresiva en el sentido de que el creyente debe seguir la santidad (Hebreos 12:14) y perfeccionar su consagración limpiándose de toda inmundici (2 Corintios 7:1).

La santificación está relacionada con la posición, y es práctica: se dice que está relacionada con la posición puesto que es primordialmente un cambio de posición por el cual el pecador corrompido es cambiado en un adorador santo; es práctica en el sentido que demanda una vida justa. La santificación en lo que a posición respecta es indicada por el hecho de que el apóstol Pablo se dirige a todos los corintios, denominándolos "santificados en Cristo Jesús, llamados a ser santos" (1 Corintios 1:2). La santificación progresiva es insinuada por el hecho de que algunos de ellos son descritos como cárnales (1 Corintios 3:3) lo cual significaba que su condición presente no se elevaba a la altura de su posición que les había sido dada por Dios; de ahí que sean exhortados a limpiarse de toda inmundicia, y perfeccionar su consagración. Los dos aspectos de santificación quedan denotados en virtud de que aquéllos a quienes se les escribe denominándoseles santificados y santos (1 Pedro 1:2; 2:5) son exhortados a ser santos (1 Pedro 1:15); los que están muertos al pecado (Colosenses 3:3) son exhortados a mortificar (hacer morir) sus miembros pecaminosos (Colosenses 3:5); se exhorta a los que se han despojado del viejo hombre (Colosenses 3:9) a que se vistan o revistan del nuevo (Efesios 4:22; Colosenses 3:8).

4.3. *Los medios divinos de la santificación.*

Los medios divinamente señalados por Dios para la santificación son la sangre de Cristo, el Espíritu Santo y la Palabra de Dios. El primero proporciona en primer lugar una santificación absoluta, y en lo que a posición respecta; es la obra consumada que proporciona al penitente una posición perfecta con relación a Dios. El segundo es interno, y afecta la transformación de la naturaleza del creyente. El tercero es externo y práctico, y se refiere a la conducta práctica del creyente. De manera entonces que Dios ha hecho provisión o tomado medidas tanto para la santificación externa como la interna.

4.3.1. *La sangre de Cristo.*

(Eterna, absoluta, "posicional".) (Cf. Hebreos 13:12; 10:10; 10:14; 1 Juan 1:7.) ¿En qué sentido es una persona santificada por la sangre de Cristo? Como resultado de la obra consumada de Cristo, el penitente es cambiado de un pecador corrompido a un adorador santo. La santificación es el resultado de esa obra maravillosa realizada por el Hijo de Dios cuando se ofreció a sí mismo para quitar el pecado por medio de su sacrificio en el Calvario. En virtud de ese sacrificio el creyente ha sido para siempre apartado para Dios, su conciencia es limpiada, y él mismo es transformado de un pecador inmundo o impuro en un adorador santo, unido en permanente comunión con el Señor Jesucristo; "porque el que santifica y los que son santificados, de uno son todos; por lo cual no se avergüenza de llamarlos hermanos" (Hebreos 2:11).

El que haya también un aspecto progresivo o continuado de la santificación por la sangre es insinuado o indicado en 1 Juan 1:7, donde dice: "Y la sangre de Jesucristo su Hijo nos limpia de todo pecado." Para que haya comunión entre un Dios santo y el hombre, debe haber necesariamente una provisión para remover el pecado que es una barrera para esa comunión, puesto que hasta el hombre mejor es imperfecto. Cuando el profeta Isaías recibió su visión de la santidad de Dios, fue conmovido por la conciencia de su propia impiedad o maldad, y no se encontraba en condición alguna de oír el mensaje de Dios, hasta que un carbón o brasa del altar hubo limpiado sus labios. La conciencia del pecado empaña la comunión con Dios; la confesión y la fe en el eterno sacrificio de Cristo quita la barrera (1 Juan 1:9).

4.3.2. *El Espíritu Santo.*

(Santificación interna.) (Cf. 1 Corintios 6:11; 2 Tesalonicenses 2:13; 1 Pedro 1:1, 2; Romanos 15:16.) En estos pasajes la santificación por medio del Espíritu Santo es considerada como el comienzo de la obra de Dios en el alma del hombre, llevándolo al conocimiento pleno de la justificación, mediante el rociamiento de la sangre de Cristo. Así como el Espíritu se movía sobre el caos primitivo (Génesis 1:2) y fue seguido de la Palabra o Verbo divino, que trajo el orden, así también el Espíritu de Dios cobija o fecunda el alma regenerada, preparándola para recibir la luz y la vida de Dios (2 Corintios 4:6).

El capítulo 10 de Hechos nos proporciona oportunidades concretas de santificación por el Espíritu Santo. Durante los primeros años de la iglesia, la evangelización de los gentiles fue demorada, puesto que muchos de los cristianos judíos consideraban "inmundos" a los gentiles, y no santificados o no consagrados porque no obedecían las leyes relativas a los alimentos y otros reglamentos mosaicos. Se requería una visión para convencer a Pedro que lo que el Señor había limpiado no debía de llamarse común o inmundo Esto significaba que Dios había hecho provisión o tomado medidas para la santificación de los gentiles, a fin de que fueran su pueblo. Y cuando el Espíritu de Dios cayó sobre los gentiles reunidos en la casa de Cornelio, no hubo duda alguna con respecto al asunto. Sin tener en cuenta si seguían o no las ordenanzas mosaicas, fueron santificados por el Espíritu Santo (Romanos 15:16), y Pedro desafió a los judíos que estaban con él, a que negaran, si se atrevían, el símbolo exterior de la limpieza interior de estos gentiles (Hechos 10:47; 15:8).

4.3.3. La Palabra de Dios.

(Santificación externa y práctica. (Cf. Juan 17:17; Efesios 5:26; Juan 15:3; Salmo 119:9.) Se dice de los creyentes que son "renacidos ... por la palabra de Dios" (1 Pedro 1:23). La Palabra de Dios ilumina al hombre y le hace comprender la locura y maldad de su vida. Cuando obedece la Palabra, se arrepiente y cree en Cristo, es limpio por la palabra que oye. Este es el comienzo de la limpieza que debe continuar durante toda la vida del creyente. En el momento de su consagración, el sacerdote israelita recibía un baño sacerdotal completo que jamás se repetía; era una labor hecha de una vez por todas; pero se le requería que se lavara las manos y los pies diariamente. De igual manera la persona regenerada ha sido lavada (Tito 3:5); pero debe haber un proceso diario de limpieza de la contaminación e imperfecciones, a medida que son reveladas por la Palabra de Dios, la cual es el espejo del alma (Santiago 1:22-25). Debe lavarse las manos, es decir, sus acciones deben ser justas; debe lavarse los pies, en otras palabras, debe mantenerse libre de suciedad "que fácilmente puede adherirse a los pies calzados de sandalias de los peregrinos que transitan por los caminos del mundo".

4.4. Puntos de vista erróneos con respecto a la santificación.

Muchos creyentes arriban a la conclusión de que el mayor obstáculo que se interpone para alcanzar la santidad es la "carne", que frustra o desbarata el progreso hacia la perfección. ¿Cómo puede el hombre liberarse de las ataduras de la "carne"? Se han presentado tres puntos de vista erróneos, a saber:

4.4.1. Erradicación.

La *erradicación*, o el arrancar de raíz, por así decirlo, el pecado innato, constituye uno de los puntos de vista que se enseña. El señor Lewis Sperry Chafer escribe lo siguiente: "Si se realizara la erradicación de la naturaleza del pecado, no habría muerte física; puesto que la muerte física es el resultado de dicha naturaleza (Romanos 5:12-21). Los padres que han experimentado la erradicación engendrarían hijos que no heredan la naturaleza caída. Pero aun cuando se lograra la erradicación, existiría todavía el conflicto con el mundo, la carne (aparte de la naturaleza de pecado) y el diablo; puesto que la erradicación o arranque de raíz de éstos es claramente antibíblico y no figura en la teoría misma."

La erradicación es asimismo contraria a la experiencia.

4.4.2. Legalismo.

Legalismo, o el cumplir reglas y reglamentos.

El apóstol Pablo nos enseña que la ley no puede santificar (Romanos 6) como tampoco justificar (Romanos 3). La verdad es presentada y desarrollada en la carta a los gálatas. De ninguna manera el apóstol desprecia o desestima la ley. La defiende frente a una concepción equivocada de su propósito. Si un hombre debe salvarse del pecado, se salvará mediante un poder que reside fuera del hombre mismo. Empleemos la ilustración de un termómetro. El tubo de cristal y el mercurio representan a la persona; los grados, la ley. Ahora bien, imaginémonos que el termómetro comienza a hablar consigo mismo: "No he subido hoy hasta la altura que debo. Procuraré subir hasta los 35 grados." ¿Puede el termómetro alcanzar la temperatura que se propone? No, puesto que debe depender de las condiciones que le rodean, de las condiciones fuera de sí mismo. De igual manera, el hombre que percibe que no ha alcanzado el nivel divino no puede elevarse por sí mismo hasta llegar a ese nivel; debe recibir una energía que está fuera de sí mismo, y esa energía es el poder del Espíritu Santo.

4.4.3. Ascetismo.

Ascetismo, o el intentar dominar la carne y alcanzar la santidad mediante sufrimientos y privaciones infligidos a uno mismo, método seguido por católicos romanos e hindúes.

Este método parece basarse u originarse en una creencia pagana antigua, según la cual toda la materia, incluso el cuerpo, es mala. El cuerpo es por lo tanto una traba para el espíritu, y cuanto más se le castiga y domina, tanto más rápidamente será liberado el espíritu. Esa teoría es contraria a las Sagradas Escrituras, las cuales nos enseñan que Dios creó todo muy bueno. Es el alma y no el cuerpo el que peca; por lo tanto los impulsos pecaminosos, y no la carne, son los que deben reprimirse. El ascetismo es la tentativa de subyugar la carne mediante el esfuerzo propio. Pero el yo del hombre no puede vencerse o dominarse a sí mismo. Eso es obra del Espíritu Santo.

4.5. El método verdadero de la santificación.

El método bíblico de tratar con la carne debe fundamentarse claramente en la provisión objetiva para la salvación, la sangre de Cristo, y la provisión subjetiva, el Espíritu Santo. La liberación del poder de la carne debe producirse entonces por la fe en la expiación y por la obediencia a los impulsos del Espíritu. Con respecto a lo primero, se habla en el capítulo 6 del libro a los Romanos, y con referencia a lo segundo, en la primera sección del capítulo ocho del mencionado libro.

4.5.1. Fe en la expiación.

Imaginémonos que había judíos presentes (como con frecuencia era el caso) mientras que Pablo exponía o presentaba la doctrina de la purificación por la fe. Nos imaginamos que decían en tono de protesta: "¡Esta es una herejía de las más peligrosas! El decirle a la gente que sólo necesita creer en Jesucristo, y que no puede hacer nada con respecto a la salvación puesto que es por la gracia de Dios, dará como resultado que se conviertan en personas descuidadas con respecto a la conducta. Pensarán que lo que hacen poco importa, mientras *crean*. La doctrina de ustedes con respecto a la fe promueve al pecado. Si la justificación es sólo por gracia, sin obras, ¿por qué apartarse del pecado? ¿Por qué no continuar en el pecado para alcanzar más gracia?" Pablo fue acusado por sus enemigos de predicar esta doctrina (Romanos 3:8; 6:1). Con indignación el apóstol rechaza semejante tergiversación. "En ninguna manera. Porque los que somos muertos al pecado, ¿cómo viviremos aún en él?" La continuación en el pecado es imposible para una persona realmente justificada, debido a su unión con Cristo en la muerte y en la vida. (Cf. Mateo 6:24.) En virtud de su fe en Cristo, el hombre salvado ha disfrutado de una experiencia que abarca una separación tan definida del pecado, que se la describe como muerte al pecado, y una transformación tan radical que se la califica de resurrección. La experiencia o acontecimiento que aludimos es simbolizado por el bautismo en agua. La inmersión del convertido es un testimonio de que en virtud de su unión con el Cristo crucificado, ha muerto para el pecado; el levantarse del agua es un testimonio de que su contacto con el Cristo resucitado significa que así "como Cristo resucitó de los muertos por la gloria del Padre, también nosotros andemos en novedad de vida." Cristo murió *por* el pecado, a fin de que nosotros muramos al pecado, o con respecto a él.

"Porque el que es muerto, justificado es del pecado." La muerte cancela todas las obligaciones y rompe todos los vínculos. Por medio de la unión con Cristo, el creyente ha muerto para la antigua vida, y las cadenas del pecado han sido rotas. Así como la muerte libera al esclavo de su esclavitud, también la muerte del cristiano, en lo que a su antigua vida respecta, lo libera de la esclavitud del pecado. Continuando la ilustración, diremos lo siguiente: La ley no tiene jurisdicción sobre un hombre muerto. Sin tener en cuenta el crimen que haya cometido, una vez muerto está fuera del alcance de la justicia humana. De igual manera, la ley de Moisés, violada con frecuencia por el convertido, no puede "arrestarlo", puesto que el creyente, en virtud de su comunión con Cristo, de su vida con El, está en realidad "muerto" (Romanos 7:1-4; 2 Corintios 5:14).

"Sabiendo que Cristo, habiendo resucitado de los muertos, ya no muere; la muerte no se enseñorea más de él. Porque en cuanto murió, al pecado murió una vez por todos; mas en cuanto vive, para Dios vive. Así también vosotros consideraos muertos al pecado, pero vivos para Dios en Cristo Jesús, Señor nuestro." Al morir, Cristo puso fin a ese estado terreno en el cual el Señor tenía contacto con el pecado, y su vida es ahora una comunión ininterrumpida con Dios. Los creyentes, aunque están aún en el mundo, pueden compartir la vida de Cristo, puesto que están unidos a El. ¿De qué manera? "Así también vosotros consideraos muertos al pecado, pero vivos para Dios en Cristo Jesús, Señor nuestro." ¿Qué significa todo esto? Dios ha dicho que por medio de nuestra fe en Cristo *estamos* muertos al pecado y vivos a la justicia. Queda una cosa por hacerse, y es creer a Dios y reconocer o llegar a la conclusión de que estamos muertos al pecado. Dios dijo que cuando Cristo murió, nosotros morimos al pecado; cuando Cristo resució, nosotros resucitamos para vivir una nueva vida. Debemos continuar considerando estas verdades como absolutamente ciertas, y luego, al considerarlas así, se convertirán en algo poderoso en nuestra vida, puesto que nos transformamos en lo que nos consideramos ser. Se ha señalado una distinción de importancia, es decir, la que hay entre las *promesas* y los *hechos* de la Biblia. Jesús dijo lo siguiente: "Si permanecéis en mí, y mis palabras permanecen en vosotros, pedid todo lo que queréis y os será hecho." Esa es una promesa, porque reside en el futuro; es algo que *ha de hacerse*. Pero cuando el apóstol Pablo afirma: "Cristo fue muerto por nuestros pecados conforme a las Escrituras", expresa un hecho, algo que *ha sido hecho*. Compare la declaración de Pedro, que dice: "Por cuya herida *fuisteis vosotros* sanados." Y cuando el apóstol Pablo declara que "nuestro viejo hombre fue crucificado juntamente", expresa un hecho, algo que se ha hecho. La pregunta que aún queda en pie es la siguiente: ¿Estamos dispuestos a creer lo que Dios declara que son hechos con respecto a nosotros? Recordemos que la fe es la mano que acepta lo que Dios ofrece libremente.

¿No será acaso que el despertar de uno a la conciencia de su posición en Cristo constituye lo que algunas personas han descrito como la "segunda obra definida de gracia"?

4.5.2. *Obediencia al Espíritu.*

En Romanos, capítulos 7 y 8, se continúa desarrollando el tema de la justificación. Trata de la liberación del creyente del poder del pecado y de su crecimiento en santidad.

En el capítulo 6 vemos que la victoria sobre el poder del pecado fue obtenida por la fe. El capítulo 8 presenta otro aliado en la batalla contra el pecado: el *Espíritu Santo*.

En calidad de fondo para el capítulo 8, estudie el pensamiento que subraya el contenido del capítulo 7, que presenta el cuadro de un hombre que se vuelve a la ley para santificación. Pablo demuestra aquí que la ley es impotente para salvar y santificar, no porque la ley no sea buena, sino por esa predisposición pecaminosa de la naturaleza del hombre conocida con el nombre de "carne." Señala que la ley revela el hecho o realidad del pecado (v. 7), la ocasión (v. 8), el poder (v. 9), el engaño (v. 11), el efecto (vv. 10, 11) y la pecaminosidad del mismo (v.13).

Pablo, que parece estar describiendo su propia experiencia pasada, nos dice que la misma ley, que deseaba ardientemente observar o cumplir, agitaba impulsos pecaminosos dentro de él. El resultado era una "guerra civil", en el alma. Se siente impedido de hacer lo bueno que quiere, e impedido a hacer lo malo que odia. "Así que, queriendo yo hacer el bien, hallo esta ley: que el mal está en mí. Porque según el hombre interior, me deleito en la ley de Dios; pero veo otra ley en mis miembros, que se rebela contra la ley de mi mente, y que me lleva cautivo a la ley del pecado que está en mis miembros."

La última parte del capítulo 7 presenta evidentemente el cuadro de un hombre bajo la ley que ha descubierto la profunda espiritualidad de esa ley, pero que al procurar cumplirla descubre que es obstaculizado por el pecado que hay, o que habita en él. ¿Por qué describe el apóstol Pablo este conflicto? Para demostrar que la ley es tan impotente para santificar como lo es para justificar.

"¡Miserable de mí! ¿quién me librará de este cuerpo de muerte?" (Compare 6:6.) Y el apóstol Pablo, que ha estado describiendo experiencias bajo la ley, testifica gozosamente con respecto a su experiencia bajo la gracia: "Gracias doy a Dios (que viene la liberación) por Jesucristo Señor nuestro." Con este grito de triunfo, comenzamos el capítulo 8, el cual es maravilloso, y que tiene como tema dominante el liberarse de la naturaleza pecaminosa, por el poder del Espíritu Santo.

Hay tres muertes en las cuales el creyente debe tomar parte: (1) La muerte *en* el pecado, nuestra condenación (Efesios 2:1; Colosenses 2:13). El pecado ha llevado al alma a esa condición cuya penalidad es la muerte espiritual o separación de Dios. (2) La muerte *por* el pecado, nuestra justificación. Cristo sufrió sobre la cruz la sentencia de una ley violada, y sufrió esa sentencia por nosotros, y nosotros por lo tanto somos considerados como personas que han sufrido la muerte en El. Lo que hizo *para* nosotros es considerado como hecho *por* nosotros (2 Corintios 5:14. Gálatas 2:20). Se nos considera legal o judicialmente libres de la pena de la ley violada, si mediante la fe personal consentimos en la transacción. (3) **Muerte al pecado, nuestra santificación** (Romanos 6:11). Lo que es verdadero *para* nosotros, debe hacerse una realidad en nosotros; lo que es judicial o legal, debe hacerse práctico; la muerte en lo que respecta a la penalidad del pecado debe ser seguida por la muerte en lo referente al poder del pecado. Y esta es la obra del Espíritu Santo (Romanos 8:13). Así como la savia que asciende en el árbol hace desprender las hojas secas que han resistido la helada y las tormentas, así también el Espíritu Santo que habita en el hombre desaloja las imperfecciones y los hábitos de la antigua vida.

4.6. Completa santificación.

Esta verdad se discute con frecuencia bajo el tema de "perfección cristiana."

4.6.1. Su significado.

Hay dos clases de perfección: la absoluta y la relativa. Es absolutamente perfecto aquello que no se puede perfeccionar o mejorar; esta perfección es sólo de Dios. Es relativamente perfecto aquello que cumple el fin para lo cual ha sido designado; esta perfección le es posible al hombre.

El vocablo perfección en el Antiguo Testamento tiene el significado de "justo y recto" (Génesis 6:9; Job 1:1). Al evitar los pecados de las naciones limítrofes, Israel podría ser perfecto (Deuteronomio 18:13). La esencia de la perfección en el Antiguo Testamento es el sincero deseo y determinación de hacer la voluntad de Dios. A pesar de todos los pecados que empañan su historia personal, David puede ser considerado un hombre perfecto, o un hombre "según el corazón de Dios", puesto que el propósito supremo en su vida era obedecer la voluntad de Dios.

El vocablo "perfecto" y sus derivados tienen una variedad de aplicaciones en el Nuevo Testamento, y por lo tanto debe ser interpretado de acuerdo con el sentido en los cuales los términos son empleados. Se usan varias palabras griegas para dar la idea de la perfección: (1) Una de las palabras significa ser completo en el sentido de ser apto o apropiado para cumplir cierta tarea o alcanzar determinado fin (2 Timoteo 3:17). (2) Otro de los vocablos denota cierto fin obtenido mediante el crecimiento o desarrollo mental y moral (Mateo 5:48; 19:21; Colosenses 1:28; 4:12; Hebreos 11:40). (3) El vocablo empleado en 2 Corintios 13:9; Efesios 4:12 y Hebreos 13:21 significa bagaje o equipo completo. (4) La palabra empleada en 2 Corintios 7:1 significa terminar. (5) El vocablo empleado en Apocalipsis 3:2 significa llenar, cumplir, o atestar o henchir (como en el caso de una red de pescar) y rellenar o nivelar (una depresión o sitio hueco).

La palabra describe los aspectos siguientes de la vida cristiana: (1) La perfección en Cristo, en lo que a posición respecta (Hebreos 10:14) el resultado de la obra de Cristo para nosotros. (2) Madurez espiritual y entendimiento, en contraposición con niñez espiritual. (Cf. 1 Corintios 2:6; 14:20; 2 Corintios 13:11; Filipenses 3:15; 2 Timoteo 3:17.) (3) Perfección progresiva (Gálatas 3:3). (4) Perfección en ciertos aspectos: la voluntad de Dios, el amor hacia el hombre, y servicio (Colosenses 4:12; Mateo 5:48; Hebreos 13:21). (5) La perfección final de la persona en el cielo (Colosenses 1:28, 22; Filipenses 3:12; 1 Pedro 5:10). (6) La perfección final de la iglesia, o el cuerpo social o corporativo de creyentes (Efesios 4:13; Juan 17:23, 24).

4.6.2. *Sus posibilidades.*

El Nuevo Testamento presenta dos aspectos generales de la perfección: (1) Perfección como don de la gracia, la cual perfección constituye la posición perfecta o categoría que se le da al penitente por haber creído en Cristo. Se le considera perfecto puesto que tiene un Salvador perfecto y una justicia perfecta. (2) La perfección es en realidad creada o producida en el corazón del creyente. Uno puede recalcar con exceso el primer aspecto, hasta descuidar el cristianismo práctico. Persona semejante fue aquella que, después de una conferencia sobre la vida victoriosa, le dijo al orador: "Tengo todo eso en Cristo." "¿Pero lo tiene en este momento, en esta ciudad?" fue la tranquila respuesta de su interlocutor. Por otro lado, al recalcar con exceso el segundo aspecto, algunos han negado prácticamente cualquier perfección aparte de la que pueden hallar en su propia experiencia.

Juan Wesley parece haber caminado o tomado la senda intermedia, entre los dos extremos. Reconoció que una persona era santificada en la conversión, pero afirmó asimismo la necesidad de *santificación completa* como otra obra de la gracia. Lo que parecía hacer necesaria esta experiencia era el poder del pecado que causaba la derrota del creyente. La bendición llega como resultado de una búsqueda fiel; el amor puro llena el corazón y gobierna toda obra y acción, con el resultado de que el poder del pecado es quebrantado. La perfección en el amor no era considerada perfección impecable, ni tampoco eximía al creyente de vigilancia constante y cuidado. Juan Wesley escribió lo siguiente: "Creo que una persona llena del amor de Dios está aún sujeta a transgresiones involuntarias. Usted puede llamar pecado a dichas transgresiones, yo no." Con respecto al momento de la santificación completa, Wesley escribió lo siguiente:

> ¿Es gradual o instantánea esta muerte al pecado, y la renovación en amor? Un hombre puede estar muriéndose por cierto tiempo; sin embargo, en el sentido estricto del vocablo, no muere hasta el instante que su alma se ha separado del cuerpo; y en ese instante comienza a vivir la vida de la eternidad. De igual manera, quizá se esté muriendo al pecado por algún tiempo; sin embargo, no ha muerto al pecado hasta que éste no se haya separado de su alma; y en ese instante vive la vida plena del amor. Y así como el cambio sufrido, cuando muere el cuerpo, es de una clase diferente, e infinitamente mayor del que conocimos antes, más aún, un cambio que hasta entonces no hubiéramos podido

concebir siquiera; así también el cambio provocado cuando el alma muere al pecado es de una clase diferente, e infinitamente mayor que cualquier otro experimentado con anterioridad, y mayor también que cualquiera que uno pueda concebir, hasta el momento que lo experimenta. Sin embargo, todavía crece el hombre en la gracia, en el conocimiento de Cristo, en el amor y la imagen de Dios; y lo hará así, no sólo hasta la muerte, sino por toda la eternidad. ¿De qué manera debemos esperar ese cambio? No con descuido o indiferencia, ni tampoco de manera indolente; sino mediante una obediencia vigorosa, universal, cumpliendo fervorosamente los mandamientos, con vigilancia y sumo esmero, negándonos a nosotros mismos y tomando nuestra cruz; como así también mediante la oración diligente y el ayuno, y prestando suma atención a las ordenanzas de Dios. Y si cualquier hombre sueña con obtenerlo de cualquier otra manera (de guardarlo cuando se ha obtenido, cuando lo ha recibido aun en medida abundante) engaña a su propia alma.

Juan Calvino, que recalcó la perfección del creyente en virtud de la obra consumada de Cristo, y que no alimentaba en su corazón menos fervor por la santidad que Wesley, escribe lo siguiente con respecto de la perfección cristiana:

Cuando Dios reconcilia al hombre a sí, por medio de la justicia de Cristo, y nos considera justos por la remisión gratuita de nuestros pecados, también habita en nuestro corazón por su Espíritu, y nos santifica por su poder, mortificando las concupiscencias de nuestra carne, y modelando nuestro corazón en obediencia a su Palabra. Se convierte así en nuestro primer deseo de obedecer su voluntad, y promover su gloria. Pero aún después de esto, queda todavía en nosotros suficiente imperfección como para inducirnos a reprimir el orgullo, y compelernos a la humildad (Eclesiastés 7:20; 1 Reyes 8:46).

Se enseñan en las Sagradas Escrituras ambos puntos de vista: la perfección como don de Cristo y la perfección como obra real efectuada en nuestro corazón. Lo que Cristo ha hecho *para* nosotros, debe ser convertido en realidad *en* nosotros. El Nuevo Testamento mantiene un alto nivel de santidad práctica, y afirma la posibilidad de liberación del poder del pecado. Es por lo tanto el deber del creyente procurar con ahínco la perfección (Filipenses 3:12; Hebreos 6:1).

En este aspecto, debe reconocerse que el progreso en la santificación abarca o incluye con frecuencia un acontecimiento experimental crítico casi tan definido como la conversión. Por un medio u otro el creyente recibe una revelación de la santidad de Dios, y la posibilidad de caminar en una comunión más íntima con El, todo lo cual es seguido de la conciencia de estar personalmente contaminado. (Cf. Isaías 6.) Ha llegado a una encrucijada de la experiencia cristiana, donde debe resolver si retrocederá, o avanzará acompañado de Dios. Con la confesión de sus fracasos pasados, se consagra de nuevo, y como resultado de ello recibe nueva paz, gozo y la sensación de victoria, y también el testimonio o convicción de que Dios ha aceptado su consagración. Algunos han denominado este acontecimiento la segunda obra de gracia.

Habrá todavía la tentación externa e interna, de ahí la necesidad de vigilar siempre (Gálatas 6:1; 1 Corintios 10:12); la carne es frágil y el cristiano tiene libertad de ceder, puesto que pasa por un estado de prueba (Gálatas 5:17; Romanos 7:18; Filipenses 3:3); su conocimiento es parcial y defectuoso o imperfecto, y por lo tanto, puede estar sujeto a pecados de la ignorancia. No obstante, puede continuar con las seguridades siguientes: que puede resistir y vencer toda tentación reconocida (Santiago 4:7; 1 Corintios 10.13; Romanos 6:14; Efesios 6:13, 14); puede glorificar siempre a Dios y estar lleno de los frutos de justicia (1 Corintios 10:31; Colosenses 1:10); puede poseer las gracias y el poder del Espíritu y caminar en comunión no interrumpida con Dios (Gálatas 5:22, 23; Efesios 5:18; Colosenses 1:10, 11; 1 Juan 1:7); puede disponer siempre de la limpieza constante de la sangre, y por ende ser intachable ante Dios (1 Juan 1:7; Filipenses 2:15; 1 Tesalonicenses 5:23).

5. *LA SEGURIDAD DE LA SALVACION*

Hemos estudiado los requisitos para la salvación y considerado la naturaleza de ella. En esta sección nos ocuparemos del asunto siguiente: ¿Es incondicional la salvación final del creyente, o puede el creyente perderla debido al pecado?

La experiencia confirma la posibilidad de una caída transitoria de la gracia, conocida popularmente con el nombre de reincidencia. La reincidencia o recaída en el pecado no se encuentra en el Nuevo Testamento; es un vocablo del Antiguo Testamento. Una de las palabras hebreas empleadas es "retroceder", "volver atrás", "apartarse"; otro vocablo significa "volverse" o "ser refractario", lo cual expresa negarse a cumplir una promesa o deber. Se compara a Israel con una novilla reincidente que se niega a ser conducida, y se vuelve rebelde bajo el yugo. Israel se ha apartado de Jehová y se ha negado obstinadamente a sujetarse al yugo de los mandamientos del Señor.

El Nuevo Testamento advierte con respecto a actitud semejante, pero con otros vocablos. Un reincidente es aquél que antes tenía fervor hacia Dios, pero que ahora se ha enfriado (Mateo 24:12); antes obedecía la Palabra, pero la mundanalidad y el pecado impidieron el crecimiento y la producción de frutos (Mateo 13:22); antes puso su mano al arado, pero miró hacia atrás (Lucas 9:62); a igual que la esposa de Lot había sido liberado de la ciudad de Destrucción, pero su corazón ha retornado allí (Lucas 17:32); guardó antes comunión íntima con el Señor, pero ahora ha perdido contacto con El, y espiritualmente está marchito, es estéril e infecundo y de nada sirve (Juan 15:6); antes escuchó la voz de la conciencia, pero ahora ha arrojado de sí la brújula que podía marcarle el derrotero, y como resultado de ello, la nave de la fe ha naufragado en los acantilados de la mundanalidad y el pecado (1 Timoteo 1:19); en el pasado se sentía feliz de llamarse creyente, pero ahora siente vergüenza de confesar a su Señor (2 Timoteo 1:8; 2:12); antes estaba libre de la contaminación del mundo, pero ha retornado como "la puerca lavada a revolcarse en el cieno" (2 Pedro 2:22; compare Lucas 11:21-26).

Es posible el lapso de la gracia; pero ¿puede una persona que ha sido salva reincidir y finalmente perderse? Los que siguen el sistema calvinista de doctrina responden negativamente; los que siguen el sistema de Arminio, teólogo holandés del siglo dieciséis, lo hacen afirmativamente.

5.1. *Calvinismo.*

La doctrina de Juan Calvino, teólogo francés del siglo xvi, no tuvo su origen en él. Había sido enseñada por San Agustín, santo y teólogo del siglo iv. Ni tampoco fue la doctrina nueva para San Agustín, que afirmaba sólo interpretar la doctrina de la gracia gratuita de San Pablo.

La doctrina calvinista es como sigue: La salvación es obra absoluta de Dios; el hombre no tiene absolutamente nada que hacer. Si se arrepiente, cree y acude a Cristo, es únicamente porque ha sido atraído por el poder del Espíritu Santo. Ello se debe al hecho de que la voluntad del hombre se ha corrompido de tal manera desde la caída, que el ser humano no puede ni aún arrepentirse y creer, o escoger lo recto sin la ayuda de Dios. Este era el punto inicial de Calvino: que la voluntad del hombre es esclava total del pecado. La salvación, por lo tanto, no es otra cosa que la ejecución de un decreto divino que fija la extensión de ella y sus condiciones.

La cuestión surge naturalmente: Si la salvación es absolutamente la obra de Dios, si el hombre no tiene nada que hacer al respecto, no puede hacer nada tampoco a menos que el Espíritu de Dios intervenga, ¿por qué Dios no salva a *todos* los hombres, puesto que todos están perdidos y son impotentes de salvarse? La respuesta de Calvino era la siguiente: Dios ha predestinado a algunos para ser salvos, y a otros para que se pierdan. "La predestinación es el decreto eterno de Dios, por el cual ha decidido la suerte que correrá cada uno. Todos no son creados en igual condición; sino que Dios ha preordenado para algunos la vida eterna, y para otros, la condenación eterna." Al proceder de esa manera, Dios no es injusto puesto que no ha contraído obligación alguna de salvar a nadie. El hombre sigue siendo responsable, puesto que la caída de Adán fue culpa de sí mismo, y el hombre es siempre responsable de sus propios pecados.

Si Dios ha predestinado a ciertas personas para que se salven, entonces Cristo murió sólo por los "elegidos"; la expiación fracasaría si alguno de esos elegidos se perdiera.

De la doctrina de la predestinación se desprende la enseñanza de que "el hombre no puede caer jamás de la gracia", puesto que si Dios ha predestinado a una persona para ser salva, y esa persona puede ser sólo salvada y guardada por la gracia de Dios, la cual es irresistible, luego esa persona nunca puede perderse.

Los que defienden la doctrina de la "seguridad eterna", presentan los versículos siguientes para apoyar su posición: Juan 10:28, 29; Romanos 11:29; Filipenses 1:6; 1 Pedro 1:5; Romanos 8:35; Juan 17:6.

5.2. Arminianismo.

La doctrina de Arminio es la siguiente: Dios desea que todos los hombres se salven puesto que Cristo murió por todos (1 Timoteo 2:4-6; Hebreos 2:9; 2 Corintios 5:14; Tito 2:11, 12). Con ese fin, ofrece su gracia a todos. Mientras que la salvación es la obra de Dios, absolutamente libre, e independiente de nuestras buenas obras o méritos, el hombre sin embargo tiene ciertas condiciones que cumplir. Puede escoger aceptar la gracia de Dios o puede resistirla o rechazarla. La facultad de elegir está siempre a nuestro alcance.

Las Sagradas Escrituras enseñan la predestinación; pero no que Dios predestina a alguno a la vida eterna y a otros al sufrimiento eterno. Predestina "al que quiere" a la salvación, y ese plan es lo suficientemente amplio como para incluir a todo aquél que realmente desea salvarse. Esta verdad ha sido explicada como sigue: Fuera de la puerta de la salvación, leemos las palabras siguientes: "El que quiere puede entrar"; cuando entramos y somos salvos, leemos las palabras siguientes: "Elegido según la presciencia de Dios." Dios, en virtud de sus conocimientos, supo quiénes eran aquellas personas que aceptarían el evangelio y se mantendrían salvas, y predestinó a los tales a la herencia celestial. *Previó* su destino pero no lo *fijó*.

Se menciona la doctrina de la predestinación, no por motivos de especulación, sino con un propósito practico. Cuando Dios llamó a Jeremías al ministerio, supo que le esperaba una tarea sumamente difícil, y que estaría tentado a cejar en su empeño o darse por vencido. Con el objeto de animarlo, el Señor le aseguró al profeta que lo había conocido y llamado antes que naciera. Jeremías 1:5. El Señor le dijo en otras palabras: "Yo sé ya lo que te espera, pero sé también que te puedo dar gracia para hacer frente a las pruebas del futuro y salir victorioso." Cuando el Nuevo Testamento describe a creyentes como objeto de la presciencia de Dios, el propósito es asegurarnos que Dios ha previsto toda dificultad que nos confrontará, y que puede guardarnos sin caer, y lo hará.

5.3. Una comparación.

¿Es la salvación condicional o incondicional? Una vez salva, ¿es la persona eternamente salva? La respuesta depende de la forma que podamos contestar las siguientes preguntas clave: ¿De quién depende la salvación? ¿Es irresistible la gracia?

a. ¿De quién depende finalmente la salvación, del hombre o de Dios?

Ciertamente debe depender de Dios, puesto que ¿quién podría salvarse si la salvación dependiera de los propios recursos de una persona? Podemos estar seguros de lo siguiente: Dios nos dará el triunfo sin tener en cuenta lo débiles que somos, y cuántos errores cometemos, siempre que con toda sinceridad deseemos hacer su voluntad. Su gracia está presente invariablemente para advertir, contener, alentar y sostener.

Sin embargo, en cierto sentido, ¿no depende del hombre la salvación? Las Sagradas Escrituras nos enseñan consecuentemente que el hombre tiene la facultad de escoger con libertad entre la vida y la muerte. Dios jamás privará de esa facultad.

b. ¿Puede ser resistida la gracia de Dios? Uno de los principios fundamentales del calvinismo es que la gracia de Dios es irresistible. Cuando Dios decreta la salvación de una persona, su Espíritu atrae, y esa atracción no puede ser resistida. Por lo tanto un hijo verdadero de Dios perseverará ciertamente hasta el fin y será salvo; aunque caiga en el pecado, Dios lo castigará y contenderá con él. Hablaremos en sentido figurado: el hombre puede caerse en el barco, pero no del barco.

Pero el Nuevo Testamento nos enseña que la gracia divina puede ser resistida, y resistida hasta la perdición eterna (Juan 6:64; Hebreos 6:4-6; 10:26-30; 2 Pedro 2:21; Hebreos 2:3; 2 Pedro 1:10), y que la perseverancia está condicionada al mantenerse en contacto con Dios.

Nótese especialmente Hebreos 6:4-6, y 10:26-29. Estas palabras fueron pronunciadas o dichas a los creyentes; las cartas de Pablo no estaban dirigidas a los no regenerados. Se describe a aquéllos a quienes están dirigidas las cartas como iluminados una vez, habiendo gustado el don celestial, habiendo sido hechos participantes del Espíritu Santo, habiendo gustado la buena Palabra de Dios y los poderes del mundo venidero. Estas palabras ciertamente describen a personas regeneradas.

Aquéllos a quienes estaba dirigida la carta eran creyentes hebreos quienes, desalentados y perseguidos (10:32-39) estaban tentados a retornar al judaísmo. Antes de ser recibidos de nuevo en la sinagoga, se les requería que hicieran públicamente la declaración siguiente (10:29): que Jesús no era el Hijo de Dios; que su sangre fue derramada con razón como la de un malhechor común; que sus milagros eran realizados por el poder del malo. Todo eso está insinuado en 10:29. (El que hubiera insistido en tal repudio queda ilustrado por el caso de un judío cristiano en Alemania, quien quería retornar a la sinagoga, pero le fue denegado el pedido puesto que deseaba aferrarse a algunas de las enseñanzas del Nuevo Testamento.) Antes de su conversión habían pertenecido a la nación que había crucificado a Cristo; el retornar a la sinagoga significaría crucificar de nuevo al Hijo de Dios en lo que respecta a sí mismos, y exponerlo a la vergüenza pública; significaría el terrible pecado de la apostasía (Hebreos 6:6); sería semejante al pecado que no tiene perdón, el pecado para el cual no hay perdón; ya que quienes han endurecido de tal manera el corazón como para cometer tal pecado, no pueden ser "renovados para arrepentimiento"; serían dignos de un castigo peor que el de la muerte (10:28); significaría incurrir la venganza del Dios vivo (10:30, 31).

No se dice que ninguno hubiera llegado a ese punto; en realidad, el escritor espera "mejores cosas" de ellos (Hebreos 6:9). Sin embargo, si el terrible pecado de la apostasía de parte del pueblo salvado no fuera cuando menos remotamente posible, todas estas advertencias hubieran carecido por completo de significado.

Los corintios se habían estado jactando de la libertad cristiana y la posesión de dones espirituales; sin embargo, muchos de ellos vivían en un plano inferior. (Cf. 1 Corintios 10:1-12.) Confiaban evidentemente en su "posición" y privilegios en el evangelio. Pero el apóstol Pablo les advierte que los privilegios se pueden perder por el pecado, y cita los ejemplos sentados por los israelitas. Fueron liberados de manera sobrenatural de Egipto, por medio de Moisés, y como resultado de ello le aceptaron en calidad de dirigente en el viaje hacia la Tierra Prometida. El paso a través del Mar Rojo fue señal de obediencia a El.

Cerníase sobre ellos el símbolo protector de la presencia divina de Dios que los guiaba. Después de salvarlos de la esclavitud egipcia, Dios los sostuvo proporcionándoles en forma sobrenatural agua y alimentos. Todo esto significa que Israel disfrutaba de la gracia, es decir, del favor y comunión de Dios.

Pero la frase de "una vez en la gracia, siempre en la gracia", no podía decirse de los israelitas; puesto que la ruta quedó señalada por las tumbas de los que habían sido castigados por sus murmuraciones, rebeliones e idolatrías. El pecado interrumpió la comunión con Dios, y como resultado de ello cayeron de la gracia. Pablo declara que estos acontecimientos fueron registrados a fin de advertir a los creyentes de la posibilidad de perder los más excelsos privilegios debido al pecado obstinado.

5.4. Equilibrio bíblico.

Las posiciones fundamentales respectivas del calvinismo y el arminianismo se enseñan en las Sagradas Escrituras. El calvinismo exalta la gracia de Dios como la fuente única de la salvación, y también lo hace la Biblia. El arminianismo recalca el libre albedrío del hombre y su responsabilidad, y así lo hace también la Biblia. La solución práctica consiste en evitar los extremos que no son bíblicos de ambos puntos de vista, y de abstenerse de fijar un punto de vista en antagonismo con el otro, puesto que cuando dos doctrinas bíblicas se colocan en oposición la una de la otra, el resultado es una reacción que conduce al error. Pongamos por ejemplo: el énfasis excesivo en lo que respecta a la soberanía de Dios y su gracia en la salvación puede conducir a una vida negligente, descuidada, puesto que si una persona es convencida de que su conducta y actitud no tiene nada que ver con su salvación, quizá se haga negligente. Por otra parte, el recalcar el libre albedrío del hombre y su responsabilidad, en reacción contra el calvinismo, puede poner a la gente bajo el yugo del legalismo, y robarle todas las seguridades que tiene. La licencia y el desenfreno por una parte, y el legalismo por la otra son los extremos que deben evitarse.

Cuando el señor Finney ejercía su ministerio en una ciudad donde se había recalcado hasta el exceso la doctrina de la gracia, insistía con énfasis en la doctrina de la responsabilidad personal. Cuando celebraba reuniones en un pueblo donde se había puesto énfasis en la responsabilidad del hombre y las obras, recalcaba entonces la gracia de Dios. Y al dejar los misterios de la predestinación para emprender la tarea práctica de procurar que la gente se salve, no seremos perturbados por el asunto. Wesley sostenía la doctrina de Arminio, y Whitefield la de Calvino. No obstante ello, ambos llevaron a miles de personas a los pies de Cristo.

Predicadores calvinistas piadosos del tipo de Spurgeon y Finney han predicado la perseverancia de los santos de tal manera, como para retraer al creyente de seguir una conducta negligente. Señalaban con cuidado que mientras que un verdadero hijo de Dios tenía la seguridad de perseverar hasta el fin, el que no perseverare pondría en tela de juicio el que hubiera en realidad nacido de nuevo. Si una persona no sigue la santidad, dijo Calvino, haría muy bien en poner en tela de juicio su elección.

Nos confrontarán sin duda misterios al proponernos relatar las grandes verdades de la presciencia de Dios y el libre albedrío del hombre; pero si obedecemos las exhortaciones prácticas de las Escrituras, y nos consagramos a las tareas definidas que se nos han encomendado, no podremos equivocarnos. "Las cosas secretas pertenecen a Jehová nuestro Dios; mas las reveladas son para nosotros" (Deuteronomio 29:29).

En conclusión rogamos al lector que se nos permita sugerir que no es prudente recalcar con exceso los peligros de la vida cristiana. El énfasis, más bien, se debe poner en los medios de seguridad: el poder de Cristo como Salvador, la fidelidad del Espíritu que habita en nosotros, la certeza de las promesas divinas, y la infalible eficacia de la oración. El Nuevo Testamento nos enseña con respecto a una verdadera "seguridad eterna", asegurándonos que a pesar de las debilidades, imperfecciones, desventajas o dificultades externas, el creyente puede descansar seguro y victorioso en Cristo. Con el apóstol Pablo puede exclamar: "¿Quién nos separará del amor de Cristo? ¿Tribulación, o angustia, o persecución, o hambre, o desnudez, o peligro, o espada? Antes, en todas estas cosas somos más que vencedores por medio de aquel que nos amó. Por lo cual estoy seguro de que ni la muerte, ni la vida, ni ángeles, ni principados, ni potestades, ni lo presente, ni lo por venir, ni lo alto, ni lo profundo, ni ninguna otra cosa creada nos podrá separar del amor de Dios, que es en Cristo Jesús Señor nuestro" (Romanos 8:35, 37-39).

A continuación insertamos los puntos de vista de Juan Wesley con respecto a la perseverancia final de los santos.

Habiendo alimentado por algún tiempo un fuerte deseo de unirme al señor Whitefield en todo lo posible, a fin de anular o suprimir disputas innecesarias, he escrito mis sentimientos, con toda la claridad de que he sido capaz, en los términos siguientes: Hay tres puntos en cuestión: 1. Elección incondicional. 2. Gracia irresistible. 3. Perseverancia final.

Con respecto a la primera, elección incondicional, creo lo siguiente: Que Dios, antes de la fundación del mundo, eligió incondicionalmente a ciertas personas para realizar ciertas labores, como por ejemplo a Pablo para predicar el evangelio;

Que ha elegido incondicionalmente a algunas naciones para recibir privilegios especiales; en particular la nación judía;

Que ha elegido incondicionalmente a algunas naciones para escuchar el evangelio, como Inglaterra y Escocia, en la actualidad, y muchas otras en las edades pasadas;

Que ha elegido incondicionalmente a ciertas personas para disfrutar de muchas ventajas especiales, tanto en lo que respecta a lo temporal como a lo espiritual;

Y no niego (aunque no puedo demostrar que sea así)

Que ha elegido incondicionalmente a algunas personas a la gloria eterna.

Pero no puedo creer lo siguiente:

Que todos los que no han sido elegidos así para la gloria deben perecer para siempre; o

Que haya un alma en la tierra que jamás haya tenido la posibilidad de escapar la condenación eterna.

Con respecto a la segunda, gracia irresistible, creo lo siguiente:

Que la gracia que produce fe, y por lo tanto salvación al alma, es irresistible en ese momento;

Que la mayor parte de los creyentes tal vez recuerden alguna vez cuando Dios los convenció irresistiblemente de su pecado;

Que la mayor parte de los creyentes descubre en algunas otras ocasiones que Dios actúa irresistiblemente sobre sus almas;

Sin embargo, creo que la gracia de Dios, tanto antes como después de esos momentos, puede ser y ha sido resistida; y

Que en general no actúa irresistiblemente, sino que podemos obedecerla o no.

Y no niego lo siguiente:

Que en algunas almas la gracia de Dios es a tal punto irresistible, que no pueden menos que creer y ser finalmente salvadas.

Pero no puedo creer

Que deban perderse todos aquellos en quienes la gracia de Dios no opera de esta forma irresistible; o

Que haya un alma en la tierra, que no tenga, y nunca haya tenido otra gracia, que aquella que en realidad aumenta su condenación, y que estaba designada por Dios para que así ocurriera

Con respecto a la tercera, perseverancia final, me inclino a creer lo siguiente:

Que hay un estado asequible en esta vida del cual el hombre no puede caer; y

Que aquél que ha llegado a esto puede decir: "Las cosas viejas pasaron; he aquí todas son hechas nuevas."

CAPITULO 9

LA SANIDAD DIVINA

Juan Wesley, al comentar las enseñanzas de Santiago 5:14, 15, dice en las páginas brillantes de su libro intitulado *Notas relativas al Nuevo Testamento*, lo siguiente:

> Este don único y visible que Dios confió a sus apóstoles (Marcos 6:13) continuó en la iglesia mucho después que otros dones milagrosos desaparecieran de ella. En realidad nos parece que estuviera destinado a continuar para siempre, pues Santiago instruye a los ancianos, los únicos que tenían dones o los que más tenían, para que lo administrarán. Este don era la única medicina de la Iglesia Cristiana, hasta que se perdió por la incredulidad... "Y la oración de fe sanará al enfermo..." Lo sanará de su enfermedad, y si algún pecado fuera el motivo de su enfermedad, se le perdonará.

Juan Wesley anotó en su diario no menos de doscientos cuarenta casos de sanidad divina con relación a su ministerio. Si este don divino se perdió por la incredulidad, es razonable esperar que sólo será restituido por la fe.

Desde la época de los apóstoles hasta nuestros días ha habido personas que han confiado implícitamente en el Señor Jesús para la sanidad de sus cuerpos, y allí donde ha habido fe, se han operado milagros en el nombre del Señor Jesús, semejantes a los que se registran en las páginas sagradas del Nuevo Testamento.

Hacia fines del siglo pasado unos cuantos creyentes, cual luminarias en la noche, predicaron y atestiguaron con respecto a la gracia sanadora del Señor Jesucristo, pero no fue sino hasta después del derramamiento del Espíritu Santo en este siglo que el número de testigos fue lo suficientemente grande como para atraer la atención del público en general. Durante los decenios pasados la sanidad divina ocupó un lugar de preponderancia, y por cada uno que creía en dicha doctrina hace medio siglo, son miles los que creen en ella en la actualidad.

Los creyentes pentecostales aceptan por unanimidad la doctrina de la sanidad divina y casi todos ellos la han experimentado y muchos que no son pentecostales creen sin embargo en la sanidad divina de los enfermos mediante la oración de fe, y se suscribirán sin vacilación a las siguientes proposiciones:

1. La enfermedad y la muerte han descendido sobre la familia humana debido al pecado. "Por tanto, como el pecado entró en el mundo por un hombre, y por el pecado la muerte, así la muerte pasó a todos los hombres, por cuanto todos pecaron" (Romanos 5:12).

2. Ni la enfermedad ni la muerte son bendiciones, sino maldiciones permitidas por Dios sobre el hombre a consecuencia del pecado y la desobediencia. "Y dijo: Si oyeres atentamente la voz de Jehová tu Dios, e hicieres lo recto delante de sus ojos, y dieres oído a sus mandamientos, y guardares todos sus estatutos, ninguna enfermedad de las que envié a los egipcios te enviaré a ti; porque yo soy Jehová tu sanador" (Exodo 15:26). (Cf. Deuteronomio 28:15-68.)

3. No es Dios, sino el diablo, el autor de la enfermedad y la muerte, pero Dios es el Autor y Dador de la vida y la salud, y el Señor Jesús vino para destruir las obras del diablo. Esto queda demostrado en el libro de Job y en otros pasajes bíblicos. Por ejemplo: "Cómo Dios ungió con el Espíritu Santo y con poder a Jesús de Nazaret, y cómo éste anduvo haciendo bienes y sanando a todos los oprimidos por el diablo, porque Dios estaba con él" (Hechos 10:38).

"Y había allí una mujer que desde hacía dieciocho años tenía espíritu de enfermedad, y andaba encorvada, y en ninguna manera se podía enderezar. Cuando Jesús la vio, la llamó y le dijo: Mujer, eres libre de tu enfermedad. Y puso las manos sobre ella; y ella se enderezó luego, y glorificaba a Dios. Pero el principal de la sinagoga, enojado de que Jesús hubiese sanado en el día de reposo, dijo a la gente: Seis días hay en que se debe trabajar; en éstos, pues, venid y sed sanados, y no en día de reposo. Entonces el Señor le respondió y dijo: Hipócrita, cada uno de vosotros ¿no desata en el día de reposo su buey o su asno del pesebre y lo lleva a beber? Y a esta hija de Abraham, que Satanás había atado dieciocho años, ¿no se le debía desatar de esta ligadura en el día de reposo? Al decir él estas cosas, se avergonzaban todos sus adversarios; pero todo el pueblo se regocijaba por todas las cosas gloriosas hechas por él" (Lucas 13:11-17).

"Así que, por cuanto los hijos participaron de carne y sangre, él también participó de lo mismo, para destruir por medio de la muerte al que tenía el imperio de la muerte, es decir, al diablo, y librar a todos los que por el temor de la muerte estaban durante toda la vida sujetos a servidumbre" (Hebreos 2:14, 15).

"El que practica el pecado es del diablo; porque el diablo peca desde el principio. Para esto apareció el Hijo de Dios, para deshacer las obras del diablo" (1 Juan 3:8).

4. Cristo fue hecho maldición por nosotros, a fin de que quedáramos

liberados de la maldición del pecado. "Porque todos los que dependen de las obras de la ley están bajo maldición, pues escrito está: Maldito todo aquel que no permaneciere en todas las cosas escritas en el libro de la ley, para hacerlas. Y que por la ley ninguno se justifica para con Dios, es evidente, porque: El justo por la fe vivirá; y la ley no es de fe, sino que dice: El que hiciere estas cosas vivirá por ellas. Cristo nos redimió de la maldición de la ley, hecho por nosotros maldición (porque está escrito: Maldito todo el que es colgado en un madero), para que en Cristo Jesús la bendición de Abraham alcanzase a los gentiles, a fin de que por la fe recibiésemos la promesa del Espíritu" (Gálatas 3:10-14).

5. En la expiación se establece una estipulación amplia para nuestra sanidad física, como así también para nuestra liberación de la culpabilidad, penalidad y poder del pecado. "Ciertamente llevó él nuestras enfermedades, y sufrió nuestros dolores; y nosotros le tuvimos por azotado, por herido de Dios y abatido. Mas él herido fue por nuestras rebeliones, molido por nuestros pecados; el castigo de nuestra paz fue sobre él, y por su llaga fuimos nosotros curados" (Isaías 53:4, 5).

"Para que se cumpliese lo que fue dicho por el profeta Isaías, que dijo: El mismo tomó nuestras enfermedades, y llevó nuestras dolencias." Mateo 8:17.

"Quien llevó él mismo nuestros pecados en su cuerpo sobre el madero, para que nosotros, estando muertos a los pecados, vivamos a la justicia; y por cuya herida fuisteis sanados" (1 Pedro 2:24).

6. Los beneficios de la expiación se obtienen únicamente por la fe, y se le otorgan al creyente sólo cuando éste se apropia de ellos por la fe. En Marcos 10:51 el Señor hace la siguiente pregunta: "¿Qué quieres que te haga?" Y asimismo expresa: "Conforme a vuestra fe os sea hecho" (Mateo 9:29).

7. La sanidad divina es parte integral del evangelio.

"El Espíritu del Señor está sobre mí, por cuanto me ha ungido para dar buenas nuevas a los pobres; me ha enviado a sanar a los quebrantados de corazón; a pregonar libertad a los cautivos, y vista a los ciegos; a poner en libertad a los oprimidos; a predicar el año agradable del Señor" (Lucas 4:18, 19).

"Y yendo, predicad, diciendo: El reino de los cielos se ha acercado. Sanad enfermos, limpiad leprosos, resucitad muertos, echad fuera demonios; de gracia recibisteis, dad de gracia" (Mateo 10:7, 8).

"Y sanad a los enfermos que en ella haya, y decidles: Se ha acercado a vosotros el reino de Dios" (Lucas 10:9).

"Y les dijo: Id por todo el mundo y predicad el evangelio a toda criatura. El que creyere y fuere bautizado, será salvo; mas el que no creyere, será condenado. Y estas señales seguirán a los que creen: En mi nombre echarán fuera demonios; hablarán nuevas lenguas; tomarán en las manos serpientes, y si bebieren cosa mortífera, no les hará daño; sobre los enfermos pondrán sus manos, y sanarán. Y el Señor, después que les habló, fue recibido arriba en el cielo, y se sentó a la diestra de Dios. Y ellos, saliendo, predicaron en todas partes, ayudándoles el Señor y confirmando la palabra con las señales que la seguían. Amén" (Marcos 16:15-20).

8. Dios quiere sanar a todos los enfermos, pues se nos dice que tanto el Señor Jesús como los apóstoles sanaron a todos los que se les acercaron solicitando la salud. "Y cuando llegó la noche, trajeron a él muchos endemoniados; y con la palabra echó fuera a los demonios, y sanó a todos los enfermos" (Mateo 8:16).

"Y por la mano de los apóstoles se hacían muchas señales y prodigios en el pueblo; y estaban todos unánimes en el pórtico de Salomón . . . Tanto que sacaban los enfermos a las calles, y los ponían en camas y lechos, para que al pasar Pedro, a lo menos su sombra cayese sobre alguno de ellos. Y aun de las ciudades vecinas muchos venían a Jerusalén, trayendo enfermos y atormentados de espíritus inmundos; y todos eran sanados" (Hechos 5:12, 15, 16).

9. El Señor Jesucristo encomendó el ministerio de la sanidad primero a los doce, luego a los setenta, más tarde a toda la iglesia y finalmente a cada creyente en particular. Lea los textos mencionados bajo la proposición número siete. He aquí otro pasaje: "De cierto, de cierto os digo: El que en mí cree, las obras que yo hago, él las hará también; y aun mayores hará, porque yo voy al Padre. Y todo lo que pidiereis al Padre en mi nombre, lo haré, para que el Padre sea glorificado en el Hijo" (Juan 14:12, 13).

10. Las últimas palabras del Señor Jesús, antes de ascender al cielo, de acuerdo con Marcos 16:18, constituyen una promesa permanente relativa a su poder sanador. Dice así: "Sobre los enfermos pondrán sus manos, y sanarán." Según las instrucciones finales dadas a los creyentes por intermedio de Santiago 5:14, estos deben, cuando son atacados por la enfermedad, llamar "a los ancianos de la iglesia", quienes deben ungirlos y orar por ellos. Luego añade la hermosa promesa que dice: "Y la oración de fe salvará al enfermo, y el Señor lo levantará."

11. Ningún hombre, iglesia, rey o potentado tiene derecho alguno a revocar las órdenes del Señor (Apocalipsis 22:18, 19).

12. El Señor Jesucristo sana a los enfermos en la actualidad. Toda vez que se cumplen sus mandatos, se manifiestan las obras extraordinarias del Señor Jesús.

"En esa misma hora sanó a muchos de enfermedades y plagas, y de espíritus malos, y a muchos ciegos les dio la vista. Y respondiendo Jesús, les dijo: Id, haced saber a Juan lo que habéis visto y oído: los ciegos ven, los cojos andan, los leprosos son limpiados, los sordos oyen, los muertos son resucitados, y a los pobres es anunciado el evangelio" (Lucas 7:21, 22).

Id, dad las nuevas a Juan. Es decir, proclamemos a todos en general las nuevas relativas a la sanidad.

CAPITULO 10

EL ESPIRITU SANTO

La doctrina del Espíritu Santo, a juzgar por el lugar que ocupa en las Sagradas Escrituras, figura en el sitio de preponderancia de las demás verdades redentoras. Con la excepción de la segunda y tercera epístolas de Juan, todos los libros del Nuevo Testamento contienen referencias a la obra del Espíritu Santo. Cada uno de los Evangelios comienza por una promesa de su derramamiento.

Sin embargo, debemos admitirlo, se trata de la "doctrina descuidada". El formalismo y el temor al fanatismo han provocado una reacción en contra de la necesidad de recalcar la obra del Espíritu Santo en la vida del creyente.

Naturalmente, ello ha dado como resultado la frialdad espiritual, porque no puede haber cristianismo vital aparte del Espíritu Santo. Sólo El puede hacer eficaz lo que la obra de Cristo hizo posible. San Ignacio, uno de los dirigentes de la iglesia primitiva, dijo en cierta oportunidad:

> La gracia del Espíritu Santo es la que establece la conexión vital entre el mecanismo de la redención y el alma de la persona. Aparte del Espíritu, la cruz yace inerte, un vasto mecanismo en posición de descanso, mientras que a su alrededor yacen inmóviles las piedras del edificio. Sólo después que el lazo ha sido asegurado, se puede proseguir la labor de levantar la vida de la persona mediante la fe y el amor, hasta el lugar que se le ha preparado en la iglesia de Dios.

BOSQUEJO

1. *LA NATURALEZA DEL ESPIRITU*

    1.1. *Los nombres del Espíritu.*

        1.1.1. *El Espíritu de Dios.*

        1.1.2. *El Espíritu de Cristo.*

        1.1.3. *El Consolador.*

        1.1.4. *El Espíritu Santo.*

        1.1.5. *El Espíritu Santo de la promesa.*

1.1.6. *El Espíritu de verdad.*
1.1.7. *El Espíritu de gracia.*
1.1.8. *El Espíritu de vida.*
1.1.9. *El Espíritu de adopción.*
1.2. *Símbolos del Espíritu.*
    1.2.1. *Fuego.*
    1.2.2. *Viento.*
    1.2.3. *Agua.*
    1.2.4. *Un sello.*
    1.2.5. *Aceite.*
    1.2.6. *La paloma.*
2. EL ESPIRITU EN EL ANTIGUO TESTAMENTO
    2.1. *El Espíritu creador.*
    2.2. *El Espíritu dinámico, que produce:*
        2.2.1. *Obreros de Dios.*
        2.2.2. *Portavoces de Dios.*
    2.3. *El Espíritu regenerador.*
        2.3.1. *Despliega actividad pero no se le recalca.*
        2.3.2. *Su derramamiento general. Una bendición futura.*
        2.3.3. *Su relación con la venida del Mesías.*
        2.3.4. *Manifiesta características especiales.*
3. EL ESPIRITU SANTO EN CRISTO
    3.1. *Nacimiento.*
    3.2. *Bautismo.*
    3.3. *Ministerio.*
    3.4. *Crucifixión.*
    3.5. *Resurrección.*
    3.6. *Ascensión.*
4. EL ESPIRITU SANTO EN LA VIDA DEL HOMBRE
    4.1. *Convicción.*
        4.1.1. *El pecado de incredulidad.*
        4.1.2. *La justicia de Cristo.*
        4.1.3. *El juicio de Satanás.*
    4.2. *Regeneración*
    4.3. *Morada.*
    4.4. *Santificación.*
    4.5. *Revestimiento de poder.*
        4.5.1. *Su naturaleza general.*
        4.5.2. *Sus características especiales.*

6. EL ESPIRITU EN LA IGLESIA

6.1. El advenimiento del Espíritu.

6.1.1. El nacimiento de la iglesia.

6.1.2. La evidencia de la glorificación de Cristo.

6.1.3. La consumación de la obra de Cristo.

6.1.4. La unción de la iglesia.

6.1.5. La morada del Espíritu en la iglesia.

6.1.6. El comienzo del período del Espíritu Santo.

6.2. El ministerio del Espíritu.

6.2.1. Administración.

6.2.2. Predicación.

6.2.3. Oración.

6.2.4. Canciones.

6.2.5. Testimonio.

6.3. La ascensión del Espíritu.

1. LA NATURALEZA DEL ESPIRITU SANTO

¿Quién es el Espíritu Santo? Podemos encontrar la respuesta a esta pregunta estudiando los nombres que lleva y los símbolos que ilustran su labor.

1.1. Los nombres del Espíritu.

1.1.1. El Espíritu de Dios.

El Espíritu Santo es el poder ejecutivo de la Deidad, el cual trabaja en todas las esferas, tanto físicas como morales. Por medio del Espíritu Santo, Dios creó y preserva el Universo. Por medio del Espíritu Santo, "el dedo de Dios" (Lucas 11:20), Dios opera en la esfera espiritual, convirtiendo a los pecadores y santificando y sustentando a los creyentes.

(1) ¿Es divino el Espíritu Santo en el sentido absoluto de la palabra? Su deidad queda demostrada por medio de los hechos siguientes: Se le confieren atributos divinos. Es eterno, omnipresente, omnipotente, y omnisciente (Hebreos 9:14; Salmo 139:7-10; Lucas 1:35; 1 Corintios 2:10-11). Se le adscriben operaciones divinas, como son: la creación, regeneración y resurrección (Génesis 1:2; Job 33:4; Juan 3:5-8; Romanos 8:11). Se le pone a un mismo nivel de dignidad con el Padre y el Hijo (1 Corintios 10:4-6; 2 Corintios 13:14; Mateo 28:19; Apocalipsis 1:4).

(2) ¿Es el Espíritu Santo una persona o sólo una influencia? A menudo se menciona al Espíritu Santo en forma impersonal, por ejemplo, el aliento que llena, la unción que unge, el fuego que alumbra y proporciona calor, el agua que se derrama en abundancia, el don del cual todos somos partícipes. Sin embargo, todas éstas no son sino meras descripciones de sus operaciones.

Las Sagradas Escrituras describen al Espíritu Santo en forma tal, que no dejan lugar a dudas con respecto a su personalidad. En efecto, ejercita los atributos de su personalidad, que son: intelecto (Romanos 8:27), voluntad (1 Corintios 12:11) y sensibilidad (Efesios 4:30). Se le atribuyen actividades personales. En efecto, El revela (2 Pedro 1:21), enseña (Juan 14:26), atestigua (Gálatas 4:6), intercede (Romanos 8:26), habla (Apocalipsis 2:7), ordena (Hechos 16:6, 7) y testifica (Juan 15:26). Se le puede contristar (Efesios 4:30), o mentir (Hechos 5:3), o blasfemar (Mateo 12:31, 32).

Se indica asimismo su personalidad por el hecho de que el Espíritu Santo se manifestó en la forma visible de una paloma (Mateo 3:16) y también porque se le distingue de sus dones (1 Corintios 12:11).

Quizá algunos le hayan negado personalidad al Espíritu Santo porque en las descripciones que de El se hacen, no se le atribuye cuerpo o forma. Pero la personalidad y corporeidad (calidad de corpóreo) deben distinguirse entre si. Personalidad es aquello que posee inteligencia, sentimientos y voluntad, y no requiere necesariamente un cuerpo. Además, la falta de forma definida no constituye un argumento contra la realidad. El viento es real y sin embargo no tiene forma (Juan 3:8).

No es difícil formarse una idea de Dios el Padre o del Señor Jesucristo; pero algunos han confesado ser incapaces de formarse una concepción clara del Espíritu Santo. La razón es doble. En primer lugar las operaciones del Espíritu Santo a través de las Escrituras son invisibles, secretas e internas. En segundo lugar, el Espíritu Santo nunca habla de sí mismo o se representa a sí. Siempre se revela en el nombre y en la representación de otro. Se esconde tras el Señor Jesús y en las profundidades de nuestro hombre interior. Nunca llama la atención a sí mismo, sino hacia la voluntad de Dios y la obra salvadora de Cristo. "Porque no hablará de sí mismo" (Juan 16:13).

(3) ¿Es el Espíritu Santo una personalidad separada y distinta de Dios el Padre? Sí, lo es. El Espíritu Santo procede de Dios, es enviado de Dios, es el don de Dios para el hombre. Sin embargo, el Espíritu Santo no es independiente de Dios. Representa siempre a Dios, y actúa en las esferas del pensamiento, de la voluntad y actividad. Cómo puede el Espíritu ser uno con Dios y distinto de Dios, constituye una parte del misterio de la Trinidad.

1.1.2. *El Espíritu de Cristo.*

No hay una distinción esencial entre el Espíritu de Dios, el Espíritu de Cristo y el Espíritu Santo, porque hay un solo Espíritu Santo, como hay un solo Dios y un solo Hijo (Romanos 8:9). Pero el Espíritu Santo tiene varios nombres que describen sus diversos ministerios.

¿Por qué se llama al Espíritu Santo el Espíritu de Cristo? (1) Porque se le envía en el nombre de Cristo (Juan 14:26). (2) Porque El es el Espíritu que envió Cristo. El Espíritu Santo es el principio de la vida espiritual por el cual los hombres nacen en el reino de Dios. Esta nueva vida del Espíritu es impartida y mantenida por Cristo (Juan 1:12, 13; 4:10; 7:38), quien también es el que bautiza con el Espíritu Santo (Mateo 3:11). (3) El Espíritu Santo es denominado el Espíritu de Cristo porque su misión especial en esta edad es glorificar a Cristo (Juan 16:14). Su labor especial está relacionada con aquél que vivió, murió, resucitó y ascendió. Convierte en una realidad vívida en los creyentes lo que Cristo ha hecho *para* ellos. (4) El Cristo glorificado está presente en la iglesia y en los creyentes por medio del Espíritu Santo. Se dice a menudo que el Espíritu Santo ha venido para ocupar el lugar de Cristo, pero sería más exacto decir que ha venido para hacer de Cristo una realidad. El Espíritu Santo hace posible y real la omnipresencia de Cristo en el mundo (Mateo 18:20), y su morada en los creyentes. La conexión entre Cristo y el Espíritu Santo es tan estrecha que se dice que ambos, Cristo y el Espíritu Santo, moran en el creyente (Gálatas 2:20 y Romanos 8:9, 10); el creyente "está en Cristo" y "en el Espíritu". Gracias al Espíritu Santo, la vida de Cristo viene a ser nuestra vida en Cristo.

1.1.3. *El Consolador.*

Este es el título dado al Espíritu Santo en Juan, capítulos 14-17. El estudio de algunos hechos íntimamente relacionados con estos capítulos revelará el significado del don. Los discípulos habían terminado la última comida con el Maestro. Sus corazones estaban embargados por la tristeza, sabiendo la próxima partida del Señor. Además, los oprimía un sentimiento de debilidad y desamparo. ¿Quién nos ayudará cuando El se vaya? ¿Quién nos enseñará y guiará? ¿Quién permanecerá a nuestro lado cuando enseñemos y prediquemos? ¿Cómo podremos hacer frente a un mundo hostil? El Señor Jesús tranquilizó todos estos temores no expresados con la siguiente promesa: "Y yo rogaré al Padre, y os dará *otro* Consolador, para que esté con vosotros para siempre" (Juan 14:16).

La palabra Consolador ("paracletos" en el idioma griego) tiene el siguiente significado literal: uno llamado al lado de otro para el propósito de ayudarle en cualquier forma, particularmente en procedimientos legales y criminales. Se acostumbraba en los tribunales antiguos a que las partes litigantes se presentaran acompañadas de uno o más amigos de influencia, denominados *Paracletoi* en el idioma griego, y *Advocatus* en latín. Esos proporcionaban a sus amigos — sin esperar pago o recompensa alguna y por simples razones de amistad o afecto — los beneficios de su presencia o la ayuda que representaban sus sabios consejos. Les aconsejaban qué tenían que hacer y decir; actuaban como portavoces y a veces les representaban. Permanecían junto a las partes y asumían su defensa y protección en las pruebas, dificultades, y peligros de la situación. En pocas palabras, hacían de la causa de sus amigos, su propia causa.

Tal era la relación que había habido entre el Señor Jesucristo y sus discípulos durante su ministerio terrenal y era natural entonces que los discípulos estuvieran desanimados ante el pensamiento de su partida. Pero El les consoló con la promesa de otro Consolador que sería su defensor, auxiliador y maestro durante su ausencia. Se le denomina "otro" Consolador porque iba a ser el Consolador invisible de los discípulos, de la misma manera que Cristo había sido el Consolador visible.

La palabra "otro" distingue al Espíritu Santo del Señor Jesús, y sin embargo le coloca en el mismo plano. Jesús envía el Espíritu, y sin embargo viene espiritualmente a los discípulos mediante el Espíritu Santo; el Espíritu Santo es de esta manera el Sucesor de Cristo y al mismo tiempo constituye su Presencia. El Espíritu Santo hace posible y real la presencia continuada de Cristo en la iglesia.

> Es El quien hace que la persona de Cristo more en ellos de manera que adquieran el derecho de decir con Pablo "Cristo vive en mí." Es por lo tanto la vida de Cristo, la naturaleza de Cristo, los sentimientos de Cristo, las virtudes de Cristo, que el Espíritu Santo comunica a los creyentes. Es a la semejanza de Cristo que el Espíritu Santo amolda a los creyentes, y de acuerdo con el modelo que Cristo nos ha dejado. Sin Cristo, el Espíritu no tiene nada que producir en el corazón del creyente. Quitad a Cristo y a su Palabra y será como remover del estudio de un fotógrafo la persona cuyos rasgos la luz está a punto de fijar en la placa fotográfica preparada para recibir esos rasgos.

El envío del Consolador no significa que Cristo ha dejado de ser el Auxiliador y Abogado de su pueblo. Juan nos dice que Jesús todavía ocupa ese cargo (1 Juan 2:1). Cristo, cuya esfera de labor está en el cielo, defiende a sus discípulos contra los cargos del acusador de los hermanos. Al mismo tiempo el Espíritu Santo, cuya esfera de actividad está en la tierra, reduce a silencio a los adversarios terrenos de la iglesia mediante la victoria de la fe que vence al mundo. Y así como Cristo es el Paracleto en el cielo, el Espíritu Santo lo es en la tierra.

Cristo, que ascendió al cielo, no sólo envía el Espíritu Santo, sino que también se manifiesta a sí mismo por medio del Espíritu Santo. En el cuerpo sólo podía estar en un lugar a la vez. En su vida después de la ascensión, Cristo es omnipresente por medio del Espíritu Santo. Durante su vida terrenal, su relación con los hombres era externa; por medio del Espíritu Santo, el Señor puede morar en la profundidad de sus almas. Un escritor expuso esa verdad de la siguiente manera:

> Si El hubiera permanecido en la tierra, sujeto a su vida física, habría sido sólo un ejemplo digno de ser imitado; pero desde que ascendió al Padre y envió su Espíritu Santo, es una vida para ser vivida y compartida. Si El hubiera permanecido entre nosotros, visible y tangible, la relación que hubiera existido entre El y nosotros habría sido igual a la que hay entre el modelo y el escultor que esculpe el mármol, pero nunca como la idea y la

inspiración que produce la obra de arte. Si El hubiera permanecido en la tierra, habría sido meramente el objeto de prolongadas observaciones y estudios científicos, y habría estado siempre fuera de nosotros, como algo externo: una voz externa, una vida externa, un ejemplo externo ... Pero gracias a su Espíritu Santo, El puede vivir dentro de nosotros como la misma Alma de nuestra alma, el mismo Espíritu de nuestro espíritu, la Verdad de nuestra mente, el Amor de nuestro corazón y el Deseo de nuestra voluntad.

Si la labor del Espíritu es comunicar la obra del Hijo, ¿qué beneficio puede haber en la partida de uno con el objeto de hacer posible la venida de otro? La respuesta es la siguiente: No es a un Cristo terrenal a quien el Espíritu Santo comunica, sino al Cristo celestial, el Cristo investido de nuevo con su eterno poder y revestido de su gloria celestial. Podríamos decir lo siguiente, empleando una ilustración suministrada por el doctor A. J. Gordon:

Es como si un padre, cuyo pariente hubiera muerto, dijera a sus hijos: "Somos pobres, pero yo he heredado una fortuna. Si aceptáis con alegría que os deje y cruce el mar, para recibir mi herencia, os enviaré mil veces más de lo que tendríais si yo permaneciera con vosotros."

La vida de Cristo en la tierra representaba los días de su pobreza (2 Corintios 8:9) y humillación; en la cruz se aseguró las riquezas de su gracia (Efesios 1.7); en el trono se aseguró las riquezas de su gloria (Efesios 3:16). Después de su ascensión al Padre, el Señor Jesús envió el Espíritu Santo para distribuir las riquezas de su herencia. Por su ascensión, Cristo tendría mucho más que dar y la iglesia mucho más que recibir (Juan 16:12; 14:12). "La corriente de vida tendrá ahora más poder porque ahora tiene origen en un manantial que está en el cielo mismo."

El Consolador enseña sólo aquello que pertenece a Cristo, y sin embargo más de lo que Cristo enseñó. Hasta que no aconteciera la crucifixión, la resurrección y la ascensión, la doctrina cristiana no estaba completa y por lo tanto no podía ser trasmitida en toda su plenitud a los discípulos de Cristo. En Juan 16:12, 13, Jesús dice en otras palabras lo siguiente: "Yo os he hecho avanzar un corto trecho en el camino del conocimiento de mi doctrina, el Espíritu Santo os hará recorrer todo el camino." La ascensión tenía por objeto impartir una mayor proporción de la *verdad*, como asimismo una mayor proporción de *poder*.

1.1.4. *El Espíritu Santo.*

El Espíritu es llamado santo porque es el Espíritu del Santo, y porque su principal obra es la santificación. Necesitamos un Salvador por dos razones, a saber: para hacer algo *por* nosotros y para hacer algo *dentro* de nosotros.

Jesús hizo lo primero al morir por nosotros, y mediante el Espíritu Santo vive dentro de nosotros trasmitiendo a nuestra alma su divina vida. El Espíritu Santo ha venido a reorganizar la naturaleza del hombre y para oponerse abiertamente a todas sus malas tendencias.

1.1.5. *El Espíritu Santo de la promesa.*

El Espíritu Santo es así llamado porque el recibimiento de su poder y de su gracia constituye una de las bendiciones sobresalientes prometidas en el Antiguo Testamento (Ezequiel 36:27; Joel 2:28). Es la más elevada prerrogativa de Cristo, el Mesías, la de impartir el Espíritu Santo, y eso fue lo que reclamó para sí Jesús cuando dijo: "He aquí, yo enviaré la promesa de mi Padre sobre vosotros" (Lucas 24:49; Gálatas 3-14).

1.1.6. *El Espíritu de verdad.*

El propósito de la encarnación fue revelar al Padre; la misión del Consolador es la de revelar al Hijo. Cuando miramos una pintura, quizá podamos de nosotros mismos apreciar mucho sobre el color y la forma que se exhiben en la citada pintura, pero para entender en forma cabal el cuadro, y poder apreciar en todo su valor el propósito que encierra, es necesario que un experto en cuestiones de arte nos dé una explicación.

El Espíritu Santo es el Intérprete de Jesucristo. No ofrece una nueva revelación, sino que más bien aclara la mente del hombre, capacitándolo así para descubrir un significado más profundo en lo que respecta a la vida y palabras de Cristo. Así como el Hijo no habló de sí mismo, sino de lo que había recibido del Padre, tampoco el Espíritu hablará de sí mismo, como si fuera una fuente distinta de información, sino que declarará lo que oye en esa vida interior de la Trinidad.

1.1.7. *El Espíritu de gracia.*

El Espíritu Santo da al hombre gracia para arrepentirse al contender con El (Hebreos 10:29; Zacarías 12:10). Imparte el poder para santificación, para sufrir con paciencia y para servicio. El que hiciera afrenta al Espíritu de gracia, ahuyenta a aquél que es el único que puede tocar o conmover el corazón, y por lo tanto se aísla voluntariamente de la misericordia de Dios.

1.1.8. *El Espíritu de vida.*

"Creo en el Espíritu Santo, el Señor, Dador de la vida", reza un antiguo credo. El Espíritu Santo es aquella persona de la Trinidad cuya función especial es la creación y preservación de la vida natural y espiritual (Romanos 8:2. Apocalipsis 11:11).

1.1.9. *El Espíritu de adopción.*

Cuando una persona es salvada, no sólo se le da el nombre de hijo de Dios, y es adoptado en la familia divina, sino que también recibe dentro de su alma la conciencia de que es participante de la naturaleza divina (Romanos 8:15). Al respecto, escribió en cierta oportunidad el obispo Andrews lo siguiente:

"Así como Cristo es nuestro testigo en los cielos, así también el Espíritu Santo da testimonio aquí en la tierra a nuestros espíritus que somos hijos de Dios."

1.2. Símbolos del Espíritu.

Se ha dicho a menudo que "las palabras son a veces medios inadecuados para expresar la verdad. Y a lo sumo, revelan en forma imperfecta las ocultas profundidades del pensamiento." Dios ha escogido ilustrar con símbolos lo que de otra manera, y debido a la pobreza del idioma, jamás podríamos haber sabido. Se emplean los siguientes símbolos para describir las operaciones del Espíritu Santo:

1.2.1. Fuego.

El fuego ilustra la limpieza, purificación, arrojo vehemente y celo producido por la unción del Espíritu Santo (Isaías 4:4: Mateo 2:11; Lucas 3:16). El Espíritu Santo es comparado al fuego porque el fuego calienta, ilumina, purifica y se propaga. (Cf. Jeremías 20:9.)

1.2.2. Viento.

El viento simboliza la labor regeneradora del Espíritu e indica sus operaciones misteriosas, independientes, penetradoras, purificadoras y que imparten vida. (Cf. Ezequiel 37.7-10; Juan 3:8; Hechos 2:2.)

1.2.3. Agua.

El Espíritu Santo es la fuente de agua viva, la más pura, la mejor, porque El es el verdadero río de la vida cuya corriente impetuosa inunda nuestras almas, limpiándolas del polvo del pecado. (Cf. Exodo 17:6; Ezequiel 36:25-27; 47:1; Juan 3:5; 4:14; 7:38, 39.)

El poder del Espíritu Santo hace en el terreno de lo espiritual, lo que el agua hace en el orden material. El agua purifica, refresca, apaga la sed y convierte el campo estéril en tierra fructífera. Purifica lo que está manchado y restaura la limpieza; es un símbolo muy apropiado de la gracia divina que no solamente limpia el alma sino que le añade belleza divina. El agua es un elemento indispensable de la vida física; el Espíritu Santo es un elemento indispensable de la vida espiritual.

¿Cuál es el significado de la expresión "agua viva"? Es viva en contraste con las aguas estancadas de cisternas o pantanos; es una agua que salta a borbotones y fluye siempre en comunicación con la fuente o manantial del cual procede, y da siempre señales de vida. Si se echan estas aguas en un depósito, si su corriente es interrumpida, o si se le corta de su manantial o fuente de origen, ya no puede recibir más el nombre de agua viva. Los cristianos tendrán el agua viva sólo mientras estén en contacto con su divina fuente, que es Cristo mismo.

1.2.4. Un sello.

(Cf. Efesios 1:13; 2 Timoteo 2:19). Esta ilustración presenta los siguientes pensamientos: (1) **Propiedad.** La impresión del sello implica una relación con el propietario del mencionado sello y constituye una prueba segura de que le pertenece. Los creyentes son propiedad de Dios y se sabe que lo son por el Espíritu que mora en ellos. La costumbre que narramos era familiar en Efeso en la época del apóstol Pablo: "Un comerciante se trasladaba al puerto, seleccionaba cierta madera, y la estampaba con su sello, símbolo de propiedad. Más tarde enviaba a uno de sus siervos con el sello para que se hiciera cargo de la madera que ostentaba la impresión de dicho sello."(Cf. 2 Timoteo 2:19.) (2) También está implicado el concepto relativo a la seguridad (Efesios 1:13). (Cf. Apocalipsis 7:3.) El Espíritu inspira la tranquilidad y la seguridad en el corazón del creyente (Romanos 8:16). El Espíritu Santo constituye las arras o un anticipo de nuestra herencia en los cielos, una seguridad de la gloria venidera. Los cristianos han sido sellados, pero deben cuidarse de no hacer nada que pueda romper ese sello (Efesios 4:30).

1.2.5. Aceite.

El aceite es quizá el más familiar y común de los símbolos del Espíritu. Toda vez que se usaba aceite en los ritos del Antiguo Testamento, ello representaba utilidad, fructificación, belleza, vida y transformación. Se usaba por lo común para alimentos, luz, lubricación, remedio y para aliviar la piel. De igual manera, en el orden espiritual, el Espíritu fortalece, ilumina, libera, sana y alivia el alma.

1.2.6. La paloma.

La paloma, como símbolo, nos habla de dulzura, ternura, amabilidad, inocencia, suavidad, paz, pureza y paciencia. Entre los sirios, es un emblema de los poderes dadores de vida de la naturaleza. Una tradición judía traduce Génesis 1:2 de la siguiente manera: "El Espíritu de Dios como una paloma cobijaba el haz de las aguas." Cristo habló de la paloma como la personificación de la inocencia, que era el rasgo característico de sus propios discípulos.

2. EL ESPIRITU SANTO EN EL ANTIGUO TESTAMENTO.

El Espíritu Santo se revela en el Antiguo Testamento de tres formas, a saber: primero, en el Espíritu creador o cósmico, por cuyo poder el universo y todas las criaturas vivientes fueron creadas; segundo, como el Espíritu dinámico o dador de poder, y tercero, como Espíritu regenerador, por el cual la naturaleza humana es cambiada.

2.1. El Espíritu creador.

El Espíritu Santo es la tercera persona de la Trinidad, por cuyo poder el universo fue creado. El Espíritu Santo se movía sobre la faz de las aguas y compartía así la gloria de la creación (Génesis 1:2; Job 26:13; Salmo 33:6; 104:30). Al respecto, escribió en cierta oportunidad el doctor Denio:

El Espíritu Santo, como Deidad inmanente en toda la creación, manifiesta su presencia por lo que nosotros denominamos las leyes de la naturaleza. El es el principio del orden y de la vida, el poder organizador de la naturaleza creada. Todas las fuerzas de la naturaleza no son sino sólo evidencias de la presencia y operación del Espíritu de Dios. Las fuerzas mecánicas, la acción química, la vida orgánica de plantas y animales, la energía relacionada con la acción nerviosa, la inteligencia y la conducta moral no son otra cosa que pruebas de la inmanencia de Dios, de la cual el Espíritu es el agente.

El Espíritu Santo creó al hombre y lo sostiene (Génesis 2:7 y Job 33:4). Toda persona, sirva a Dios o no, es sostenida por el poder creador del Espíritu de Dios (Daniel 5:23; Hechos 17:28). La existencia del ser humano es como la nota de un órgano, que dura mientras el Creador mantiene el dedo en la tecla. El hombre debe su ser a las "dos manos de Dios", es decir, al Verbo (Juan 1:1-3), y al Espíritu Santo, porque a ellos se les dijo las palabras: "Hagamos al hombre..."

2.2. El Espíritu dinámico.

El Espíritu Creador hizo al hombre con el objeto de formar una sociedad gobernada por Dios, en otras palabras, el reino de Dios. Después que el pecado entrara en el mundo, y que la sociedad fuera organizada aparte de Dios y en contra de él, Dios comenzó de nuevo llamando a Israel y organizándolo bajo sus leyes y constituyendo así el reino de Jehová (2 Crónicas 13:8). Al estudiar la historia de Israel, leemos que el Espíritu Santo inspiró a ciertas personas de ese pueblo para gobernar y guiar los miembros de ese reino y vigilar su progreso en la vida de consagración.

La operación dinámica del Espíritu Santo creó dos clases de ministros: primero, obreros de Dios, es decir, hombres de acción, organizadores, ejecutivos y segundo, portavoces de Dios, o sea profetas y maestros.

2.2.1. Obreros de Dios.

Como ejemplos de obreros inspirados del Espíritu Santo citaremos a José (Génesis 41:38-40); Bezaleel (Exodo 35:30, 31); Moisés (Números 11:16, 17); Josué (Números 27:8-21); Otoniel (Jueces 3:9, 10); Gedeón (Jueces 6:34); Jefté (Jueces 11:29); Sansón (Jueces 13:24, 25) y Saúl (1 Samuel 10:6).

Era muy probable, a la luz de esos ejemplos, que los dirigentes de la iglesia primitiva insistían que aun los que servían las mesas estuvieran llenos del Espíritu Santo (Hechos 6:3).

2.2.2. Portavoces de Dios.

El profeta de Israel puede ser denominado un portavoz de Dios, uno que recibe mensajes de Dios y los da a conocer al pueblo. El profeta de Dios estaba consciente del poder de Dios que descendía sobre su vida de tiempo en tiempo, poder que le capacitaba para dar a conocer mensajes, que no eran concebidos en su propia mente. Esto era precisamente lo que lo distinguía de los falsos profetas (Ezequiel 13:2). La palabra profeta indica inspiración, y procede de una palabra que significa "borbotar", es decir, un testimonio al torrente de elocuencia que a menudo salía de los labios del profeta (Juan 7:38).

(1) Las expresiones empleadas para describir la manera en la cual descendía la inspiración sobre los profetas, nos sugieren el pensamiento de algo repentino y sobrenatural. Al referirse al origen de su poder, los profetas dijeron que Dios derramó su Espíritu, puso su Espíritu sobre ellos, los llenó con su Espíritu, les dio su Espíritu, y les puso su Espíritu dentro de ellos. Al describir la variedad de influencias del Espíritu Santo, los profetas dijeron que el Espíritu estaba sobre ellos, descansaba en ellos y tomaba posesión de ellos. Al referirse a la influencia misma que el Espíritu Santo ejercía sobre ellos, los profetas manifestaron que fueron llenos del Espíritu Santo, impulsados por el Espíritu Santo, tomados por el Espíritu y que el Espíritu habló por medio de ellos.

(2) Cuando el profeta profetizaba, se hallaba a veces en un estado de exaltación denominado "éxtasis", forma elevada de la antigua expresión "bajo el poder", el estado durante el cual uno es elevado al reino espiritual, el reino de la profecía. Ezequiel dijo en cierta oportunidad lo siguiente: "Y allí se posó sobre mí la mano de Jehová el Señor (el poder del Señor Jehová)... y el Espíritu me alzó entre el cielo y la tierra, y me llevó en visiones de Dios a Jerusalén" (Ezequiel 8:1-3). Es muy probable que Isaías estuviera en esta condición cuando vio la gloria de Jehová (Isaías 6). Juan el apóstol dice que "yo estaba en el Espíritu en el día del Señor" (Apocalipsis 1:10). (Cf. Hechos 22:17.)

Las expresiones que se emplean para describir la inspiración y éxtasis de los profetas son similares a aquéllas usadas para relatar el acontecimiento de ser bautizado o llenado con el Espíritu Santo. (Cf. Hechos). Parece que mientras ocurría este último acontecimiento el Espíritu Santo provocaba una impresión tan profunda en el espíritu humano, que la persona era elevada a un estado de éxtasis, durante la cual daba a conocer el mensaje.

(3) Los profetas no siempre profetizaron en el estado de éxtasis. La expresión "y fue palabra de Jehová", implica que la revelación fue por la iluminación sobrenatural de la mente. Es así que el mensaje divino puede ser recibido por las dos formas expuestas, es decir, en el estado de éxtasis y por la iluminación sobrenatural de la mente.

(4) El profeta no empleaba a voluntad el don que poseía. La profecía "no fue traída por voluntad humana" (2 Pedro 1:21). Jeremías dijo que no sabía que el pueblo maquinaba contra él (11:19). Los profetas nunca supusieron, ni los israelitas tampoco creyeron que el poder de profecía era poseído por los profetas como un don constante e ininterrumpido que podía emplearse a voluntad. Entendían que el Espíritu era un agente personal y que por lo tanto la inspiración se producía por la voluntad soberana de Dios. Los profetas podían, sin embargo, colocarse en situación de receptividad en lo

que respecta al Espíritu (2 Reyes 3:15), y en épocas de crisis podían pedir la dirección de Dios.

2.3. El Espíritu regenerador.

Consideraremos las siguientes verdades relativas al Espíritu regenerador. Su presencia se registra en el Antiguo Testamento, pero no se recalca; su dádiva es descrita más bien como una bendición futura; su derramamiento está relacionado con la venida del Mesías, y exhibe características distintas.

2.3.1. Despliega actividad pero no se le recalca.

El Espíritu Santo en el Antiguo Testamento es asimismo descrito en el sentido de estar asociado con la transformación de la naturaleza humana. En Isaías 63:10-11, se hace referencia al éxodo y a la vida en el desierto. Cuando el profeta dice que Israel contristó al Espíritu de Dios y cuando añade: "Y enviaste tu buen espíritu para enseñarles" (Nehemías 9:20), hace referencia al Espíritu como fuerza bienhechora de carácter moral. (Cf. Salmo 143:10.) David reconoció que el Espíritu estaba en todas partes, examinando el camino de los hombres y proyectando la luz de Dios en los sitios más recónditos de sus vidas. Después de su gran pecado, David oró que el Espíritu Santo de Dios, la presencia santificadora de Dios, el Espíritu que ejerce influencia en el carácter, no fuera quitado de él (Salmo 51:11).

Sin embargo, no se recalca o no se pone énfasis a este aspecto de la labor del Espíritu Santo en el Antiguo Testamento. El nombre Espíritu *Santo* ocurre sólo tres veces en el Antiguo Testamento, ochenta y seis en el Nuevo Testamento, sugiriendo así la idea de que en el Antiguo Testamento se recalcan las operaciones dinámicas del Espíritu Santo, mientras que en el Nuevo Testamento se pone énfasis a su poder santificador.

2.3.2. Su derramamiento general. Una bendición futura.

El derramamiento general del Espíritu Santo, como fuente de santidad, se menciona como algo del futuro, una de las bendiciones del prometido reino de Dios. En Israel, el Espíritu de Dios se daba sólo a ciertos dirigentes escogidos, y sin duda, en todo lugar donde había verdadera piedad, ella se debía a la labor del Espíritu Santo. Pero la masa del pueblo caía generalmente en el paganismo y la iniquidad, y aunque era visitado de tiempo en tiempo por avivamientos, mediante el ministerio de los profetas y reyes piadosos, se hizo evidente que la nación tenía corrompido el corazón y que necesitaba un derramamiento general del Espíritu Santo para hacerla volver a Dios.

Tal derramamiento del Espíritu Santo fue predicho por los profetas, quienes predijeron que el Espíritu Santo sería derramado sobre el pueblo en una medida sin precedente. Jehová purificaría el corazón del pueblo, pondría su Espíritu dentro de ellos y escribiría su ley en sus corazones (Ezequiel 36:25-29; Jeremías 31:33). En esos días el Espíritu Santo sería derramado en poder sobre toda carne (Joel 2:28), es decir, sobre toda clase y condición de hombre, sin distinción de edad, sexo o posición. Se cumpliría entonces la oración de Moisés de que todo el pueblo de Jehová fuera profeta (Números 11:29). Como resultado de ese derramamiento, muchos se convertirían, porque la Palabra de Dios dice: "Y todo aquel que invocare el nombre de Jehová, será salvo" (Joel 2:32).

El rasgo fundamental que distinguió al pueblo de Dios de la antigua dispensación, fue la posesión y revelación de la ley de Dios; el rasgo fundamental que debe distinguir a su pueblo de la nueva dispensación, debe ser la posesión de las leyes divinas en el corazón, y la morada del Espíritu Santo en él.

2.3.3. *Su relación con la venida del Mesías.*

El gran derramamiento del Espíritu Santo culminaría o daría cima en el Mesías-Rey, sobre quien el Espíritu de Jehová descansaría en forma permanente como el Espíritu de sabiduría y entendimiento, consejo y poder, conocimiento y temor santo. El sería el Profeta perfecto, quien proclamaría las buenas nuevas de liberación, sanidad, consuelo y alegría.

¿Qué relación hay entre esos dos grandes acontecimientos de la profecía, la venida del Ungido y el derramamiento universal del Espíritu Santo? Juan el Bautista responde de la siguiente manera: "Yo a la verdad os bautizo en agua; pero viene uno más poderoso que yo, de quien no soy digno de desatar la correa de su calzado; él os bautizará en Espíritu Santo y fuego." En otras palabras, el Mesías es el Dador del Espíritu Santo. Eso es lo que lo señala como el Mesías o el Fundador del reino de Dios. La bendición más grande de la nueva dispensación iba a ser el derramamiento del Espíritu Santo y sería el más elevado privilegio del Mesías impartir el Espíritu Santo. Durante su ministerio terrenal, Cristo habló del Espíritu como de la mejor dádiva del Padre (Lucas 11:13). El Señor Jesús invitó a los que tenían sed espiritual que vinieran y bebieran, y les ofreció una provisión amplia del agua de vida. En su discurso de despedida, prometió enviar el Consolador a sus discípulos.

Notemos especialmente la relación que hay entre el don y la obra de Cristo el Redentor. La dádiva del Espíritu Santo está relacionada con la partida de Cristo (Juan 16:7) y su glorificación (Juan 7:39) que significa su muerte (Juan 12:23, 24; 13:31, 33; Lucas 24:49). Pablo expresa la relación con claridad en Gálatas 3:13, 14; Gálatas 4 – 6; Efesios 1:3, 7, 13, 14.

2.3.4. *Manifiesta características especiales.*

Quizá sea este el lugar apropiado para preguntar con respecto al significado de la declaración siguiente: "Pues aún no había venido el Espíritu Santo; porque Jesús no había sido aún glorificado" (Juan 7:39). En realidad, Juan no quiso decir que ninguno en el Antiguo Testamento habida sentido las manifestaciones del Espíritu. Todos los judíos sabían que los hechos extraordinarios de los dirigentes de Israel y los mensajes de los profetas se debían a las operaciones del Espíritu. Se refiere evidentemente a un cierto aspecto de la labor del Espíritu, que no se conocía en las distintas dispensaciones o períodos anteriores, comprendidos en el plan de Dios. ¿Cuáles son los rasgos distintivos que caracterizan la obra del Espíritu Santo en esta dispensación?

(1) El Espíritu Santo no había sido dado aún como el Espíritu de Cristo crucificado y glorificado. Esta misión del Espíritu no podía comenzar hasta que no terminara la misión del Hijo; Cristo no podía ser manifestado en Espíritu hasta que no dejara de vivir en la carne. El podía pedir el Espíritu para los suyos sólo después de haber tomado su lugar como Abogado en presencia de Dios. Cuando Jesús habló no existía aún en el mundo una fuerza espiritual como la que descendió el día de Pentecostés, y que luego abarcara toda la tierra cual ola gigantesca, porque Jesús no había ascendido aún al lugar que ocupaba antes de su encarnación (Juan 6:62); porque aún no había subido al Padre (Juan 16:7; 20:17). No podía haber la presencia espiritual universal hasta que la presencia en la carne no hubiera sido retirada, y hasta que el Hijo del hombre no hubiere sido coronado por la exaltación a la mano derecha de Dios. El Espíritu se guardaba en las manos de Dios para este derramamiento general, hasta que pudiera ser reclamado en sentido universal para la humanidad, por el Cristo victorioso.

(2) En el Antiguo Testamento el Espíritu Santo no fue dado universalmente, sino que estuvo generalmente limitado a Israel y fue impartido de acuerdo con la voluntad soberana de Dios a ciertas personas, tales como profetas, sacerdotes, reyes y otros obreros de su reino. Pero en esta dispensación el Espíritu Santo está disponible para todos, sin consideración de edad, sexo o raza.

En este aspecto, notemos que en el Antiguo Testamento rara vez se menciona el Espíritu de Dios con la breve designación de "el Espíritu." Por el contrario, uno lee del "Espíritu de Jehová" o "el Espíritu de Dios". Pero en el Nuevo Testamento el breve título, "el Espíritu", ocurre con frecuencia, sugiriendo así que sus operaciones no son ya manifestaciones aisladas sino que ellas se repetían a menudo.

(3) Algunos eruditos en el estudio de las Sagradas Escrituras llegan a la conclusión de que toda vez que fue dado el Espíritu Santo en el Antiguo Testamento, ello no encerraba morada permanente, que es uno de los rasgos distintivos del don del Nuevo Testamento. Señalan los mencionados eruditos que la palabra "don" indica permanencia o posesión y que en ese sentido no hubo *don* del Espíritu Santo en el Antiguo Testamento. Es cierto que Juan el Bautista estuvo lleno del Espíritu Santo desde el vientre de su madre, y esto implica una unción permanente. Quizá este, y otros casos similares podrían ser considerados como excepciones de la regla general. Por ejemplo, cuando Enoc y Elías fueron trasladados, fueron excepciones a la regla del Antiguo Testamento según la cual se llegaba a la presencia de Dios por medio de la sepultura y el Seol (el lugar de los espíritus que han partido).

3. EL ESPIRITU SANTO EN CRISTO.

El Nuevo Testamento introduce la dispensación del Espíritu, cumpliendo la promesa de que Dios derramaría su Espíritu sobre toda carne, pondría su Espíritu dentro del corazón del pueblo, y de esta manera escribiría allí sus leyes. Se iba a hacer esto en los días del Mesías, quien sería ungido con el Espíritu Santo. Por lo tanto leemos en el Nuevo Testamento que el Espíritu Santo opera sobre el Señor Jesús, dentro de El y también por intermedio de El.

Las designaciones "Espíritu de Cristo" y "Espíritu de Jesucristo" indican una relación entre Cristo y el Espíritu Santo, la cual no es compartida por sus discípulos. Por ejemplo, no pensaríamos nunca en hablar del "Espíritu de Pablo".

Desde el comienzo hasta el fin de su vida terrenal, el Señor Jesús estuvo íntimamente relacionado con el Espíritu Santo. Tan estrecha es la relación que Pablo describe a Cristo como "Espíritu Vivificante." El significado no es que Jesús sea el Espíritu, sino que El da su Espíritu y por medio de El ejercita su omnipresencia.

El Espíritu está mencionado con relación a las siguientes crisis y aspectos del ministerio de Cristo.

3.1. Nacimiento.

Se describe al Espíritu Santo como el agente en la concepción milagrosa de Jesús (Mateo 1:20; Lucas 1:35). Jesús estaba con relación al Espíritu de Dios desde el primer momento de su existencia humana. El Espíritu Santo vino sobre María, la virtud del Altísimo le hizo sombra, y lo santo que nació fue llamado Hijo de Dios. Para Juan el Precursor, era suficiente ser lleno del Espíritu Santo desde el seno de su madre, pero Jesús tenía que ser concebido por la virtud del Espíritu Santo en el seno de su madre, y por lo tanto, llevaría títulos y nombres que no podían darse a Juan. Dios, operando por medio de su Espíritu, es el Padre del ser humano de Cristo en el sentido de que su origen de la sustancia de la Virgen Madre fue un acto divino.

El efecto de esta intervención divina va a ser visto en su perfección moral, su completa consagración, y ese conocimiento interior ininterrumpido, o conciencia de la paternidad de Dios. El poder del pecado fue quebrantado al fin y aquél nacido de mujer era santo y el Hijo de Dios, aun en su calidad de hombre. El segundo Hombre era del cielo (1 Corintios 15:47). Su vida fue desde lo alto (Juan 8:23) su curso fue la victoria sobre el pecado y sus consecuencias fueron la vivificación de la raza (1 Corintios 15:45). Aquél que no tiene pecado y salva a su pueblo de sus pecados, tiene necesariamente que haber sido engendrado del Espíritu Santo.

3.2. Bautismo.

Con el transcurso de los años, comenzó una nueva relación con el Espíritu Santo. Aquél que había sido concebido por el Espíritu Santo y tenía plena conciencia de la morada de lo divino en El, fue ungido por el Espíritu Santo. Así como en la concepción, el Espíritu Santo descendió sobre María. Así también en el bautismo el Espíritu Santo descendió sobre su Hijo, ungiéndolo para que fuera Profeta, Sacerdote y Rey. La primera operación santificó su humanidad; la segunda consagró su vida oficial. Así como su concepción fue el comienzo de su existencia humana, así también su bautismo fue el comienzo de su ministerio activo.

3.3. *Ministerio.*

Luego Jesús fue llevado por el Espíritu Santo al desierto (Marcos 1:12), para ser tentado por Satanás. Allí venció las sugerencias del príncipe de este mundo, sugerencias que le hubieran conducido a intentar la realización de su labor inspirado de un espíritu egoísta, vanaglorioso y mundano, y a usar su poder siguiendo lineamientos naturales.

Llevó a cabo su ministerio con la plena conciencia de que moraba en el poder divino. Sabía que el Espíritu del Señor estaba sobre El para cumplir el ministerio que se había predicho del Mesías (Lucas 4:18). Por el dedo de Dios echó fuera demonios (Lucas 11:20). (Cf. Hechos 10:38.) El Señor Jesús dio su testimonio en el sentido de que el Padre, dentro de El, realizaba los milagros.

3.4. *Crucifixión.*

El mismo Espíritu que lo condujo al desierto y lo sostuvo allí, le dio también fuerzas para consumar su ministerio sobre la cruz, donde, "mediante el Espíritu eterno, se ofreció a sí mismo sin mancha a Dios"(Hebreos 9:14). Fue a la cruz con la unción que reposaba aún sobre El. El Espíritu mantuvo vivas ante sus ojos las inflexibles demandas de Dios y le inflamó de amor hacia el hombre y celo hacia Dios, para ir hacia adelante a pesar de los obstáculos, dolores y dificultades, y consumar la redención del mundo. El Espíritu Santo llenó su mente de un ardor, celo y amor constantes, que le condujeron a un completo sacrificio. El Espíritu Santo había penetrado en el espíritu humano y lo había elevado de tal manera, que ese espíritu humano vivía en lo eterno e invisible, y pudo capacitarlo para sufrir la cruz, menospreciando la vergüenza.

3.5. *Resurrección.*

El Espíritu Santo fue el agente vivificante en la resurrección de Cristo (Romanos 1:4; Romanos 8:11). Algunos días después de este acontecimiento, Cristo se apareció a sus discípulos, sopló en ellos y les dijo: "Recibid el Espíritu Santo" (Juan 20:22). (Cf. Hechos 1:2.) Estas palabras no quieren decir que eran investidos de aquel poder que Jesús, después de su ascensión, les dijo que esperaran. Algunos estudiosos creen que ese soplo fue sólo simbólico de lo que iba a ocurrir cincuenta días después, es decir, para recordarles el acontecimiento de Pentecostés que se aproximaba. Otros creen que en esa oportunidad algo definido les fue impartido a los discípulos.

Una comparación con Génesis 2:7 indica que el soplo divino simboliza un acto creativo. Posteriormente Cristo es descrito como el Espíritu vivificante o Dador de la vida (1 Corintios 15:45). ¿No será quizá que en esta ocasión el Señor de la vida hizo conocer a sus discípulos por experiencia el "poder de la resurrección"? Los once discípulos iban a ser enviados al mundo para cumplir una nueva comisión; iban a continuar la obra de Cristo. En sí, eran incapaces de cumplir con dicha misión, de la misma manera que un cuerpo inanimado es incapaz de ejercer las funciones de un ser vivo. Por lo tanto, el acto simboliza el dar la vida. Así como Dios alentó soplo de vida en la vieja humanidad, también Cristo alentó soplo vivificante en la nueva humanidad.

Si aceptamos la idea de que algo definido fue impartido en esta ocasión, debemos recordar, sin embargo, que no fue la persona del Consolador sino la inspiración de su vida la que fue comunicada. El obispo Wescott distingue de la manera siguiente el "Don de la Pascua" del "Don de Pentecostés": "El primero responde al poder de la resurrección, el segundo, al de la ascensión." En otras palabras, el uno constituye la gracia de la vivificación, el otro, de la dotación o revestimiento.

3.6. Ascensión.

En lo que respecta al proceso de impartir el Espíritu a Cristo, podemos notar tres grados: (1) Desde el momento de la concepción de Cristo, el Espíritu de Dios fue el Espíritu de Cristo, el poder vivificante y santificador por el cual el Señor Jesús entró en esta vida como el Hijo del hombre y vivió hasta el fin. (2) Con el correr de los años, comenzó una nueva relación con el Espíritu. El Espíritu de Dios se transformó en el Espíritu de Cristo en el sentido de que descansaba en El para la realización de su ministerio. (3) Después de su ascensión, el Espíritu se transformó en el Espíritu de Cristo en el sentido de ser impartido a otros.

El Espíritu vino a habitar en Cristo no sólo para sus propias necesidades, sino para que El pudiera impartirlo a todos los creyentes. (Cf. Juan 1:33, y note especialmente la palabra "reposa.") Después de la ascensión, el Señor Jesús hizo uso de la gran prerrogativa que le fue dada como Mesías: el derramamiento del Espíritu sobre otros (Hechos 2:33). (Cf. Apocalipsis 5:6.) De esa manera, el Señor Jesús da la bendición que El mismo ha recibido y gozado y nos hace copartícipes con El. Es así que no sólo leemos del don, sino también de la "comunión" del Espíritu Santo, es decir, de la participación en común de los privilegios y bendiciones relacionados con el recibimiento del Espíritu de Dios. No es sólo comunión de los creyentes entre sí, sino también con Cristo. Los discípulos reciben la misma unción que El recibió. Es cual el buen óleo sobre la cabeza de Aarón, que luego desciende sobre la barba y que baja hasta el borde de sus vestiduras. Todos los miembros del cuerpo de Cristo, como reino de sacerdotes, participan de la unción del Espíritu Santo que desciende desde Cristo, cabeza de ese cuerpo, y nuestro Gran Sumo Sacerdote que ha ascendido al cielo.

4. EL ESPIRITU SANTO EN LA VIDA DEL HOMBRE.

Esta sección concierne a las diversas operaciones del Espíritu Santo con relación a la persona.

4.1. Convicción.

En Juan 16:7-11, el Señor Jesús describe la obra del Consolador con relación al mundo. El Espíritu Santo procederá cual un fiscal, por así decirlo, tratando de obtener la declaración divina de culpabilidad contra los que rechazan a Cristo. Declarar culpable significa haber demostrado más allá de toda disputa verdades de otra manera puestas en duda o descartadas; haber probado más allá de toda duda la veracidad de los cargos hechos contra vida y conducta. Los hombres no comprenden realmente lo que es el pecado, la justicia o el juicio, y por lo tanto necesitan que se les convenza de las verdades espirituales. Por ejemplo, sería inútil argüir con una persona que declara que no puede ver belleza alguna en una rosa, pues esa incapacidad revela claramente falta de percepción de la belleza. El sentido de la belleza debe ser despertado dentro de él. Debe ser "convencido" de la belleza de la rosa. De igual manera, el alma y la mente oscurecidas no ven nada en las verdades espirituales hasta que no han sido despertadas por el Espíritu Santo. El Espíritu Santo convencerá al hombre de las siguientes verdades:

4.1.1. El pecado de incredulidad.

Cuando Pedro predicó el día de Pentecostés, no tuvo nada que decir con respecto a la vida licenciosa del pueblo, su mundanalidad y codicia; no entró en detalles con respecto a la vida depravada de la gente, con el propósito de avergonzarla. El pecado del que la acusó, y del que le mandó que se arrepintiera fue el de haber crucificado al Señor de gloria; el peligro del que advirtió a la gente fue el de rechazar al Señor Jesús frente a tal cúmulo de pruebas.

El pecado de la incredulidad es descrito aquí como el único pecado, porque, según las palabras de un erudito "donde él actúa, todos los demás pecados son retenidos y cuando él parte, todos los demás pecados desaparecen." Es la "madre de los pecados", porque produce nuevos pecados y porque es el pecado que está en contra del remedio para el pecado. El doctor Smeaton dijo en cierta oportunidad lo siguiente:

> A pesar de lo grande y peligroso que es este pecado, tal es la ignorancia que rodea al hombre, que la criminalidad de dicho pecado es completamente desconocida hasta el momento que el Espíritu Santo, el Consolador, lo revela en forma inequívoca. La conciencia puede convencer al hombre de los pecados ordinarios, pero nunca del pecado de la incredulidad. Sólo el Espíritu Santo puede revelar al hombre la enormidad de este pecado.

4.1.2. La justicia de Cristo.

"Y de justicia, por cuanto voy al Padre, y no me veréis más." Jesucristo fue crucificado como un malhechor y un impostor que engañaba al pueblo. Pero después del día de Pentecostés, el derramamiento del Espíritu Santo y la realización de milagros en su nombre convenció a miles de judíos de que Jesús no sólo era justo, sino que también era la única fuente celestial y el único camino de justicia. Por medio de Pedro, el Espíritu Santo les convenció que habían crucificado al Señor de Justicia (Hechos 2:36, 37) y les aseguró al mismo tiempo que había perdón y salvación en su nombre (Hechos 2:38).

4.1.3. El juicio de Satanás.

"Y de juicio, por cuanto el príncipe de este mundo ha sido ya juzgado." ¿Cómo se convence actualmente a la gente de que el crimen será juzgado y castigado? Por la aclaración del citado crimen y el castigo del criminal; en otras palabras, por una demostración de justicia. La cruz constituyó una demostración de la verdad de que el poder de Satanás sobre las vidas de los hombres había sido quebrantado y que había sido decretada su destrucción (Hebreos 2:14, 15; 1 Juan 3:8; Colosenses 2:15; Romanos 16:20). Satanás ha sido juzgado en el sentido de que la gran causa ha sido resuelta en su contra, de manera que no tiene derecho alguno de retener a los hombres en esclavitud, como sus súbditos. Por su muerte, Cristo ha liberado a todos los hombres del dominio de Satanás, y recae ahora sobre ellos aceptar esa liberación o no. El Espíritu Santo convence a los hombres de que son verdaderamente libres (Juan 8:36), de que han dejado de ser súbditos del tentador, de que ya no están sujetos a obedecerle, sino que son súbditos leales de Cristo, súbditos de buena voluntad en el día de su poder (Salmo 110:3).

Satanás manifestaba que tenía derecho de poseer a los hombres que habían pecado, y que el Juez justo los debía dejar en sus manos. El Mediador, por otra parte, apeló al hecho de que El había llevado la pena del hombre y había tomado su lugar, por lo tanto la justicia, lo mismo que la misericordia requerían que el derecho de conquista de Satanás fuera anulado y que se le diera el mundo a Jesús, el segundo Adán y Señor de todo. El veredicto le fue desfavorable al príncipe de este mundo y fue juzgado. El no puede mantener sus bienes en paz cuando aparece otro más fuerte (Lucas 11:21-22).

4.2. Regeneración.

La labor creadora del Espíritu Santo sobre el alma puede ser ilustrada por la labor creadora del Espíritu de Dios sobre el cuerpo del hombre en el comienzo. Trate de formarse un cuadro mental de la escena sugerida en Génesis 2:7. Dios toma el polvo de la tierra y forma el cuerpo. Y allí queda inanimado, inmóvil. Aunque está en el mundo, rodeado de belleza, no reacciona porque carece de vida. No oye, ni ve, ni entiende. Luego Jehová Dios "sopló en su nariz aliento de vida; y fue el hombre un ser viviente."

Inmediatamente se produjo una reacción en lo que respecta al mundo, vio sus bellezas y oyó sus sonidos.

Como ocurrió con el cuerpo, así también con el alma. El hombre está rodeado por el mundo del espíritu y por Dios que no está lejos de ninguno de nosotros (Hechos 17:27). Sin embargo, vive y actúa como si ese mundo no existiera porque está muerto, espiritualmente hablando, y por lo tanto no puede reaccionar ante ese mundo. Pero cuando el mismo Señor que vivificó el cuerpo vivifica el alma, la persona despierta al mundo espiritual y comienza a vivir una vida espiritual. Cualquiera que haya presenciado las reacciones de un verdadero convertido, después del acontecimiento experimental y fundamental conocido como el nuevo nacimiento, sabe que la regeneración no es simplemente una doctrina, sino también una realidad práctica.

4.3. Morada.

Lea Juan 14:17; Romanos 8:9; 1 Corintios 6:19; 2 Timoteo 1:14; 1 Juan 2:27; Colosenses 1:27; Juan 3:24; Apocalipsis 3:20.

Dios está siempre presente en todas partes. Ello constituye una necesidad. En El todos los hombres viven, se mueven y son. Pero morar significa que El está presente en una nueva forma, manteniendo una relación *directa* con la persona. Esa unión con Dios, denominada morada, es producida en realidad por la presencia de la Trinidad completa, como lo veremos al examinar los textos mencionados más arriba. Pero como es el ministerio especial del Espíritu Santo morar en el corazón de los hombres, la unión con Dios es denominada la morada del Espíritu Santo. Muchos eruditos en el estudio de la Biblia, que se adhieren a las enseñanzas fundamentales de la misma, sostienen que Dios impartió a Adán no solamente la vida mental y física, sino también el Espíritu para morar en su ser, Espíritu que el hombre perdió a causa del pecado. No solamente lo perdió en lo concerniente a él, sino también a sus descendientes. Esta ausencia del Espíritu Santo ha dejado al hombre en oscuridad espiritual y debilidad. Mediante las facultades de su entendimiento, la persona no convertida no puede saber las cosas que son del Espíritu de Dios (1 Corintios 2:14); en lo que respecta a la voluntad, no se puede sujetar a la ley de Dios (Romanos 8:7); en lo que respecta a la adoración, no puede llamar Señor a Jesús (1 Corintios 12:3); en lo que respecta a sus prácticas, no puede agradar a Dios (Romanos 8:8); en lo que respecta a carácter, no puede llevar frutos espirituales (Juan 15:4); con respecto a su fe, no puede recibir al Espíritu de verdad (Juan 14:17). Todo ello se debe a la ausencia del Espíritu, ausencia que deja al hombre en la muerte espiritual.

Mediante la fe y el arrepentimiento, el hombre se vuelve a Dios, y queda regenerado. La regeneración por el Espíritu encierra la unión con Dios y Cristo (1 Corintios 6:17), que se conoce como morada (Corintios 6:19). Esa morada del Espíritu, o la posesión del Espíritu por parte del hombre constituye el rasgo distintivo del cristiano del Nuevo Testamento. "Mas vosotros no vivís según la carne, sino según el Espíritu, si es que el Espíritu de Dios mora en vosotros. Y si alguno no tiene el Espíritu de Cristo, no es de él" (Romanos 8:9). (Cf. Judas 19.)

Al respecto dijo en cierta oportunidad el señor Smeaton:

> Debemos sostener, con la autoridad de las Sagradas Escrituras, que no solamente los dones del Espíritu son derramados en el corazón del creyente, sino que la persona del Espíritu Santo, que había dejado en ruinas el corazón del hombre, corazón que ya no era su templo, regresa para habitar de nuevo en los redimidos mediante su presencia personal, oculta e interior, que nuestras limitadas facultades en este estado transitorio no nos permiten comprender o estimar en todo su valor. Bástenos que el hecho es claramente enseñado en las Sagradas Escrituras, aunque seamos incapaces de apropiarnos de su significado, explicárnoslo a nosotros mismos o explicarlo a los demás.

Una de las definiciones más amplias de un cristiano es la siguiente: una persona en la cual mora el Espíritu Santo. Su cuerpo es templo del Espíritu Santo, en virtud de lo cual es santificado, de igual manera que el Tabernáculo por la presencia de Jehová en él. Es entonces llamado "santo" y se hace así su deber guardar la santidad del templo de su cuerpo. (Cf. 1 Corintios 6:19 y Romanos 12:1.)

4.4. Santificación.

En la regeneración, el Espíritu Santo efectúa un cambio fundamental en el alma, al impartir un nuevo principio de vida. Ello no implica, sin embargo, que el hijo de Dios es al instante perfecto. Siguen latentes las debilidades adquiridas y heredadas; es necesario vencer al mundo, a la carne y al diablo.

Puesto que el Espíritu Santo no obra de una manera mágica, sino en forma vital y progresiva, es gradualmente que el alma es renovada. Será necesario fortalecer la fe mediante numerosas pruebas. También debe fortalecerse el amor, para sobrevivir las penalidades y la tentación. Deberán vencerse los halagos del pecado y corregirse las tendencias y los hábitos.

Si el Espíritu de Dios hiciera una sola obra y luego partiera, el convertido con seguridad volvería a sus antiguos caminos. Pero el Espíritu Santo prosigue la buena obra comenzada. El evangelio, que fue el medio de nuestro nuevo nacimiento, continúa siendo el medio de crecimiento en nuestra vida cristiana. Los que han nacido de la incorruptible semilla de la Palabra de Dios (1 Pedro 1:23), deben desear "como niños recién nacidos, la leche espiritual, no adulterada, para que por ella crezcáis para salvación" (1 Pedro 2:2). Asimismo el Espíritu Santo actúa directamente sobre el alma, produciendo esas virtudes especiales del carácter cristiano conocidas como los frutos del Espíritu Santo (Gálatas 5:22, 23). La operación del Espíritu es progresiva, yendo "del corazón a la superficie, del interior al exterior, de la raíz de la vida a las manifestaciones de la vida, a las acciones y a las palabras. Al principio permite muchas cosas que son incompatibles con su naturaleza santa y luego, poco a poco, las ataca una tras otra, un año éstas, otro año aquéllas, entrando en detalles de una forma tan completa que sin dejar que nada escape a su influencia, un día todo el hombre, glorificado por el Espíritu, resplandecerá con la vida de Dios."

4.5. Revestimiento de poder.

En esta sección consideraremos los siguientes hechos, relativos al revestimiento de poder: su carácter general, su carácter especial, su evidencia inicial, su aspecto continuo y la forma de recibirlo.

4.5.1. Su naturaleza general.

Las secciones precedentes se han referido a la labor regenerativa y santificadora del Espíritu Santo. En esta sección estudiaremos otra forma de operación: su obra que vigoriza y activa. Esta última fase de la obra del Espíritu queda expresada en la promesa de Cristo que dice "Pero recibiréis poder, cuando haya venido sobre vosotros el Espíritu Santo, y me seréis testigos en Jerusalén, en toda Judea, en Samaria, y hasta lo último de la tierra" (Hechos 1:8).

(1) El rasgo distintivo más predominante de esta promesa es el poder para servicio y no para regeneración para la vida eterna. Toda vez que leemos que el Espíritu viene, descansa y desciende sobre el pueblo, o lo llena, la referencia nunca se relaciona con la obra salvadora del Espíritu, sino siempre con el poder para servicio cristiano.

(2) Estas palabras fueron dirigidas a hombres que gozaban ya de relación íntima con Cristo. Habían sido enviados a predicar, armados de poder espiritual para dicho propósito (Mateo 10:1). A ellos se les dijo: "Vuestros nombres están escritos en los cielos" (Lucas 10:20). Su condición moral fue descrita en las siguientes palabras: "Ya vosotros estáis limpios por la palabra que os he hablado" (Juan 15:3). La relación que había entre los discípulos y Cristo fue ilustrada por medio de la siguiente figura: "Yo soy la vid, vosotros los pámpanos" (Juan 15:5). Conocían al Espíritu Santo, el cual estaba con ellos (Juan 14:17). Habían experimentado el soplo del Cristo resucitado y le habían oído decir: "Recibid el Espíritu Santo." Juan 20:22.

Los hechos mencionados anteriormente demuestran que una persona puede estar en contacto con Cristo, y ser su discípulo, y sin embargo carecer de esa investidura especial de poder que se menciona en Hechos 1:8. Se puede objetar que todo esto se relaciona con los discípulos antes de Pentecostés, pero en Hechos 8:12-16, tenemos un ejemplo de personas que fueron bautizadas en Cristo, y quienes recibieron el don del Espíritu Santo algunos días después.

(3) Acompañaban el cumplimiento de esta promesa (Hechos 1:8) manifestaciones sobrenaturales (Hechos 2:1). De estas manifestaciones, la más

importante y corriente era la de hablar en otras lenguas en forma milagrosa. En Hechos 10:44, 46 y 19:1, se declara que esta forma sobrenatural de expresión acompañaba el recibimiento del poder espiritual. Esta misma verdad está implícita en otra ocasión (Hechos 8:14-19).

(4) Este revestimiento de poder se llama bautismo (Hechos 1:5). Cuando el apóstol Pablo declara que hay sólo un bautismo (Efesios 4:5), se refiere al bautismo literal o en agua. Tanto los judíos como los paganos practicaban el lavamiento ceremonial, y Juan el Bautista había administrado el bautismo de arrepentimiento, pero Pablo declara que hay ahora sólo un bautismo válido a los ojos de Dios, es decir, el administrado según la autoridad de Jesús y en el nombre de la Trinidad, en otras palabras, el bautismo cristiano.

Cuando se emplea el vocablo "bautismo" para describir un acontecimiento experimental de carácter espiritual en la vida del hombre, dicha palabra se usa en sentido figurado para describir inmersión en el poder del Espíritu, que vigoriza y activa. La palabra fue empleada por Cristo en sentido figurado para describir su inmersión en el mar del sufrimiento (Mateo 20:22).

(5) Este revestimiento de poder es conocido también como llenar con el Espíritu. Los que fueron bautizados con el Espíritu Santo en el día de Pentecostés fueron también llenos del Espíritu.

4.5.2. *Sus características especiales.*

Los hechos mencionados precedentemente nos llevan a la conclusión de que después de la conversión, y en adición a ésta, el creyente puede experimentar en su vida el recibimiento del poder, cuya venida es señalada por el milagroso acontecimiento de hablar lenguas desconocidas para el que habla.

Esta conclusión ha sido puesta en tela de juicio. Se afirma que hay muchos cristianos que conocen en forma experimental al Espíritu Santo en su poder santificador y regenerador y no han hablado en otras lenguas. En realidad el Nuevo Testamento nos enseña que uno no puede ser cristiano sin tener el Espíritu, que es lo mismo que decir, sin que el Espíritu more en uno. "Y si alguno no tiene el Espíritu de Cristo, no es de él" (Romanos 8:9). El contexto indica que el Espíritu de Cristo significa el Espíritu Santo. Además, esta verdad queda demostrada en 1 Pedro 1:11, donde el "Espíritu de Cristo" puede referirse sólo al Espíritu Santo. Apoyan la misma verdad las referencias siguientes: Romanos 5:5; 8:14, 16; 1 Corintios 6:19; Gálatas 4:6; 1 Juan 3:24; 4:13. Se afirma también que muchos obreros cristianos han experimentado unciones del Espíritu, por las cuales han estado en condiciones de ganar almas para Cristo y realizar otras labores cristianas, y sin embargo no han hablado en otras lenguas.

No se puede decir con éxito que una persona verdaderamente regenerada no tiene el Espíritu en el sentido real. Naturalmente, surge entonces la siguiente pregunta: ¿Qué hay de diferente y adicional en el acontecimiento descrito como el bautismo del Espíritu Santo? A esta pregunta, respondemos como sigue:

Hay un solo Espíritu Santo, pero muchas operaciones de ese Espíritu, de la misma manera que aunque hay una sola electricidad, hay muchas operaciones de la electricidad. La misma electricidad impulsa tranvías, ilumina nuestra casa, hace funcionar refrigeradores y realiza otras muchas tareas. De igual manera, el mismo Espíritu regenera, santifica, vigoriza y activa, ilumina e imparte dones especiales.

El Espíritu regenera la naturaleza humana en la crisis de conversión, y luego, como Espíritu de santidad dentro del hombre, produce los frutos del Espíritu, los cuales constituyen los rasgos distintivos del carácter cristiano. Los creyentes efectúan a veces una consagración especial y reciben la victoria sobre el pecado y el consiguiente ascenso a un plano de gozo y paz que ha sido denominado a veces "santificación" o "la segunda obra definitiva de la gracia".

Pero además de esas operaciones del Espíritu Santo, hay todavía otra, la cual tiene por objeto primordial vigorizar y activar la naturaleza humana a fin de prepararla para servir a Dios, y poner de manifiesto una expresión exterior de carácter sobrenatural. En forma general, Pablo se refiere a esta expresión exterior como "manifestación del Espíritu" (1 Corintios 12:7), quizá en contraste con las operaciones quietas y secretas del Espíritu. En el Nuevo Testamento, este acontecimiento se designa de la siguiente manera: Descenso, venida, derramamiento y ser lleno del Espíritu, expresiones que sugieren la idea de lo repentino y sobrenatural. Todos estos términos están relacionados con el acontecimiento conocido con el nombre de bautismo del Espíritu Santo (Hechos 1:5).

La operación del Espíritu descrita por estos términos es tan distinta de sus manifestaciones serenas y corrientes, que algunos eruditos en el estudio de las Sagradas Escrituras han acuñado una palabra para describirla. Esa palabra es "carismático" de la palabra griega "carisma" que significa don, y que frecuentemente se usa para expresar revestimiento especial de poder espiritual. El doctor A. B. Bruce, erudito presbiteriano dijo en cierta oportunidad:

> La obra del Espíritu fue considerada como trascendente, milagrosa y carismática. El poder del Espíritu Santo era un poder que venía desde afuera, y que producía efectos extraordinarios que llamaban poderosamente la atención hasta de un profano como Simón el mago.

Aunque reconoce que los cristianos de la iglesia primitiva creían también en las operaciones santificadoras del Espíritu (Cf. Hechos 16:14), y sus operaciones inspiradoras de fe, esperanza y amor en el pueblo, termina diciendo:

El don del Espíritu Santo llegó a significar... el poder para hablar en estado de éxtasis, para profetizar con entusiasmo y para sanar a los enfermos por medio de una palabra de oración.

El punto que queremos recalcar es el siguiente: El bautismo con el Espíritu Santo, el cual es un bautismo de poder, es carismático en lo que respecta a carácter, a juzgar por las descripciones de los resultados del acto de ser impartido.

Ahora, aunque admitimos francamente que los cristianos han nacido del Espíritu, que los obreros han sido ungidos con el Espíritu, mantenemos que no todos los cristianos han experimentado la operación carismática del Espíritu, seguida de una expresión repentina y sobrenatural en otras lenguas.

4.5.3. Su evidencia inicial.

¿Cómo sabemos cuándo una persona ha experimentado el recibimiento carismático del Espíritu Santo? En otras palabras, ¿cuál es la evidencia de que uno ha experimentado el bautismo del Espíritu Santo? No se puede resolver esta cuestión por las enseñanzas de los cuatro Evangelios, pues ellos contienen sólo profecías de la venida del Espíritu Santo y la profecía se aclara sólo mediante su cumplimiento. Tampoco podremos resolver la cuestión leyendo las epístolas, porque ellas contienen mayormente enseñanzas pastorales dirigidas a las iglesias establecidas donde el poder del Espíritu, con manifestaciones exteriores, era considerado como algo normal en la vida de cada creyente. Es por lo tanto evidente que el asunto debe ser resuelto por el libro de Hechos, el cual registra muchas ocasiones durante las cuales la gente recibió el Espíritu Santo. Al mismo tiempo, describe los resultados que siguieron.

Admitimos que no siempre que se menciona en el libro de Hechos el recibimiento del Espíritu, se hace referencia a los resultados. Pero cuando se describen los resultados, se registra siempre una expresión inmediata, sobrenatural y exterior, que convence no sólo al que recibe el Espíritu Santo, sino también a la gente que escucha de que un poder divino controla a la persona, y en todos los casos esa persona, en un estado de éxtasis, habla en un idioma que nunca aprendió.

¿Constituye esta declaración simplemente la interpretación particular de un grupo religioso, o es reconocida por otros? El doctor Rees, teólogo británico de ideas liberales dice al respecto:

El hablar en lenguas era el don más visible y popular de los primeros años de la iglesia primitiva. Parece haber sido el acompañamiento regular y la evidencia del descenso del Espíritu Santo sobre los creyentes.

El doctor G. B. Stevens, de la Universidad de Yale, escribe en su libro *Teología del Nuevo Testamento*, lo siguiente:

El Espíritu era considerado como un don especial que no siempre acompañó al bautismo y a la fe. Los samaritanos habían creído la Palabra de Dios y sin embargo no se les consideraba como poseedores del Espíritu Santo. Habían creído y se les había bautizado, pero fue sólo cuando Pedro y Juan pusieron las manos sobre ellos que recibieron el don del Espíritu. Evidentemente está implicado aquí un acontecimiento especial, o una dotación o recibimiento del mismo carácter.

Al comentar Hechos 19:1-7, escribe lo siguiente:

No sólo no recibieron el Espíritu Santo cuando creyeron, sino ni aun cuando fueron bautizados en el nombre de Cristo. Fue sólo cuando Pablo puso las manos sobre ellos que descendió el Espíritu Santo y hablaron en otras lenguas y profetizaron. Es evidente aquí que el don del Espíritu Santo es considerado sinónimo con el carisma extático (comunicación espiritual) de hablar en otras lenguas y profetizar.

El doctor A. B. Macdonald, ministro de la Iglesia Presbiteriana Escocesa dice al respecto:

La creencia de la iglesia en el Espíritu Santo surgió a raíz de haber experimentado ella tal acontecimiento. En los albores de la iglesia, los discípulos tuvieron conciencia del nuevo poder que obraba dentro de ellos. Al principio, la manifestación más extraordinaria era "el hablar en lenguas", el poder de expresión extática en una lengua no comprensible; y tanto los que estaban bajo ese poder como los que veían y oían sus manifestaciones estaban convencidos de que un poder de un mundo superior había descendido sobre sus vidas, dotándoles de capacidades de expresión y otros dones, lo que parecía ser algo diferente de la mera intensificación o elevación de los revestimientos que ellos ya poseían. Personas que hasta entonces no habían demostrado poseer nada de extraordinario, repentinamente eran capaces de pronunciar oraciones o discursos apasionados, o de pasar por estados sublimes de ánimo, durante los cuales era evidente que mantenían conversación con el Invisible.

Expresa además que el hablar en lenguas "parece haber sido lo que más llamaba la atención, y además era al principio la más característica de las manifestaciones del Espíritu."

¿Hay algún lugar en las Sagradas Escrituras del Nuevo Testamento donde se haga una distinción entre los que han recibido el bautismo del Espíritu Santo y los que no lo han recibido? El escritor anteriormente citado, A. B.

Macdonald, responde en sentido afirmativo. Señala al respecto que la palabra "simple oyente" de 1 Corintios 14:16, 23, que él traduce "cristiano particular", denota a las personas que se diferencian de los incrédulos por el hecho de que toman parte de la adoración hasta el punto de decir "amén". Asimismo se distinguen de los creyentes por el hecho de que no pueden tomar parte activa en las manifestaciones del Espíritu. Al parecer había una sección especial en el edificio de reunión para los "simples oyentes" (1 Corintios 14:16). Weymouth traduce la frase "simples oyentes" o "indocto" por la expresión "alguno que le falta el don." Por su parte, el léxico de Thayer da la siguiente definición de la misma palabra: "Uno que está destituido del don de lenguas; un cristiano que no es profeta." A su vez, Macdonald lo describe como "uno que espera, o se le mantiene esperando, hasta el momento decisivo cuando el Espíritu descenderá sobre él."

Sin tener en cuenta su denominación religiosa o la escuela de pensamiento teológico, eruditos capaces en el estudio de la Biblia admiten que el recibimiento del Espíritu Santo en la iglesia primitiva no constituía una ceremonia formal o teoría doctrinaria, sino un verdadero acontecimiento experimental. El canónigo Streeter dice que el apóstol Pablo pregunta a los gálatas si era por la ley o por el oír de la fe que recibieron el don del Espíritu Santo "como algo definido y tan fácil de observar, como por ejemplo, un ataque de gripe."

4.5.4. *Su aspecto continuo.*

El acontecimiento experimental calificado de "ser lleno del Espíritu" está relacionado con el pensamiento de poder para servicio. Se deben distinguir tres fases de este acontecimiento, a saber:

(1) El descenso inicial, cuando una persona es por primera vez bautizada con el Espíritu Santo.

(2) Una condición habitual es referida por las palabras "llenos de Espíritu Santo" (Hechos 6:3; 7:55; 11:24), palabras estas que describen la vida diaria de una persona espiritual, o uno cuyo carácter revela los frutos del Espíritu. La condición habitual es referida en la exhortación que dice: "Antes bien sed llenos del Espíritu" (Efesios 5:18).

(3) Descensos del Espíritu o unciones para ocasiones especiales. Pablo fue lleno del Espíritu Santo después de su conversión, pero en Hechos 13:9 se nos narra que Dios le dio un revestimiento especial del Espíritu con el cual podía resistir el poder maligno del mago. Pedro fue lleno del Espíritu Santo el día de Pentecostés, pero Dios le concedió una unción especial cuando estuvo delante del consejo judío (Hechos 4:8). Los discípulos habían recibido el bautismo del Espíritu Santo el día de Pentecostés, pero en respuesta a la oración, Dios les dio un revestimiento especial del Espíritu Santo para fortalecerles frente a la oposición de los dirigentes religiosos (Hechos 4:31). Al respecto, dijo el extinto F. B. Meyer:

Quizá usted sea una persona llena del Espíritu Santo en su familia, pero, antes de subir al púlpito, cerciórese que está especialmente dotado mediante una nueva recepción del Espíritu Santo.

4.5.5. La manera de su recepción.

¿Cómo puede uno recibir el bautismo de poder?

(1) Es esencial una actitud acorde con la voluntad de Dios. El primer grupo que experimentó el descenso del Espíritu Santo perseveraba unánime en oración y ruego (Hechos 1:14). Idealmente, uno debiera recibir el revestimiento del poder del Espíritu Santo inmediatamente después de la conversión, pero en realidad, hay ciertas circunstancias de una clase o de otra que puedan hacer necesaria la espera.

(2) La recepción del don del Espíritu Santo, después de la conversión, está relacionada con la oración de los obreros cristianos. El escritor de Hechos describe de la siguiente manera lo acontecido a los samaritanos convertidos, quienes habían ya creído y habían sido bautizados: "Los habiendo venido oraron por ellos para que recibiesen el Espíritu Santo... Entonces les imponían las manos, y recibían el Espíritu Santo" (Hechos 8:15, 17).

Weinel, teólogo alemán, hizo un profundo estudio de las manifestaciones espirituales durante la era apostólica. Nos dice que "lo que se podría denominar sesiones de inspiración se realizaban hasta bien avanzado el segundo siglo, aunque parezca raro a los extraños." El Espíritu, nos dice la citada autoridad, se le comunicaba a los convertidos por la imposición de manos y la oración, y producía señales y maravillas. "Las sesiones de inspiración" parecían ser servicios especiales para los que deseaban recibir el poder del Espíritu.

(3) La recepción del poder espiritual está relacionada con las oraciones unidas de la iglesia. Después que los cristianos de la iglesia de Jerusalén hubieran orado pidiendo confianza para predicar la Palabra, "el lugar en que estaban congregados tembló; y todos fueron llenos del Espíritu Santo..." (Hechos 4:31).

La expresión "el lugar tembló" indica que aconteció algo espectacular y sobrenatural, lo cual convenció a los discípulos de que el poder que descendió en el día de Pentecostés estaba todavía presente en la iglesia.

(4) Un derramamiento espontáneo del Espíritu Santo puede hacer, como ocurrió en algunos casos, innecesarios los esfuerzos o la oración, tal como ocurrió en la casa de Cornelio. En efecto, los que allí estaban congregados tenían ya el corazón purificado por la fe (Hechos 10:44; 15:9).

(5) Puesto que el bautismo de poder es descrito como un don (Hechos 10:45), el creyente debe rogar ante el trono de la gracia por la promesa de Jesús: "Pues si vosotros, siendo malos, sabéis dar buenas dádivas a vuestros

hijos, ¿cuánto más vuestro Padre celestial dará el Espíritu Santo a los que se lo pidan?" (Lucas 11:13).

Una cierta escuela de intérpretes de las Escrituras enseña que uno no debe pedir el Espíritu, por las siguientes razones: En Pentecostés, el Espíritu Santo vino a morar en forma permanente en la iglesia; desde entonces, todos los que son añadidos en la iglesia del Señor y bautizados en Cristo, pasan a ser, por estos hechos, participantes del Espíritu (1 Corintios 12:13).

Es verdad que el Espíritu Santo habita en la iglesia. Ello, sin embargo, no debe ser óbice para que el creyente lo pida y lo busque personalmente. Tal como lo dice el doctor A. J. Gordon, aunque el Espíritu fue dado de una vez por todas a la iglesia en el día de Pentecostés, ello no implica que todos los creyentes hayan recibido el bautismo del Espíritu Santo. El don de Dios requiere que uno se apropie de él. Dios dio (Juan 3:16), nosotros debemos recibir (Juan 1:12). Como pecadores, aceptamos a Cristo, como santos, aceptamos el Espíritu Santo. Así como hay fe en Cristo para la salvación, también hay fe en el Espíritu Santo para poder y consagración.

> En lo que respecta al día de Pentecostés, se trata de un hecho histórico, completo en sí mismo. En lo referente al bautismo del Espíritu Santo para los creyentes, se trata de un acontecimiento experimental que se puede repetir en cualquier momento. El circunscribir ciertas grandes bendiciones del Espíritu Santo al reino ideal llamado "Era apostólica", aunque pudiera parecer conveniente para escapar ciertas dificultades imaginarias, podría ser el medio de robar a los creyentes de algunos de sus derechos más valiosos derivados del pacto.

(6) Oración individual. Saulo de Tarso ayunó y oró tres días antes de ser llenado del Espíritu Santo (Hechos 9:9-17).

(7) Obediencia. El Espíritu Santo es aquél "el cual ha dado Dios a los que le obedecen" (Hechos 5:32).

4.6. Glorificación.

¿Estará el Espíritu Santo con el creyente en el cielo, o le dejará? La respuesta es que el Espíritu Santo en el creyente será "una fuente de agua que salte para *vida eterna*" (Juan 4:14). La morada del Espíritu Santo representa justamente el comienzo de la vida eterna, la cual será consumada en la vida venidera. "Porque ahora nos está más cerca nuestra salvación que cuando creímos", escribía Pablo. Estas palabras indican que sólo tenemos el comienzo de la salvación que será consumada en el porvenir. El Espíritu Santo representa el comienzo o primera parte de esta salvación completa. Esta verdad está expresada bajo tres ilustraciones:

4.6.1. Comercial.

Se describe al Espíritu Santo como "las arras de nuestra herencia, la redención de la posesión adquirida hasta para alabanza de su gloria" (Efesios 1:14; 2 Corintios 5:5). El Espíritu Santo es la fianza o la promesa de que nuestra liberación será completa. Es más aún que una promesa o fianza, es una entrega hecha por adelantado, como garantía de que el resto será dado.

4.6.2. Agrícola.

El Espíritu Santo constituye los primeros frutos de la vida futura (Romanos 8:23). Cuando los israelitas trajeron los primeros frutos de sus productos al templo de Dios, lo hacían en reconocimiento de que todo pertenecía a Dios, y la ofrenda de una parte simbolizaba la ofrenda del todo. El Espíritu Santo en los creyentes constituye los primeros frutos de la gloriosa cosecha futura.

4.6.3. Doméstica.

Así como a los niños se les da a veces a gustar algún manjar antes del banquete, también lo es con el Espíritu Santo. Los cristianos sólo "gustaron . . . los poderes del siglo venidero" (Hebreos 6:5). En Apocalipsis 7:17 leemos lo siguiente: "Porque el Cordero que está en medio del trono los . . . guiará a fuentes de aguas de vida." Notemos el plural en estas últimas palabras. En la vida venidera Cristo será el Dador del Espíritu, y aquel que hizo gustar por anticipado la bendición del Espíritu, guiará a sus seguidores a frescas fuentes del Espíritu y hacia lugares de gracia y riquezas espirituales desconocidos durante este peregrinaje terrenal.

4.7. Pecados contra el Espíritu.

Las operaciones llenas de gracia del Espíritu traen grandes bendiciones, pero ellas implican también grandes responsabilidades. Hablando en general, los creyentes pueden contristar o mentir a la persona del Espíritu Santo o apagar su poder (Efesios 4:30; Hechos 5:3, 4; 1 Tesalonicenses 5:19). Los incrédulos pueden blasfemar la persona del Espíritu Santo y resistir su poder (Hechos 7:51; Mateo 12:31, 32). El contexto en todos los casos explicará la naturaleza del pecado. El señor William Evans señala que "resistir está relacionado con la obra regeneradora del Espíritu; contristar, con la morada del Espíritu y apagar, con el revestimiento para servir"

5. LOS DONES DEL ESPIRITU

5.1. La naturaleza general de los dones.

Los dones del Espíritu Santo deben distinguirse del *don* del Espíritu Santo. Aquéllos describen las habilidades sobrenaturales impartidas por el *Espíritu* para ministerios especiales; este se refiere al derramamiento del Espíritu sobre el creyente, efectuado por el Cristo ascendido (Hechos 2:33).

Pablo habla de los dones del Espíritu ("espirituales" en el idioma griego), en su aspecto triple. Cada uno de esos aspectos es el siguiente: *Carismata*, o la variedad de dones impartidos por el Espíritu (1 Corintios 12:4, 7); *diakonai*, o las variedades de servicios efectuados en la causa del Señor, y *energemata*, o las variedades de poder de un Dios que opera en todas las cosas y por medio de ellas. Todos estos aspectos se califican con el nombre de "manifestaciones del Espíritu". El Espíritu es dado al hombre para provecho de todos.

¿Cuál es el propósito principal de los dones del Espíritu? Son capacitaciones de carácter espiritual para el fin de edificar la iglesia de Dios por medio de la instrucción de los creyentes y la salvación de los inconversos. Efesios 4:7-13. Pablo enumera nueve de esos dones en 1 Corintios 12:8-10, los cuales pueden clasificarse de la siguiente manera:

a. Los que imparten poder para *saber* en forma sobrenatural: palabra de sabiduría, palabra de ciencia y discernimiento de espíritus.

b. Los que imparten poder para *actuar* en forma sobrenatural: fe, operaciones de milagros y dones de sanidades.

c. Los que imparten poder para *hablar* en forma sobrenatural: profecía, géneros de lenguas e interpretación de lenguas.

Los dones son descritos como "la manifestación del Espíritu", que ha sido dada para "provecho", es decir, para beneficio de la iglesia. Aquí tenemos la definición bíblica de "manifestaciones del Espíritu", o en otras palabras la operación de cualquiera de los nueve dones del Espíritu.

5.2. *La variedad de dones.*

5.2.1. *Palabra de sabiduría.*

Por esta expresión se quiere decir el acto de expresar sabiduría. ¿Qué clase de sabiduría? Para determinar esto, Lo mejor será notar en que sentido se usa la palabra "sabiduría" en el Nuevo Testamento. Se aplica al arte de interpretar sueños y dar consejos sabios (Hechos 7:10); la inteligencia evidenciada en el descubrimiento del significado de algún número misterioso o visión (Apocalipsis 13:18; 17:9); habilidad en el manejo de asuntos (Hechos 6:3); prudencia devota en el trato con los que no pertenecen a la iglesia, los extraños (Colosenses 4:5); habilidad y discreción para impartir la verdad divina (Colosenses 1:28); el conocimiento y práctica de los requisitos para vivir una vida piadosa y justa (Santiago 1:5; 3:13, 17); conocimiento y habilidad en asuntos correspondientes, para el éxito de la defensa de la causa de Cristo (Lucas 21:15); conocimiento de las cosas divinas y de los deberes humanos, unido a una capacidad de expresarse con respecto a ellos y de interpretar y aplicar las Sagradas Escrituras (Mateo 13:54; Marcos 6:2; Hechos 6:10); la sabiduría e instrucción con las cuales Juan el Bautista y Jesús enseñaron a los hombres el plan de la salvación (Mateo 11:19).

En los escritos de Pablo, la "sabiduría" se aplica a lo siguiente: el conocimiento del plan divino previamente oculto, relativo a la provisión al hombre de la salvación, mediante la obra expiatoria de Cristo en la cruz del Calvario (1 Corintios 1:30; Colosenses 2:3). Por lo tanto, todos los tesoros de la sabiduría están ocultos en Cristo (Colosenses 2:3). La sabiduría de Dios está evidenciada asimismo en la formación y ejecución de sus consejos (Romanos 11:33).

La palabra de sabiduría, entonces, parecería significar habilidad sobrenatural de expresar sabiduría en los aspectos mencionados más arriba.

5.2.2. Palabra de ciencia.

La palabra de ciencia es la expresión de hechos, divinamente inspirada. ¿En que sentido es la expresión de hechos? Un estudio del uso que se hace en el Nuevo Testamento de la palabra "ciencia" nos proporcionará la respuesta. La mencionada palabra denota lo siguiente: la ciencia de Dios, tal como se nos ofrece en los Evangelios (2 Corintios 2:14), sobre todo en la exposición que el apóstol Pablo hace de esa ciencia (2 Corintios 10:5); la ciencia de las cosas que pertenecen a Dios (Romanos 11:33); inteligencia y entendimiento (Efesios 3:19); la ciencia o conocimiento de la fe cristiana (Romanos 15:14; 1 Corintios 1:5); una ciencia o conocimiento más profundo, más perfecto, más amplió de esta religión, tal como el que pertenece a los más avanzados (1 Corintios 12:8; 13:2, 8; 14:6; 2 Corintios 6:6; 8:7; 11:6); la ciencia más elevada de las cosas cristianas y divinas, de las cuales los falsos maestros se jactan (1 Timoteo 6:20); ciencia de carácter moral, tal como la que se ve en la manera justa de vivir (2 Pedro 1:5); y con relación a otros (1 Pedro 3:7) ciencia relativa a cosas divinas y deberes humanos (Romanos 2:20; Colosenses 2:3).

¿Cuál es la diferencia entre la sabiduría y la ciencia? De acuerdo con lo expresado por un erudito en el estudio de las Sagradas Escrituras, ciencia significa penetrar en el conocimiento de las cosas divinas, mientras que sabiduría es la habilidad que regula la vida cristiana de acuerdo con los principios que constituyen su fundamento. El léxico de Thayer dice que siempre que aparecen juntas las palabras "ciencia" y "sabiduría", aquélla parece indicar ciencia en sí misma, mientras que esta parece manifestar también ciencia pero expresada en acción.

5.2.3. Fe.

(Weymouth traduce así: "fe especial.") Esta fe debe distinguirse de la fe que salva, y de la confianza en Dios sin la cual es imposible agradarle (Hebreos 11:6). Es verdad que la fe salvadora es descrita como un don (Efesios 2:8), pero en este pasaje la palabra "don" se usa en contraposición con obras, mientras que 1 Corintios 12:9 la palabra empleada significa un revestimiento especial del poder del Espíritu. ¿Cuál es el don de fe? Donald Gee lo describe de la siguiente manera:

> . . . una cualidad de fe, a veces denominada por nuestros antiguos teólogos como la "fe de milagros". Parecería que desciende sobre ciertos siervos de Dios en épocas de crisis especiales u oportunidades, mediante un poder tan extraordinario que son levantados aún del reino de la fe natural y ordinaria en Dios, y

reciben en sus almas la seguridad divina que triunfa sobre todo ... Posiblemente la misma cualidad de fe constituye el pensamiento del Señor cuando dice en Marcos 11:22, "tened fe en Dios" ("tened la fe de Dios", según el original griego.) Fue de esa peculiar cualidad de fe que el Señor dijo que un grano de ella removería una montaña (Mateo 17:20). Una partícula tan sólo de esa fe divina que es un atributo del Todopoderoso, arrojada en el alma del hombre ¡qué milagros puede producir!

Ejemplos de la operación del don: 1 Reyes 18:33-38; Hechos 3:4-9.

5.2.4. Dones de sanidades.

Decir que una persona tiene los dones (nótese el plural, indicando quizás una variedad de sanidades), significa que esa persona es usada por Dios para ministrar salud en forma sobrenatural a los enfermos, mediante la oración. Parece ser un don-señal, especialmente valioso para el evangelista para atraer la atención de la gente hacia el evangelio (Hechos 8:6, 7; 28:8-10). No debemos creer que el poseedor del don (o la persona poseída del don) tiene poder para sanar a todos. Hay excepciones que se relacionan directamente con la soberanía de Dios y con la actitud de la persona enferma y su condición espiritual. Hasta Cristo se vio limitado en su ministerio de obrar milagros por la incredulidad de la gente (Mateo 13:58).

La persona enferma no tiene necesidad de depender exclusivamente para la sanidad, de la persona que posee el don. Todos los creyentes en general, y los ancianos de la iglesia en particular, están investidos de poder para orar por los enfermos (Marcos 16:18; Santiago 5:14).

5.2.5. Operaciones de milagros.

Es la facultad de obrar milagros. Literalmente "operaciones de poder". La palabra clave es "poder". (Cf. Juan 14:12; Hechos 1:8.) Los milagros "especiales" en Efeso constituyen una ilustración de la operación del don (Hechos 19:11, 12; 5:12-15).

5.2.6. Profecía.

La profecía, en general, es la expresión inspirada por el Espíritu de Dios. La profecía bíblica puede ser la revelación, mediante la cual el profeta proclama un mensaje previamente recibido por medio de un sueño, una visión, o por medio de la Palabra del Señor. O puede ser también una expresión extática e inspirada, bajo el impulso del momento. Tenemos en las Escrituras muchos ejemplos de ambas formas. La profecía estática e inspirada puede tomar la forma de exaltación o adoración de Cristo, o de un consejo de carácter exhortativo, o de consuelo inspirado o de un medio para infundir ánimo en los creyentes.

— J. R. Flower.

La profecía se distingue de la predicación común en que mientras ésta es el producto generalmente del estudio de la revelación existente ya, la profecía es el resultado de una espontánea inspiración espiritual. No está destinada a suplantar la predicación o la enseñanza, sino a complementarlas mediante el toque de inspiración.

La posesión del don constituye "profeta" a la persona. (Cf. Hechos 15:32; 21:9, 10; 1 Corintios 14:29.) El propósito del don de profecía del Nuevo Testamento está expresado en 1 Corintios 14:3: el profeta edifica, exhorta, y consuela a los creyentes.

La inspiración que se manifiesta en el don de profecía no es en el mismo nivel que la inspiración en las Escrituras. Esto queda indicado en el hecho de que se instruye a los creyentes a probar o juzgar los mensajes proféticos. (Cf. 1 Corintios 14:29.) ¿Por qué debemos probarlos o juzgarlos? Por una razón, porque hay la posibilidad de que el espíritu humano (Jeremías 23:16; Ezequiel 13:2, 3), mezcle su mensaje con el mensaje del Espíritu divino. 1 Tesalonicenses 5:19, 20 trata de la operación del don de profecía. Los moderados tesalonicenses habían ido tan lejos en lo que respecta a dudar de estos mensajes (v. 20), que se hallaban en peligro de apagar el Espíritu (v. 19); pero Pablo les aconseja examinar los mensajes (v. 21), retener lo bueno (v. 21), y apartarse de toda apariencia de mal (v. 22).

¿Debe darse la interpretación o la profecía en primera persona, por ejemplo: "Yo soy el Señor, que os hablo a vosotros, mi pueblo"? La pregunta es de mucha importancia, porque la cualidad de ciertos mensajes ha hecho que la gente se pregunte si era el Señor realmente el que así hablaba. La respuesta puede depender de nuestro punto de vista sobre el modo de la inspiración.

¿Es *mecánica*, es decir, emplea Dios al portavoz como nosotros un megáfono? ¿Adopta la persona una actitud pasiva, transformándose simplemente en un vocero? ¿O es el método *dinámico*? ¿Aviva Dios en forma sobrenatural el espíritu del hombre (nótese: "Mi espíritu ora" [1 Corintios 14:14]), capacitando a la persona para hablar el mensaje divino en términos más allá de la esfera natural de las facultades mentales?

Si Dios inspira de acuerdo con el método mencionado en primer término, será naturalmente empleada la primera persona. Pero de acuerdo con el segundo método, el mensaje sería dado en la tercera persona, por ejemplo: "El Señor desea que su pueblo levante los ojos y sea consolado."

Muchos experimentados obreros del Señor creen que la interpretación y los mensajes proféticos debieran darse en la tercera persona. (Cf. Lucas 1:67-69.)

5.2.7. *Discernimiento de espíritus.*

Hemos visto que puede haber inspiración falsa, la obra de espíritus seductores o del espíritu humano. ¿Cómo se puede notar la diferencia? Por el don de discernimiento de espíritus, que capacita al poseedor para determinar si el profeta habla o no por el Espíritu de Dios. El don capacita al poseedor de ver, a través de todas las manifestaciones exteriores, y conocer la verdadera naturaleza de una inspiración. El don de discernimiento de espíritus puede ser examinado mediante otras dos pruebas, a saber: la prueba doctrinal (1 Juan 4:1-6); y la práctica (Mateo 7:15-23).

Para obtener algunas ilustraciones de la obra de este don, vea Juan 1:47-50; Juan 3:1-3; Juan 2:25; 2 Reyes 5:20-26; Hechos 5:3; 8:23; 16:16-18. Estas referencias indican que el don capacita a uno para discernir el carácter espiritual de una persona. Se debe distinguir este don de la facultad natural que permite penetrar en la naturaleza humana, y sobre todo, de un espíritu de crítica.

5.2.8. *Lenguas.*

"Géneros de lenguas." El don de lenguas es el poder de hablar en forma sobrenatural en un idioma jamás aprendido por el que habla. Ese idioma es hecho comprensible para los oyentes mediante el don de interpretación, igualmente sobrenatural. Parece que hay dos clases de mensajes en lenguas: primera, una alabanza extática dirigida sólo a Dios (1 Corintios 14:2), y segunda, un mensaje definido para la iglesia (1 Corintios 14:5). Se debe hacer una distinción entre lenguas como señal y lenguas como don. Aquéllas son para todos (Hechos 2:4), estas no (1 Corintios 12:30).

5.2.9. *Interpretación de lenguas.*

Al respecto, dijo el señor Donald Gee:

> El propósito de este don de interpretación es hacer que las expresiones extáticas e inspiradas por el Espíritu Santo, las cuales han sido pronunciadas en una lengua desconocida para la vasta mayoría presente, sean comprendidas por el entendimiento general de todos, repitiéndolas con claridad en el lenguaje común del pueblo reunido.

Se trata puramente de una operación espiritual. El mismo Espíritu Santo que inspira el hablar en otras lenguas, por lo cual las palabras expresadas fluyen del espíritu más bien que del intelecto, es capaz de inspirar también la interpretación. La interpretación, por lo tanto, es inspirada, extática, espontánea. Así como la expresión oral, cuando se habla en lenguas, no está concebida en la mente, tampoco la interpretación emana del intelecto del hombre, sino de su espíritu.

Notemos que el don de lenguas, acompañado de interpretación, equivale a profecía (1 Corintios 14:5). ¿Por qué no debemos entonces estar contentos sólo con la profecía? Porque las lenguas constituyen una "señal" para los incrédulos (1 Corintios 14:22).

> *Nota.* Se ha sugerido que los ministerios enumerados en Romanos 12:6-8 y 1 Corintios 12:28, debieran incluirse también en la clasificación de carismáticos, ampliando de esta manera la

esfera de los dones espirituales para incluir todos los ministerios inspirados por el Espíritu Santo.

5.3. *La regulación de los dones.*

El rayo que derriba los árboles, incendia las casas y destruye a la gente, es de la misma naturaleza que la electricidad que opera tan suavemente por medio de una central eléctrica. La diferencia reside más bien en un asunto de gobierno o manejo. En 1 Corintios 12, Pablo ha revelado los enormes recursos espirituales de poder disponibles para la iglesia; en el capítulo 14 el apóstol exhibe los medios de gobierno por los cuales este poder será regulado, a fin de que edifique más bien que destruya a la iglesia. La instrucción era necesaria, pues la lectura de este capítulo nos revelará que en algunas reuniones reinaba el desorden debido a la falta de conocimiento de las manifestaciones espirituales. El capítulo 14 da a conocer los siguientes principios para una regulación de tal naturaleza:

5.3.1. *Valor proporcional.*

V. 19. Los corintios habían perdido el sentido del equilibrio en lo que respecta al don de lenguas, sin duda debido a su naturaleza espectacular, pero Pablo les recuerda que la interpretación y la profecía son necesarias para que el pueblo tenga un conocimiento inteligente de lo que se ha dicho.

5.3.2. *Edificación.*

El propósito de los dones es la edificación de la iglesia, alentando a todos los creyentes y convirtiendo a los que no son salvos. Pero, dice Pablo, si un extraño entra en la iglesia y no oye otra cosa que lenguas sin interpretación, llegará a la conclusión, y con razón, que la gente está demente. Versículos 12 y 23.

5.3.3. *Sabiduría.*

V. 20. "Hermanos, no seáis niños en el modo de pensar." En otras palabras, "usad vuestro sentido común."

5.3.4. *Dominio de sí mismo.*

V. 32. Algunos corintios podían formular la siguiente protesta: "No podemos permanecer callados. Si el Espíritu de Dios desciende sobre nosotros, *tenemos* que hablar." Pablo, por su parte, les responde: "Y los espíritus de los profetas están sujetos a los profetas." En otras palabras, el que posee el don de lenguas puede gobernar su expresión y hablar sólo a Dios, cuando tal gobierno del don es aconsejable.

5.3.5. *Orden.*

V. 40. "Pero hágase todo decentemente y con orden." El Espíritu Santo, el gran Diseñador de todo lo bello del universo, no inspirará ciertamente aquello que es desordenado o que provoca reproche. Cuando el Espíritu Santo comienza a operar con poder, la gente experimentará un despertar y se conmoverá, y los que han aprendido a rendirse al Espíritu, no deberán crear escenas poco edificantes.

5.3.6. *Aptitud para aprender.*

Uno puede deducir de los Versículos 36 y 37 que algunos de los corintios se habían ofendido a raíz de las críticas de algunos de sus dirigentes.

Nota 1. El capítulo 14 de la primera epístola a los corintios indica que hay un poder que debe ser gobernado, o sobre el cual se debe ejercer supervisión. De otra manera, el capítulo no tendría significado alguno para una iglesia que no experimentara las manifestaciones del Espíritu. Es cierto que los corintios se habían apartado de la senda en lo que respecta a los dones espirituales, pero al mismo tiempo, es necesario afirmar que había una senda de la cual se habían apartado. Si Pablo hubiera procedido como ciertos críticos modernos, les hubiera quitado la senda. Pero no lo hizo así, sino que los puso de nuevo en el buen camino, en la buena senda.

Cuando la iglesia de los siglos segundo y tercero reaccionó contra algunas extravagancias, se fue hasta el extremo opuesto, dejando muy poco lugar para las manifestaciones del Espíritu. Pero eso es sólo una parte de la explicación del enfriamiento de la iglesia, y la cesación general de las manifestaciones espirituales. Muy temprano en la historia de la iglesia, comenzó un proceso destinado a centralizar la organización y a credos estrictamente obligatorios, que bajo ningún pretexto se podían dejar de lado o violarse. Aunque todo esto era necesario como una defensa contra los cultos falsos, tendió al mismo tiempo a reprimir los impulsos libres del Espíritu Santo y a hacer del cristianismo un asunto de rectitud dogmática más que de vitalidad espiritual.

Escribió en cierta oportunidad el doctor W. T. Rees:

En el siglo primero, el Espíritu Santo era conocido por sus manifestaciones, pero en el siglo segundo y después, el Espíritu Santo fue conocido a través de los reglamentos de la iglesia, y cualquier fenómeno espiritual que no estuviera de acuerdo con esos reglamentos, era atribuido a los malos espíritus.

Las mismas causas han dado como resultado que en la época moderna se descuide la doctrina y obra del Espíritu Santo, descuido que es reconocido y deplorado por muchos dirigentes religiosos.

Sin embargo, la corriente del Espíritu Santo jamás ha dejado de atravesar todos los obstáculos, indiferencia y formalismo, y de operar con poderes de avivamiento.

Nota 2. Uno debiera diferenciar entre *manifestaciones y reacciones.* Por ejemplo, la luz de la lamparilla eléctrica constituye una *manifestación* de la electricidad; corresponde a la naturaleza de la electricidad manifestarse como una luz. Pero cuando una persona toca un cable cargado de corriente eléctrica y deja oír un grito ensordecedor, no podemos calificar ese grito de manifestación de la electricidad, porque no corresponde a la naturaleza de la electricidad manifestarse con voz audible. Lo que se oyó fue la *reacción* de la persona al poder de la electricidad. Naturalmente la reacción estará condicionada por el carácter de la persona y por su temperamento. Algunas personas que se saben dominar muy bien harán apenas un gesto, sin pronunciar palabra alguna al ser tocados por la electricidad.

Apliquemos esta regla al poder espiritual. Las operaciones de los dones en 1 Corintios 12:7-10 se describen en el lenguaje bíblico como manifestaciones del Espíritu. Pero muchas acciones comúnmente denominadas "manifestaciones" son realmente las *reacciones* a los impulsos del Espíritu. Nos referimos a acciones tales como gritar, llorar, levantar los brazos y otras.

¿Qué valor práctico hay en el conocimiento de esa distinción? (1) Nos capacitará para honrar y reconocer la obra del Espíritu Santo sin responsabilizar al Espíritu Santo de todo lo que puede ocurrir en una reunión. Los críticos, pasando por alto la distinción a que nos referimos, arriban a la incorrecta conclusión de que porque las acciones de las personas quizá no sean elegantes o "estéticas", no están bajo la inspiración del Espíritu. Esos críticos podrían ser comparados con una persona que, viendo los gestos de alguien que ha tocado un cable cargado de electricidad, exclama disgustado: "La electricidad no actúa de esa manera." El choque directo del Espíritu Santo es de una naturaleza tan conmovedora, que el débil ser humano debiera ser perdonado por no comportarse con la calma e indiferencia que lo haría bajo el impulso de una brisa suave. (2) El conocimiento de la distinción alentará naturalmente a uno a reaccionar a los impulsos del Espíritu de una manera que glorificará siempre a Dios. Ciertamente sería tan injusto criticar las extravagancias de un recién convertido, como sería criticar los inciertos pasos y las caídas del niño que apenas comienza a caminar. Pero al mismo tiempo, y a juzgar por el contenido de 1 Corintios 14, es evidente que Dios quiere que su pueblo reaccione a los impulsos del Espíritu de una manera inteligente, edificante y disciplinada. "Procurad abundar en ellos [los dones] para edificación de la iglesia" (1 Corintios 14:12).

5.4. *La recepción de los dones.*

Dios es soberano en lo que respecta al otorgamiento de los dones. Es El quien decide con respecto a que clase de don será impartido. El puede impartir el don sin intervención alguna de parte del ser humano, y aun sin que la persona lo haya pedido. Pero por lo general, Dios opera en cooperación con el hombre, y hay algo que el hombre puede hacer al respecto. ¿Qué se requiere de los que recibirán los dones?

5.4.1. *Sometimiento a la voluntad de Dios.*

La actitud que debe prevalecer es la siguiente: No lo que no quiero, sino lo que El quiere. Quizá nosotros deseamos algún don espectacular. Es posible que el Señor decida otra cosa.

5.4.2. *Ambición santa.*

"Procurad los dones espirituales" (1 Corintios 12:31; 14:1). A menudo la ambición ha sido dirigida hacia fines equivocados y perjudiciales, pero ello no impide que nosotros la consagremos al servicio de Dios.

5.4.3. *Deseo profundo.*

El deseo profundo de recibir los dones conducirá naturalmente a la oración, pero siempre en sumisión a Dios. (Cf. Reyes 3:5-10; 2 Reyes 2:9, 10.)

5.4.4. *Fe.*

"¿Debemos esperar en oración para recibir determinados dones?" alguien preguntó en cierta oportunidad. Puesto que los dones espirituales son "instrumentos" para la edificación de la iglesia, parece más razonable comenzar a trabajar para el Señor y luego confiar en El para la recepción del don necesario para una labor particular. De esta manera, el maestro de la Escuela Dominical confiará en Dios para que le sea impartido el don necesario para el maestro; de igual manera ocurrirá con el pastor, el evangelista y el miembro laico. Una buena manera de asegurarse un cargo es estar preparado para trabajar. Una buena manera de recibir los dones es desempeñando nuestras tareas para Dios en vez de sentarnos con los brazos cruzados esperando que el don descienda del cielo.

5.4.5. *Rendición.*

El fuego de la inspiración puede ser apagado (1 Tesalonicenses 5:19), por la negligencia. De ahí la necesidad de avivar el don que está en nosotros (2 Timoteo 1:6; 1 Timoteo 4:14).

5.5. *La prueba de los dones.*

Las Escrituras admiten la posibilidad de la existencia de inspiración demoniaca como asimismo de supuestos mensajes proféticos que se originan en el espíritu de uno. Se ofrecen las siguientes pruebas, por las cuales uno puede distinguir la verdadera inspiración de la falsa.

5.5.1. *Lealtad a Cristo.*

En circunstancias que Pablo se encontraba en la ciudad de Efeso, recibió una carta procedente de la iglesia de Corinto, en la que se le hacían ciertas preguntas, una de ellas relativa a los dones espirituales. En l Corintios 12:3, se nos sugiere una razón probable para la pregunta. Durante una de las reuniones, cuando estaba en operación el don de profecía, se oyó una voz que decía: "¡Jesús es anatema!" Es posible que algún adivino pagano o alguno que asistía devotamente al templo hubiera concurrido a la reunión de los creyentes, y cuando el poder del Espíritu Santo descendió sobre los cristianos, estos paganos se rindieron al gobierno demoniaco y al escuchar de labios de los creyentes la confesión de "¡Jesús es Señor!" reaccionaron con el grito opositor de "¡Jesús es anatema!" Casos similares se han producido en las misiones modernas de la China y otros países.

El apóstol Pablo explica inmediatamente a los perplejos y afligidos corintios que hay dos clases de inspiración, una divina y la otra demoniaca, y explica asimismo la diferencia. Les recuerda los impulsos y éxtasis demoniacos que habían experimentado o presenciado en algunos templos idólatras y señala al mismo tiempo que esta inspiración conduce a la adoración de ídolos. (Cf. 1 Corintios 10:20.) Por otro lado, el Espíritu de Dios inspira a la gente a confesar al Señor Jesús. "Por tanto os hago saber, que nadie que hable por el Espíritu de Dios llama anatema a Jesús; y nadie puede llamar a Jesús Señor, sino por el Espíritu Santo." (1 Corintios 12:3). (Cf. Apocalipsis 19:10; Mateo 16:16, 17; 1 Juan 4:1, 2.)

Naturalmente ello no significa que una persona no pueda repetir como un loro que Jesús es Señor. El significado es que ninguno puede expresar *la convicción profunda del corazón* de la deidad de Jesús sin la iluminación del Espíritu Santo. (Cf. Romanos 10:9.)

5.5.2. *La prueba práctica.*

Los corintios eran personas espirituales en el sentido de que desplegaban un gran interés en los dones espirituales (1 Corintios 12:1; 14:12). Pero aunque se glorificaban en el poder enérgico que vigoriza y activa, parecía que les faltaba el poder santificador. En efecto, fomentaban divisiones; la iglesia toleraba un caso de execrable inmoralidad; un hermano demandaba a otro ante las autoridades; algunos estaban volviéndose a las prácticas paganas y otros habían participado de la Santa Cena en estado de ebriedad.

Podemos estar seguros de que el apóstol no juzgó a esos convertidos demasiado severamente, recordando el abismo de iniquidad del cual habían sido rescatados y las tentaciones que les rodeaban. Pero al mismo tiempo creyó oportuno recalcar la verdad de que, sin restar la importancia que tenían los dones espirituales, el carácter cristiano y la vida justa debían ser el objetivo supremo de sus esfuerzos. Después de animarlos a procurar los mejores dones (1 Corintios 12:31), el apóstol añade: "Mas yo os muestro un camino aun más excelente." Luego sigue su sublime discurso sobre el amor divino, diadema del carácter.

Pero aquí mismo debemos hacer una cuidadosa distinción entre las cosas que difieren. Los que se oponen al hablar en lenguas, quienes, dicho sea de paso, adoptan una actitud contraria a las enseñanzas de las Sagradas Escrituras (1 Corintios 14:39), afirman que la gente haría mejor en buscar el amor que es el don supremo. Esas personas están en un error. El amor no es un don sino un fruto del Espíritu. El fruto del Espíritu es el desarrollo progresivo de la vida cristiana implantada en la regeneración, mientras que los dones pueden ser otorgados repentinamente en cualquier creyente lleno del Espíritu Santo, en cualquier época de la vida de ese creyente. El fruto del Espíritu está relacionado con el poder santificador del Espíritu Santo, mientras que los dones implican su poder enérgico.

Sin embargo, no se cometerá error alguno al insistir respecto de la supremacía del carácter cristiano. Aunque parezca extraño, constituye un hecho demostrado que algunas personas imperfectas en lo que a santidad respecta pueden exhibir manifestaciones de los dones. Pero debemos reflexionar sobre lo siguiente: (l) El bautismo en el Espíritu Santo no hace a una persona inmediatamente perfecta. El revestimiento de poder es una cosa. La madurez en las gracias cristianas es otra. Tanto el nuevo nacimiento como el bautismo con el Espíritu Santo son dones de la gracia de Dios y revelan su gracia hacia nosotros. Quizá sea aún necesaria la santificación personal que viene por medio de la operación del Espíritu Santo, el cual desarrolla la gracia de Dios dentro de nosotros. (2) La operación del don no tiene poder santificador. Balaam hizo uso del don de profecía, cuando en la profundidad de su corazón deseaba traicionar al pueblo de Dios por dinero. (3) Pablo nos habla con toda claridad de que es posible poseer los dones sin poseer amor.

El que una persona ejercite los dones sin poseer amor, puede tener serias repercusiones en la vida de esa persona. En primer lugar, será una verdadera piedra de tropiezo para los que conocen su verdadero carácter; en segundo lugar, los dones no le serán de provecho alguno. Ni las manifestaciones espirituales, por grandes que sean, ni el celo en el ministerio, ni los resultados halagüeños del ministerio podrán compensar la falta de santidad personal (Hebreos 12:14).

5.5.3. *La prueba doctrinal.*

El Espíritu Santo ha venido para operar en la esfera de la verdad que se relaciona con la deidad de Cristo y su obra expiatoria. No se puede pensar ni por un momento que el Espíritu Santo vaya a contradecir lo que ha sido revelado ya por Cristo a sus apóstoles. Por lo tanto, cualquier profeta que, por ejemplo, negara la encarnación de Cristo, no puede hacerlo por el Espíritu de Dios (1 Juan 4:2, 3).

6. *EL ESPIRITU EN LA IGLESIA*

6.1. *El advenimiento del Espíritu.*

El Salvador vivió antes de su encarnación y continuó viviendo después de su ascensión. Pero durante ese período intermedio, el Señor realizó lo que podemos denominar su misión "temporal" para cuyo cumplimiento vino a este mundo, y después de haberla cumplido, retornó a su Padre. De igual manera el Espíritu Santo vino al mundo en una época señalada, para una misión definida y dejará el mundo cuando su misión haya sido cumplida. El

Espíritu Santo vino al mundo no sólo para un propósito señalado, sino también por un tiempo señalado.

Hay tres períodos principales en las Escrituras, referentes al plan divino, y los cuales corresponden a las tres personas de la Trinidad. El Antiguo Testamento es el período que corresponde al Padre; el ministerio terrenal de Cristo es el período que corresponde al Hijo y la época comprendida entre la ascensión de Cristo y su segunda venida constituye el período que corresponde al Espíritu Santo. El ministerio del Espíritu Santo continuará hasta la venida de Jesús, después de lo cual comenzará otro período. El nombre característico del Espíritu Santo durante este período es Espíritu de Cristo.

La Trinidad completa coopera en la amplia manifestación de Dios durante los grandes períodos. Cada uno efectúa un ministerio terrenal: el Padre desciende en el Monte Sinaí, el Hijo desciende en la encarnación y el Espíritu Santo desciende en el día de Pentecostés. El Padre ensalza al Hijo desde el cielo (Mateo 3:17), el Hijo ensalza al Espíritu Santo (Apocalipsis 2:11) y el Espíritu Santo testifica del Hijo (Juan 15:26). Así como Dios el Hijo cumple la obra de Dios el Padre para los hombres, también el Espíritu cumple la obra de Dios el Hijo para los hombres.

John Owen, teólogo del siglo xvii, señala que a través de los siglos se han puesto a prueba las doctrinas fundamentales con respecto a las tres personas de la Trinidad. Antes del advenimiento de Cristo predominaba la doctrina fundamental con respecto a la unidad de Dios, Creador y Gobernador de todo. Después de la venida de Cristo, la cuestión predominante era si una iglesia que creyera esa doctrina iba ahora a recibir al Hijo divino, encarnado, sacrificado, resucitado y ascendido, de acuerdo con la promesa. Y cuando fue superada esa prueba, lo cual dio como resultado la formación de la iglesia de creyentes cristianos, el Espíritu Santo descendió para ocupar un lugar de prominencia como la piedra de toque de la verdadera fe. "El pecado de despreciar la persona del Espíritu Santo y rechazar su obra, es hoy de la misma naturaleza que la idolatría de épocas pretéritas y que el rechazo de parte de los judíos de la persona del Hijo."

Así como el eterno Hijo se encarnó en el cuerpo humano en su nacimiento, también el eterno Espíritu se encarnó en la iglesia, la cual es su cuerpo. Esto ocurrió el día de Pentecostés, "el cumpleaños del Espíritu." Lo que la cuna fue para Cristo encarnado, el aposento alto fue para el Espíritu. Notemos lo que ocurrió en ese día memorable.

6.1.1. *El nacimiento de la iglesia.*

"Cuando llegó el día de Pentecostés." Pentecostés era una fiesta del Antiguo Testamento que ocurría cincuenta días después de la Pascua, por cuya razón se le denomina "Pentecostés", que significa "cincuenta". (Cf. Levítico 23:15-21.) Notemos la posición que tiene en el calendario festivo. (1) Primero venía la fiesta de la Pascua, la cual conmemoraba la liberación de Israel de tierra de Egipto, en la noche cuando el ángel de la muerte dio muerte a los primogénitos de Egipto, mientras que el pueblo de Dios comía el cordero en las casas selladas con la sangre. Este cuadro es típico de la muerte de Cristo, el Cordero de Dios, cuya sangre nos protege del juicio de Dios. (2) El sábado después de la noche de Pascua una gavilla de cebada, que había sido elegida de antemano, era cosechada por los sacerdotes, y ofrecida delante de Jehová como las primicias de la cosecha. El principio era que la primera parte de la cosecha debía ser ofrecida a Jehová en reconocimiento a su gobierno y propiedad. Después de esto, el resto de la cosecha podía ser levantado. Eso es un tipo de Cristo, "primicias de los que durmieron es hecho" (1 Corintios 15:20). Cristo fue el primero que fue cosechado del campo de la muerte, para ascender luego al Padre, y no morir jamás. Puesto que El es los primeros frutos, es la garantía de que todos los que creen en El le seguirán en la resurrección de vida eterna. (3) Debían contarse 49 días desde la ofrenda mecida de la gavilla, y al quincuagésimo día (Pentecostés), dos panes, los primeros panes hechos de la cosecha de trigo, eran mecidos delante de Dios. Antes que se hicieran más panes, y se comieran, los dos panes de las primicias debían ser ofrecidos a Jehová en reconocimiento por su gobierno sobre todo el mundo. Después de eso, se podían hacer y comer otros panes. El significado es el siguiente: Los ciento veinte en el aposento alto eran los primeros frutos de la iglesia cristiana, ofrecidos ante el Señor por el Espíritu Santo 50 días después de la resurrección de Cristo. Era la iglesia primogénita de los miles de iglesias que se han establecido desde entonces durante los últimos veinte siglos.

6.1.2. La evidencia de la glorificación de Cristo.

El descenso del Espíritu Santo fue un telegrama sobrenatural, por así decirlo, que anunciaba el arribo de Cristo a la diestra del Padre. (Cf. Hechos 2:33.)

> "¿Cómo saben que la mamá está en el piso de arriba?" preguntó cierto caballero a sus sobrinos, mientras estudiaban la lección de la Escuela Dominical.
> "Yo la vi subir", dijo uno de ellos.
> "¿Quieres decir que la viste cuando subía las escaleras?" dijo el caballero. Y añadió: "Quizá no haya llegado hasta arriba. O tal vez haya ido a otro lado."
> "Yo sé que está en el piso de arriba" respondió el más pequeño de los niños, "porque la llamé desde abajo y ella me contestó".

Los discípulos sabían que su Maestro había ascendido porque les había respondido por medio del estruendo del cielo.

6.1.3. La consumación de la obra de Cristo.

El éxodo quedó completo cincuenta días después de iniciado, es decir, cuando en el Monte Sinaí, Israel fue organizado como el pueblo de Dios. De igual manera, el beneficio de la expiación no quedó completo, en el más amplio sentido de la palabra, hasta el día de Pentecostés, cuando el derramamiento del Espíritu Santo fue una señal de que el sacrificio de Cristo fue aceptado en el cielo y que había llegado el momento de proclamar su obra terminada.

6.1.4. *La unción de la iglesia.*

Así como en lo que a Cristo respecta su bautismo fue seguido de su ministerio de Galilea, también el bautismo de la iglesia debía ser un acto de preparación para el ministerio de alcance mundial que seguiría, un ministerio no como el de Jesús, que constituyó la creación de un nuevo orden, sino un ministerio de simple testimonio, y que sin embargo, sólo se podía cumplir con el poder del Espíritu de Dios.

6.1.5. *La morada del Espíritu en la iglesia.*

Después de la organización de Israel en Sinaí, Jehová descendió para morar en su medio, estableciéndose su presencia en el Tabernáculo. El día de Pentecostés, el Espíritu Santo descendió para morar en la iglesia como su templo, estableciéndose su presencia en el cuerpo colectivo e individualmente en los cristianos. El Espíritu Santo pasó a ocupar su cargo para administrar los asuntos del reino de Cristo. Este hecho es reconocido en todo el libro de Hechos, por ejemplo, cuando Ananías y Safira mintieron a Pedro, mintieron en realidad al Espíritu Santo, que moraba y ministraba en la iglesia.

6.1.6. *El comienzo del período del Espíritu Santo.*

El derramamiento pentecostal no fue sólo un despliegue de poder tendiente a llamar la atención y alentar la investigación con respecto a la nueva fe. Fue el comienzo de un nuevo período en el plan divino de los siglos. Fue el advenimiento del Espíritu así como la encarnación fue el advenimiento del Hijo. Dios envió a su Hijo al mundo y cuando su misión se había cumplido, envió el Espíritu de su Hijo para que se hiciera cargo de la labor bajo las nuevas condiciones.

6.2. *El ministerio del Espíritu.*

El Espíritu Santo es el representante de Cristo, a quien le ha sido recomendada la administración completa de la iglesia hasta que venga Jesús. Cristo tomó su asiento en el cielo como "la cabeza sobre todas las cosas a la iglesia", y el Espíritu Santo descendió para comenzar la obra de edificar el cuerpo de Cristo. La perfección del cuerpo de Cristo es el propósito final del Consolador.

La creencia en la dirección del Espíritu Santo estaba profundamente arraigada en la iglesia primitiva. No había esfera de la vida en que su autoridad no fuera reconocida y donde esa autoridad no hubiera sido experimentada. La iglesia se colocaba sin reservas bajo la dirección del Espíritu Santo. La iglesia continuó rechazando formas fijas o estereotipadas de adoración hasta que a fines del siglo primero, la influencia del Espíritu

Santo comenzó a decaer, y los principios y prácticas eclesiásticos ocuparon el lugar del Espíritu Santo, en la dirección de la iglesia.

El gobierno del Espíritu Santo es reconocido en los siguientes aspectos de la vida de la iglesia:

6.2.1. Administración.

Los grandes movimientos misioneros de la iglesia primitiva fueron ordenados y aprobados por el Espíritu Santo (Hechos 8:29; 10:19, 44; 13:2, 4). Pablo tenía plena conciencia de que todo su ministerio era inspirado por el Espíritu Santo (Romanos 15:18, 19). En todos sus viajes, el apóstol reconoció la dirección del Espíritu Santo (Hechos 16:6, 7). El Espíritu Santo guió a la iglesia en su organización (Hechos 6:3; 20:28).

6.2.2. Predicación.

Los primeros cristianos estaban acostumbrados a oír el evangelio predicado "por el Espíritu Santo enviado del cielo" (1 Pedro 1:12), el cual ellos recibieron "con gozo del Espíritu Santo" (1 Tesalonicenses 1:6). "Pues nuestro evangelio no llegó a vosotros en palabra solamente, sino también en poder, en el Espíritu Santo, y en plena certidumbre" (1 Tesalonicenses 1:5). El señor A. J. Gordon dijo hace muchos años lo siguiente: "Nuestro siglo se está apartando de lo sobrenatural. El púlpito ha descendido al nivel de la plataforma."

6.2.3. Oración.

El Señor Jesús, siguiendo el ejemplo de Juan, enseñó a sus discípulos un modelo de oración como guía para sus peticiones. Pero antes de partir, habló de una nueva clase de oración, oración "en mi nombre" (Juan 16:23), repitiendo su nombre no como si fuera un hechizo, sino en actitud de acercamiento a Dios unidos espiritualmente con Cristo por el Espíritu Santo. De esta manera, oramos como si estuviéramos juntos con Jesús en la presencia de Dios. Pablo nos habla de orar "en todo tiempo con toda oración y súplica en el Espíritu" (Efesios 6:18); Judas describe a los verdaderos cristianos "orando en el Espíritu Santo" (v. 20), y en Romanos 8:26, 27 se nos dice que el Espíritu Santo está haciendo la misma cosa en nosotros que Cristo está haciendo *por* nosotros en el cielo, es decir, intercediendo por nosotros (Hebreos 7:25). Así como Cristo en la tierra enseñó a sus discípulos la manera de orar, también hoy nos enseña la misma lección por medio del Consolador o Ayudador. En aquel entonces era por medio de una forma exterior; hoy lo es por medio de una dirección interior.

6.2.4. Canciones.

Como resultado de ser llenos del Espíritu Santo, los creyentes se encontrarán como dijo Pablo, "hablando entre vosotros con salmos, con himnos, y cánticos espirituales, cantando y alabando al Señor en vuestros corazones" (Efesios 5:19). "Hablando entre vosotros" significa las canciones de la congregación. "Salmos" se relaciona tal vez con los Salmos del Antiguo

Testamento, los cuales eran cantados o entonados mediante el estilo recita-tivo; "cánticos espirituales" denotan expresiones espontáneas de melodías y alabanza directamente inspiradas por el Espíritu Santo.

6.2.5. Testimonio.

No había en la iglesia primitiva la línea de separación entre ministros y laicos que se observa en el cristianismo de hoy.

La iglesia era gobernada por un grupo o consejo de ancianos, pero el ministerio público no estaba rígidamente confinado a ellos. A cualquiera que estuviera revestido del don del Espíritu, ya fuera profecía, enseñanza, palabra de ciencia, lenguas o interpretación, se le permitía tomar parte en el servicio religioso.

La metáfora "cuerpo de Cristo" describe muy bien el funcionamiento de la adoración colectiva bajo la dirección del Espíritu Santo. Trae a nuestra memoria una escena en la cual los miembros, unos tras otros, realizan su función separada, en un acto completo de adoración, y todos ellos bajo el gobierno del mismo Poder animador.

6.3. La ascensión del Espíritu.

Lo que es cierto de Cristo lo es también del Espíritu Santo. Después de cumplir su misión en el período que le corresponde de acuerdo con el plan divino de los siglos, el Espíritu Santo retornará al cielo en un cuerpo que ha formado para sí mismo, ese "nuevo hombre" (Efesios 2:15), el cual es la iglesia, la cual es su cuerpo. La obra distintiva del Espíritu es la de "tomar de ellos pueblo para su nombre (de Cristo)" (Hechos 15:14), y cuando esto se cumpla y entre "la plenitud de los Gentiles" (Romanos 11:25), ocurrirá el arrebatamiento, el cual, de acuerdo con las palabras del señor A. J. Gordon es "el Cristo terreno (1 Corintios 12:12, 27), que asciende para encontrarse con el Cristo celestial." Así como Cristo finalmente dará su reino al Padre, también el Espíritu Santo dará su administración al Hijo.

Algunos han llegado a la conclusión de que el Espíritu Santo no quedará en el mundo después del arrebatamiento de la iglesia. Esto no puede ser, porque el Espíritu Santo, como la Deidad, es omnipresente. Ocurrirá que el Espíritu Santo finalizará su misión como Espíritu de Cristo en el período que le corresponde en el plan divino de los siglos, después de lo cual quedará en el mundo, pero en distinta relación.

CAPITULO 11

LA IGLESIA

J esús determinó con toda claridad que hubiera una sociedad compuesta de sus adeptos y seguidores para dar el evangelio a la humanidad, ejercer un ministerio en beneficio de ella y trabajar como El lo hizo para el engrandecimiento del reino de Dios. No preconizó organización alguna o plan para el gobierno o administración de esta sociedad... Hizo algo mucho más grande que proporcionar organización: El dio vida. Jesús formó la sociedad de sus discípulos llamándolos para que se congregaran a su alrededor. Le comunicó a dicha sociedad, hasta donde le fue posible durante su ministerio en la tierra, su propia vida, su espíritu, su propósito. Prometió continuar impartiendo, hasta el fin del mundo, su vida a dicha sociedad, la iglesia. Su gran don u obsequio a la iglesia, podemos decir, fue el darse a sí mismo.

— Robert Hastings Nichols.

BOSQUEJO

1. LA NATURALEZA DE LA IGLESIA
1.1. Vocablos que describen la iglesia.
1.2. Vocablos que describen a los creyentes.
    1.2.1. Hermanos.
    1.2.2. Creyentes.
    1.2.3. Santos.
    1.2.4. Escogidos.
    1.2.5. Discípulos.
    1.2.6. Cristianos.
    1.2.7. Los del Camino.
1.3. Ilustraciones de la iglesia.
    1.3.1. El cuerpo de Cristo.
    1.3.2. El templo de Dios.
    1.3.3. La esposa de Cristo.

2. LA FUNDACION DE LA IGLESIA
  2.1. Considerada en sentido profético.
  2.2. Considerada en sentido histórico.
3. LOS MIEMBROS DE LA IGLESIA
4. LA OBRA DE LA IGLESIA
  4.1. Predicar la salvación.
  4.2. Proporcionar medios de adoración.
  4.3. Proporcionar comunión religiosa.
  4.4. Sostener el nivel moral.
5. LAS ORDENANZAS DE LA IGLESIA
  5.1. El bautismo.
    5.1.1. El modo.
    5.1.2. La fórmula.
    5.1.3. El candidato.
    5.1.4. La eficacia.
    5.1.5. El significado.
  5.2. La cena del Señor.
    5.2.1. Conmemoración.
    5.2.2. Instrucción.
    5.2.3. Inspiración.
    5.2.4. Seguridad.
    5.2.5. Responsabilidad.
6. EL CULTO EN LA IGLESIA
  6.1. El culto público.
  6.2. El culto privado o particular.
7. LA ORGANIZACION DE LA IGLESIA.
  7.1. El gobierno de la iglesia.
  7.2. El ministerio de la iglesia.
    7.2.1. El ministerio general y profético.
    7.2.2. El ministerio práctico y local.

1. LA NATURALEZA DE LA IGLESIA

¿Qué es la iglesia? Se puede responder a la pregunta considerando lo siguiente: (1) Los vocablos que describen dicha institución; (2) los vocablos que describen a los cristianos; (3) las ilustraciones que describen a la iglesia.

1.1. Vocablos que describen a la iglesia.

El vocablo griego neotestamentario para describir la iglesia es *ekklesia* que significa "asamblea de llamados". Se aplica el término a (1) todo el cuerpo de cristianos de una ciudad (Hechos 11:22; 13:1). (2) A una congregación

(1 Corintios 14:19, 35; Romanos 16:5). (3) Al cuerpo todo de creyentes de la tierra (Efesios 5:32).

La iglesia es entonces una compañía de personas llamadas del mundo, apartadas de él, que profesa y promete lealtad al Señor Jesucristo.

1.2. *Vocablos que describen a los creyentes.*

1.2.1. *Hermanos.*

La iglesia es una hermandad o comunión espiritual, en la cual se han abolido todas las diferencias que separan a la humanidad. "No hay judío ni griego" (se supera así la más profunda de todas las divisiones, basada en la historia religiosa); "no hay esclavo ni libre" (se salva así la valla social y económica mayor), "ni griegos ni bárbaros" (se supera la más profunda de las divisiones culturales), "no hay varón ni mujer" (se supera la más honda de todas las divisiones humanas).

1.2.2. *Creyentes.*

A los cristianos se los denomina creyentes, o "los que creen", puesto que su doctrina característica es la fe en el Señor Jesucristo.

1.2.3. *Santos.*

Se los denomina "santos" (literalmente consagrados) puesto que son separados del mundo y consagrados a Dios.

1.2.4. *Escogidos.*

Se hace referencia a los creyentes con el vocablo "escogidos" puesto que Dios los ha escogido para realizar un ministerio importante y disfrutar de un glorioso destino.

1.2.5. *Discípulos.*

Son discípulos puesto que están sometidos a una preparación espiritual, bajo la dirección de maestros inspirados de Cristo.

1.2.6. *Cristianos.*

Son "cristianos" puesto que su religión gira alrededor de la persona de Cristo.

1.2.7. *Los del Camino.*

Al principio de la iglesia los creyentes eran denominados con frecuencia los de "este Camino" (Hechos 22:4), puesto que se los identificaba con el Camino o forma de vida.

1.3. *Ilustraciones de la iglesia.*

1.3.1. *El cuerpo de Cristo.*

El Señor Jesucristo dejó esta tierra hace más de diecinueve siglos; pero todavía vive en el mundo. Al expresarnos así, queremos significar que su presencia se manifiesta en la iglesia, la cual es su cuerpo. De la misma manera que vivió su vida natural en la tierra, en un cuerpo humano, individual, así también vive una vida mística en un cuerpo tomado de la raza humana en general. A la terminación de los Evangelios no escribimos el vocablo "fin" sino más bien "continuará", ya que la vida de Cristo continúa expresándose por medio de sus discípulos, como queda evidenciado en el libro de Hechos y por la subsiguiente historia de la iglesia. "Como me envió el Padre, así también yo os envío." "El que os recibe a vosotros, a mí recibe."

Antes de partir de esta tierra, Jesucristo prometió asumir este nuevo cuerpo. Sin embargo, empleó otra ilustración: "Yo soy la vid, vosotros los pámpanos." La vid es incompleta sin los sarmientos o pámpanos, y los sarmientos nada son aparte de la vida que fluye de la vid. Para que Cristo sea conocido del mundo, tendrá que serlo por medio de los que llevan su nombre y comparten su vida. Y hasta el punto de que la iglesia se ha mantenido en contacto con Cristo, la Cabeza, ha compartido su vida y experiencia. De la manera que Cristo fue ungido en el Jordán, así también la iglesia fue ungida en Pentecostés. Jesús fue por todas partes predicando el evangelio a los pobres, sanando a los afligidos de corazón, y predicando liberación a los cautivos; y la verdadera iglesia ha seguido siempre en sus pasos. "Como él es, así somos nosotros en este mundo" (1 Juan 4:17). De la misma manera que Cristo fue denunciado como amenaza o peligro político, y finalmente crucificado, así también la iglesia ha sido crucificada en muchas oportunidades, en sentido figurado, por gobernantes que la persiguieron. Pero, a igual que su Señor, ha resucitado de nuevo. La vida de Cristo en su interior la constituye indestructible. Ese pensamiento de la identificación de la iglesia con Cristo debe de haber estado en la mente de Pablo cuando habló de completar "lo que falta de las aflicciones de Cristo por su cuerpo, que es la iglesia".

El uso de la ilustración arriba mencionada nos recuerda que la iglesia es un organismo y no meramente una organización. Una organización es un grupo de personas congregadas voluntariamente para cierto propósito, tal como una organización fraternal o sindicato. Un organismo es algo vivo, que se desarrolla por la vida inherente en sí. En sentido figurado, significa la suma total de las partes relacionadas, en la cual la relación de cada una de las partes encierra una relación con el todo. De manera entonces que un automóvil puede denominarse una "organización" de ciertas partes o piezas mecánicas; un cuerpo humano es un organismo puesto que está compuesto de muchos miembros y órganos animados de vida común.

El cuerpo humano es uno, y sin embargo, está hecho de millones de células vivas; de igual manera, el cuerpo de Cristo es uno, aunque está compuesto de millones de seres renacidos. De la misma manera que el cuerpo humano es vigorizado por el alma, así también el cuerpo de Cristo es vigorizado por el Espíritu Santo. "Porque por un Espíritu somos todos bautizados en un cuerpo."

Los hechos o verdades arriba mencionadas señalan una característica única de la religión de Cristo. El señor W. H. Dunphy escribe:

El, y sólo El, de los fundadores de religión, dio vida a un organismo permanente, una unión permanente de alma e intelecto, que se centralizaba en Cristo mismo. Los cristianos no son meramente seguidores de Cristo, sino miembros de Cristo, y miembros los unos de los otros. Buda fundó o desarrolló la sociedad de los iluminados, pero la relación existente entre ellos es simplemente externa: la relación de maestro y alumno. Es la doctrina que los une, y no la vida de Buda. Lo mismo se puede afirmar de Zoroastro, Sócrates, Mahoma y otros genios religiosos de la raza. Pero Cristo no es sólo el Maestro de los cristianos, sino su vida misma. Lo que ha fundado no es una sociedad que estudió y propagó sus ideas, sino un organismo que vivió por su vida, un Cuerpo habitado por el Espíritu Santo, y dirigido por El.

1.3.2. *El templo de Dios.*

Un templo es un lugar en el cual Dios, que habita en todas partes, se localiza a sí mismo en un lugar particular donde la gente lo puede encontrar siempre (1 Pedro 2:5,6).

De la misma manera que Dios habitó en el tabernáculo y en el templo, (Exodo 25:8; 1 Reyes 8:27) así también El vive ahora, por su Espíritu, en la iglesia (Efesios 2:21, 22; 1 Corintios 3:16, 17). En este templo espiritual los creyentes, en calidad de sacerdotes, ofrecen sacrificios espirituales, sacrificios de oración, alabanza y buenas obras.

1.3.3. *La esposa de Cristo.*

Esta es una ilustración empleada tanto en el Antiguo Testamento como en el Nuevo, para representar la unión y comunión de Dios y su pueblo (2 Corintios 11:2; Efesios 5:25-27; Apocalipsis 19:7; 22:17; 21:2). Pero debe recordarse que se trata sólo de una ilustración, y no se debe ir demasiado lejos con la comparación. El propósito de un símbolo es iluminar un lado particular de la verdad, y no el de proporcionar fundamento para alguna doctrina.

2. LA FUNDACION DE LA IGLESIA

2.1. *Considerada en sentido profético.*

Se describe a Israel como una iglesia en el sentido de que se trataba de una nación llamada o convocada de entre otras naciones para que fuera sierva de Dios (Hechos 7:38). Cuando el Antiguo Testamento fue traducido al griego, el vocablo "congregación" de Israel fue traducido *ekklesia* o la iglesia. Israel era entonces la congregación o iglesia de Jehová. Después de su rechazo por la iglesia judía, Cristo predijo la fundación de la nueva congregación o iglesia, una institución divina que debe continuar su obra en la tierra (Mateo 16:18). Esta es la iglesia de Cristo, que comenzó a existir el día de Pentecostés.

2.2. *Considerada en sentido histórico.*

La iglesia de Cristo nació como tal el día de Pentecostés, cuando fue consagrada por la unción del Espíritu. De la misma manera que el Tabernáculo fue construido y luego consagrado por el descenso de la gloria divina (Exodo 40:34), así también los primeros miembros de la iglesia se congregaron en el aposento alto y se consagraron en calidad de iglesia mediante el descenso del Espíritu Santo. Es probable que los primeros creyentes vieron en este acontecimiento el retorno de la gloria de Jehová, que hacía mucho que había partido del templo, y cuya ausencia fue lamentada por algunos de los rabinos.

David reunió los materiales para la construcción del templo, pero la obra fue realizada por su sucesor Salomón. De igual manera el Señor Jesús había reunido los materiales, por así decirlo, de su iglesia, durante su ministerio terrenal, pero el edificio mismo fue levantado por su sucesor, el Espíritu Santo. En realidad, esta obra fue realizada por el Espíritu que operaba por medio de los apóstoles, que establecieron los fundamentos y construyeron la iglesia mediante su predicación, enseñanza y organización. Por lo tanto, se dice que la iglesia fue edificada "sobre el fundamento de los apóstoles y profetas" (Efesios 2:20).

3. *LOS MIEMBROS DE LA IGLESIA*

El Nuevo Testamento expone las condiciones siguientes para ser miembro: Fe implícita en el evangelio y una confianza sincera en Cristo como el único Salvador divino, (Hechos 16:31), sumisión al bautismo en agua como testimonio simbólico de la fe en Cristo, y confesión verbal de fe (Romanos 10:9, 10). (Quizá sería más correcto describir la sumisión al bautismo en agua coma característica de ser miembro de la iglesia.)

Al principio prácticamente todos los miembros de la iglesia eran verdaderamente regenerados. "Y el Señor añadía cada día a la iglesia los que habían de ser salvos" (Hechos 2:47). El pasar a formar parte de la iglesia no era asunto de plegarse a una organización sino de ser miembros de Cristo, de la misma manera que una rama es injertada al árbol. Con el transcurso del tiempo, sin embargo, al acrecentarse el número y popularidad de la iglesia, el bautismo en agua y el instruir en la doctrina tomó el lugar de la conversión. El resultado de ello fue un influjo en la iglesia de un elevado número de personas que no eran cristianas de corazón. Y esta ha sido, más o menos, la condición del cristianismo desde entonces. Así como en el Antiguo Testamento había un Israel dentro de Israel —israelitas verdaderos según su credo— de la misma manera en el curso de la historia tenemos a una iglesia dentro de otra iglesia, cristianos verdaderos entre los que profesan serlo, pero que no lo son en realidad.

Por lo tanto debemos distinguir entre la iglesia invisible, que está compuesta de verdaderos cristianos de todas las denominaciones religiosas, y la iglesia visible, que consiste en todos los que profesan ser creyentes. La primera está compuesta de aquéllos cuyos nombres están escritos en el cielo, y la segunda comprende a aquéllos cuyos nombres figuran en la nómina de la iglesia. La distinción se insinúa o indica en el capítulo 13 de Mateo, donde el Señor habla de "los misterios del reino de los cielos" expresión que corresponde a la designación general de "Cristianismo." Las parábolas en este capítulo señalan la historia espiritual del Cristianismo entre la primera y segunda venida de Cristo, y por ellas sabemos que habrá una mezcla de bueno y malo en la iglesia hasta la venida del Señor cuando la iglesia se purificará, y se establecerá una separación entre lo genuino y lo falso (Mateo 13:36-43, 47-49). Pablo el apóstol expresa la misma verdad al comparar la iglesia con una casa en la cual hay muchos vasos, algunos para honor, y otros para deshonor (2 Timoteo 2:19-21).

¿Son la iglesia y el reino de Dios sinónimos? El que la edad de la iglesia sea una fase del reino queda insinuado en Mateo 16:18, 19; por las parábolas en Mateo 13, y por la descripción de Pablo con respecto a la obra de Cristo, realizada en la esfera del reino de Dios (Colosenses 4:11). Puesto que el reino de los cielos es un término que todo lo abarca, podemos describir también la iglesia coma parte del reino. "Se puede considerar a la iglesia coma parte del reino de Dios de la misma manera que el estado de Illinois es parte de los Estados Unidos", escribe William Evans. La iglesia predica el mensaje que trata del nacimiento del hombre en el reino de Dios (Juan 3:3-5; 1 Pedro 1:23).

4. LA OBRA DE LA IGLESIA

4.1. Predicar la salvación.

Corresponde a la obra de la iglesia el predicar el evangelio a toda criatura (Mateo 28:19, 20), y presentar el plan de la salvación coma se enseña en las Sagradas Escrituras. Cristo ha hecho posible la salvación proporcionándola; la iglesia debe hacerla una realidad proclamándola.

4.2. Proporcionar medios de adoración.

Israel poseyó un sistema divinamente designado de adoración por medio del cual se acercó a Dios con todas las necesidades y crisis de la vida. La iglesia por lo tanto debe ser una casa de oración de todo el pueblo donde Dios sea honrado en adoración, oración y testimonio.

4.3. Proporcionar comunión religiosa.

El hombre es un ser social. Anhela comunión y amistad. Se reúne naturalmente con los que comparten sus mismos intereses.

La iglesia proporciona una comunión basada en la Paternidad de Dios, y el Señorío de Cristo. Es una hermandad compuesta por los que comparten una experiencia espiritual común.

La cordialidad de la comunión era una de las características sobresalientes de la iglesia primitiva. En el mundo gobernado por la máquina de precisión que era el imperio romano, donde se pasaba por alto casi por completo a la persona, el hombre anhelaba una comunión donde se disipara ese sentido de soledad y desamparo. En un mundo semejante, una de las características de atracción más poderosas de la iglesia era el calor y la solidaridad de la comunión, una comunión donde todas las distinciones terrenas habían desaparecido, y donde los hombres y las mujeres se convirtieron en hermanos y hermanas en Cristo.

4.4. Sostener el nivel moral.

La iglesia es "la luz del mundo", destinada a disipar las tinieblas de la ignorancia moral; es la sal de la tierra, para preservarla de la corrupción moral. La iglesia debe enseñar a los hombres de que manera vivir como así también morir. Debe exponer el plan de Dios para la regulación de todas las esferas de vida y actividad. En contra de la tendencia descendente de la sociedad, debe levantar su voz de advertencia; en todos los puntos de peligro, debe levantar un faro de luz.

5. LAS ORDENANZAS DE LA IGLESIA.

El cristianismo del Nuevo Testamento no es una religión ritualista. En el fondo, es el contacto directo del hombre con Dios por medio del Espíritu. Por lo tanto, no impone una ley rígida de adoración, sino que deja a la iglesia de toda edad y tierra para que se ajuste al método mejor adaptado para la expresión de su vida. Hay, sin embargo, dos ceremonias que son esenciales puesto que son divinamente ordenadas, es decir, el bautismo en agua y la cena del Señor. En virtud de su carácter sagrado, se les describe con el nombre de sacramentos (literalmente "cosas sagradas" o "juramentos consagrados por un rito sagrado"); se les menciona también coma ordenanzas, puesto que son ceremonias "ordenadas" por el Señor mismo.

El bautismo en agua es el rito de ingreso en la iglesia cristiana, y simboliza el comienzo de la vida espiritual; la Cena del Señor es un rito de comunión y significa que continúa la vida espiritual. El primero representa fe en Cristo, el segundo, comunión con Cristo. El primero es administrado sólo una vez, puesto que puede haber solamente un comienzo de la vida espiritual; el segundo es administrado con frecuencia, enseñándonos que la vida espiritual debe ser nutrida.

5.1. El bautismo.

5.1.1. El modo.

El vocablo "bautizo" empleado en la fórmula bautismal significa literalmente inmersión o el acto de sumergir. Esa interpretación está confirmada por eruditos en el estudio del idioma griego e historiadores eclesiásticos. Y hasta estudiosos que pertenecen a iglesias que bautizan mediante el rociamiento admiten que la inmersión fue la forma más antigua. Además hay buenas razones para creer que para los judíos de la época apostólica el mandamiento de ser "bautizado" sugería inmersión. Estaban relacionados con el bautismo de los prosélitos, que significaba la conversión de un pagano al judaísmo. El convertido se ponía de pie, con el agua hasta el cuello, mientras se le leía la ley, después de lo cual él mismo se sumergía debajo del agua como señal de que estaba limpio de la contaminación del paganismo, y había comenzado a vivir una nueva vida en calidad de miembro del pueblo escogido de Dios.

¿Cuándo surgió entonces la práctica de la aspersión o rociamiento, e infusión o derramamiento del agua sobre la cabeza del bautizando? Cuando la iglesia, olvidándose de la sencillez del Nuevo Testamento fue influenciada por las ideas paganas, asignó una importancia no bíblica al bautismo en agua, que pasó a considerársele ampliamente esencial para la regeneración. Se le administraba a los enfermos y moribundos. Puesto que la inmersión estaba descartada en esos casos, el bautismo era administrado mediante la aspersión. Posteriormente, debido a la conveniencia del método, este se hizo general. Asimismo, y debido a la importancia de la ordenanza se permitió la infusión cuando no había agua suficiente para la inmersión. Leamos la cita siguiente en un antiguo pasaje del siglo segundo:

> Ahora bien: con respecto al bautismo, bautiza de la siguiente manera: Habiendo enseñado todo esto, bautiza en el nombre del Padre, y del Hijo y del Espíritu Santo en agua viva (que corre). Y si no tienes aguas que corren, bautiza en alguna otra agua: si no tienes agua fría, bautiza en tibia. Pero si no tienes ninguna de estas, derrama agua sobre la cabeza tres veces en el nombre del Padre, y del Hijo y del Espíritu Santo.

Sin embargo, el método original, bíblico, es por la inmersión, que está en concordancia con el significado simbólico del bautismo, es decir, muerte, sepultura y resurrección (Romanos 6:14).

5.1.2. La fórmula.

"Bautizándolos en el nombre del Padre, y del Hijo, y del Espíritu Santo." ¿De qué manera podemos reconciliar esto con el mandamiento de Pedro que dice: "Bautícese cada uno de vosotros en el nombre de Jesucristo"? (Hechos 2:38). Estas últimas palabras no representan una forma bautismal, sino que eran simplemente una declaración de que tales personas eran bautizadas al reconocer a Jesús como Señor y Cristo. Por ejemplo, la Didaqué, documento cristiano del año 100 d. C., dice que el bautismo es en el nombre del Señor Jesús, pero cuando procede a describir el rito en detalle, prescribe la fórmula trinitaria. Cuando Pablo dice que Israel fue bautizado en el mar "en Moisés" no se refiere a una fórmula que fue pronunciada en ese momento; significa simplemente que en virtud del pasaje milagroso por el Mar Rojo, los israelitas aceptaron a Moisés como el guía y maestro enviado de Dios. De igual manera, el ser bautizado en el nombre de Jesús significa encomendarse por completo y eternamente a El como el Salvador enviado del cielo, y la aceptación de su gobierno y dirección implica la aceptación de la fórmula dada por Jesús mismo en Mateo 28:19.

La traducción literal de Hechos 2:38 es la siguiente: "Bautícese cada uno de vosotros *sobre* el nombre de Jesucristo." Esto significa según el léxico de Thayer, que los judíos debían "fundamentar su confianza y esperanzas en la autoridad mesiánica del Señor."

Nótese que la fórmula trinitaria describe una experiencia. Los que son bautizados en el nombre del Dios trino y uno testifican por ello que han sido sumergidos, por así decirlo, en la comunión espiritual de la Trinidad; de manera que se les pueda decir a ellos: "La gracia del Señor Jesucristo, el amor de Dios, y la comunión del Espíritu Santo sean con todos vosotros" (2 Corintios 13:14).

5.1.3. *El candidato.*

Todos los que sinceramente se arrepienten de sus pecados y ejercitan una fe viva en el Señor Jesús son elegibles para el bautismo. En la iglesia apostólica el rito venía acompañado de las siguientes manifestaciones externas: (1) Profesión de fe (Hechos 8:37). (2) Oración (Hechos 22:16). (3) Voto de consagración (1 Pedro 3:21).

Puesto que el bebé no tiene pecado de que arrepentirse, y no puede ejercitar fe, es excluido lógicamente del bautismo en agua. No le impedimos con ello acudir a Cristo (Mateo 19:13, 14) puesto que puede ser dedicado al Señor en un culto público.

5.1.4. *La eficacia.*

El bautismo en agua no tiene poder salvador en sí mismo. Se bautiza a la gente, no para que sea salva, sino porque es salva. Por lo tanto, no podemos decir que el rito sea absolutamente necesario para la salvación. Pero podemos insistir que es necesario si queremos cumplirlo todo, u obedecer todo. De la misma manera que la elección de un presidente culmina, podríamos decir, al tomar posesión del mando, así también la elección del convertido a la gracia y gloria de Dios es completada al ocupar su lugar públicamente como miembro de la iglesia de Cristo.

5.1.5. *El significado.*

El bautismo ilustra las siguientes ideas: (1) Salvación. El bautismo en agua es un drama sagrado (si se nos permite la frase) que representa lo cardinal o esencial del evangelio.

El descenso del convertido representa el cumplimiento de la muerte de Cristo; la inmersión del bautizando simboliza la ratificación de la muerte, o sepultura; el ascenso o el levantarse del convertido significa que la muerte ha sido conquistada, o la resurrección de Cristo. (2) Experiencia. El hecho de que los actos son realizados con la participación del convertido demuestra que ha sido identificado espiritualmente con Cristo. La inmersión proclama el mensaje: "Cristo murió por el pecado, a fin de que este hombre muriera al pecado." El levantarse del convertido enuncia el siguiente mensaje: "Cristo resucitó de los muertos con el objeto de que este hombre pudiera vivir una nueva vida de justicia." (3) Regeneración. La experiencia del nuevo nacimiento se ha descrito como "lavacro" (literalmente, "baño") (Tito 3:5) porque por El son lavados los pecados y contaminaciones de la antigua vida. De la misma manera que el lavado con agua asea el cuerpo, así también Dios, con relación a la muerte de Cristo y por medio del Espíritu Santo limpia el alma. El bautismo en agua representa esta limpieza. "Levántate y bautízate, y lava tus pecados (es decir, en calidad de señal de lo que ha sido hecho ya)" (Hechos 22:16). (4) Testimonio. "Porque todos los que habéis sido bautizados en Cristo, de Cristo estáis revestidos" (Gálatas 3:27). El bautismo en agua significa que el convertido, por la fe, se ha vestido de Cristo, del carácter de Cristo, de manera que los hombres pueden ver a Cristo en él como ven el uniforme en el soldado. Por medio del rito del bautismo el convertido, en sentido figurado, se viste públicamente del uniforme del reino de Cristo.

5.2. *La cena del Señor.*

La cena del Señor o santa comunión puede ser definida como un rito distintivo de la adoración cristiana, instituida por el Señor Jesús en la víspera de su muerte expiatoria. Consiste en la participación religiosa del pan y del vino, los que, habiendo sido presentados al Padre en memoria del inagotable sacrificio de Cristo, se convierten en medio de gracia por el cual se nos inspira a aumentar la fe y la fidelidad hacia El.

Las siguientes son las características notables de esta ordenanza:

5.2.1. *Conmemoración.*

"En memoria de mí." Todo país tiene su fiesta patriótica, en la que conmemora su independencia. Toda vez que un grupo de creyentes se congrega a celebrar la cena del Señor, recuerdan en forma especial la muerte expiatoria de Cristo que nos liberó del pecado.

¿Por qué recordar su muerte por sobre todo otro acontecimiento en su vida? Porque era el acontecimiento cumbre de su ministerio, y porque somos salvos no meramente por su vida y enseñanzas, aunque es innegable que son divinas, sino por su sacrificio expiatorio.

5.2.2. *Instrucción.*

La cena del Señor es una lección objetiva sagrada que enuncia o expresa las dos verdades cardinales o esenciales del evangelio: (1) La encarnación. Al tomar el pan, oímos que Juan el apóstol dice: "Y aquel Verbo fue hecho carne, y habitó entre nosotros" (Juan 1:14); oímos al Señor mismo que declara: "Porque el pan de Dios es aquel que descendió del cielo y da vida al mundo" (Juan 6:33). (2) La expiación. Pero las bendiciones incluidas en la encarnación nos son impartidas por medio de la muerte de Cristo. El pan y el vino constituyen un cuadro de la muerte, la separación del cuerpo y la vida, la separación de la carne y la sangre. El pan nos dice que el Pan de la vida debe ser partido o quebrado en la muerte con el objeto de ser distribuido entre los que tienen hambre espiritual; el vino vertido simboliza que su sangre, que es su vida, debe ser derramada en la muerte con el objeto de que su poder que limpia y vivifica sea proporcionado a las almas necesitadas.

5.2.3. Inspiración.

Los elementos, especialmente el vino, nos recuerdan que por la fe podemos participar de la naturaleza de Cristo, es decir, podemos disfrutar de comunión con El. Al participar del pan y del vino de la comunión, se nos recuerda y asegura que, por la fe, podemos recibir verdaderamente su Espíritu y reflejar su carácter.

5.2.4. Seguridad.

"Este vaso es el nuevo pacto en mi sangre." En épocas antiguas, la forma más solemne de acuerdo era el pacto de sangre, sellado o firmado con la sangre del sacrificio. El pacto hecho con Israel en el Monte Sinaí fue un pacto de sangre. Después que Dios sentara sus condiciones, y el pueblo las hubiera aceptado, Moisés tomó una jofaina llena de la sangre del sacrificio y roció la mitad de ella sobre el altar del sacrificio, significando que Dios se obligaba a cumplir su parte del acuerdo; luego derramó el resto de la sangre sobre el pueblo, obligándole o comprometiéndole a cumplir su parte del contrato (Exodo 24:3-8).

El nuevo pacto instituido por Cristo es un pacto de sangre. Dios ha aceptado la sangre de Cristo (Hebreos 9:14-24) y por ende se ha comprometido, por amor de Cristo, a perdonar y salvar a todos los que vienen a El. La sangre de Cristo es la garantía divina de que será misericordioso y benigno con el penitente. Nuestra parte del contrato es creer en la muerte expiatoria de Cristo (Romanos 3:25, 26). Luego podemos testificar de haber sido rociados con la sangre del nuevo pacto (1 Pedro 1:2).

5.2.5. Responsabilidad.

¿Quién será admitido o excluido de la mesa del Señor? Pablo trata el asunto de quién es digno de participar de los sacramentos en 1 Corintios 11:20-34 al decir: "Porque el que come y bebe indignamente, sin discernir el cuerpo del Señor, juicio come y bebe para sí."

¿Significa eso que sólo quienes son dignos pueden acercarse a la mesa del Señor? Luego todos nosotros somos excluidos, puesto que ¿cuál de los hijos del hombre es digno de la más pequeña de las misericordias de Dios? No, el apóstol no habla de la indignidad de las personas, sino de la indignidad de las acciones. Y así, aunque parezca extraño, es posible que una persona indigna participe dignamente. Y en cierto sentido, sólo quienes sienten sinceramente su indignidad se hallan en el estado correcto de acercarse a la mesa; los que se creen justos a si mismos no son aptos nunca. Además, se ha notado que es la gente profundamente espiritual la que siente su indignidad en mayor grado. Pablo se describe a sí mismo como el primero de los pecadores.

El apóstol nos advierte en el sentido de no cometer acciones indignas o mantener una conducta también indigna al participar de los sacramentos. ¿Cómo puede una persona participar indignamente? Al hacer cualquier cosa que le impida apreciar claramente el significado de los elementos, y acercarse de manera solemne, en actitud reflexiva y reverente. En el caso de los corintios, el obstáculo era grave, es decir, la ebriedad.

6. EL CULTO EN LA IGLESIA.

Por las epístolas de Pablo, llegamos a la conclusión de que había dos clases de cultos de adoración: uno era el de oración, alabanza y predicación; el otro de adoración, conocido como fiesta de amor (*agape*). El primero era un culto público; el segundo un culto privado o particular, al cual se admitía sólo a los creyentes.

6.1. El culto público.

La reunión o culto público "era llevado a cabo por la gente según el Espíritu la inspiraba", nos dice Robert Hastings Nichols, que agrega:

> Se ofrecían oraciones y testimonio, y se daba instrucción. Se cantaban salmos y también himnos cristianos que comenzaron a ser escritos en el siglo primero. Las Escrituras del Antiguo Testamento fueron leídas y expuestas, y hubo lectura y repetición de memoria de incidentes con respecto a lo que dijo e hizo Jesús. Cuando los apóstoles enviaban cartas a las iglesias, tales como las que tenemos en las epístolas del Nuevo Testamento, estas también eran leídas.

Este culto sencillo podía ser interrumpido y sustituido en cualquier momento por la manifestación del Espíritu en forma de profecía, lenguas e interpretaciones, o por alguna percepción inspirada de las Escrituras. Todo estudiante serio de historia eclesiástica, sin tener en cuenta su denominación religiosa o escuela de pensamiento, reconoce esta característica del culto de la iglesia primitiva.

El que esta adoración inspirada del Espíritu Santo era un medio poderoso de influenciar a los no convertidos se puede deducir del pasaje de 1 Corintios 14:24, 25.

6.2. El culto privado o particular.

Leemos que los primeros creyentes continuaron partiendo el pan (Hechos 2:42). ¿Describen estas palabras una comida ordinaria, o la celebración de la cena del Señor? Quizá ambas. Eso es lo que tal vez ocurriera: al principio la comunión de los primeros discípulos era tan íntima y vital que celebraban o realizaban las comidas en común. Al congregarse alrededor de la mesa para pedir que Dios bendijera los alimentos, el recuerdo de la última Pascua de Cristo debe de haber acudido a su memoria, y la oración pidiendo la bendición de los alimentos se prolongaría espontáneamente para constituirse en un culto de adoración, de manera que en muchos casos era difícil determinar si los discípulos celebraban una comida común, o participaban de la santa cena. ¡La vida y la adoración estaban íntimamente relacionadas en aquellos días!

Desde muy temprano los dos actos, el partimiento del pan y la cena del Señor, se distinguieron entre sí, de manera que el orden del culto era el siguiente: En un día determinado, los cristianos se reunían para celebrar una comida de sagrada comunión, conocida con el nombre de fiesta de amor, la cual comida era sagrada, de gozo, simbolizando el amor fraternal. Todos traían provisiones, y todos, por igual, debían compartir la comida. En 1 Corintios 11:21, 22, Pablo censura el egoísmo de los que comían sin compartir los alimentos con los pobres. Al término de la fiesta de amor, se celebraba la cena del Señor. En la iglesia de Corinto algunos se habían emborrachado durante el *agape*, y participado de los sacramentos en forma indigna. Más tarde, en las postrimerías del siglo primero, la cena del Señor fue separada del *agape* y celebrada el día del Señor, por la mañana.

7. LA ORGANIZACION DE LA IGLESIA.

7.1. El gobierno de la iglesia.

Es evidente que el Señor determinó que hubiera una sociedad compuesta de sus adeptos para que anunciara el evangelio al mundo y lo representara ante este. Pero no estableció organización alguna ni plan de gobierno, ni proporcionó tampoco regla detallada de fe y práctica. No obstante, ordenó los dos simples ritos de bautismo y comunión. Pero no pasó por alto la organización, puesto que su promesa del Consolador venidero indicaba que a los apóstoles se les debía comunicar toda la verdad con respecto de estos asuntos.

Lo que el Señor dio o comunicó a la iglesia fue algo más que organización. En efecto, le impartió su vida misma, transformándola en organismo vivo.

De la misma manera que un cuerpo vivo se adapta a su medio ambiente, así también el cuerpo vivo de Cristo era dejado libre para seleccionar o elegir su propia forma de organización de acuerdo con las necesidades y circunstancias. Naturalmente que a la iglesia no se le otorgaba la libertad de seguir cualquier tendencia contraria a las enseñanzas de Jesús o a la doctrina apostólica. Toda disposición o práctica contraria a los principios bíblicos es *corrupción*.

Durante los días que sucedieron a Pentecostés los creyentes no tenían casi organización alguna, y durante cierto tiempo celebraron cultos en privado en sus casas, y asistían a las reuniones de oración en el templo (Hechos 2:46). Todo esto fue suplementado por la enseñanza apostólica y la comunión. En circunstancias que la iglesia creció en número, los factores siguientes contribuyeron al desarrollo de la organización de la iglesia: primero, los funcionarios que se añadieron a la iglesia para hacer frente a las emergencias que surgían, como por ejemplo, Hechos 6:1-5; segundo, la posesión de dones espirituales, mediante los que se consagraron a ciertas personas para la obra del ministerio.

Las primeras iglesias fueron democráticas en lo que a gobierno respecta: una circunstancia natural en una comunidad donde los dones del Espíritu estaban disponibles para todos y donde todos podían ser divinamente capacitados con dones para un ministerio especial. Es cierto que los apóstoles y ancianos presidieron las reuniones para tratar asuntos de negocios y la designación de funcionarios; pero esto se hizo en cooperación con la congregación (Hechos 6:3-6; 15:22; 1 Corintios 16:3; 2 Corintios 8:19; Filipenses 2:25).

Según Hechos 14:23 y Tito 1:5, parecería que Pablo, Bernabé y Tito designaron o nombraron ancianos sin consultar previamente con la congregación. Pero historiadores eclesiásticos dignos de crédito afirman que se "nombró" a los ancianos según el procedimiento general, vale decir, mediante el voto de los miembros de la iglesia afectada.

Vemos con claridad que no hay fundamento alguno en el Nuevo Testamento para una fusión de iglesias destinada a formar una maquinaria eclesiástica gobernada por una jerarquía.

En los albores de la iglesia no había gobierno centralizado de toda la iglesia. Cada una de las iglesias era autónoma, y gobernaba sus propios asuntos con libertad. Naturalmente que se les consideraba a los "Doce" con deferencia en virtud de su relación con Cristo, y ejercieron cierta autoridad. (Cf. Hechos 15.) Pablo mantuvo una supervigilancia general sobre las iglesias gentiles; sin embargo, esta autoridad era puramente espiritual y no oficial como la que concede una organización.

Aunque cada una de las iglesias locales era independiente en lo que a jurisdicción respecta, las iglesias neotestamentarias mantuvieron relaciones cooperativas entre sí (Romanos 15:26, 27; 2 Corintios 8:19; Gálatas 2:10; Romanos 15:1; 3 Juan 8).

> En los primeros siglos las iglesias locales, aunque nunca les faltó la conciencia de que todas pertenecían a un cuerpo, eran independientes, autónomas, preservando las relaciones entre sí, no mediante alguna organización política que las abarcara a todas, sino por una comunión fraternal, a través de visitas de representantes, intercambio de cartas, y cierta ayuda mutua indefinida en la elección y ordenación de pastores.

7.2. El ministerio de la iglesia.

Dos clases de ministerios se reconocen en el Nuevo Testamento: (1) El ministerio general y profético: general, puesto que se ejerce con relación a las iglesias en general más bien que con una iglesia en particular, y profético, puesto que fue creado en virtud de la posesión de dones espirituales. (2) El ministerio práctico y local: local, puesto que está confinado a una iglesia, y práctico, porque trata de la administración de la iglesia.

7.2.1. El ministerio general y profético.

(1) Apóstoles. Eran hombres que habían recibido su comisión del mismo Cristo vivo (Mateo 10:5; Gálatas 1:1), que habían visto a Cristo después de su resurrección (Hechos 1:22; 1 Corintios 9:1), disfrutado de una inspiración especial (Gálatas 1:11, 12; 1 Tesalonicenses 2:13), ejercido la administración de las iglesias (1 Corintios 5:3-6; 2 Corintios 10:8; Juan 20:22, 23), que eran dueños de credenciales sobrenaturales (2 Corintios 12:12) y cuya labor principal fue el establecimiento de iglesias en campos nuevos (2 Corintios 10:16). Eran personas llamadas por Cristo, llenas del Espíritu Santo, funcionarios ejecutivos y organizadores de la obra misionera. Los "Doce" apóstoles de Jesús, y Pablo (que figura en una clase única) fueron apóstoles por preeminencia, pero el título se les dio también a otros que estuvieron empeñados en la obra misionera. El vocablo apóstol significa en sí mismo misionero (Hechos 14:14; Romanos 16:7). ¿Ha habido desde entonces apóstoles? La relación de los doce con Cristo era única, relación que no se ha repetido desde entonces. No obstante lo cual, la obra de hombres como Juan Wesley se puede describir con justicia de apostólica.

(2) Profetas eran los que estaban dotados de la expresión inspirada. Desde la época más antigua hasta las postrimerías del siglo segundo, una corriente no interrumpida de profetas y profetisas apareció en la iglesia cristiana. Mientras que el apóstol y el evangelista llevaba el mensaje a los incrédulos (Gálatas 2:7, 8), el ministerio del profeta se dirigía particularmente a los creyentes. Los profetas viajaron de iglesia en iglesia de la misma manera que lo hacen los evangelistas, en la actualidad, aunque toda iglesia tenía profetas que eran miembros regulares de la iglesia.

(3) Los maestros eran los que tenían talento especial para enseñar la Palabra. A igual que los profetas, muchos de ellos viajaban de iglesia en iglesia.

7.2.2. El ministerio práctico y local.

El ministerio local, elegido por la iglesia basándose en ciertos requisitos (1 Timoteo 3), estaba integrado por las siguientes personas:

a. Presbíteros, o ancianos, a quienes se les daba también el título de "obispo" que significaba supervisor, o superintendente. Estaba a cargo de estos la vigilancia general de la iglesia local, especialmente con relación al cuidado pastoral y a la disciplina. Sus deberes eran principalmente de naturaleza espiritual. Se los denomina a veces "pastores" (Efesios 4:11). (Cf. Hechos 20:28.)

Durante el primer siglo toda comunidad cristiana era gobernada por un grupo de ancianos u obispos, de manera que no había funcionario alguno que hiciera por la iglesia lo que realiza un pastor moderno. Al comienzo del siglo tercero un hombre era colocado al frente de cada comunidad religiosa con el título de pastor u obispo.

b. Colaboraba con los presbíteros, o estaba asociado a ellos cierto número de funcionarios asistentes denominados diáconos (Hechos 6:1-4; 1 Timoteo 3: 8-13; Filipenses 1:1) y diaconisas (Romanos 16:1; Filipenses 4:3), cuyo ministerio al parecer consistía de la visitación, casa por casa, y del ministerio práctico entre los pobres y necesitados (1 Timoteo 5:8-11). Los diáconos ayudaron también a los ancianos en la celebración de la Santa Cena.

CAPITULO 12

LOS ACONTECIMIENTOS FINALES

Dios ha escrito tanto el primero como el último capítulo de la historia de todas las cosas. "Así dice Jehová ... yo soy el primero, y soy yo el postrero" (Isaías 44:6). En el libro del Génesis, leemos con respecto al comienzo de todo: del universo, de la vida, del hombre, del pecado, de la muerte, de la sociedad. Por las Escrituras proféticas, que dan cima en el Apocalipsis, sabemos de qué manera todas las cosas alcanzarán su objetivo y consumación. Muchos, a igual que Daniel, se preguntan: "¿Cuál será el fin de estas cosas?" (Daniel 12:8). Sólo Dios puede responder a la pregunta, y así lo ha hecho en las Sagradas Escrituras.

BOSQUEJO

1. MUERTE

2. EL ESTADO INTERMEDIO

    2.1. El punto de vista bíblico.

    2.2. Puntos de vista falsos.

        2.2.1. Purgatorio.

        2.2.2. Espiritismo.

        2.2.3. El sueño del alma.

3. LA RESURRECCION

    3.1. La importancia de la resurrección.

    3.2. La naturaleza de la resurrección.

        3.2.1. Relación.

        3.2.2. Realidad.

        3.2.3. Incorrupción.

        3.2.4. Gloria.

        3.2.5. Velocidad.

        3.2.6. Penetración.

4. LA VIDA FUTURA
   4.1. La enseñanza del Antiguo Testamento.
   4.2. La enseñanza del Nuevo Testamento.
5. EL DESTINO DE LOS JUSTOS
   5.1. La naturaleza del cielo.
   5.2. La necesidad del cielo.
   5.3. Las bendiciones del cielo.
      5.3.1. Luz y belleza.
      5.3.2. Amplitud de conocimientos.
      5.3.3. Descanso.
      5.3.4. Servicio.
      5.3.5. Gozo.
      5.3.6. Estabilidad.
      5.3.7. Vida social.
      5.3.8. Comunión con Cristo.
6. EL DESTINO DE LOS MALVADOS
   6.1. El punto de vista bíblico.
   6.2. Puntos de vista falsos.
      6.2.1. Universalismo.
      6.2.2. Restauración.
      6.2.3. Segunda oportunidad.
      6.2.4. Aniquilación.
7. LA SEGUNDA VENIDA DE CRISTO
   7.1. La realidad de su venida.
   7.2. La forma de su venida.
   7.3. La época de su venida.
   7.4. Las señales de su venida.
   7.5. El propósito de su venida.
      7.5.1. Con relación a la iglesia.
      7.5.2. Con relación a Israel.
      7.5.3. Con relación al anticristo.
      7.5.4. Con relación a las naciones.

1. MUERTE.

La muerte es la separación del alma del cuerpo y la introducción del hombre al mundo invisible. Se la describe de sueño (Juan 11:11; Deuteronomio 31: 16), la disolución de la casa terrenal de este tabernáculo (2 Corintios 5:1), el dejar este tabernáculo (2 Pedro 1:14), el pedir el alma de parte de Dios (Lucas 12:20), ir por el camino por el cual no se vuelve (Job 16:22), el reunirse con sus padres (Génesis 49:33), descender al silencio (Salmo 115:17), expirar

(Hechos 5:10), tornar al polvo (Génesis 3:19), ser cortado (Job 14:2), y una partida (Filipenses 1:23).

La muerte es el primer efecto o manifestación visible del pecado, y será el último efecto del pecado del cual seremos salvados (Romanos 5:12; 1 Corintios 15:26). El Salvador quitó la muerte y trajo vida e inmortalidad ("incorrupción") a la luz por el evangelio (2 Timoteo 1:10). El vocablo "quitar" significa anular, o hacer negativo. Se anula a la muerte como sentencia condenatoria, y se ofrece la vida a todos. Mientras tanto, aunque la muerte continúa, se convierte en puerta de acceso a la vida en el caso de los que aceptan a Cristo.

¿De qué manera está relacionada la muerte con la doctrina de la inmortalidad? Hay dos vocablos, "inmortalidad" e "incorrupción", que se emplean con referencia a la resurrección del cuerpo (1 Corintios 15:53, 54). Inmortalidad significa no estar sujeto a la muerte, y en las Sagradas Escrituras se aplica al *cuerpo* y no al alma (aunque se insinúa la inmortalidad del alma). Hasta los cristianos son mortales, puesto que sus cuerpos están sujetos a la muerte. Después de la resurrección y el arrebatamiento, obtendrán la inmortalidad; es decir, tendrán cuerpos glorificados no sujetos a la muerte.

Los malvados también resucitarán. ¿Significa que tienen inmortalidad? No, puesto que su condición toda es una de muerte, separación de Dios. Tienen existencia, pero no la comunión con Dios y la glorificación del cuerpo que constituyen verdadera inmortalidad. Existen conscientemente en una condición de sujeción a la muerte. La suya no es "resurrección de vida" sino "resurrección de muerte" (Juan 5:29).

Si la "inmortalidad" en las Sagradas Escrituras se aplica al cuerpo, ¿de qué manera se justifica que hablemos de la inmortalidad del *alma?* Tanto en el Antiguo como en el Nuevo Testamento, la muerte es la separación del cuerpo del alma. El cuerpo muere y va al polvo, el alma o el espíritu continúan existiendo conscientemente en el mundo invisible de los espíritus. De manera que el hombre es mortal, puesto que su cuerpo está sujeto a la muerte, no obstante lo cual su alma es inmortal, sobreviviendo a la muerte del cuerpo.

¿Qué diferencia existe entre la inmortalidad y la vida eterna? La inmortalidad es *futura* (Romanos 2:7; 1 Corintios 15:53, 54) y se refiere a la glorificación de nuestros cuerpos mortales en la resurrección.

La vida eterna concierne principalmente al espíritu del hombre, es una posesión *presente,* y no es afectada por la muerte del cuerpo.

La vida eterna alcanzará su perfección a la venida de Cristo, y será vivida en un cuerpo glorificado, inmortal. Todos los creyentes, tanto los que viven como los muertos, tienen ya vida eterna, pero no tendrán inmortalidad hasta la resurrección.

2. EL ESTADO INTERMEDIO

Por estado intermedio significamos el estado de los muertos durante el período comprendido entre la muerte y la resurrección.

2.1. *El punto de vista bíblico.*

Debe notarse cuidadosamente que los justos no reciben su recompensa final, ni los malvados su castigo final, hasta después de sus resurrecciones respectivas. Ambas clases están en un estado intermedio, esperando ese acontecimiento. Los creyentes que han muerto parten para estar con el Señor, pero no reciben su recompensa final todavía.

El estado intermedio de los justos es uno de descanso (Apocalipsis 14:13), espera (Apocalipsis 6:10, 11), actividad (Apocalipsis 7:15), y santidad (Apocalipsis 7:14). Los malvados también pasan a un estado intermedio, donde esperan el castigo final, que se produce después del juicio ante el Gran Trono Blanco, cuando la muerte y el infierno (Hades) son arrojados al lago de fuego (Apocalipsis 20:14).

2.2. *Puntos de vista falsos.*

2.2.1. *Purgatorio.*

La Iglesia Católico Romana enseña que hasta los fieles necesitan pasar por un proceso de purificación antes de ser aptos para presentarse ante Dios. Mantienen este punto de vista algunos protestantes que creyendo que el que está en gracia no puede jamás caer de ella, y sabiendo asimismo que sin santidad nadie verá al Señor, han llegado a la conclusión de que existe un "purgatorio" donde los creyentes carnales e imperfectos se purificarán de la hez. Dicen que este proceso tendrá lugar durante el milenio, mientras los vencedores reinen con Cristo. Sin embargo, no existen pruebas en las Escrituras que sustenten o apoyen este punto de vista, y hay mucho en su contra.

El Reverendo John S. Banks, famoso exégeta metodista, dice al respecto:

> Las Sagradas Escrituras nos hablan de una felicidad inmediata de los muertos en Cristo (Lucas 16:22; 23:43; 2 Corintios 5:6, 8). Con seguridad el cristiano corriente, después de un largo tiempo de crecimiento en la gracia, es tan apto para el cielo como el ladrón penitente o como Lázaro en la parábola. Además, se atribuye en las Sagradas Escrituras eficacia ilimitada a la sangre de Cristo. Si en realidad se enseñara la existencia de tal estado intermedio en las Sagradas Escrituras, podríamos decir que su poder purificador se deriva de la expiación, como decimos del medio de la gracia en el estado presente; pero cuando no se enseña tal doctrina, sólo podemos considerar ese estado como una obra de supererogación, es decir, más de lo requerido, extra. Busca hacer aquello para lo cual se han tomado ya amplias disposiciones.

El Nuevo Testamento habla sólo de dos clases: los salvos y los no salvos. El destino de cada una de las clases es determinado en esta vida, la cual es el único período de prueba mencionado. La muerte cierra el período de prueba, y luego sigue el juicio de acuerdo con las obras hechas *en el cuerpo* (Hebreos 9:27; 2 Corintios 5:10).

2.2.2. *Espiritismo.*

El espiritismo enseña que podemos comunicarnos con los espíritus que han partido. Esta comunicación se realiza por medio de un "médium." Pero nótese lo siguiente: (1) La Biblia expresamente prohibe consultar tales espíritus, prohibición que indica que hay un mal y peligro en su práctica (Levítico 19:31; 20:6, 7; Isaías 8:19). Es inútil que los espiritistas citen el ejemplo de Saúl, puesto que este hombre desdichado pereció por consultar a una adivina (1 Crónicas 10:13). (2) Los muertos están bajo el control de Dios, el Señor de la vida y de la muerte, y por lo tanto no están sujetos a la influencia de los médiums. (Cf. Apocalipsis 1:18; Romanos 14:9.) Los espiritistas citan el caso de la bruja que trajo a Samuel y el informe de la aparición de Moisés y Elías en la Transfiguración. Más aún en el caso de que Samuel se le apareciera a Saúl, fue mediante un permiso divino, y lo mismo se puede decir de Moisés y Elías. La historia del rico y Lázaro demuestra que a los que han partido no se les permite comunicarse con los vivos (Lucas 16). (3) Aunque muchos de los fenómenos del espiritismo han resultado ser falsos, hay alguna realidad en él. Puesto que los muertos están bajo el control de Dios y no se pueden comunicar con los vivos, se debe llegar a la conclusión de que las manifestaciones espiritistas son resultado de operaciones de extrañas fuerzas psíquicas, con respecto a las cuales estamos en la ignorancia, o que los mensajes proceden de espíritus mentirosos y engañadores (1 Reyes 22:22; 1 Timoteo 4:1).

Las personas que abrazan el espiritismo o consultan médiums han desechado la fe cristiana. Los que creen en las Escrituras tienen luz suficiente como para ver la tierra misteriosa que hay más allá de la tumba.

2.2.3. *El sueño del alma.*

Algunos grupos, como los Adventistas del Séptimo Día, creen que el alma existe en estado inconsciente hasta la resurrección. Esa creencia, conocida con el nombre de sueño del alma, es compartida por personas de otros grupos.

Es cierto que la Biblia describe a la muerte como un sueño, pero ello es porque el creyente pierde la conciencia del mundo de cansancio y enfermedad, y se despierta en uno de paz y felicidad. En el Antiguo Testamento se nos enseña que mientras el cuerpo entra en la tumba, el espíritu de la persona que ha muerto entra en el Seol (traducido infierno en la versión Reina-Valera) donde vive una vida consciente. (Cf. Isaías 14:9-11; Salmo 16:10; Lucas 16:23; 23:43; 2 Corintios 5:8; Filipenses 1:23; Apocalipsis 6:9.)

3. LA RESURRECCION.

3.1. *La importancia de la resurrección.*

Los corintios, a semejanza de otros griegos, eran personas de mentalidad aguda, inquieta, aficionados a la filosofía y a la especulación. El que algunos de los miembros de la iglesia de Corinto participaban de ese espíritu se comprobará por la lectura de los dos primeros capítulos de la epístola, donde Pablo declara la inmensurable superioridad de la revelación divina sobre la especulación humana. Con clara percepción vio la posibilidad de que bajo la influencia del espíritu griego, el evangelio se disipara convirtiéndose en un sistema de filosofía y ética, hermoso pero impotente. En realidad, esa tendencia era ya aparente. Algunos de los miembros de la iglesia eran influenciados por una antigua idea griega relativa a la inmortalidad, según la cual a la muerte, el cuerpo perecía para siempre, mientras que el alma continuaba viviendo. En realidad, y según esta doctrina, era bueno que el cuerpo pereciera, puesto que era una traba y obstáculo para el alma. Se enseñaba en la asamblea de Corinto que mientras que el alma o espíritu vivía después de la muerte, el cuerpo desaparecía para siempre y no experimentaba resurrección alguna. Se enseñaba asimismo que la única resurrección era la espiritual del alma, de su muerte en transgresiones y pecados. (Cf. Efesios 2:1; compare 2 Timoteo 2:17, 18.) El apóstol lanza un reto a dicha doctrina, o pone en tela de juicio la veracidad de ella. "Pero si se predica de Cristo que resucitó de los muertos, ¿cómo dicen algunos entre vosotros que no hay resurrección de muertos?" (1 Corintios 15:12). Considerando este error como comienzo, Pablo expone la verdadera doctrina y nos proporciona el gran capítulo de resurrección de la Biblia (1 Corintios 15).

Como base o fundamento de este argumento, Pablo toma la doctrina bíblica respecto del hombre, la cual en contradicción con la doctrina pagana, declara que el cuerpo es santificable (1 Corintios 6:13-20), redimible, y está incluido en la salvación del hombre. En el principio, Dios creó al hombre espíritu y cuerpo, y cuando el cuerpo y el espíritu se juntaron para formar una unidad viva, el hombre se convirtió en "alma viviente". El hombre fue creado inmortal en el sentido de que no necesitaba morir, pero mortal en el sentido de que podía morir si desobedecía a Dios. Si el hombre hubiera continuado fiel, hubiera desarrollado hasta el máximo su capacidad sobre la tierra, y luego podría haber sido trasladado, puesto que la traslación parece ser la manera perfecta de Dios de llevar a seres humanos de la tierra. Pero el hombre pecó, perdió el derecho al árbol de la vida y como resultado de ello comenzó a morir, culminando el proceso en la separación del cuerpo y del alma. Y la muerte física era expresión exterior de esa muerte espiritual que es la consecuencia del pecado.

Puesto que el hombre es cuerpo y alma, la redención debe abarcar el avivamiento del alma y del cuerpo; de ahí la necesidad de la resurrección. Y mientras que el hombre puede saldar sus cuentas con Dios y vivir espiritualmente (Efesios 2:1) sin embargo su cuerpo muere como resultado de su herencia racial de Adán. Pero puesto que el cuerpo es parte inherente de su personalidad, su salvación e inmortalidad no son completas hasta que el cuerpo no sea resucitado y glorificado. Tal es la enseñanza del Nuevo Testamento. (Cf. Romanos 13:11; 1 Corintios 15:53, 54; Filipenses 3:20, 21.)

El alegato de Pablo en 1 Corintios 15:13-19 es como sigue: El enseñar que no hay resurrección del cuerpo, constituye descargar un golpe contra la realidad de la salvación y la esperanza de la inmortalidad. Desarrolla su alegato de la siguiente manera: Si no hay resurrección del cuerpo, entonces Cristo, que tomó sobre sí el cuerpo humano, no resucitó de los muertos. Y si Cristo no resucitó de los muertos, luego la predicación es conversación vacía; peor aún, es falsa y engañosa. Y si la predicación es vana, también lo es la fe y la esperanza de los que la aceptan. Si Cristo no resucitó en realidad de los muertos, luego no hay salvación por el pecado; puesto que ¿cómo sabremos que su muerte era expiatoria — es decir, diferente de una muerte ordinaria — a menos que resucitara de la tumba? ¿Y si el cuerpo del Maestro no resucitó, qué esperanza les queda a los que confían en El? Y si eso es verdad, luego el sacrificio, la abnegación, y los sufrimientos por amor de Cristo han sido en vano (vv. 19, 30, 32).

3.2. La naturaleza de la resurrección.

Es suficientemente fácil expresar la *verdad o realidad* de la resurrección, pero cuando intentamos explicar *cómo* se produce nos encontramos en dificultades, puesto que tratamos con leyes misteriosas y sobrenaturales fuera de la comprensión de nuestras mentes. Sabemos, sin embargo, que la resurrección del cuerpo se caracterizará por lo siguiente:

3.2.1. Relación.

Tendrá cierta relación con el antiguo cuerpo, lo cual el apóstol Pablo ilustra mediante el grano de trigo (1 Corintios 15:36, 37). Este grano es arrojado al suelo, muere, y el acto de desintegración fertiliza el germen vivo que está dentro de él, de manera que se convierte en una nueva y hermosa planta verde. "Sólo mediante la desintegración de las partículas materiales de la semilla comienza la operación del germen de vida (que ningún microscopio puede descubrir)."

¿Qué es lo que vivifica al cuerpo humano, haciéndole capaz de convertirse en el glorioso cuerpo de la resurrección? ¡El Espíritu Santo! (Cf. 1 Corintios 6:19.) Hablando de la resurrección, Pablo expresa las palabras que se encuentran en 2 Corintios 5:5 que un exégeta del griego ha traducido como sigue: "Dios me ha preparado para este cambio, al darme el Espíritu en calidad de promesa y anticipo."

3.2.2. Realidad.

Hay ciertas personas que no tienen deseo alguno de ir al cielo porque se han formado la idea de que esa vida será insubstancial, vaga. Por el contrario, la vida venidera será tan real como la presente, y más aún. Los cuerpos glorificados serán reales y tangibles, y nos conoceremos los unos a los otros, conversaremos los unos con los otros, y realizaremos libremente actividades celestiales. El Señor Jesús, en su cuerpo de resurrección, fue una realidad indiscutible para sus discípulos. Aunque glorificado, era el mismo Jesús.

3.2.3. Incorrupción.

"Resucitado en incorrupción y poder", el cuerpo de resurrección estará libre de enfermedad, dolor, debilidad y muerte (Apocalipsis 21:4).

3.2.4. Gloria.

Nuestro viejo cuerpo es perecedero, sujeto a corrupción y cansancio, puesto que se trata del cuerpo "natural", apto sólo para una existencia imperfecta en un mundo imperfecto. Pero el cuerpo de resurrección estará adaptado a una vida gloriosa, inmortal, en los cielos. Cuando Pedro el Grande de Rusia trabajó como mecánico en Holanda, a fin de aprender el arte de construir buques, vestía el humilde traje de mecánico; pero al retornar a su palacio, volvió a vestir el esplendoroso manto de la realeza. El espíritu del hombre, que originalmente recibió el soplo o hálito divino, vive ahora una existencia humilde en un cuerpo perecedero (Filipenses 3:21), pero en el cuerpo de resurrección el espíritu estará vestido de un cuerpo glorioso, apto para ver a Dios cara a cara.

3.2.5. Velocidad.

Atravesará el espacio con la velocidad del relámpago, debido a la tremenda energía que lo impulsa.

3.2.6. Penetración.

Es decir, el poder o la fuerza para penetrar en sustancias sólidas. Al caminar por la tierra con los cuerpos glorificados, no seremos detenidos por cosas tan insignificantes como una pared o montaña, sino que pasaremos a través de ellas. (Cf. Juan 20:26.)

Hay muchas cosas que no sabemos y no podemos saber aún, con respecto a la vida futura: "Amados, ahora somos hijos de Dios, y aún no se ha manifestado lo que hemos de ser; pero sabemos que cuando él se manifieste seremos semejantes a él, porque le veremos tal como él es" (1 Juan 3: 2).

4. LA VIDA FUTURA

4.1. La enseñanza del Antiguo Testamento.

Al estudiar la enseñanza del Antiguo Testamento con respecto a la vida futura, debe recordarse que la obra redentora de Cristo ha ejercido un poderoso efecto con relación a la muerte y la vida. "El cual quitó la muerte y sacó a luz la vida y la inmortalidad por el evangelio" (2 Timoteo 1:10). Cristo trajo plenitud de luz y seguridad con respecto a la vida venidera. Al mismo tiempo llevó a cabo cierta liberación para los creyentes del Antiguo Testamento en el estado intermedio, que dio como resultado un aumento de bendición para ellos.

Pero aunque la revelación del Antiguo Testamento con respecto a la vida después de la muerte no es tan amplia como la del Nuevo Testamento, es indudable que se enseña la doctrina.

La doctrina de la inmortalidad en el Antiguo Testamento se basa o fundamenta en la relación del hombre con Dios. El hombre, hecho a la imagen de Dios, es apto para conocer a Dios y tener comunión con El. Esto implica o indica que el hombre es superior al animal, y que está animado de una vida que trasciende al tiempo. Fue creado para vida, y no para mortalidad. Pero el pecado trajo la muerte al mundo, y frustró de esta manera el destino del hombre. La muerte, en su aspecto físico, es la separación del cuerpo y del alma. La muerte, sin embargo, no implica o significa la extinción del alma. El Antiguo Testamento enseña consecuentemente que la personalidad del hombre sobrevive a su muerte.

El cuerpo del hombre fue bajado a la tumba, mientras que el alma pasó al Seol (que se traduce infierno, abismo, sepultura) el lugar de los espíritus que han partido de este mundo. El que el Seol no era el cielo queda demostrado por el hecho de que se dice que está abajo (Proverbios 15:24), que es un descenso (Ezequiel 32:21), y que se halla en lo profundo de la tierra (Ezequiel 32:18). El que no se trata de un lugar de felicidad es evidente por la descripción que se hace de él como de un lugar al que no se loará (Salmo 6:5), cruel o duro (Cantar de los Cantares 8:6), lugar de dolor (Salmo 18:5), un lugar del cual nadie parece retornar (Job 7:9).

Seol, sin la iluminación que emanaba del Cristo resucitado, era un lugar lóbrego, ominoso, y por esta razón algunos de los santos del Antiguo Testamento se estremecieron ante la idea del Seol, como un niño se estremece ante la perspectiva de entrar en un cuarto oscuro. (Cf. Salmo 88 e Isaías 38.

Seol era habitado por los justos (Job 14:13; Salmo 88:3; Génesis 37:34, 35) y los malvados (Proverbios 5:3-5; 7:27; Job 24:19; Salmo 31:17). Del incidente del hombre rico y Lázaro, sabemos que había dos partes en el Seol: un lugar de sufrimiento para los malvados (Lucas 16:23, 24) y otra parte para los justos, un sitio de descanso y comodidad (Lucas 16:25).

Sin embargo, los creyentes del Antiguo Testamento no vivían sin esperanzas. El Santo de Dios, el Mesías, descendería al Seol. El pueblo de Dios sería redimido del Seol (Salmo 16:10; 49:15). Esto se cumplió cuando Cristo, después de su muerte, descendió al mundo de los espíritus que habían partido (Mateo 12:40; Lucas 23:42, 43), y liberó los santos del Antiguo Testamento del Seol y los llevó al paraíso superior (Efesios 4:8, 9, 10). Este último pasaje parece indicar que se produjo un cambio en el mundo de los espíritus, y que el lugar donde los justos esperan la resurrección está localizado ahora en los cielos (Efesios 4:8; 2 Corintios 12:2). Desde entonces, los espíritus de los justos ascienden a la gloria y los espíritus de los malvados descienden a la condenación (Apocalipsis 20:13, 14).

Otras pruebas de la enseñanza con respecto a la vida futura en el Antiguo

Testamento son las siguientes: (1) La frase u oración "fue reunido con sus padres" o pueblo, que se emplea con referencia a Abraham, Moisés, Aarón y David, sin duda se refiere a la existencia consciente después de la muerte, y no a la sepultura, puesto que estos hombres no fueron sepultados en los cementerios de familia. (2) Las translaciones de Enoc y Elías demuestran ciertamente la existencia de una vida futura de felicidad en la presencia de Dios. (3) Las palabras de Cristo en Mateo 22:32 representan simplemente una declaración vigorosa de la creencia judía. De otra manera hubiera carecido de vigor en lo que respecta a los oyentes. (4) La doctrina de la resurrección de los muertos se enseña con toda claridad en el Antiguo Testamento (Job 19:26; Daniel 12:1, 2). (5) Cuando Jacob dijo: "Descenderé enlutado a mi hijo hasta el Seol" (Génesis 37:35), ciertamente no podría haber significado la tumba literal, puesto que se suponía que el cuerpo de José había sido devorado por una bestia salvaje.

4.2. *La enseñanza del Nuevo Testamento.*

El Nuevo Testamento reconoce un estado más allá de la muerte en el cual la vida espiritual continúa bajo condiciones nuevas y mejores. El iniciarse en esta vida es el objetivo supremo del hombre (Marcos 9:43). Al tener a Cristo mismo, el creyente ha efectuado ya en esta vida la transición de la muerte a la vida (Juan 3:36). Sin embargo, este es sólo el comienzo. Su plenitud pertenece a otro estado de existencia que comienza con la resurrección de vida (Juan 5:29). Hay una vida futura (1 Timoteo 4:8); está oculta ahora, pero será manifestada cuando Cristo, nuestra vida, aparezca (Colosenses 3:4), quien concederá la corona de vida prometida a los que le aman.

Santiago 1:12. Aun el estado de los creyentes que han muerto es mejor que la presente vida en Cristo (Filipenses 1:21). Pero su vida más plena, su Tierra de Promisión, su primogenitura en calidad de hijos de Dios, será revelada a la venida de Cristo (Romanos 8:17; Gálatas 4:7).

La muerte física no puede interrumpir la comunión entre el creyente y su Señor. "Yo soy la resurrección y la vida: el que cree en mí, aunque esté muerto, vivirá" (Juan 11:25). Con estas palabras, el Señor Jesús les aseguró a Marta y a María que su hermano no había perecido realmente, sino que estaba seguro. En otras palabras, dijo lo siguiente: "Amaba a vuestro hermano y disfruté de dulce comunión con él. Si tenéis en cuenta quién soy, si recordáis mi poder, ¿os imagináis por un momento que le permitiré a la muerte interrumpir la comunión que ha sido la alegría de ambos?"

Hay muchos alegatos formales en favor de la inmortalidad, pero más tranquilizador que la fría lógica es el conocimiento de que estamos en comunión con Dios y Cristo. Pongamos por ejemplo a un santo que durante años mantuvo una comunión gloriosa con el Hijo de Dios, que ha escuchado su voz y sentido su presencia. Y ahora que yace en su lecho de muerte, ¿le diría el Hijo de Dios: "Hemos caminado juntos y mantenido dulce comunión, pero ahora debemos separarnos y decirnos un eterno adiós"? ¡Imposible! Los que están en Cristo (1 Tesalonicenses 4:14-17) no pueden ser separados de Él ni por la vida ni por la muerte (Romanos 8:38). Para uno que ha vivido conscientemente en la presencia de Cristo, el ser separado de Cristo por la muerte es imposible. Para aquéllos ligados por el amor de Cristo, es inconcebible el caer de ese amor, y sumergirse en la desolación o la nada.

El Señor Jesucristo les dice a todos los creyentes: "¿Está Lázaro, está cualquiera, vinculado a mí? ¿Se ha ligado con fe a mi persona? Lo que soy, el poder que reside en mí, operará o funcionará en él. Vuestro hermano está unido a mí por la confianza y el afecto. Y puesto que soy la resurrección y la vida, ese poder debe operar en él."

5. *EL DESTINO DE LOS JUSTOS*

5.1. *La naturaleza del cielo.*

Los justos están destinados a la vida eterna en la presencia de Dios. Dios creó al hombre para que le conociera, amara y sirviera en este mundo, y disfruta de su comunión eterna en el mundo venidero.

El cristiano, durante su vida terrena, experimenta por la fe la presencia del Dios invisible, pero en la vida futura esta experiencia de fe se convertirá en realidad actual. Verá a Dios cara a cara, una bendición descrita por algunos teólogos como la visión beatífica.

Se describe al cielo mediante varios nombres: (1) Paraíso (literalmente jardín), recordándonos la felicidad y bendición de nuestros primeros padres al caminar y hablar con el Señor Dios (Apocalipsis 2:7; 2 Corintios 12:4). (2) "La casa de mi Padre" con sus numerosas moradas (Juan 14:2) proporciona el pensamiento de hogar, descanso y comunión. (3) Un país celestial al cual nos dirigimos, como en la antigüedad Israel se dirigía a la tierra de Canaán, la Tierra Prometida terrena (Hebreos 11:13-16). (4) Una ciudad, que nos sugiere la idea de sociedad organizada (Hebreos 11:10; Apocalipsis 21:2).

Deben distinguirse las siguientes tres fases en la condición de los creyentes que han muerto: primera, el estado intermedio de descanso en espera de la resurrección; segunda, después de la resurrección se producirá el juicio de las obras (2 Corintios 5:10; Corintios 3:10-15); tercera, al terminarse el milenio, desciende del cielo la nueva Jerusalén, el hogar final de los bienaventurados (Apocalipsis 21). La nueva Jerusalén desciende del cielo, es parte del cielo, y por lo tanto es el cielo en su sentido verdadero. En cualquier lugar donde Dios se revela a sí mismo en presencia personal y gloria revelada, allí está el cielo; y tal cosa se puede decir de la nueva Jerusalén (Apocalipsis 22:3, 4).

¿Por qué es que esta ciudad desciende del cielo? El propósito final que anima a Dios es trasladar el cielo a la tierra. (Cf. Deuteronomio 11:21.) En la dispensación o administración del cumplimiento de los tiempos, Dios reunirá "todas las cosas en Cristo... así las que están en los cielos, como las que están en la tierra" (Efesios 1:10), y luego Dios será "todas las cosas en todos" (1 Corintios 15:28). Mientras que la nueva Jerusalén no descenderá en realidad a la tierra, estará no obstante suspendida a la vista de la tierra, puesto que "las naciones que hubieren sido salvas andarán en la lumbre de ella."

5.2. La necesidad del cielo.

La historia de las religiones revela el hecho de que el alma del hombre instintivamente cree que hay tal lugar. Este instinto del cielo ha sido implantado dentro del alma del hombre por Dios mismo, el Creador de los instintos del hombre. Los alegatos que prueban la existencia de la vida futura no son formulados principalmente para que el hombre crea en ella, sino porque cree en ella, y está deseoso de armonizar la mente con las intuiciones más profundas del corazón.

Luego también un lugar semejante es esencial para cumplir las demandas de la justicia. Los sufrimientos del justo sobre la tierra y la prosperidad de los malvados demanda un estado futuro donde se administra completa justicia. Y la Biblia nos dice que tal lugar existe. Platón, el más sabio de los griegos, discutió la vida futura como una probabilidad, y aconsejó a los hombres a reunir las mejores opiniones sobre la materia, y embarcarse en ellas como en una barca y navegar peligrosamente por la vida, "a menos que uno pudiera con más seguridad y con menos peligros navegar en una embarcación más sólida o mediante una palabra divina." La palabra divina de certidumbre, que los sabios han deseado, se encuentra en las Sagradas Escrituras, donde la existencia de una vida futura se enseña, no como opinión o teoría, sino como verdad absoluta.

5.3. Las bendiciones del cielo.

5.3.1. Luz y belleza.

El idioma del hombre, en las circunstancias más óptimas, es inadecuado para presentar las realidades de la vida del porvenir. En los capítulos 21 y 22 de Apocalipsis, el Espíritu Santo emplea un idioma que nos ayuda a obtener una pequeña idea de las hermosuras o bellezas del otro mundo.

> El topo en su cueva no puede imaginarse la vida del águila que en raudo vuelo supera las cumbres montañosas; y un minero, si hubiera tal, que hubiera nacido y se hubiera criado en una mina, que hubiera trabajado en ella, y que ahora, en el ocaso de su vida, uno le hablara con lujo de detalles, a centenares de metros bajo la superficie de la tierra, del verdor de los árboles, de prados y de arroyos abundantes, de huertos y montañas, y de un cielo tachonado de estrellas, una persona tal no podría comprender lo que uno dice, puesto que no ha visto ni oído aquello con respecto a lo cual se le habla y por lo tanto su mente no puede concebirlo.

5.3.2. Amplitud de conocimientos.

El sentimiento expresado por el sabio Sócrates cuando dijo: "Una cosa sé, que no sé nada", ha sido repetido por los sabios desde entonces. El hombre está rodeado de misterios y ansía conocimientos. En el cielo esta sed de saber será perfectamente satisfecha. Los misterios del universo serán aclarados. Los problemas teológicos que nos tienen perplejos serán resueltos con claridad meridiana. La clase más esplendente de conocimientos será la nuestra: el conocimiento de Dios. (Cf. 1 Corintios 13:12.)

5.3.3. *Descanso.*

Se puede formular una idea del cielo contrastando a este con las desventajas de la vida actual. Piense en todo aquello que produce cansancio, dolor, conflicto y aflicción, y medite luego que el cielo estará libre de todo esto (Apocalipsis 14:13, 21:4).

5.3.4. *Servicio.*

Hay personas que llevan una vida activa y que al parecer no sienten interés alguno por el cielo, pues lo suponen un sitio de inactividad, poblado de figuras etéreas que pasan las horas tañendo arpas. Esta idea del cielo está equivocada. En efecto los redimidos tocarán el arpa, puesto que la música es uno de los goces del cielo, pero al mismo tiempo trabajarán también. Ellos "le sirven día y noche en su templo . . . y sus siervos le servirán" (Apocalipsis 7:15; 22:3). Aquél que colocó al hombre en el primer paraíso con instrucciones para cuidarlo y cultivarlo, ciertamente no permitirá que esté inactivo en el segundo paraíso.

5.3.5. *Gozo.*

Apocalipsis 21:4. La mayor felicidad que se puede concebir en la tierra, multiplicada por un millón, expresará sólo pálidamente el gozo que espera a los hijos de Dios en el plano de los benditos. Si un rey poderoso, con sus recursos terrenos, desea erigir un palacio para su esposa, ese palacio será la suma de todo lo que el arte, la habilidad y los recursos pueden proporcionar. Dios ama a sus hijos infinitamente más de lo que el hombre puede amar. Al poseer recursos inagotables y sabiduría infinita, puede construir un hogar cuya belleza supera el conocimiento o poder del arte o la imaginación del hombre. "Voy, pues, a preparar lugar para vosotros."

5.3.6. *Estabilidad.*

La felicidad del cielo durará para siempre. Verdaderamente, la permanencia es necesaria para la felicidad completa. A pesar de la hermosura y bendición del cielo, la comprensión de que todo tocaría a su fin haría que el gozo quedara desprovisto de perfección, puesto que la mente estaría continuamente agobiada por la convicción de que el fin es inevitable, y tal estado mental demostraría ser un detrimento constante para el gozo perfecto. Todos anhelan lo permanente: salud permanente, paz permanente, prosperidad permanente. Todos temen la inestabilidad y la inseguridad. Pero la felicidad del cielo lleva consigo la seguridad o tranquilidad divina que su gozo nunca terminará o disminuirá en intensidad.

5.3.7. *Vida social.*

Hebreos 12:22, 23; 1 Tesalonicenses 4:13-18. El hombre es por naturaleza un ser social. Un hombre solitario es anormal y excepcional. Si en este mundo la vida social proporciona placer, cuánto mayor no será el éxtasis del compañerismo en el cielo con aquéllos a quienes amamos. En las relaciones humanas, aún aquéllos a quienes más amamos tienen faltas o características objetables que les restan atractivo. En el cielo, los amigos y parientes no tendrán falta alguna. Los goces sociales de la vida presente vienen acompañados por las desilusiones. Nuestros seres amados se convierten con frecuencia en motivo de dolor para nosotros, se rompen amistades, se marchitan afectos. Pero en el cielo no habrá malentendidos, no habrá conflictos, todos serán buenos y hermosos, sin defecto alguno que los empañen, llenos de sabiduría divina, y ostentando una personalidad celestial esplendente.

5.3.8. *Comunión con Cristo.*

"A quien amáis sin haberle visto, en quien creyendo, aunque ahora no lo veáis, os alegráis con gozo inefable y glorioso" (1 Pedro 1:8). Ese día, seremos como El, puesto que le veremos tal como es. Nuestro cuerpo será semejante a su cuerpo glorioso, veremos su rostro, y aquél que pastoreó a su pueblo por el valle de lágrimas los conducirá en el cielo de gozo en gozo, de gloria en gloria, de revelación en revelación. (Cf. Juan 14:3; 2 Corintios 5:8; Filipenses 1:23.)

6. *EL DESTINO DE LOS MALVADOS*

6.1. *El punto de vista bíblico.*

El destino de los malvados es la separación eterna de Dios, y eterno sufrimiento, conocido con el nombre de muerte segunda. Debido a su terrible naturaleza, es una materia de la cual uno instintivamente retrocede, y sin embargo, es asunto que se debe afrontar, puesto que se trata de una verdad positiva de la revelación divina. De ahí que el Cristo tierno y amoroso advirtió a los hombres con respecto a los sufrimientos del infierno. Lo que dijo con referencia a la esperanza del cielo podría aplicarse muy bien a su enseñanza relativa a la existencia del infierno. "Si así no fuera, yo os lo hubiera dicho." Juan 14:2.

El infierno es un lugar de extremo sufrimiento (Apocalipsis 20:10), recuerdo y remordimiento (Lucas 16:19-31), deseos insatisfechos (Lucas 16:24), menosprecio (Daniel 12:2), malas compañías (Apocalipsis 21:8), desesperanza (Proverbios 11:7; Mateo 25:41).

6.2. *Puntos de vista falsos.*

6.2.1. *Universalismo.*

Según este punto de vista, todos serán finalmente salvos. El que Dios es demasiado amoroso como para excluir a nadie del cielo parece ser su alegato. La teoría se contradice por pasajes tales como Romanos 6:23; Lucas 16:19-31;

Juan 3:36 y otras. Es, en realidad, una misericordia el que Dios excluya a los pecadores del cielo, puesto que un pecador contaminado se sentiría tan infeliz en el cielo, como un creyente en el infierno.

6.2.2. *Restauración.*

Según este punto de vista, el castigo en el infierno no es eterno, sino un acontecimiento transitorio para el fin de purificar al pecador y capacitarlo para el cielo. Si este fuera el caso, el fuego del infierno tendría más poder o eficacia que la sangre de Cristo. Además, la experiencia nos enseña que el castigo en sí mismo no es regenerativo; puede restringir, pero no transformar.

Los maestros de esta escuela afirman que la palabra *eterno* en el idioma griego significa que durará por una edad, pero no eternamente. Pero de acuerdo con Mateo 25:41, si el castigo de los malvados tiene fin, también lo tendrá la felicidad de los justos.

El doctor Maclaren hace el comentario siguiente:

> Aceptando con reverencia las palabras de Cristo, como expresión de amor perfecto e infalible sabiduría, el que esto escribe teme que, en la discusión con respecto a la duración del castigo, la verdad solemne relativa a la realidad de la retribución futura se oscurezca o debilite, y el hombre arguya con respecto al "temor del Señor", hasta dejar de experimentar sentimiento alguno con respecto a dicha retribución.

El hábito tiende a fijarse. El carácter tiende a adquirir permanencia final. Dios no obligará al hombre a salvarse en el futuro, como no lo obliga en la actualidad.

6.2.3. *Segunda oportunidad.*

Según esa teoría, todos tendrán una segunda oportunidad, para aceptar la salvación, entre la muerte y la resurrección. Sin embargo, las Sagradas Escrituras enseñan que a la muerte queda fijado el destino del hombre (Hebreos 9:27). Además, si la gente piensa que se le presentará una segunda oportunidad, ¿cuántos aceptarán la primera oportunidad, o la aprovecharán? Y si descuidan la primera oportunidad, de acuerdo con las leyes de la naturaleza humana, estarán más débiles para aceptar la segunda.

6.2.4. *Aniquilación.*

Los que propugnan esa teoría dicen que la Biblia enseña que los impíos perecerán, y que esto prueba que el castigo final consistirá en la aniquilación. Eso no puede ser cierto, porque si *perecer* significa ser aniquilado, entonces el hijo pródigo fue aniquilado antes de regresar a su padre, siendo que cuando comenzó a arrepentirse, dijo: "¡Cuántos jornaleros en la casa de mi padre tienen abundancia de pan, y yo aquí *perezco* de hambre!" (Lucas 15:17). Y nos dice también la Biblia que el mundo antediluviano *pereció*, anegado en agua (2 Pedro 3:6). Y, sin embargo, el mundo todavía continúa existiendo. (Cf. Salmo 78:45; Hebreos 2:14; Salmo 31:10.)

Esos textos prueban de modo concluyente que las palabras "destruir" y "consumir" no significan *aniquilación*. El vocablo "destrucción" significa dañar o perjudicar una cosa de tal manera que venga a ser inservible.

7. LA SEGUNDA VENIDA DE CRISTO

7.1. *La realidad de su venida.*

La segunda venida es mencionada más de trescientas veces en el Nuevo Testamento. Pablo se refiere a ella en sus epístolas cuando menos cincuenta veces. Se afirma que la segunda venida es mencionada ocho veces más que la primera. Libros enteros (1 y 2 Tesalonicenses) y capítulos completos (Mateo 24; Marcos 13) están dedicados a ella. Es sin duda alguna una de las doctrinas más importantes del Nuevo Testamento.

7.2. *La forma de su venida.*

Será personal (Juan 14:3; Hechos 1:10, 11; 1 Tesalonicenses 4:16; Apocalipsis 1:7; 22:7), literal (Hechos 1:10; 1 Tesalonicenses 4:16, 17; Apocalipsis 1:7; Zacarías 14:4), visible (Hebreos 9:28; Filipenses 3:20; Zacarías 12:10) y gloriosa (Mateo 16:27; 2 Tesalonicenses 1:7-9; Colosenses 3:4; Mateo 25:31).

Se mantienen interpretaciones que buscan evitar el punto de vista de la venida personal o literal de Cristo. Algunos enseñan que la muerte es la segunda venida de Cristo. Pero la segunda venida se presenta como algo opuesto a la muerte, puesto que los muertos en Cristo resucitarán cuando Cristo venga de nuevo. En la muerte vamos a El, pero a su venida, viene por nosotros. Ciertos versículos (Mateo 16:28; Filipenses 3:20) carecen de significado si sustituimos la segunda venida por la muerte. Finalmente, la muerte es un enemigo, mientras que la segunda venida es una esperanza gloriosa.

Algunos afirman que la segunda venida de Cristo fue el descenso del Espíritu, el día de Pentecostés. Otros enseñan que Cristo vino en la destrucción de la ciudad de Jerusalén, en el año 70 d. C. Pero en ninguno de estos casos ocurrió la resurrección de los muertos, ni el arrebatamiento de los vivos, ni otros acontecimientos que deben acompañar la Segunda Venida.

7.3. *La época de su venida.*

Se han hecho intentos para calcular la fecha de la venida de Cristo, y todos los cálculos han fracasado. El Señor ha declarado que la época exacta de su venida está oculta en los consejos de Dios (Mateo 24:36-42; Marcos 13:32, 33). Esa ordenación es sabia. ¿A quién le gustaría, por ejemplo, saber de antemano el día exacto de su muerte? Dicho conocimiento tendería a perturbar a la persona e incapacitarla para los deberes de la vida. Es suficiente saber que la muerte puede llegar en cualquier momento y por lo tanto uno debe trabajar mientras es de día, puesto que la noche viene cuando nadie podría trabajar. Con el mismo razonamiento se puede aplicar con respecto al "día de la muerte" de la edad presente. Ese día no se nos ha revelado. Pero sabemos que será repentino (1 Corintios 15:52; Mateo 24:27) e inesperado (2 Pedro 3:4; Mateo 24:48-51; Apocalipsis 16:15). La palabra del Señor para sus siervos que esperan es la siguiente: "Ocupaos hasta que venga."

A continuación ofrecemos una información general con respecto a la enseñanza de Cristo relativa a su venida: Después de la destrucción de Jerusalén los judíos andarán errantes por todas las naciones, exiliados de su tierra, la cual quedará bajo el dominio de los gentiles hasta el fin del período, cuando Dios juzgará a las naciones gentiles (Lucas 21:24). Durante este período los siervos de Cristo llevarán a cabo su labor (Lucas 19:11-27) predicando el evangelio a todas las naciones (Mateo 24:14). Será un tiempo de demora cuando la iglesia a menudo se preguntará por qué el Señor no aparece (Lucas 18:1-8) cuando algunos se prepararán y otros caerán en la negligencia, mientras el Esposo tarda (Mateo 25:1-11) cuando ministros infieles caerán en la apostasía, diciéndose para sí: "Mi Señor tarda en venir" (Lucas 12:45). "Y después de mucho tiempo" (Mateo 25:19), "a la media noche" (Mateo 25:6), en una hora de un día que ninguno de los discípulos conoce (Mateo 24:36, 42, 50) el Señor aparecerá de repente para reunir a sus siervos y juzgarlos de acuerdo con sus obras (Mateo 25:19 y 2 Corintios 5:10). Más tarde, cuando la gente del mundo viva en completo desconocimiento de la catástrofe que se avecina, como en los días de Noé (Mateo 24:37-39) y como en los días de la destrucción de Sodoma (Lucas 17:28, 29) el Hijo del hombre aparecerá en gloria exterior y poder para juzgar y gobernar las naciones todas del mundo (Mateo 25:31-46).

7.4. *Las señales de su venida.*

Las Sagradas Escrituras nos enseñan que la aparición de Cristo para iniciar la edad del milenio será precedida por una transición perturbadora, caracterizada por perturbaciones físicas, guerras, dificultades económicas, decadencia moral, apostasía religiosa, infidelidad, pánico y perplejidad generales. La última parte de este período de transición se conoce como la Gran Tribulación, un período durante el cual el mundo entero estará bajo el cetro de un gobierno anticristiano, contrario a Dios. Se perseguirá brutalmente a los creyentes en Dios, y la nación judía en particular pasará por el horno de la aflicción.

7.5. *El propósito de su venida.*

7.5.1. *Con relación a la iglesia.*

El doctor Pardington escribe lo siguiente:

> Así como la primera venida del Señor se extendió por espacio de treinta años, también la segunda abarca acontecimientos diferentes. En la primera venida fue revelado como Niño en

Belén, más tarde como el Cordero de Dios a su bautismo, y como Redentor en el Calvario. A su segunda venida, aparecerá primeramente a los suyos secretamente y repentinamente para tomarlos o arrebatarlos a fin de que estén presentes en la Cena del Cordero (Mateo 24:40-41).

La aparición se denomina el arrebatamiento o traslación, o *parousía* (vocablo griego que significa aparición o llegada). En esta época, los creyentes serán juzgados para determinar las recompensas por los servicios prestados (Mateo 25:14-30).

Después de la traslación, seguirá un período de terrible tribulación que finalizará con la revelación o manifestación abierta de Cristo desde el cielo a fin de establecer el reino mesiánico en la tierra

7.5.2. Con relación a Israel.

El Señor, que es la Cabeza y Salvador de la iglesia, el pueblo celestial, es también el Mesías prometido de Israel, el pueblo terrenal. En calidad de Mesías lo liberará de la tribulación, lo juntará de los cuatro cabos de la tierra, lo devolverá a su antigua patria o tierra y reinará sobre él, como el Rey de la casa de David, largamente prometido.

7.5.3. Con relación al anticristo.

El espíritu del anticristo está ya en el mundo (1 Juan 4:3; 2:18; 2:22), pero hay un anticristo final que está aún por venir (2 Tesalonicenses 2:3). En los últimos días surgirá del antiguo mundo (Apocalipsis 13:1) y se convertirá en el gobernante del imperio romano, que habrá resurgido para alcanzar dominio mundial. Asumirá un gran poder político (Daniel 7:8, 25) comercial (Daniel 8:25; Apocalipsis 13:16, 17) y religioso (Apocalipsis 17:1-15). Se opondrá a Dios y a Cristo, y perseguirá a todos los creyentes procurando destruir por completo al cristianismo (Daniel 7:25; 8:24; Apocalipsis 13:7, 15). Sabiendo que el hombre necesita tener alguna clase de religión, establecerá una basada en la divinidad del hombre y en la supremacía del estado. Como personificación del estado, demandará adoración, y designará un sacerdocio para poner en vigor esta adoración y fomentarla (2 Tesalonicenses 2:9, 10; Apocalipsis 13:12-15).

El anticristo desarrollará hasta el máximo la doctrina de la supremacía del estado, doctrina que enseña que el gobierno es el poder supremo, al cual debe subordinarse todo, incluso la conciencia del hombre. Y puesto que no hay poder o ley superior al estado, debe abolirse tanto a Dios como sus leyes, y debe adorarse al estado.

El primer intento de rendir culto al estado se encuentra en Daniel 3. Nabucodonosor se sentía orgulloso del fuerte imperio que había fundado. "¿No es ésta la gran Babilonia, que yo edifiqué para casa real?" (Daniel 4:30). Tan deslumbrado estaba de su poder humano, y de gobierno, que el estado se convirtió en dios a sus ojos. ¡Qué mejor forma de impresionar a los hombres con su gloria que ordenándoles que su símbolo fuera venerado! Por lo tanto, erigió una gran imagen de oro, y ordenó que todos, bajo pena de muerte, se inclinaran ante la estatua. La imagen no era una deidad local, sino que representaba al estado mismo. El negarse a adorar la imagen era considerado ateísmo o traición. Al instituir este nuevo culto, Nabucodonosor dijo en otras palabras al pueblo: "¿Quién os da hermosas ciudades, buenos caminos, magníficos jardines? ¡El estado! ¿Quién vela porque seáis alimentados y tengáis trabajo, quién edifica vuestras escuelas y sostiene vuestros templos? ¡El estado! ¿Quién os defiende de los ataques del enemigo? ¡El estado! ¿No es acaso el estado una fuerza poderosa, ¡qué digo! un dios? En realidad ¿qué otro dios más grande necesitáis que vuestro exaltado gobierno? Inclinaos ante el símbolo de la Gran Babilonia." Y si Dios no lo hubiera humillado debido a su orgullo blasfemo (Daniel 4:28-37) Nabucodonosor quizá hubiera reclamado adoración para sí, como jefe del estado.

Así como los tres jóvenes hebreos (Daniel 3) fueron perseguidos por negarse a inclinarse ante la imagen de Nabucodonosor, también los creyentes del primer siglo sufrieron por negarse a rendir honores divinos a la imagen de César. Había tolerancia de todas las religiones en el imperio romano, pero con la condición de que la imagen de César fuera venerada como símbolo del estado. Los creyentes eran perseguidos, no principalmente porque reconocían a Cristo, sino porque se negaban a adorar a César y decir: "El César es Señor." Se abstenían de adorar al estado como si fuera un dios.

La revolución francesa ofrece otro ejemplo de esta política. Se prescindió de Cristo y de Dios, y se convirtió en diosa a la patria o el estado. Uno de los dirigentes dijo: "El estado es supremo en todas las cosas. Cuando habla el estado, la iglesia no tiene nada que decir." La lealtad al estado fue elevada al lugar de la religión. La legislatura decretó que se erigieran en todos los pueblos y villas de altares con la siguiente inscripción: "El ciudadano nace, vive y muere por la patria." Se preparó un ritual para el bautismo civil, para el casamiento civil y para la sepultura civil. La religión del estado tenía sus himnos y oraciones, ayunos y fiestas.

El Nuevo Testamento considera al gobierno del hombre como divinamente ordenado para el mantenimiento del orden y de la justicia. El creyente, por lo tanto, le debe lealtad a su país. Tanto la iglesia como el estado tienen una parte en el programa de Dios, y cada uno debe operar en su esfera. Dios debe recibir lo que es de Dios, y César lo que es de César.

Pero con frecuencia César ha demandado lo que es de Dios, con el resultado de que la iglesia se ha encontrado, contra su deseo, en conflicto con el gobierno.

Las Sagradas Escrituras predicen que algún día este conflicto llegará a su punto culminante. La última civilización se opondrá a Dios, y el anticristo será su jefe. El dictador mundial hará que la ley del estado mundial sea suprema sobre toda otra ley, y reclamará adoración como personificación del estado. Las mismas Escrituras nos aseguran que Dios triunfará y que, sobre las ruinas del imperio mundial anticristiano, establecerá un gobierno donde Dios es supremo: el reino de Dios (Daniel 2:34, 35, 44; Apocalipsis 11:15; 19:11-21).

7.5.4. Con relación a las naciones.

Las naciones serán juzgadas, los reinos de la tierra derrocados, y todos los pueblos estarán sujetos al Rey de reyes (Daniel 2:44; Miqueas 4:1; Isaías 49:22, 23; Jeremías 23:5; Lucas 1:32; Zacarías 14:9; Isaías 24:23; Apocalipsis 11:15). Cristo gobernará las naciones con vara de hierro, barrerá la opresión y la injusticia de la tierra, e iniciará la Edad de Oro que se prolongará por mil años (Salmo 2:7-9; Salmo 72; Isaías 11:1-9; Apocalipsis 20:6).

"Luego el fin, cuando entregue el reino al Dios y Padre" (1 Corintios 15:24). Hay tres etapas de la obra de Cristo en calidad de Mediador: la obra de Profeta, realizada durante su ministerio terrenal; su obra de Sacerdote, comenzada en la cruz y continuada durante esta edad; su obra de Rey, comenzada a su venida y continuada durante el Milenio. Después del Milenio habrá completado su obra de unir a la humanidad con Dios, de manera que los habitantes de la tierra y del cielo constituirán o formarán una gran familia en la cual Dios será todas las cosas en todos (Efesios 1:10; 3:14, 15). Sin embargo, Cristo reinará como Dios-Hombre, y compartirá el gobierno divino, puesto que "su reino no tendrá fin" (Lucas 1:33).

PREGUNTAS DE REPASO

Introducción

1. ¿De qué manera se puede definir la doctrina cristiana? ¿Qué otro nombre se le da a este estudio?
2. ¿Qué es la teología?
3. ¿Qué relación hay entre teología y religión?
4. ¿Qué diferencia hay entre doctrina y dogma?
5. Dé cuatro puntos que demuestren el valor de la doctrina
6. Cite cinco ramos de la teología y proporcione una corta explicación de cada uno.
7. Mencione los once temas a considerarse.

Capítulo 1

1. Exprese brevemente por qué necesitamos las Escrituras, empleando el bosquejo de tres puntos.
2. Mencione dos versículos, dando las citas, que demuestran que las Escrituras son inspiradas.
3. Dé una definición de la inspiración, basada en la declaración de Pedro (2 Pedro 1:21).
4. ¿Qué condiciones existentes en la iglesia motivaron la formulación de credos?
5. Proporcione cinco aspectos positivos de la inspiración de las Escrituras, y su contraparte negativa.
6. Compare la inspiración con la iluminación.
7. Explique en qué sentido la inspiración es viva y no mecánica.
8. ¿En qué nos basamos para afirmar que la inspiración de las Escrituras es completa y no meramente parcial?
9. ¿Inspiró Dios también las palabras, o solamente los pensamientos de los escritores? Dé pruebas.
10. Establezca la distinción entre revelación e inspiración, y dé un ejemplo.
11. ¿Hay palabras no inspiradas en los registros o anales inspirados? Dé un ejemplo.

12. ¿Qué prueba hay en el Antiguo Testamento de que este fue escrito por inspiración de Dios? Dé varias citas bíblicas.

13. Suministre citas bíblicas que demuestran que Pablo y otros escritores del Nuevo Testamento hablaron con autoridad divina.

14. Nombre siete cosas con respecto de la Biblia que sustentan su afirmación de que es inspirada.

15. ¿De qué manera nuestro corazón confirma la inspiración de las Escrituras?

16. ¿Qué argumento práctico confirma la inspiración de las Sagradas Escrituras?

Capítulo 2

1. Las Sagradas Escrituras no procuran demostrar la existencia de Dios. ¿Por qué?

2. ¿Por qué procuramos nosotros demostrar la existencia de Dios?

3. ¿De qué tres esferas podemos deducir la existencia de Dios?

4. Señale cinco pruebas de la existencia de Dios en estas tres esferas.

5. Pruebe de qué manera el universo demuestra la existencia de Dios.

6. Señale de qué manera el diseño y la belleza del universo demuestran la existencia de Dios.

7. ¿De qué manera la naturaleza del hombre, por medio de la conciencia, demuestra la existencia de Dios?

8. ¿De qué manera prueba la historia la existencia de Dios?

9. ¿Qué demuestra la creencia universal en Dios?

10. ¿Qué es ateísmo?

11. Proporcione de memoria la definición del catecismo de Westminster con respecto a "¿quién es Dios y qué es?"

12. Proporcione los cinco nombres bíblicos más comunes de Dios, y una corta explicación con respecto de cada uno de ellos.

13. Nombre y defina brevemente cinco creencias erróneas respecto de Dios.

14. ¿Qué diferencia hay entre los nombres de Dios y sus atributos?

15. Proporcione la clasificación de los atributos de Dios, y el significado de cada uno de ellos.

16. Mencione los atributos de Dios no relacionados, y dé una corta definición de cada uno.

17. Nombre los atributos activos de Dios.

18. Mencione las dos cosas que están incluidas en la omnipotencia de Dios.

19. ¿Qué se entiende por "omnipresencia de Dios"?

20. ¿Qué significa el vocablo "omnisciente"? Cite varios versículos que demuestran que Dios es omnisciente.

21. Defina la sabiduría de Dios con relación a su omnisciencia y omnipotencia.
22. ¿Qué es la providencia?
23. ¿En qué sentido es la doctrina de la soberanía de Dios de ayuda y estímulo?
24. Señale los atributos morales de Dios.
25 ¿De qué manera puede el hombre santificar a Dios?
26. ¿Qué es la justicia?
27. Sabiendo que Dios es bueno y amoroso, ¿cómo se explican el mal y el sufrimiento que hay en el mundo?
28. ¿Qué significa la expresión "Trinidad de Dios"?
29. Designe la labor individual o función de cada una de las personas de la Trinidad, y diga de qué manera las tres personas son una en el ejercicio de sus funciones.
30. ¿Por qué era difícil definir la doctrina de la trinidad?
31. Demuestre mediante las Escrituras que el sabelianismo es un error.
32. ¿Por qué no se enseñaba con claridad y directamente la doctrina de la trinidad en el Antiguo Testamento?
33. ¿Dónde podemos encontrar el germen de la doctrina en el Antiguo Testamento?
34. Proporcione citas bíblicas en donde el Padre, el Hijo y el Espíritu Santo se mencionan separadamente en el Antiguo Testamento.
35. ¿Qué dos hechos o realidades confrontaron a la iglesia primitiva con respecto a Dios?
36. Dé varios pasajes del Nuevo Testamento que mencionan a tres personas divinas.
37. Proporcione una ilustración relativa a la Trinidad, tomada de la naturaleza, de la personalidad del hombre y de las relaciones humanas.

Capítulo 3

1. Dé cinco palabras que describan la naturaleza de los ángeles, y una corta explicación de cada una de ellas.
2. Nombre seis clases de ángeles, e identifique a cada una de ellas.
3. ¿Qué características tienen los ángeles?
4. ¿Qué obra realizan?
5. Escriba lo que sepa con respecto al origen de Satanás.
6. Dé los seis títulos o nombres por los que se conoce a Satanás.
7. Mencione algunas de las circunstancias en que se le ve como Satanás o adversario.
8. Describa la naturaleza y esfera de las actividades de Satanás.

9. ¿Con qué motivo realiza Satanás actividades contra nosotros?

10. ¿Qué limitaciones ha impuesto Dios a los poderes de Satanás?

11. Señale la carrera descendente de Satanás, desde el comienzo hasta el juicio final.

12. ¿En qué dos clases se dividen los espíritus malvados?

13. Diga lo que sabe con respecto a los ángeles caídos y dónde habitan actualmente.

14. ¿De qué manera adquirieron poder sobre el hombre? ¿De qué manera es quebrantado ese poder?

15. ¿Hay redención para ellos? ¿Cuál es su destino final?

16. ¿De qué manera describen los Evangelios a los demonios?

17. ¿Cuáles son los efectos de su morada en los seres humanos?

18. Describa los cambios de personalidad de las personas poseídas por el demonio.

19. ¿Cuál es el motivo que influencia a los demonios a posesionarse del cuerpo de los hombres?

20. Establezca algunos paralelos entre posesión demoniaca y la habitación del Espíritu Santo.

Capítulo 4

1. ¿Cuál es la doctrina de la creación especial?

2. ¿Qué teoría se opone a la creación especial? ¿Qué enseña?

3. ¿Qué es una especie? ¿Qué puede producir una especie?

4. ¿Se ha producido alguna vez la transformación de las especies? ¿Qué prueba tenemos de esto?

5. ¿Qué testimonio presenta el doctor Etheridge para demostrar la falsedad de la teoría de la evolución?

6. De acuerdo con Génesis 2:7, ¿de qué dos sustancias se compone el hombre?

7. Según el Nuevo Testamento, ¿de qué tres sustancias se compone el hombre?

8. Explique de qué manera estos dos puntos de vista son correctos.

9. ¿De qué está consciente el hombre en calidad de "espíritu", "alma" y "cuerpo"?

10. Describa el espíritu del hombre.

11. ¿De qué manera el espíritu del hombre hace diferente a este de todas las cosas conocidas y creadas?

12. ¿De qué manera el espíritu del hombre está relacionado con la cualidad de su carácter?

13. ¿Cuál es la naturaleza del alma del hombre?

14. ¿Qué diferencia hay entre el alma del hombre y la de los animales?
15. Exprese dos puntos de vista con respecto al origen del alma.
16. Describa brevemente la relación entre el alma y el cuerpo, empleando cuatro puntos.
17. Nombre los cinco instintos más importantes.
18. ¿De qué manera se revelan estos instintos en los capítulos 1 y 2 del Génesis?
19. Explique los vocablos conciencia, cuerpo del pecado, intención de la carne, y carne.
20. Dé ejemplos de la perversión de los instintos dados por Dios, perversión que constituye la base del pecado.
21. ¿Cuáles son las consecuencias de esta perversión?
22. ¿Cuál es el remedio para ella?
23. Describa el corazón en su calidad de manantial y centro de todas las corrientes de la vida, tanto espiritual como del alma.
24. ¿Qué relación hay entre el alma y la sangre?
25. ¿Cuáles son los tres nombres que se le aplican al cuerpo humano?
26. Describa brevemente cinco elementos que constituyen la imagen divina en el hombre.

Capítulo 5

1. Describa brevemente el ateísmo, determinismo, hedonismo, Ciencia Cristiana, y evolución.
2. Dé un resumen de la historia relacionada con el origen del pecado, empleando los vocablos clave; tentación, culpabilidad, castigo, redención.
3. Defina la naturaleza del pecado, tal como se revela en el Antiguo Testamento.
4. Dé algunas palabras que el Nuevo Testamento emplea para describir al pecado.
5. Describa al pecado como acto y estado. ¿Cuál es su doble consecuencia?
6. ¿Qué efecto tiene el pecado en la imagen divina en el hombre?
7. ¿Qué es el "pecado original"?
8. Cite varios versículos que describen la condición moral del alma.
9. Describa el conflicto interior en el hombre. ¿De qué manera se puede obtener la paz?
10. Explique el pasaje que dice: "Porque el día que de él comieres, ciertamente morirás" (Génesis 2:17).
11. Proporcione el significado de la palabra "destrucción" con relación a la suerte de los malvados.

Capítulo 6

1. Dé los siete nombres de Cristo que responden a la pregunta "¿quién es Cristo?"
2. ¿Qué proclama el título "Hijo de Dios"?
3. Siendo niño, ¿de qué dos cosas estaba consciente Jesús?
4. ¿En qué ocasiones fue confirmada su calidad de Hijo?
5. ¿Qué afirmaciones hizo Jesús que confirmaron su divinidad?
6. ¿Qué puede decir usted con respecto a la autoridad de Cristo?
7. Escriba con respecto a la perfección de Cristo.
8. ¿De qué manera testificaron sus discípulos con referencia a su divinidad?
9. Explique de qué manera la iglesia primitiva adoró al Padre y al Hijo.
10. Dé el significado del nombre "la Palabra de Dios."
11. Presente una exposición del título Señor, en lo que respecta a su deidad, exaltación y soberanía.
12. ¿Qué significa el título "Hijo del hombre", aplicado a Cristo?
13. ¿Cómo fue que el Hijo de Dios se hizo Hijo del hombre?
14. ¿Qué queremos significar por "encarnación"?
15. ¿Por qué fue que el Hijo de Dios se hizo Hijo del hombre?
16. ¿Qué significa el título de "Cristo"?
17. Demuestre de qué manera las profecías relativas al Mesías se cumplieron en Jesús.
18. ¿Qué nos dicen las Escrituras con respecto a su ministerio entre el pueblo que abrigaba la justa esperanza del Mesías, pero tenía la concepción equivocada de su persona y obra?
19. ¿Qué plan había hecho Dios para contrarrestar el fracaso de Israel, y su rechazo del Mesías?
20. Dé amplia definición del título "Mesías".
21. ¿Qué indica el título "Hijo de David"?
22. Explique el título "Padre eterno" (Isaías 9:6, 7).
23. ¿Qué significa el nombre Jesús?
24. ¿Cuáles son los tres cargos personificados en Cristo?
25. Haga un comentario con respecto al ministerio de Cristo como profeta.
26. Haga un comentario del ministerio de Cristo como sacerdote.
27. Haga un comentario del ministerio de Cristo como Rey.
28. ¿Cuál era la labor principal que realizó Jesús?
29. ¿Qué es lo que se incluye en esta labor?
30. ¿Cuál es la característica única de la religión cristiana?
31. ¿Qué significado tiene la muerte de Cristo?
32. ¿Por qué es la resurrección de Cristo importante para el cristianismo?

33. ¿Qué evidencias hay con respecto a la resurrección de Cristo?
34. ¿Qué significado tiene la resurrección?
35. ¿Qué nos enseña la ascensión con respecto a Cristo? Seis puntos.
36. ¿Qué comentario hace el doctor Swete con respecto al siguiente pasaje: "Toda potestad (autoridad) me es dada en el cielo y en la tierra"?
37. ¿Qué entiende usted por "soberanía de Cristo"?
38. Haga un comentario con respecto a Cristo el Mediador.
39. Haga un comentario de Cristo con respecto a su omnipresencia.
40. ¿Cuáles son los valores prácticos de la doctrina de la ascensión?

Capítulo 7

1. ¿Por qué estudiamos los sacrificios del Antiguo Testamento?
2. ¿Cuándo se hizo el plan de la expiación? Dé versículos para sustentar su afirmación.
3. ¿Cuándo fue la expiación instituida en la tierra?
4. Describa el primer sacrificio y lo que proporciona.
5. Explique por qué ofrecen sacrificios los paganos. ¿Cómo supieron todo eso?
6. ¿Qué revela Romanos 1:19-32 con respecto a la caída de las naciones en la idolatría?
7. ¿Qué se propuso hacer Dios por medio de Abraham?
8. ¿Qué sacrificios ofrecieron los israelitas, y con qué objeto?
9. ¿De qué manera cumplió Cristo el propósito de estos sacrificios?
10. ¿En qué sentido eran "buenos" los sacrificios del Antiguo Testamento?
11. ¿Qué supo el israelita iluminado que debía acompañar sus sacrificios?
12. Designe cuatro cosas en las cuales el sacrificio del Nuevo Testamento es mejor que el del Antiguo.
13. ¿Qué le fue revelado a Jeremías con respecto a la redención futura?
14. Haga un comentario de Hebreos 10:17, 18, y 10:6-10.
15. ¿Sobre qué bases eran justificados los creyentes del Antiguo Testamento? Proporcione dos textos de prueba.
16. ¿Qué pensamientos sugiere Hebreos 9:15?
17. ¿Qué beneficios disfrutan los creyentes del Nuevo Testamento, que no disfrutaron los santos del Antiguo Testamento?
18. ¿Qué afirman los escritores liberales con respecto a la muerte de Cristo? ¿Qué dicen los Evangelios?
19. ¿Por qué fue que Jesús trató de inculcar en sus discípulos la verdad de que debía morir?
20. ¿De qué manera debían considerar su muerte?
21. ¿Qué rito conmemora la redención de la humanidad?

22. ¿Qué dos verdades o hechos revelan la necesidad de la expiación?

23. ¿Qué se quiere significar cuando se habla de la santidad de Dios?

24. ¿Qué empaña la relación del hombre con su Dios?

25. ¿Cuál es la función de la expiación?

26. ¿Qué es lo que provoca la ira de Dios?

27. ¿Qué es lo que gobierna la ira de Dios?

28. ¿Qué es lo que revela la cruz de Cristo?

29. ¿Hay expiación por la ley violada? Proporcione las dos respuestas falsas de esta pregunta y exprese lo que cada una de ellas recalca excesivamente.

30. ¿De qué manera reivindica Dios en la expiación, su carácter misericordioso y al mismo tiempo justo.

31. ¿Cuáles son las cinco palabras que revelan la naturaleza de la expiación.

32. Explique el vocablo expiación.

33. Proporcione varios versículos que demuestren que la muerte de Cristo fue una expiación.

34. Dé el significado del vocablo propiciación.

35. Explique la sustitución.

36. ¿Qué significa "redimir"? Demuestre de qué manera el Señor Jesús cumplió el tipo del Antiguo Testamento en lo que respecta al pariente redentor.

37. ¿Qué significa la reconciliación?

38. Nombre los cinco efectos o resultados de la expiación. Dé una corta descripción de cada uno.

Capítulo 8

1. Nombre los tres aspectos de la salvación.

2. Dé una descripción corta de cada uno de esos aspectos.

3. ¿Se suceden estos aspectos los unos a los otros, o son simultáneos? Explique.

4. Con relación al término justificación. ¿Qué términos legales o judiciales se emplean con relación a Dios, Cristo, el pecado, arrepentimiento?

5. Con relación al vocablo "salvación" (nueva vida) ¿qué vocablos domésticos o del hogar se emplean para Dios, Cristo, el pecado y la regeneración?

6. Con relación a la vida santificada, ¿qué términos se emplean para designar a Cristo, Dios, el pecado, la expiación, el arrepentimiento?

7. ¿Por qué medios se procuran los tres medios de la gracia y cómo se imparten?

8. Explique la declaración de que "la salvación es objetiva (externa) y subjetiva (interna)."

9. ¿De qué manera se logran estos aspectos interno y externo?

10. ¿Cuáles son las condiciones de la salvación?

11. ¿Qué diferencia hay entre arrepentimiento y fe?

12. ¿Puede haber fe sin arrepentimiento, o arrepentimiento piadoso sin fe? Explique.

13. Defina el arrepentimiento. ¿De qué manera le ayuda el Espíritu Santo a una persona a arrepentirse?

14. ¿Es la fe una actividad humana o divina? Explique.

15. Defina a la fe salvadora.

16. ¿Qué es la conversión?

17. ¿De qué manera se puede distinguir la conversión de la salvación?

18. Explique de que manera las actividades divinas y humanas cooperan en la conversión.

19. Dé la definición completa del vocablo "justificar".

20. Explique la diferencia entre la justificación y el perdón?

21. ¿Qué libro del Nuevo Testamento presenta el plan de la salvación en forma sistemática y detallada? ¿Qué tema tiene?

22. ¿Qué es lo que revela Pablo en Romanos 1 con respecto a la condenación del hombre?

23. ¿Qué es la "justicia" tal como se la aplica al hombre?

24. ¿Cuál era el propósito de la ley?

25. ¿Le hizo Dios promesa alguna a los israelitas de que la justicia sin la ley sería revelada? Dé referencias.

26. ¿Cómo fue que los judíos interpretaron erróneamente el propósito de la ley?

27. Defina la gracia como fuente de justificación.

28. ¿Es Dios misericordioso o justo cuando perdona el pecado? Explique.

29. ¿Cuándo está una persona bajo la ley? ¿Cuándo está bajo la gracia?

30. ¿Qué verdad descubrió Lutero?

31. Proporcione algunos de los puntos de la exposición de Lewis Sperry Chafer con respecto a lo que es y no es la salvación.

32. Nombre cuatro operaciones de la gracia que denotan la operación interna de la influencia divina.

33. Dé una exposición de la justificación basada en la justicia de Cristo.

34. ¿Qué es la "imputación"? Dé ejemplos.

35. ¿Qué efecto tiene la justicia imputada en la conducta exterior?

36. ¿De qué manera recibe el hombre la justificación?

37. ¿Qué relación hay entre fe y obras?
38. Dé una explicación de las enseñanzas de Pablo y de Santiago con relación a la justificación por la fe y justificación por las obras.
39. ¿Qué es la regeneración?
40. Nombre cinco vocablos que el Nuevo Testamento emplea para describir la regeneración.
41. Explique de qué manera la religión cristiana es única comparada con todas las demás religiones.
42. Dé una corta exposición de la profunda necesidad del hombre para la regeneración, según le fue revelada a Nicodemo.
43. ¿Cuáles son los medios de la regeneración?
44. Describa los tres efectos principales de la regeneración.
45. ¿Cuáles son las cinco ideas proporcionadas por el vocablo "santo"?
46. ¿En qué sentido es la santificación absoluta y progresiva?
47. Explique de qué manera es la santificación "posicional" y práctica.
48. ¿Cuáles son los medios divinamente señalados de la santificación?
49. ¿En qué sentido es una persona santificada por la sangre de Cristo?
50. ¿Qué pasaje insinúa o implica que hay un aspecto progresivo de la santificación?
51. ¿De qué manera santifica a una persona el Espíritu Santo?
52. ¿De qué manera el hombre es santificado por la Palabra de Dios?
53. Mencione tres puntos de vista erróneos con respecto a la santificación y demuestre el error de cada uno.
54. Exponga el método correcto de la santificación.
55. ¿Qué significado tiene el vocablo perfección en el Antiguo Testamento?
56. ¿Cuáles son los dos aspectos de la perfección que presenta el Nuevo Testamento? Descríbalos.
57. Describa a un reincidente, según el Nuevo Testamento.
58. Describa la doctrina calvinista.
59. Describa la doctrina de Arminio.
60. Exprese el equilibrio bíblico entre el calvinismo y el arminianismo.
61. ¿Dónde se debe poner el énfasis en lo que respecta a la verdadera "seguridad eterna"?

Capítulo 9

1. ¿Qué dice Juan Wesley en cuanto al don de la sanidad, al comentar el pasaje de Santiago 5:14, 15?
2. Cite un versículo que demuestra que la enfermedad y la muerte han descendido sobre la familia humana debido al pecado.
3. ¿Quién es el autor de la enfermedad y la muerte? Dé citas para probarlo.

4. Dé dos citas que demuestran que la sanidad divina está incluida en la expiación.

5. ¿Cómo se obtienen los beneficios de la expiación?

6. ¿A quiénes encomendó el Señor el ministerio de la sanidad?

7. Cite la última promesa del Señor relativa a la sanidad.

Capítulo 10

1. ¿Cuántos libros en el Nuevo Testamento contienen referencias al Espíritu Santo?

2. Haga una lista de los nombres del Espíritu Santo.

3. ¿Qué verdades demuestran la deidad del Espíritu Santo?

4. Dé pruebas de que el Espíritu Santo es una persona y no sólo una influencia.

5. Algunos descubren que es difícil formarse una concepción clara del Espíritu Santo. Proporcione dos razones para ello.

6. ¿Es el Espíritu Santo una personalidad distinta y separada de Dios? Exprese las razones que fundamentan su respuesta

7. ¿Por qué se denomina al Espíritu Santo, Espíritu de Cristo?

8. ¿Qué significado tiene "el Consolador"?

9. ¿Qué significa el nombre "Espíritu Santo" y "el Espíritu Santo de la Promesa"?

10. ¿De qué manera es el Consolador el "Espíritu de verdad" y el "Espíritu de gracia"?

11. Explique los nombres de "Espíritu de vida" y "Espíritu de adopción".

12. Nombre los símbolos del Espíritu Santo y dé una corta explicación de cada uno.

13. Escriba lo que sepa con respecto a la tercera persona de la Trinidad en calidad de Espíritu creador.

14. Describa su obra en calidad de Espíritu dinámico.

15. ¿Qué aspecto de la obra del Espíritu está en operación, pero no es recalcado en el Antiguo Testamento?

16. ¿Qué nos revela el Antiguo Testamento con respecto al revestimiento general del Espíritu Santo?

17. ¿Cuál es la característica distintiva del pueblo de Dios bajo la antigua dispensación?

18. ¿Cuál es la característica distintiva de su pueblo en la nueva dispensación?

19. ¿De qué manera está el revestimiento del Espíritu Santo relacionado con la venida del Mesías?

20. ¿Cuáles son las características distintivas de la obra del Espíritu Santo en esta dispensación?

21. Mencione las seis crisis y aspectos del ministerio y vida de Cristo en la cual se menciona al Espíritu Santo, y de una corta descripción de cada uno.

22. Explique la obra del Espíritu Santo tal como se menciona en Juan 16:7-11.

23. ¿Qué relación guarda el Espíritu Santo con la regeneración?

24. ¿Qué significa la morada del Espíritu?

25. Haga un comentario relativo al Espíritu Santo en la santificación.

26. ¿Cuál es la característica principal de la promesa de Cristo en Hechos 1:8?

27. ¿Qué manifestaciones espirituales acompañaron el cumplimiento de esta promesa?

28. ¿Cuáles son los dos términos que se emplean para describir el revestimiento o dotación del Espíritu?

29. ¿Cuál es la característica especial de este revestimiento?

30. Demuestre que hay algo adicional y diferente en la experiencia descrita como bautismo en el Espíritu Santo.

31. ¿De qué manera sabemos que una persona recibe el revestimiento carismático del Espíritu Santo?

32. Describa tres fases del aspecto continuo del revestimiento de poder.

33. ¿De qué manera puede una persona recibir el bautismo de poder?

34. ¿Qué relación guarda el Espíritu Santo con nuestra glorificación?

35. ¿Qué pecados pueden cometerse contra el Espíritu Santo?

36. Distinga entre los dones, y el don del Espíritu.

37. Dé la clasificación de los nuevos dones del Espíritu y citas bíblicas.

38. Dé algunas ilustraciones con respecto al don de la palabra de ciencia.

39. ¿Qué es la palabra de conocimiento de acuerdo con el empleo que de ella se hace en el Nuevo Testamento?

40. ¿Qué diferencia hay entre la palabra de ciencia y la palabra de conocimiento?

41. ¿Cuál es el don de fe?

42. ¿Qué entiende usted por "dones de sanidad"?

43. Haga una distinción entre profecía y predicación.

44. ¿Cuál es el propósito del don de profecía?

45. ¿Por qué se les da a los creyentes instrucciones en el sentido de juzgar mensajes proféticos? (1 Corintios 14:29.)

46. ¿Cuál es el propósito del don de discernimiento?

47. ¿Qué es el don de lenguas?
48. ¿Cuál es el propósito de la interpretación?
49. Nombre los principios que regulan los dones.
50. Establezca la diferencia entre la manifestación del Espíritu y la reacción del creyente.
51. ¿Qué valor práctico tiene el conocimiento de esa diferencia o distinción?
52. ¿Qué se requiere de los que recibirán los dones?
53. Describa las tres pruebas que se pueden emplear para distinguir los verdaderos dones de los falsos dones del Espíritu.
54. ¿Qué diferencia hay entre el fruto del Espíritu y los dones del Espíritu?
55. ¿Qué significado simbólico tienen los dos panes ofrecidos en la fiesta de Pentecostés?
56. ¿Qué anunció a los discípulos el descenso del Espíritu Santo?
57. ¿En qué aspecto de la vida de la Iglesia es reconocido el control del Espíritu?
58. ¿En qué sentido habrá una ascensión del Espíritu?

Capítulo 11

1. ¿A qué se aplica el término *ekklesia*?
2. ¿Qué palabras se emplean para describir al creyente?
3. ¿Cuáles son las tres cosas que se emplean como ilustraciones de la iglesia? Dé una explicación breve de cada una.
4. ¿De qué manera se denomina a Israel en la iglesia?
5. ¿Cómo nació o se fundó la iglesia del Nuevo Testamento?
6. ¿Cuáles son las condiciones requeridas para pertenecer a la iglesia?
7. Haga una distinción entre iglesia visible e invisible.
8. ¿Es la iglesia sinónimo del reino de Dios?
9. ¿En qué consiste la obra de la iglesia? Dé cuatro puntos.
10. ¿Cuáles son las ordenanzas de la iglesia?
11. ¿Cuál es la forma bíblica del bautismo?
12. ¿De dónde procede la práctica de la aspersión e infusión?
13. ¿De qué manera reconcilia la fórmula "en el nombre del Padre, y del Hijo y del Espíritu Santo", con el mandamiento de Pedro de ser bautizado en el nombre de Jesús?
14. ¿Quiénes son elegibles para el bautismo?
15. ¿Por qué no se debe bautizar a los niñitos?
16. ¿Es el bautismo en agua esencial para la salvación? ¿Para qué es esencial?
17. Dé el significado del bautismo en lo que respecta a la salvación, experiencia y testimonio.
18. ¿Cuáles son las características de las ordenanzas de la cena del Señor?

19. Dé una descripción de los cultos públicos de la iglesia.
20. Describa el culto privado de la iglesia.
21. ¿Le dio el Señor Jesús su organización a la iglesia?
22. Describa la organización de la iglesia desde sus comienzos a través de los primeros siglos.
23. Describa el ministerio general y profético de la iglesia.
24. Describa el ministerio práctico y local en la iglesia.

Capítulo 12

1. ¿Qué es la muerte? ¿Con qué vocablos se la describe en la Biblia? Dé referencias.
2. ¿Qué significa la inmortalidad? ¿A qué se la aplica?
3. ¿Cuándo alcanzará inmortalidad el creyente?
4. ¿Qué justificación hay para hablar de la inmortalidad del alma?
5. ¿Qué distinción hay entre la inmortalidad y la vida eterna?
6. ¿Qué significa el estado intermedio?
7. Dé el punto de vista bíblico con respecto al estado intermedio en lo que se relaciona con los justos y los malvados.
8. ¿Qué es lo que la Iglesia Católica enseña con respecto al estado intermedio?
9. Según las Escrituras, ¿cuál es el único período de prueba para el hombre?
10. Exprese lo que enseña el espiritismo con respecto a los muertos.
11. Cite versículos bíblicos para demostrar que la creencia denominada "sueño del alma" es errónea.
12. Escriba ampliamente con referencia a la importancia de la resurrección, según la enseña Pablo.
13. Mencione aquello que caracterizará el cuerpo de resurrección.
14. Exprese con amplitud la enseñanza del Antiguo Testamento con referencia al alma del hombre después de la muerte.
15. ¿Quiénes habitaban Seol?
16. ¿Qué esperanzas abrigaban los creyentes del Antiguo Testamento?
17. ¿De qué manera se cumplió esta esperanza por medio de Cristo?
18. ¿Qué otras evidencias tenemos en el Antiguo Testamento con respecto a la enseñanza de la vida futura?
19. Exprese con amplitud la enseñanza del Nuevo Testamento con referencia a la vida futura del creyente.
20. ¿Por medio de qué nombres se describe el cielo?
21. Nombre las tres fases en la condición de los creyentes que han partido.
22. ¿Por qué es esencial que haya un lugar como el cielo?
23. Describa las bendiciones del cielo.

24. Exprese el punto de vista bíblico con respecto al destino de los malvados.

25. Describa cuatro puntos de vista falsos con respecto al destino final del hombre.

26. ¿Con qué frecuencia se menciona la venida de Cristo en el Nuevo Testamento?

27. ¿Cómo será la forma de su venida?

28. Demuestre lo erróneo de las interpretaciones que niegan el retorno literal del Señor.

29. ¿Qué fue lo que enseñó el Señor Jesús con respecto a la época de su venida?

30. ¿Qué será lo que precede al milenio?

31. Discuta con amplitud el propósito de la venida de Cristo (a) con relación a la iglesia; (b) con relación a Israel; (c) con relación al anticristo; (d) con relación a las naciones.

Nos agradaría recibir noticias suyas.
Por favor, envíe sus comentarios sobre este libro
a la dirección que aparece a continuación.
Muchas gracias.

Vida@zondervan.com
www.editorialvida.com